Anthony Burgess · Joyce für Jedermann

Anthony Burgess

JOYCE FÜR JEDERMANN

Eine Einführung in das Werk
von James Joyce
für den einfachen Leser

Aus dem Englischen von
Friedhelm Rathjen

Frankfurter Verlagsanstalt

Titel der englischen Originalausgabe
»Here Comes Everybody«
Die Erstausgabe erschien 1965 bei
Faber and Faber Limited, London.

Deutsche Erstausgabe

1. Auflage, Herbst 1994
Umschlagzeichnung von Friedrich Karl Waechter
Alle deutschsprachigen Rechte vorbehalten
Copyright © 1994 by Frankfurter Verlagsanstalt GmbH
Gesamtherstellung: Offizin Andersen Nexö, Leipzig
ISBN 3 627 10239 8

Inhalt

Vorwort

EIN WEITERES BUCH ÜBER JAMES JOYCE? JA, UND NOCH LANGE NICHT das letzte oder das auch nur annähernd letzte. Tatsächlich (Was, wird sich die Reihe bis zum Joycesten Gericht hinstrecken?) muß es als eines angesehen werden, das sehr früh in der Serie kommt. Auf unzählige noch ungeborene Doktoranden wartet bereits ihr Dissertationsthema – eine Zählung altnordischer Wörter in *Finnegans Wake* II. iii.; die Identität von Magrath; das prosodische System des *Ulysses*; Joyce als marxistischer Allegoriker; der Mißbrauch des *stretto* in der »Sirenen«-Episode; HCE und das schizophrene Syndrom – Joyce hätte uns auch, in seinem letzten großen dichten Buch, zwanzig Seiten mit potentiellen Titeln hinterlassen können (vielleicht tat er's; ich muß noch einmal nachsehen). Zwillingshimmel für die Gelehrten sind *Ulysses* und *Finnegans Wake,* der Summe an Forschung wegen, die sie bereits einzäunt, wobei sie immer mehr als mystische Kodizes angesehen werden und immer weniger als meisterliche Romane, die unterhalten sollen.

Mein Buch beansprucht nicht, gelehrt zu sein, sondern soll lediglich das Bedürfnis nach Hilfe jenes durchschnittlichen Lesers stillen, der die Joyceschen Werke kennenlernen will und von den Professoren verschreckt wurde. Der Anschein des Schwierigen ist Teil des großen Joyceschen Witzes; die Tiefgründigkeiten werden immer in guten, unmißverständlichen Dubliner Ausdrücken zur Sprache gebracht; Joyces Helden sind anspruchslose Menschen. Wenn es jemals einen Schriftsteller für das Volk gegeben hat, war Joyce dieser Schriftsteller. Die Zeit kommt nun sowohl für den *Ulysses* als auch für *Finnegans Wake,* dem Taschenbuchpublikum zugänglich gemacht zu werden, das bereits die frühere, konventionellere Prosa kennt. Dieses Publikum braucht die Führung durch eine

Art Lotsenkommentar, und das ist es, was mein Buch zu sein versucht.

Natürlich hätte ich es nicht schreiben können ohne die Hilfe der Gelehrten. Ich möchte hier nun meinen Dank an sie abstatten. Ich habe Joyce während der vergangenen gut dreißig Jahre gelesen, und Bücher über ihn habe ich genausolange gelesen, also kann ich nicht hoffen, sie alle zu erwähnen. Kein Joyce-Student aber kommt ohne Stuart Gilberts Studie *Das Rätsel Ulysses* zurecht, da für diesen gescheiten Kommentar Joyce selbst Pate stand. *A Skeleton Key to Finnegans Wake* von Joseph Campbell und Henry Morton Robinson ist nicht autorisiert wie Gilberts Buch, aber doch ein bemerkenswerter Versuch – ebenso gewissenhaft wie einfallsreich –, den Erzählstrang aufzudecken, der unter Joyces Wörterdschungel versteckt ist. Adaline Glasheens *A Census of Finnegans Wake* ist einzigartig darin, daß hier viel vom thematischen Material des Buches systematisch – aber auch bescheiden und humorvoll – zu einer Miniaturenzyklopädie gezähmt wird. Ich habe daraus immer Hilfe erhalten, wenn Hilfe vonnöten war. Die dichteste Annäherung an einen Führer in Joyces eigener Stimme an den großen Mythos von Tod und Wiederauferstehung ist *Our Exagmination round his Factification for Incamination of Work in Progress*, zwölf Essays von zwölf Männern, hinter denen ausnahmslos der anspornende Meister zu stehen scheint.

Die besten kritischen Untersuchungen zu Joyce finden sich, wie ich meine, immer noch in Edmund Wilsons *Axels Schloß* und *The Wound and the Bow*. Harry Levins *James Joyce* ist brillant, aber – wie Henry Reed 1946 zu seinem nützlichen Essay *Joyce's Progress* in *Orion* sagt – »er scheint insgesamt das Geheimnis nur zu vertiefen«. Es gibt viele bewundernswerte Aufsätze zu Aspekten des Joyceschen Werks, doch bis jetzt nur wenige wirklich wichtige kritische Untersuchungen vom Umfang eines ganzen Buches. Überflüssig zu sagen, daß mein Buch nicht als eines davon präsentiert werden soll. Es ist eher ein Kommentar als eine Untersuchung.

Joyce war ein autobiographischer Schriftsteller, und meine Lektüre von Büchern über den Menschen, Ehemann und Vater Joyce hat mir stets geholfen, Schwierigkeiten in seinen Romanen aufzuhellen. Richard Ellmanns definitive Biographie *James Joyce* ist ein dickes Buch, das bis zu einem gewissen Grade Herbert Gormans frühere Lebensbeschreibung *James Joyce. Sein Leben und sein Werk,*

Frank Budgens *James Joyce und die Entstehung des ›Ulysses‹* und Stanislaus Joyces unabgeschlossene Memoiren *Meines Bruders Hüter* geschluckt hat, doch diese drei bewahren ein eigenes Aroma und sollten immer noch gelesen werden. In der Ausgabe seiner *Briefe* sagt der rätselhafte Meister bisweilen, was er in seinen rätselhaften Werken zu tun versuchte.

Mein Titel stammt aus *Finnegans Wake,* dessen Held Humphrey Chimpden Earwicker seine Initialen oft hergibt, um sie zu irgendeiner angemessenen Formulierung oder einem Schlagwort ausfüllen zu lassen, etwa zu »Howth Castle and Environs« [FW 3] (»Burg von Howth con Entourage« [FWD 44]) oder »Haveth Childers Everywhere« (»Habet Chindern Eberall« [FW 535]). Ich will keineswegs implizieren, Earwicker sei Joyces verschrobenes Porträt seiner selbst; vielmehr will ich die Universalität der Joyceschen Schöpfungen betonen, die Tatsache, daß in ihnen Rangunterschiede ebenso aufgeweicht werden wie in einem »Kommet-herbei-und-tanzet«. Ich schließe in meinen Titel außerdem die Hoffnung ein, daß es nicht lange dauern wird, bis ein jeder zu Joyce kommt, um in ihm nicht marternde Rätselei, Schmutz und irrgewordene Jesuiterei zu erblicken, sondern die große Komödie, die tiefe Humanität und jene Bestätigung des Menschenwertes, auf dem populäre Schriftsteller herumtrampeln, um Geld daraus zu schlagen.

Chiswick   A. B.
August 1964

TEIL EINS

DIE FELSBROCKEN

I

Zeremonisierungen

ICH BEGINNE DIESES BUCH AM 13. JANUAR, DEM TODESTAG VON JAMES Joyce 1941, und hoffe es am 16. Juni zu beenden, am Bloomsday – dem Tag, an dem die Ereignisse des *Ulysses* stattfinden. Mir will kein zweiter Schriftsteller einfallen, dessen Zauber mich bewegen könnte, das Hinabgleiten in ein verflucht anstrengendes Arbeitsvorhaben als ein freudvolles Ritual zu inszenieren, aber die Zeremonisierung von Kalendertagen war für Joyce etwas ganz Normales und wirkt ansteckend auf seine Bewunderer. Tatsächlich wird gerade die toteste Zeit des Jahres (vor einer Woche kam der Weihnachtsschmuck ins Feuer, die Kinder sind wieder in der Schule, der Schnee fällt zu spät fürs Fest) dadurch neu belebt, daß sie sozusagen eine Joycesche Jahreszeit ist. Es ist eine Jahreszeit, die im Advent beginnt und zu Lichtmeß endet. Am 6. Januar ist Epiphaniasfest, und zur Entdeckung von Epiphanien – plötzlichen Offenbarungen – voller Schönheit und Wahrheit im Verwahrlosten und Alltäglichen war Joyce berufen. Am 1. Februar ist der Tag der Heiligen Bridget. Der 2. Februar ist Joyces Geburtstag, und die ersten Druckexemplare von *Ulysses* und *Finnegans Wake* waren zwei gediegene Geburtstagsgeschenke; gleichzeitig ist Lichtmeß und der volksetymologische »Groundhog Day«. Man ist ausgesprochen joyceanisch, wenn man das Zeremoniell etwas mildert, indem man an die amerikanischen Murmeltiere denkt. Am 13. Dezember, von den Weihnachtseinkäufern ganz übersehen, hatte die Heilige Lucia ihren Tag. Als Schutzheilige des Augenlichts war sie von besonderer Bedeutung für Joyce, der fast zeitlebens mit Augenleiden zu kämpfen hatte, und nach ihr benannte er seine Tochter Lucia. Die ganze Jahreszeit steht unter dem Motto »Licht aus Dunkel«, und es ist angebracht, über den Sieg des Lichts in »Rejoicing«, in Frohlocken (Joyce war sich der Etymologie seines Namens durchaus bewußt) auszubrechen. Frohlocken sollen wir sogar über den Tod des ersten christlichen Märtyrers am zweiten Weihnachtsfeiertag, und dann wissen wir auch, warum Joyce sich in seinen autobiographischen Romanen den Namen Stephen gibt. Auch er war ein Märtyrer, wenn auch einer für die Literatur: ein Zeuge für das Licht, aus eigenem Entschluß verdammt zur Verbannung, zur Armut, zum Leiden, zu Schmähungen und (was vielleicht am schlimmsten war) zur Heiligsprechung durch seine Jünger schon zu Lebzeiten, auf daß die Heilslehre vom Wort verbreitet werde. Doch war er ein lustiger Märtyrer, voller Alkohol und Ironie. Aus den Felsbrocken, mit denen das Leben ihn bewarf, fügte er ein Labyrinth, so daß Stephen sich den Nachnamen Dedalus verdient. Das Labyrinth aber ist nicht die Heimstatt eines Ungeheuers; es ist ein Haus des Lebens, und in seinen Gängen erschallen Lieder und Gelächter.

Als sich im Januar 1941 von Zürich aus die Neuigkeit verbreitete, Joyce sei gestorben, hatte die Welt genug mit anderen Nachrichten, anderen Toten zu tun. Nur wenige seiner Anhänger konnten sich genügend Zeit für ein Gedenken nehmen. Ich selber erfuhr von seinem Tod, während ich als einfacher Soldat im verschneiten Northumberland die Fenster der Unteroffiziersmesse putzte, und zwar mit einer ›Daily Mail‹ der vergangenen Woche. Da stand es, auf der Titelseite, zu Recht in den Schatten gestellt von den Bomben auf Plymouth.

»Mein Gott, James Joyce ist tot.«

»Wer zum Teufel iss'n das?« fragte ein Feldwebel.

»Ein Schriftsteller. Ire. Der Autor des *Ulysses*.«

»Baah, das iss'n *schmutziges* Buch. An die Arbeit, los!«

Also mußte das hintersinnige Foto von Joyce weiter die Scheibe polieren, durch die es hinausschaute auf den Schnee (»und still fiel er, der Herabkunft ihrer letzten Stunde gleich, auf alle Lebenden und Toten« [D 229] – ein großer Autor verändert alles!).

Damals war der *Ulysses* vom Hörensagen auch den sogenannten Nichtintellektuellen allgemein bekannt, wenngleich für sie der Name Joyce nichts anderes bedeutete als einen englischen Verräter, der im Propagandafunk der Nazis sprach. Der *Ulysses* (mit starker Betonung auf der ersten Silbe) war eines der großen schmutzigen Bücher, zu schmutzig, um ohne Schwierigkeiten irgendwo aufgetrieben werden zu können, zusammen mit *Lady Chatterley* und *The Well of Loneliness* bildete das Buch die Trilogie des literarischen Schmutzes. Die meisten von uns sind lüstern und hinter den allerneuesten literarischen Erotika her, die ein Gerichtsurteil gerade freigibt; natürlich reihen wir uns nicht in die Warteschlange ein, aber wir warten begierig darauf, daß sie sich auflöst. Ich fühlte mich nie dazu getrieben, Leser zu verurteilen, die Schmutz in der Literatur suchen: Indem sie das tun, stoßen sie vielleicht auch auf etwas anderes. Meine Mitsoldaten, die als Onaniervorlagen Groschenpornos lasen, wären meiner Meinung nach nie auf die Idee gekommen, diese Sachen mit dem *Decamerone* oder dem schmutzigen Buch von Joyce auf eine Stufe zu stellen. Von der Literatur (als solche zu erkennen am Umfang, an schwierigen Wörtern, an langen Passagen der Langeweile) wünschten sie sich die Bestätigung, daß sexuelle Begierden, sexuelle Praktiken und sexuelle Obszönität gültige Aspekte des Lebens sind. Ein richtiges gebundenes Buch zeremonisierte den »Groundhog Day« und zeigte, daß auch heilige Kerzen phallisch sind. Es reichte ihnen oft sogar schon, wenn sie den Begriff »Sex« in einem offensichtlich ernsthaften Buch nur finden konnten. Einen ganzen Monat lang ging in meiner Einheit die Rede von einem schmutzigen Buch in der Wachstube – einem Buch, das nie unfairerweise entfernt wurde, sondern dort blieb, um die öden Stunden des Wachdienstes zu vertreiben. Schließlich stellte es sich heraus, daß es sich um mein verlorenes Exemplar des *Spiels des Unbewußten* von Lawrence handelte, ein Werk von gähnender Langeweile.

Selbst auf niedrigstem Niveau wurde also der Autor des *Ulysses* zur Zeit seines Todes nicht als ein pornographischer Schriftsteller betrachtet; vielmehr war er der Schöpfer eines dicken Buches, in dem Schmutz nistete wie Erz in wertlosem Gestein. 23 Jahre später ist sein Name, den popularisierenden Massenmedien sei Dank, allgemein bekannt und sein übriges Werk zumindest anerkannt. Taschenbuchausgaben seiner frühen Prosa und sogar Harry Levins Auswahlband *The Essential James Joyce* bekommt man in Bahnhofsbuchhandlungen; *Stephen D* – eine dramatisierte Fassung von *Stephen der Held* und *Ein Porträt des Künstlers als junger Mann* – und auch der *Ulysses* wurden verfilmt – beide von Joseph Strick. Der Glanz des Schmutzes im *Ulysses* ist verblaßt, seit Henry Miller und die schulmeisterliche Pornographie aus dem Osten auf den offenen Markt drangen. Joyce steht freiverkäuflich in den Regalen wie Ian Fleming, und um nichts teurer. Und doch bleibt er den Buchentleihern und Taschenbuchkäufern mehrheitlich suspekt. Er ist obskur, hintersinnig und nicht direkt genug. Der gemeine Priester des Schmutzes entpuppt sich, seiner Robe beraubt, als ein Hohepriester der Mühsal.

Niemand, der sich auf den Ringkampf mit *Finnegans Wake* eingelassen hat, wird dessen Schwierigkeiten leugnen; nachdem die *Ulysses*-Exegese tonnenweise Erklärmuster angefahren hat, harren weite Strecken dieses Romans immer noch der Enträtselung. Ist aber das Frühwerk, das vor fünfzig Jahren zum Abschluß kam, wirklich schwierig? In gewisser, wenngleich nicht so offensichtlicher Hinsicht schon. Die Erzählungen aus den *Dublinern* sind anders als die von O. Henry, Guy de Maupassant und W. Somerset Maugham: Nichts scheint in ihnen zu passieren, es gibt keine Handlung, eigentlich sind es gar keine richtigen Erzählungen. Wer jemals einer Klasse von Heranwachsenden (oder sogar Erwachsenen) eine *Dubliner*-Erzählung laut vorgelesen hat, kennt auch die Verlegenheit des Vortragenden, der am Ende mit einer Welle aus Ungläubigkeit, Enttäuschung und sogar Wutausbrüchen zu kämpfen hat: Das kann's doch noch nicht gewesen sein — schließlich fehlt jede Spur eines Finales, einer Auflösung, einer Wendung. Joyce spielt nicht fair; er erschwindelt sich das Vertrauen des Lesers, spiegelt eine Tradition vor, die er in Wahrheit schon verlassen hat. Beim *Porträt des Künstlers als junger Mann* verletzt schon der Auftakt die Spielregeln; so sollte keine Erzählung für Erwachsene anfangen:

Es war einmal vor langer Zeit und das war eine sehr gute Zeit da war eine Muhkuh die kam die Straße herunter gegangen und diese Muhkuh die da die Straße herunter gegangen kam die traf einen sönen tleinen Tnaben und der hieß Tuckuck-Baby … [p 7]

Sogar an der Oberfläche ist seine Schreibweise schon eine Beleidigung. Nach den *Dublinern* beschließt Joyce, Anführungszeichen und Bindestriche einfach wegzulassen. Nach dem Vorbild der Kontinentaleuropäer kennzeichnet er seine Dialoge nur durch Gedankenstriche:

— Hallo, Stephanos!
— Hier kommt Der Dedalus!

– Ao! … Hej, laß das sein Dwyer, ich sags dir im guten oder ich hau dir
eins in die Fresse … Ao!
– Brav, Towser! Tauch ihn!
– Komm her, Dedalus! Bous Stephanoumenos! Bous Stephaneforos!
– Tauch ihn! Laß ihn saufen, Towser!
– Hilfe! Hilfe! … Ao! [P 188]

Seine Wortfügungen klingen ausgesprochen deutsch: »zartgetönt«,
»schieferblau«, »dunkelgefiedert« [P 192], »ohrenzerreißend« [P 196].
Später, im *Ulysses,* kehrt er wie Milton die übliche Wortfolge um:
»Parfüm von Umarmung fiel ihn allseits an. Mit ausgehungertem
Fleisch, dunkel, flehte er stumm darum, Anbeter sein zu dürfen.«
[U 236] Wie die Elisabethaner bepackt und strafft er seine Sätze: »Ben
Dollards loser blauer Cutaway und breiter Hut über weiten Schlapp-
hosen überquerte den Kai von der Eisenbahnbrücke in vollem Trab.«
[U 339] Oder noch besser: »Sie tanzt in fauligem Dunkel, wo Harz
mit Knoblauch brennt. Ein Seemann, rostbärtig, schlürft Rum aus
einem Humpen und beäugt sie. Eine lange und meergenährte
schweigende Brunst.« [U 336] Er haßt verwässernde Füllwörter ohne
weitere Funktion; er preßt jeden Tropfen Wasser aus seinem ge-
kochten Kohl.

Deshalb hinterläßt seine Prosa auch da, wo sie vollkommen verständlich ist, oft den Eindruck des Ausgefallenen. Es ist eine besondere Art von Ausgefallenheit, die Joyce mit einem Lyriker verbindet
– mit Gerard Manley Hopkins. Diese beiden, der abtrünnige Katholik und der katholische Konvertit, der Jesuitenzögling und der
Jesuitenlehrer, haben mehr gemein, als den auf solche Parallelen
nicht gefaßten Kritikern auffallen konnte. Hopkins lehrte Griechisch
am Dubliner University College, allerdings lange, bevor Joyce dort
studierte: Als Hopkins starb, war Joyce erst sieben. Hopkins' Lyrik
wurde erst 1918 veröffentlicht, als das Joycesche Stilvermögen schon
voll entwickelt war. Sie verfolgten, unabhängig voneinander und
einer nach dem anderen, denselben Weg. »Ihr hold gelbes Hornlicht
gewunden gen Westen, ihr wild hohles Graugramlicht hoch han-
gend im Wüsten« – das ist Hopkins, aber es könnte ebenso Joyce
sein. »Isobel, sie ist so schön, um wahr zu sprechen, Wildwaldesaugen und schlüsselblümelnd Haar, lautlos, aller Wald so wild, malv-
getönt von Moos und Sonnentauen, wie sie auch so stille lag, be-

schattet vom Weißhorn, Baumeskind, wie irgendein verlustges Blatt, wie gestilltes blütend Bläserchen« [FW 556]: Hier scheint es fast, als parodiere Joyce Hopkins. Hopkins' »Des Hornisten Erstkommunion«, geschrieben 1879, endet in einer Joyceschen Zeile: »Zu dreist vielleicht, doch gleichviel, und vielleicht hat gnädiger Himmel diese erhört.« Die »weißmähnigen Seepferde, mampfend, windgezügelt« [U 55] von Joyce hätten Hopkins entzückt.

Es geht nicht nur einfach um eine Vorliebe für vollgepackte Sätze und eine Abneigung gegen Bindestriche. Joyce und Hopkins gelangten zu einer gemeinsamen Kunstauffassung, weil sie beide an die Fähigkeit des gewöhnlichen Lebens glaubten, in plötzlichen und geheimnisvollen Ausbrüchen so etwas wie Wahrheit zu offenbaren. Joyce sprach von »Epiphanien«, Hopkins von »Ingestalt« (»inscape«); Joyce hielt sich Aquin als Hausphilosophen, Hopkins bevorzugte Duns Scotus; der eine lehnte die Kirche ab (oder glaubte das jedenfalls), der andere gab für sie alles auf (oder versuchte es zumindest: die Literatur geriet ihm dazwischen); beiden war die Existenz des Unbegreiflichen im Alltäglichen so sehr bewußt, daß sie die Notwendigkeit sahen, die Alltäglichkeiten der Sprache in neue Ausdrucksmittel umzusetzen, um den Leser damit zu neuer Bewußtheit zu zwingen. Beider – des Priesterdichters und des freidenkenden Fabulierers – Sprache ist maßgeschneidert für die unverhüllte Konfrontation mit einer Welt, die neu geschaffen wirkt. Nicht nur Klischees werden vermieden, sondern auch der Rhythmus, der Klischeehaftigkeit suggeriert, und gerade deswegen machen beide Schriftsteller eine ausgefallene Figur. Dennoch entspringt dieses Ausgefallene der Natur: Nie wird die englische Sprache mißbraucht, nie ihr ein exotisches Gewürz zugesetzt; die Verdichtungen, die Satzneuordnungen, die neugeprägten Wortkomposita und die Alliterationen sind in der Sprache verwurzelt. »Herdfeuer der Liebe unserer Herzen, Herr der gescharten Ritterschaft unsrer Gedanken«: so spricht Hopkins Christus an, und wir hören englische Rhythmen, die schon altbekannt waren, bevor die Reformation heraufdämmerte. »Toten Odem atme lebend ich aus«, so schreibt Joyce, »trete toten Staub, verschlinge uriningen Abfall von allem Toten« [U 72], und die normannische Eroberung liegt nicht weit zurück. Beide Schriftsteller bauen nicht auf dem, was Jahrhunderte gefügt haben, sondern auf den wieder freigeräumten Wurzeln der englischen Sprache. Dies ist es, was sie so ausgefallen wirken läßt.

Den Hang zum Ausgefallenen sieht man einem Lyriker eher nach als einem Romancier. Das Geschäft des Lyrikers sind die Wörter, was an sich schon ein ausgefallenes Geschäft ist, und er muß sie auf ausgefallene Weise fügen, um alle Aufmerksamkeit auf das Geheimnis der Sprache zu lenken (ein Geheimnis, das auf dem Markt im Ruf eines Ablenkungsmanövers steht). Das Geschäft des Romanschriftstellers dagegen sind weniger die Wörter als Menschen und Schauplätze und Geschehnisse. Die meisten Romanleser wollen zum Romaninhalt kommen, ohne auf die Vermittlung durch eine Schreibweise angewiesen zu sein, die sich in den Vordergrund spielt und der Handlung ihren Platz im Rampenlicht streitig macht. Solche Ablenkungsmanöver gibt es in den Werken des verstorbenen Nevil Shute nicht:

Den vorderen Kellerraum nannte er seine saubere Werkstatt, und dies war der Raum für seine Maschinen. Hier hatte er eine sechszöllige Herbert-Drehbank für schwere Arbeiten, eine dreieinhalbzöllige Myford und eine Boley-Feinmechanikerdrehbank. Er hatte ein Senior-Rändelwerk und eine Boxford-Fräse, einen großen und einen kleinen Drillichspanner und griffbereit eine breite Werkzeugpalette dazu. Eine lange Bank erstreckte sich vor dem Fenster, ein Röhrenbeleuchtungssystem an der Decke, und in einem Schrank stand einsatzbereit eine kleine Kamera mit Blitzgerät, denn es war seine Gewohnheit, Bilder von interessanten Vorgängen zu machen und damit seine Artikel zu illustrieren.

Dieser Textpassus stammt aus dem Roman *Trustee from the Toolroom*, der so lesbar ist, daß er wie eine Auster runtergeht. Man kann sich auch einen Abschnitt aus dem James-Bond-Roman *Mondblitz* des verstorbenen Ian Fleming vornehmen:

Ganz abgesehen vom Spiel bietet der Klub auch sonst große Annehmlichkeiten. Das Komitee hat daher bestimmt, daß jedes Mitglied jährlich 500 Pfund im Spiel umsetzen muß, andernfalls hat es eine jährliche Geldbuße von 250 Pfund zu entrichten. Die Speisen und Weine gehören zu den besten, die man in London findet. Rechnungen werden keine ausgestellt, die Kosten aller Mahlzeiten werden jede Woche proportional von den Überschüssen der Gewinner abgezogen. Wenn man bedenkt, daß durchschnittlich jede Woche 5000 Pfund umgesetzt werden, trifft diese

Auflage die Gewinner nicht allzu hart, und die Verlierer haben den Trost, wenigstens etwas aus ihrem Verlust zu retten. Gelegentliche Besucher müssen daher auch einen gewissen Beitrag entrichten.

Die Gediegenheit solcher Prosa scheint größer, als sie ist: Sie beruht auf dem Inhalt, dem üppigen Fakteninventarium; ansonsten geht's bodenständig zu. Der durchschnittliche Romanleser erträgt aber beschreibende Prosa von statischem Charakter (also Prosa, die keinen Dialog enthält und keine gegenständliche Handlung präsentiert) nur dann, wenn sie den Marktplatz heraufbeschwört. Wenn ein Roman die statische Analyse einer Szene, einer Situation oder einer Gefühlsregung anstrebt, wird dem durchschnittlichen Leser unwohl: Bekommt man schon keine Handlung, dann will man wenigstens ein Inventar. Wenn zwischen den Deckeln eines Buches statt des Romans ein Film stecken würde, wären solche Leser froh. Der Film, die Comic-Version, die gekürzte Fassung des *Reader's Digest* – das sind, in dieser Reihenfolge, die einfachsten Möglichkeiten, zum Kern eines Romans vorzudringen. Diese Leser sind sich einig, daß viele Romane zu wortlastig sind; Wörter, zu Zeiten der primitiven Kunst ein notwendiges Übel, werden durch die neuen, meist visuellen Medien überflüssig gemacht. Das ist die weithin geteilte Ansicht: Für einen Roman gehört es sich *nicht,* Literatur zu sein. Der Populärroman war niemals Literatur, und nur deswegen ist er populär: Die Sprache ist durchsichtig, ein Fenster auf verallgemeinerte Situationen und verallgemeinerte Charaktere. Joyces Romane sind durchweg viel zu literarisch, und seine Sprache ist fürchterlich undurchsichtig.

All das bedeutet nichts anderes, als daß Joyce eine Art Prosalyriker ist, und wenn er das ist, dann ist er ein Bauernfänger – erst hat es den Anschein, als werde ein trockenes Brot aus rißfestem Seemannsgarn angeboten, und am Ende ist es ein (zwar wertvoller, aber unverdaulicher) Gesteinsbrocken aus Wörtern oder Symbolen gewesen. Man muß sich schon von der Vorstellung lösen, daß das Feld des Romans auf jenes Maß begrenzt bleibt, auf das ihn der Kult des zeitgenössischen Bestsellers zurechtgestutzt hat, und einmal darüber nachdenken, ob Joyce nicht vielleicht recht hat, wenn er die Sprache zu einem der *Charaktere* des *Ulysses* macht (und in *Finnegans Wake* vielleicht sogar zum einzigen Charakter). Wir werden noch sehen, daß die Funktion der Poetisierung, der Stilnachahmungen und

Parodien im *Ulysses* eine höchst dramatische ist; gleichzeitig werden auf solche Weise aber auch die menschlichen Charaktere vertieft, indem die rein menschliche Dimension zunächst um eine geschichtliche und schließlich um eine mythische Dimension erweitert wird. Betrachten wir den Helden des *Ulysses* in seinem allerersten Aspekt, den wir nach Nevil Shute benennen könnten, wenngleich die Sprache dieses Inventariums allein durch ihren Klang, ihre Konsonanten- und Vokalorganisation von einem Vermögen zeugt, das für einen populären Romanschreiber kaum erreichbar ist:

> Mr. Leopold Bloom aß mit Vorliebe die inneren Organe von Vieh und Geflügel. Er liebte dicke Gänsekleinsuppen, leckere Muskelmägen, gespicktes Bratherz, panierte kroß geröstete Leberschnitten, gerösteten Dorschrogen. Am allerliebsten hatte er gegrillte Hammelnieren, die seinem Gaumen einen feinen Beigeschmack schwachduftigen Urins vermittelten. [U 77]

Betrachten wir ihn, wie er zu einem Abschnitt der Historie in Bezug gesetzt wird:

> Ein man aldo stant der ein farensman waz an des hvs tor da nacht nider nu kam. Von Jisraels volc dise man waz vn haet gewandelet vil vnde gefaren vf erden. Rein mitebarmen waz aleine mit den menschen swaz ihn gebraht an dis hvs. [U 539]

Und betrachten wir ihn unter einem seiner komisch-mythischen Aspekte:

> Und es kam eine Stimme vom Himmel und rief: *Elias! Elias!* Und er antwortete ihr mit einem mächtigen Schrei: *Abba! Adonai!* Und sie sahen Ihn, ja Ihn, Ben Bloom Elias, inmitten von Wolken von Engeln auffahren zur Herrlichkeit der Helle in einem Winkel von fünfundvierzig Grad über Donohoe in der Little Green Street, als habe ihn der Schwung einer Schaufel hinaufbefördert. [U 479 f.]

»Komisch« ist das Schlüsselwort, denn der *Ulysses* ist ein großer komischer Roman − wenn auch dieser Tradition des Komischen durch »volkstümliche« Komödienauffassungen (man denke an P. G. Wodehouse, Richard Gordon und die übrigen) der Rang abgelaufen wurde. Die Joycesche Komödie ist ein Teilaspekt des Heroischen: Sie zeigt den Menschen in seiner Beziehung zum Kosmos schlechthin, und der Kosmos schlechthin tritt im Joyceschen Werk symbolisiert als Sprachall auf.

Allmählich sollte sich nun die Erkenntnis herausschälen, daß Joyce ein sehr traditioneller Schriftsteller ist: Er gehört einer Zeit an, in der es keine Frontstellung zwischen den schönen und den Populärkünsten gab, zweifellos entstand der populäre Roman, wie wir ihn heute kennen, erst später. Joyce steht Romanciers wie Cervantes, Fielding und Sterne, den Meistern des komischen Epos, sehr nahe. Wir finden bei ihm viel von Rabelais wieder und nicht wenig von Dickens. Er gehört in der Tat der westeuropäischen Tradition komischer Heldendichtungen an – einer Tradition, die auf einer Art modifiziertem Humanismus basiert. Der Mensch ist interessant und wichtig genug, um bis ins Kleinste und in aller Breite studiert zu werden, aber keinesfalls ist er Herr über das Universum. Das Universum kann als Rätsel oder als Widersacher auftreten: Der Held des komischen Epos setzt ihm alles entgegen, was er aufzubieten vermag, und das ist nicht viel – nichts als der freie Wille und die Befähigung zur Liebe. Seine Niederlagen sind unvermeidlich, doch stets enthalten sie die Saat eines Sieges, den zu verstehen das Universum, dieser große Klumpen wohlvernieteten Schmiedeeisens, nicht vorbereitet ist. Es ist der Sieg des Stoikers, der, wenn die Götter höchstpersönlich ihn mit ihrem überlegenen Gewicht zermalmen, doch genau weiß, daß seine Werte die richtigen sind und ihre die falschen. Infolge eines ironischen Umkehreffekts sind die Helden der großen komischen Epen gerade in ihrer Menschlichkeit der Bewunderung immer würdiger als die Halbgötter der echten Heldendichtungen, deren Parodie sie sind. Odysseus und Aeneas tun sich wichtig, indem sie, diese kleinen Mittelmeerkönige, ihr Schwergewicht in die Waagschale werfen; sie versuchen, den Kosmos nachzuahmen, und der Kosmos fühlt sich so geschmeichelt, daß er ihnen gelegentlich Wunder zu Hilfe schickt. Don Quijote und Leopold Bloom wollen einfach nur durch unaufdringliches Handeln die Gesellschaft um eine Spur verbessern. Der Kosmos aber betrachtet die menschliche Gesellschaft als Muster seiner selbst und wünscht keine Störung – daher sein Unmut, der im Donner, in gröblichem Schabernack oder in plumpen Parallelitäten zutage tritt.

Es liegt auf der Hand, daß der Roman des komischen Helden nicht einfach nur irgendein Garn ausspinnt und sich auch nicht mit der Sprache zufriedengeben kann, die einer einfachen Geschichte angemessen ist. Die Schwierigkeiten von *Ulysses* und – in weitaus größerem Maße – von *Finnegans Wake* sind nicht so sehr Tricks, Verrätselungen und gesuchte Verunklarungen, in die man mit dem Buschmesser eindringen muß wie in ein Lianendickicht; vielmehr werden hier jene Elemente wiedergegeben, von denen die vordergründigen Simplizitäten der menschlichen Gesellschaft umzingelt sind; sie stehen für Geschichte, Mythos und den Kosmos. Wir müssen die Schwierigkeiten also nicht nur akzeptieren, sondern sie sogar als unablösbare Bestandteile ganz in dem Sinne auffassen, wie die Sterne am Himmel sich unvermeidlich mit dem Leben des Mannes verbinden, dessen Blick beim Wasserlassen im Freien zu ihnen emporschweift. Die Schwierigkeiten im *Ulysses* und im *Tristram Shandy* sollen Schwierigkeiten sein: Der Autor ziert sich nicht etwa nur, den Schlüssel herauszurücken.

Zu Beginn seiner literarischen Karriere sagte James Joyce, eine seiner künstlerischen Waffen werde die des Labyrinth-Erbauers sein – nicht die List des Getiers, sondern die des Menschen. Dem Durchschnittsleser, der sich zum erstenmal mit Joyce beschäftigt, widerstrebt das Listige. Vielleicht widerstrebt ihm eine andere der erklärten Joyceschen Waffen sogar noch mehr – das Schweigen. Kein Schriftsteller war autobiographischer als Joyce, doch keiner hat in der Darbietung seiner Geschichte so wenig von sich selbst preisgegeben. Er bleibt schweigsam, er urteilt nie, er kommentiert nie. Ich bin überzeugt, daß viele Romanleser in einem Buch nicht nur die Geschichte suchen, sondern die Kameradschaft des Geschichtenerzählers – sie wünschen sich einen Freund, der mehr von der Welt weiß als sie, der die Leute kennt und gute Zigarren und Tanger und Singapur, der seine Zeit vielleicht mit ungewöhnlichen Frauen vertan und ausgefallene Bücher gelesen hat, der aber doch freundlich bleibt, umgänglich und tolerant, sich allerdings über Dinge empört, die den Leser empören würden, der immer zugänglich ist und immer frei von Allüren. Lies Nevil Shute, und du triffst diesen beidbeinig auf der Erde stehenden Ingenieur ohne feinsinniges Getue; lies Ian Fleming, und du lernst diesen welterfahrenen Jet-Set-Löwen kennen, der dazugehört; lies Somerset Maugham, und du schließt

die Bekanntschaft des raisonnierenden Skeptikers mit dem gut-
versteckten goldnen Herzen. Bei diesen Abziehbildern handelt es
sich manchmal um ungezwungene Naturprodukte, manchmal (bei
Maugham etwa) auch um eine geschickt modellierte Rundumfigur.
Im Werk von Dickens erblickte George Orwell ein Gesicht:

> Es ist das Gesicht eines Mannes um die Vierzig, von roter Gesichtsfarbe
> und mit einem kleinen Bart. Er lacht, mit einer Spur von Zorn in seinem
> Lachen, aber ohne Triumph und ohne Bosheit. Es ist das Gesicht eines
> Mannes, der immer gegen etwas kämpft, der dabei offen kämpft und
> keine Angst hat, das Gesicht eines Mannes, der *auf großzügige Art zornig*
> ist – mit anderen Worten: das Gesicht eines Liberalen des neunzehnten
> Jahrhunderts, eines freien Geistes, eines Typus, der von all den muffigen
> kleinen Orthodoxien, die um unsere Seelen streiten, mit dem gleichen
> Haß verfolgt wird.

Hinter den Romanen von James Joyce will kein Gesicht entstehen,
und das ist bestürzend. Er ist von seiner eigenen Schöpfung abgeschnitten, wie er von Gottes Schöpfung abgeschnitten ist, und zu
keiner von beiden hat er einen Kommentar abzugeben. Er läßt sich
weder für die Sache der irischen Nationalisten noch für die der
Faschisten oder die der Kommunisten gewinnen, obwohl er – wie
Shakespeare, dessen Gesichtslosigkeit legitim ist, da er Dramen und
nicht Romane schrieb – im Namen jeder Ideologie um Beistand angerufen wurde. Vielleicht kommt von allen Romanschriftstellern
nur Flaubert dem Joyceschen Grad an Selbstverleugnung nahe.
Für einen Romanleser allerdings, der in einer behaglicheren
Tradition großgeworden ist, sieht diese Selbstverleugnung sehr nach
Arroganz aus, nach Hochnäsigkeit, gespreiztem Gehabe, Snobismus.
Eine solche Sichtweise ist falsch. Joyces Ziel war es, den gewöhnlichen Menschen zu erheben, und der beste Weg dazu war es, den
gewöhnlichen Menschen selbst reden zu lassen. Die ständige Über-
wachung des eigenen Helden, der verhätschelt, mit dem Leser
durchdiskutiert, mit Lob oder Mitleid bedacht wird – ist sie es denn
nicht viel eher, die einer Pose der Überheblichkeit gleichkommt,
einer Nachahmung Gottes? Leopold Bloom und Humphrey
Chimpden Earwicker werden uns ohne abwiegelnde Entschuldi-
gungen vorgesetzt und ohne die Vermittlung über fertige Einstel-

lungen, die dem Leser übergestülpt würden. Wir müssen uns schon selbst ein Urteil bilden, ob wir sie mögen oder ihr Tun gutheißen (beispielsweise Blooms Masturbation oder Earwickers inzestuöse Phantasien); im Grunde ist die Frage, was wir mögen oder gutheißen wollen, sogar irrelevant – wir bekommen es mit dem weitaus beherzteren Erfordernis der Liebe zu tun. Der Priester ist ausführendes Organ feierlicher Zeremonien, und es käme uns kaum in den Sinn, sein Gesicht betrachten zu wollen oder den Gedanken und Gefühlen nachzuspüren, die sich dahinter verbergen. Ohne Blasphemie begreift Joyce seine Funktion als eine priesterliche – die Zeremonisierung gräulicher Tage und die Heiligsprechung des Alltäglichen.

Diese Vorliebe, wenn nicht gar Obsession, für das Alltägliche ist es, die Joyce dem einfachen Leser wärmstens anempfiehlt. Niemand in seinen Büchern ist reich oder hat Beziehungen nach oben. Es wird nicht mit Namenstiteln gewuchert wie in den Romanen von Evelyn Waugh, und kein Schauplatz, den wir betreten, ist exotischer als eine Kneipe oder eine öffentliche Bibliothek. Einfache Leute, die eine gewöhnliche Stadt bewohnen, sind in den Reichtum der Epochen gekleidet, und dieser Reichtum ist in Sprache eingeschlossen, die jedermann zugänglich ist. Wir werden es noch erleben, daß Joyce die Schlagadern unseres alltäglichen, leseunfreudigen Lebens durchströmt, denn ein großer Schriftsteller hinterläßt seinen Stempel auf der Welt, ob sie es will oder nicht, und die Segnung des Alltäglichen muß schließlich in Verklärung münden. Wir sehen Gerard Manley Hopkins in Cornflakes-Reklamen auftreten (»goldengeröstet, zuckerbestreut, lichter als Luft, O Knusperflocken, wie sie knirschen und knistern«), und wir hören, wie Joyces innerer Monolog auf der Gedankentonspur von Fernsehspielen und Dokumentarfilmen ertönt, hören sogar etwas von seinen Sprachspielereien in Radiomagazinen. »*Introibo ad altare Dei*« [U 7] aber lautet die erste gesprochene Feststellung im *Ulysses,* und wir tun gut daran, früh aufzustehen und wachen Sinnes zur großen komischen Messe zu schreiten, statt nur ihre verunstalteten und verwässerten Echos zu uns durchrieseln zu lassen. Es ist keine schwarze Messe, obschon Guinness getrunken wird und unflätige Lieder der goldenen Liturgie den Takt schlagen; es ist eine Zeremonie ohne Zeremoniell.

2

Erbschaften

NEBEN SCHWEIGEN UND LIST BRAUCHTE JAMES JOYCE EINE WEITERE
Bedingung, um sich in der Kunst ausdrücken zu können – die Verbannung. Die seine war, dem Anschein nach, eine gründlichere als
jene, die – sagen wir – Ovid oder Dante kennengelernt hatten; sie
wirkte wie eine beinahe sakramentale Verleugnung von Familie,
Stadt, Volk und Religion. Solche Gesten sind aber normalerweise
weniger drastisch und dramatisch und entsagungsvoll, als sie klingen,
und diese hier ließ sich auch nicht ganz durchhalten; Joyce beschloß
seine Tage als Sohn und Bruder, als wandelnder Stadtführer für das
vergangene und das gegenwärtige Dublin, als Auslands-Ire, als ein
die Messe versäumender Katholik, der ebensoviel wußte wie die
Priester. Die Verbannung war ein Zurücktreten des Künstlers, der
klarer sehen und dadurch präziser malen wollte; es war der einzige
Weg, einen obsessiven Stoff zu objektivieren. Joyce wollte das »ungeschaffne Gewissen« seines Volkes »schmieden« [P 285], und die
Verbannung war die Schmiede.

Die Helden der zwei großen Bücher von Joyce sind beide Fami-
lienväter. Die Familie war Joyce wichtig, und er brachte ihre Wichtigkeit zum Ausdruck, indem er sich vom zerfallenden Haus seines
Vaters lossagte und eine eigene Familie gründete. Was die Nabelschnur betrifft, so scheint ihr Zug nicht besonders fest gewesen zu
sein. *Amor matris* ist ein großes Thema im *Ulysses*, aber nur in einer
ihrer Bedeutungen. Stephen Dedalus entsinnt sich seiner Mutter
voller Mitleid, doch als sie sich in der nächtlichen Bordellszene von
den Toten erhebt, ist sie der Feind und veranlaßt ihren Sohn, auszu-
rufen »Der Leichenkauer! Rohkopf und blutige Knochen!« [P 734]
und dazu mit seinem Eschenstock den Kronleuchter zu zerschlagen.
Sie scheint dieselben Gefühle hervorzurufen wie jene beiden größe-

ren Mütter, Irland und die Kirche – ein Gemisch aus Schuld, Wut, Entsetzen und Verachtung. Der frühere Vorfall, die Erinnerung daran, daß Stephen sich weigerte, auf Geheiß der sterbenden Mutter zu beten, ist keine genaue Wiedergabe dessen, was in Joyces eigenem Leben geschah, sondern er steht für das *non serviam,* das er allen seinen Müttern entgegenschreien wollte. Joyce war, anders als D. H. Lawrence, kein Muttersohn. Das Vater-Sohn-Verhältnis hingegen ist eine andere Sache; es war ein Verhältnis, in dem Joyce beide Rollen übernehmen konnte, es hatte für ihn eine *mystische* Bedeutung: Bloom und Stephen kommen zusammen, obwohl ihnen die biologischen Bande und sogar jede kulturelle oder Volksverwandtschaft fehlen.

Von all den vielen Kindern, die John Joyce zeugte, scheint ihn nur sein ältester Sohn James gemocht zu haben. Vielleicht ist »gemocht« ein zu starker oder ein zu schwacher Ausdruck: Jugendliche Toleranz machte in mittleren Jahren einer Art schuldbewußter Liebe Platz. Wenn Joyces Mutter die *yin*-Seite der irischen Psyche verkörperte – ganz Schwangerschaft und Nachsicht und Aberglauben –, so Joyces Vater um so mehr das *yang* – Charme, Männlichkeit, Verschwendung, Leichtsinn, trunksuchtbedingte Wurstigkeit, Überreste alter Ehrbarkeit, Talente, die verkümmerten. In *Ein Porträt des Künstlers* zählt Stephen »zungenfertig die Attribute seines Vaters« [P 271] auf:

> – Medizinstudent, Ruderer, Tenor, Amateur-Schauspieler, brüllender Politiker, kleiner Hausbesitzer, kleiner Aktionär, Trinker, guter Kerl, Geschichtenerzähler, Sekretär von jemand, irgendwas in einer Brennerei, Steuereinnehmer, Bankrotteur und augenblicklich Verherrlicher seiner eigenen Vergangenheit. [P 271 f.]

Was der Sohn an Vielfalt in seine Kunst steckte, steckte der Vater in sein Leben, allerdings fruchtlos. Und doch ist er, die ewige Vaterfigur, am Ende der Earwicker von *Finnegans Wake.* Und nicht nur das – nur ein solcher Vater konnte einen solchen Sohn zeugen, denn James Joyce ist sein Vater vermehrt um das Genie, das absonderliche Chaos seines Vaters zu einem Kosmos umgestaltet. Stephen Dedalus sagt, Sokrates habe von seiner zänkischen Frau Xanthippe die Dialektik erlernt und von seiner Mutter, der Hebamme, »wie man Gedanken zur Welt bringt« [U 267]. Er sagt nicht, was er von seinem

Vater lernte. Was Joyce von seinem eigenen Vater lernte oder erbte, war die Stimme, die Gabe des Singens und die der Rhetorik.

John Joyce war nicht einfach nur ein Tenor, sondern ein guter Tenor, und sein ältester Sohn war beinahe ein großer Tenor. Die Bedeutung des Gesangs in seinen Büchern kann nicht hoch genug eingeschätzt werden. Der *Ulysses* singt unablässig, und wenn er einmal nicht singt, so deklamiert oder intoniert er zumindest. Er ist zu einem Bühnenstück – *Bloomsday* – umgeschrieben worden; er ließe sich auch zu einer Oper umschreiben. Die »Sirenen«-Episode ist in der Form einer Fuge komponiert, doch das symphonische Wesen des ganzen Werks tritt erst hervor, wenn wir zum »Circe«-Kapitel gelangen – hier haben wir den Teil, der als freie Fantasia oder Durchführung zu bezeichnen wäre, der all die wirbelnden Fragmente des langen Tages zusammenfaßt und in der Sphäre der Vorstellungskraft mit ihrer speziellen Logik einander zuordnet. Was *Finnegans Wake* betrifft: Teile davon sind bardenhaft in ihrem Wesen, sie brauchen Stimme und Harfe. Aber Joyces Vater konnte mehr als singen; er konnte ebensogut reden. Er besaß die Gabe der Redegewandtheit, besonders, wenn es um Beschimpfungen ging, und zu Höchstleistungen kam es, wenn er die Familie seiner Frau beschimpfte (»O du mein schluchzender Herrgott, in was hab ich da bloß reingeheiratet!« [U 55]). Die denunziatorische Rhetorik der »Zyklopen«-Episode im *Ulysses* ist reiner John Joyce, während die äußerst eigenwilligen Tropen des Simon Dedalus (»Scheiße mit Zwiebeln«, »O du tieftrauriger Gott!«, »Jesus aber gingen die Augen über: Kunststück das, wenn man Christus ist.« [U 55]) nichts anderes als Abschriften der Wirklichkeit sind.

Ohr und Stimme von Joyces Vater erzeugten in seinem Sohn einen ungeheuren Heißhunger auf Sprache. Im *Ulysses* wrang Joyce fast den letzten Tropfen aus der englischen Sprache heraus, und in *Finnegans Wake* mußte er ein neues Medium erfinden – ein Sprachgemenge, eine Art Paneuropäisch, dessen Vokabular all den Sprachen entstammte, die Joyce kannte – eine recht stattliche Zahl. Joyces Drang, fremde Sprachen zu erlernen, begann mit dem Bedürfnis, mit dem großen Europa »da draußen« zu kommunizieren; die sehr insulare irische Sprache zu erlernen, interessierte ihn nicht. Noch vor seinem ersten Examen schrieb er Ibsen einen Huldigungsbrief auf Norwegisch. Italienisch wurde zu seiner zweiten Sprache (und sollte später seine erste sein, und auch die seiner Frau und der Kinder). Im Französischen konnte er sprachschöpferisch sein. Er lernte Deutsch, um Hauptmann zu übersetzen. Schon bevor er daran ging, seine charakteristischen Werke zu schreiben, wurde seine Welt eine Welt der Töne – bedeutungsvoller wie anderer, obwohl, wie Leopold Bloom darlegt, alles auf seine eigene Weise spricht. Ob die Vorherrschaft von Ohr und Zunge bei Joyce, aufbauend auf einer angeborenen Begabung, des Schicksals Entschädigung für sein schwaches Augenlicht und die spätere fast völlige Erblindung ist – das ist eine Sache, die zu diskutieren nicht lohnt. Der blinde Homer ist ein sehr visueller Dichter, der blinde Milton dagegen nicht. Die Sehschwachen halten sich an das wenige, was sie sehen können; die Kurzsichtigen verwandeln sich selbst in Mikroskope. Ich selbst bin ein Romancier, den man als »teilsichtig« klassifiziert hat, doch für mich existiert die sichtbare Welt besonders in Kleingedrucktem wie Zigarettenstummeln in einem schmutzigen Aschenbecher, Schlieren auf kartoffelschälenden Fingern, der Maserung des Holzes, den Bläschen im Mineralwasser, der Pinselführung eines Malers. Es gibt eine Fülle visueller Details in Joyces Romanen, aber (man vergleiche ihn in dieser Hinsicht mit einem anderen sehschwachen Autor, Aldous Huxley) es zeigt sich darin kaum Interesse an den visuellen Künsten – nicht aufgrund schwacher Sehkraft, sondern wegen schwacher Vorsehung seitens der Welt, der er entstammte. Die blassen, feenhaften Wasserfarben von George Russell (A. E.) repräsentieren den Zugang, den das Dublin des *fin de siècle* zur Malerei hatte. Joyce kannte als junger Mann Pornographien und Hagiographien – schmutzige Bilder versteckte er im Kamin seines Schlafzimmers, das Heilige Herz und die HJM stellte er darauf; was er im späteren Leben an Kunstwerken besaß, war ihm wegen der literarischen oder sprachlichen Assoziationen bedeutsam – die webende Penelope; eine Ansicht der Stadt Cork im Korkrahmen. Das Dublin seiner Jugend nährte seine Hörbegabung. Es war in hohem Maß die Stadt seines Vaters, versessen auf Rhetorik und italienische Opern; seine Farben und Formen fand es in Tönen.

Joyce verließ sein Vaterhaus, um seinen Vater in einen Mythos umzuformen, aber er ermunterte ein Familienmitglied, ihm in die Verbannung zu folgen und in der Verbannung zu bleiben – seinen Bruder Stanislaus. So, wie James Joyce seines Vaters Stimme und

Gehör in seine Kunst einbrachte, übernahm er auch seines Vaters Hang zur Unordnung und Gedankenlosigkeit in sein Privatleben, wobei Triest (sein erstes Exil) ihn offenbar ermutigte, die Laster der Wurstigkeit und Verwahrlosung auf eine eindrucksvolle kontinental-europäische Größenordnung zu heben. Stanislaus, »Bruder John«, war gegen all das hinreichend geimpft: Er war solide und verläßlich; ihn gelüstete nach Ordnung und Verantwortung. Gegen unglaub-liche Widerstände half er, den neuen Joyceschen Haushalt über Wasser zu halten, und seinem Buch über James gab er den treffen-den Titel: *Meines Bruders Hüter.* Seine Bedeutung aber für diejenigen, die Joyce selbst lesen wollen und nicht nur über Joyce, ist mythisch. *Finnegans Wake* präsentiert als eines seiner Themen den ewigen Bru-derzwist: Shem ist eine autobiographische Studie (Shem = James), und der harte Kern von Shaun (= John) ist Stanislaus.

Trotz seiner temperamentsbedingten Unfähigkeit, solide, verläß-lich und ein guter Brötchenverdiener zu sein, hatte James Joyce das Zeug zu einem guten Ehemann und Vater. Obwohl er 1904 mit Nora Barnacle durchbrannte, heirateten sie erst 1931 standesamtlich (in London, »aus testamentarischen Gründen«). Ihr Zusammenhalt beruhte auf Zuneigung, nicht auf Formalitäten. Wenn John Joyce auch richtig vorausgesehen hatte, daß ein Mädchen mit einem sol-chen Namen seinen Sohn nie verlassen würde, so überstieg das Maß, in dem James Nora brauchte, doch alle Vorstellung. Sie war un-literarisch und hatte nichts übrig für die bizarren Projekte ihres Mannes (warum konnte er nicht eine normale Geschichte schreiben, die die Leute verstehen konnten?), doch sowohl im *Ulysses* als auch in *Finnegans Wake* ist sie fest verwurzelt – nicht biographisch, son-dern mythisch. Joyce sah in ihr die essentiellen Tugenden der Frau. Sie stand auf dem nüchternen Boden der Tatsachen, des gesunden Menschenverstandes, war antiromantisch, loyal, versöhnlich. So wie Stanislaus ihm als Folie diente, war sie sein Komplement. Als Vater hatte er so viel zu geben, wie wir es vom Schöpfer Blooms und Ear-wickers auch erwarten. Die Beziehung zwischen ihm und seiner Tochter, jenem armen Mädchen, das das väterliche Genie in Form von Wahnsinn erbte, zählt zu den anrührendsten in modernen Lebensbeschreibungen überhaupt.

Joyces Unwille, sein Familienleben zu *legalisieren*, hatte weniger mit einer Abneigung gegen die Formalia der Ehe als mit einer totalen Ablehnung der Kirche zu tun. Die Ehe war ein Sakrament und daher nichts für ihn. Die Alternative einer rein juristischen Ehe half nicht weiter. Der Austritt aus der katholischen Kirche bedeutete nicht den Übertritt zur protestantischen, denn das hätte nur bedeutet, eine logische Absurdität gegen eine unlogische einzutauschen; und genausowenig verschmähte man die Religion, um sich statt dessen dem Staat in die Arme zu werfen. »Non serviam« galt auch im Wortsinn. Joyce, der William Blake bewunderte, hatte viel von Blake an sich: Alle Gesetze waren schlecht; verflucht seien die Bande, gesegnet deren Lockerung. Und doch war Joyces Ablehnung des Katholizismus alles andere als absolut. Nicht ohne Grund brüsten sich die Jesuiten, die Seele eines Kindes ein für allemal zu prägen, und Joyce war von Jesuiten erzogen worden. Er mochte sich gegen die Sakramente sträuben – den Ehestand wie das Abendmahl –, aber diese Schulung und, in verquälter, abtrünniger Verkehrung, auch die eigentlichen Grundlagen des katholischen Christentums wurde er zeit seines Lebens nicht mehr los.

In gewissem Sinne sind die Romane von Evelyn Waugh und Graham Greene, zweier katholischer Konvertiten, weniger katholisch als die Werke des großen jesuitischen Abtrünnigen. Waugh hält mit fürchterlichem Gewißheitshunger Ausschau nach der ungebrochenen Tradition der englisch-katholischen Aristokratie, doch die ersehnte Gewißheit ist weniger eine eschatologische als eine soziale; er will einen Verhaltenskodex und einen Geschmackskodex unter der Schirmherrschaft der ältestmöglichen Tradition. Greene ist Jansenist, und mit seiner Betonung des menschlichen Unvermögens, Gutes zu tun oder den Geboten zu gehorchen, ist der Jansenismus dem Calvinismus zu verwandt, um noch guter Katholizismus zu sein – und tatsächlich hat die Kirche den Jansenismus wiederholt als Irrlehre verdammt. Joyces Restkatholizismus hingegen bewegt sich nie wirklich außerhalb der Norm. Stephen Dedalus hat, wie Buck Mulligan sagt, den Jesuitenzug verkehrtherum eingeimpft bekommen. [U 14] Die Blasphemien des *Ulysses* sind eine Art Bestätigung (das Folgende ist eine Erläuterung zur Disziplin in der britischen Marine):

Sie glauben an Stock den Marterer, den allmächtigen, Schöpfer der Höllen auf der Erden, und an Jan Maat, seinen angebundenen Sohn, unsern Hörigen, der empfangen ist vom geilen Gespreiz, geboren von der

Hundssau Marine, gelitten unter Peng uff die Latte, das Kreuz ihm zer-
droschen und voll Narben, niedergefallen mit Brüllen, am dritten Tage
wieder auferstanden von der Koje, auf in die Wanten zu klimmen, schwit-
zend als Knecht des Stockes, der allrächenden Marter, von wannen ihm
frommen wird nichts mehr, lebendig wie im Tode. [U 457]

Das soll schockieren, genau wie »Die Ballade vom Juxer Jesus« [U 28 f.]
und die Geschichte von Maria und Josef und der Taube. Durch den
ganzen *Ulysses* und durch *Finnegans Wake* hindurch lassen sich Echos
der Liturgie in parodistischer Form erhaschen (»Heil Maria, du fla-
denreiche, der Teer ist mit dir« [FWD 218, HW]), doch ebenso stößt
man auf gelehrte Brocken theologischer Grübeleien und detailgenaue
thomistische Beweisführungen. Es ist bezeichnend für Joyce, daß er,
der sich eine Religion der Kunst als Ersatz für den Katholizismus erschuf, seine Ästhetik in den Begriffen der Scholastiker formulieren
mußte und seine Prämissen sogar von Aquin nahm. Er kann die Kirche nicht abschütteln, er kann sich nie vollends emanzipieren. Im *Ulysses* ist er besessen von der mystischen Einheit des Vaters mit dem Sohn;
in *Finnegans Wake* ist sein einziges echtes Thema die Auferstehung.
    Die ersten Worte, die im *Ulysses* fallen, sind die Eingangsworte der
Messe. Buck Mulligan im Morgenmantel, der gekreuzt ein Rasiermesser und einen Spiegel trägt, steigt hinan zur Plattform eines Turmes, um die erste Blasphemie des Buches zu begehen: »Denn dies,
o geliebte Gemeinde, ist der wahre eucharistische Jakob: Leib und
Seele, potz Blut und Wunden.« [U 7] Doch die Blasphemie gehört
zur Figur; der liturgische Ton gehört zum Buch. Hier setzt, scheint
Joyce zu sagen, ein Ritus von erhabener Bedeutung ein, so komisch
die Oberfläche auch sein mag. Und seine beiden Hauptwerke *sind*
Rituale: Sie haben einen verborgenen Gehalt, okkulte Symbole
werden raffiniert plaziert; es steckt mehr dahinter, als das Auge sieht.
Jedes Kapitel des *Ulysses* erfüllt zu ein und derselben Zeit mehrere
Funktionen: Es erzählt die Geschichte, repräsentiert eine Kunstform
oder Wissenschaft und einen Teil des menschlichen Körpers, hat ein
entsprechendes Symbol, wird sogar von einer entsprechenden Farbe
bestimmt und (was allerdings nicht ganz so esoterisch ist, da uns der
Titel des Buches einen deutlichen Hinweis gibt) birgt Entsprechungen zu Homers *Odyssee,* die mit großer und heimlicher Ausführlichkeit ausgearbeitet sind. Den »Zufällen« eines komischen Epos

unterliegt ein Gehalt von ganz anderer Qualität: In gewissem Sinne wird ein Sakrament gespendet. Dieses sehr katholische Bedürfnis nach der Sicherheit eines organischen Systems – und das scheint eines der Motive für die Abfassung des *Ulysses* gewesen zu sein – ist wesensverwandt mit der priesterlichen Vorliebe für Mysterien.

Joyces Haltung zum Katholizismus ist, wie bei den meisten Abtrünnigen, die der Haßliebe. Er hat die Kirche verlassen, aber er kann sie nicht in Ruhe lassen: Er attackiert sie vor den Priestern, doch er verteidigt sie vor den Protestanten. Allem Spott und aller Blasphemie zum Trotz ist es ungefährlich, die Joyceschen Werke einem überzeugten Gläubigen in die Hände zu geben. Die Kirche mag eine Absurdität sein, aber ihre Logik wird nicht bestritten; und es gibt auch keine Institution, die weniger absurd wäre. Die Kirche steht da, um geprügelt zu werden, doch die prügelnden Fäuste wissen um die eigene Ohnmacht. Und selbst in den Einzelheiten noch scheint Joyce eher zur Literatur der Kirche als zur Literatur der Ungläubigen etwas beizusteuern:

Die stolzen machtvollen Titel ließen den Triumph ihrer ehernen Glocken über Stephens Erinnerung hinschallen: *et unam sanctam catholicam et apostolicam ecclesiam:* das langsame Wachsen und Wechseln von Ritus und Dogma wie seiner eigenen aparten Gedanken, eine Chemie der Sterne. Das apostolische Symbolum in der Missa Papae Marcelli, die Stimmen ineinander klingend, laut und allein gesungene Affirmation: und hinter ihrem Gesang entwaffnete und bedrohte der wachsame Engel der militanten Kirche ihre Häresiarchen. Eine Horde von Irrlehren, fliehend mit schiefen Mitren: Photius und die Brut der Spötter, deren Mulligan einer war, und Arius, sein Leben lang im Krieg gegen die Konsubstantialität des Sohnes mit dem Vater, und Valentinus, der Christi irdischen Leib verwarf, und der spitzfindige afrikanische Häresiarch Sabellius, der die These vertrat, daß der Vater Selbst Sein eigener Sohn sei. Worte, die Mulligan vor einem Augenblick voll Spott zu dem Fremden gesprochen. Müßiger Spott. Gewißlich wartet die Leere aller, so da weben den Wind: Bedrohung, Entwaffnung, Überwältigung durch die zur Schlacht gerüsteten Engel der Kirche, die Heerscharen Michaels, die da streiten für sie allzeit in der Stunde der Gefahr mit ihren Lanzen und Schilden. [U 31]

Joyces intellektuelles Verständnis des Katholizismus überstieg den einfachen Glauben seiner Mutter ebensosehr wie seine Weigerung, die Osterrituale zu absolvieren. Doch kleine Spuren eines bäuerlichen Katholizismus sind bei ihm erhalten geblieben. Seine Erzieherin, Mrs. Conway (»Dante« in *Ein Porträt des Künstlers*), lehrte ihn, beim Blitzschlag das Zeichen des Kreuzes zu machen und zu sagen: »Jesus von Nazareth, König der Juden, bewahre uns vor einem plötzlichen und unvorbereiteten Ende, O HERR!« In Joyces Büchern ist der Donner stets die Stimme eines grimmigen Gottes. Im *Ulysses* poltert er, während die Studenten in der Entbindungsklinik die Kräfte des Lebens verspotten. Die Sprache, mit der er beschrieben wird, ist von primitivem Entsetzen erfüllt: »Laut zur Linken donnerte Donar: in Grimme flammend der Hammerwerfer.« [U 553] In *Finnegans Wake* erscheint der Donner als eine der Figuren, symbolisiert in einem Hundertbuchstabenwort (wie »bababadalgharaghttakamminarronnkonnbronntonnerronntuonnthunntrovarrhounawnskawntoohoohoordenenthurnuk!« [FWD 27, HB]), nämlich die Macht, die die Menschen dazu treibt, Schutz zu suchen und damit auch Kulturen zu gründen. Beim Klang des Donners fuhr Joyce selber stets zusammen, und denen, die nach dem Grund fragten, sagte er: »Sie sind nicht im katholischen Irland großgeworden.«

Joyces Irentum – davon müssen wir nicht viel Aufhebens machen, denn es ist vielleicht der unbedeutendste seiner Bestandteile. Seine Methode, für Irland jenes Gewissen zu schaffen, das es gar nicht haben wollte, bestand darin, Irland nach Europa zu zerren und später dann Irland als Kern eines universellen Mythos zu nutzen. Seinen Nationalisteneifer verausgabte er früh in seinem Leben, obwohl er sich sein ganzes Exilleben hindurch eine profunde Kenntnis von der Geschichte des irischen Unabhängigkeitskampfes bewahrte. Sein Werk läßt sich von keinen keltischen Urtexten herleiten (die Rolle, die das *Buch von Kells* in *Finnegans Wake* spielt, ist das geringste der Probleme des Lesers); er nahm keinen Anteil an jener literarischen Bewegung, die Yeats glorifizierte; er lauschte noch nicht einmal wie Synge der aromareichen Rede der Bauern. Sein Irentum war passiv, nichts als angeboren, unentwickelt; sein Ziel war es, ein europäischer Künstler zu sein und nicht der Bardenminister einer hinterwäldlerischen Republik. Die Dubliner Kneipenbummler betrachten ihn als einen der ihren, doch das offizielle Irland will nichts von ihm wissen. Und so sollte es auch sein. Joyces Lebenszweck war es, das Dublin der Durstigen und der Hungernden zu glorifizieren und nicht ein nationales Hochglanzimage zu fördern. Er war ein Dubliner, wie

Bloom und Earwicker Dubliner sind, und beide, sowohl Bloom als auch Earwicker, sind Ausländer.

Die Joyceschen Bücher handeln von Dublin, und zwar alle. In den Anfangsteilen von *Ein Porträt des Künstlers* besuchen wir noch andere irische Orte, doch nur kurz. Erleichtert kehren wir heim nach Dublin. Doch wir täuschen uns, wenn wir meinen, daß Dublin das Joycesche Werk *umschließt,* daß die Kenntnis der Stadt der Schlüssel zum Verständnis ist. Leibhaftige Dubliner fühlen sich kompetent, Joyce besser beurteilen zu können als alle anderen, weil sie die Entfernung vom Sir John Rogerson's Quay zum Friedhof Mount Jerome kennen. Das ist Verblendung. Dublin wird bei Joyce in eine archetypische Stadt verwandelt und schließlich in eine Traumstadt. Außerdem ist das Dublin von 1904 ebenso wie das romantische Irland und O'Leary mausetot. Davy Byrne's ist nun eine modische Bar und kein Säuferloch mehr. Der Martello-Turm ist ein Joyce-Museum, ein Omphalos der Versteinerung. Etwas über Dublin zu wissen, über die wirkliche Stadt der Joyceschen Erinnerung, hilft uns dabei, die Mythen aufzudröseln, die er daraus machte – doch es ist nicht absolut essentiell. Die echten Schlüssel zum Verständnis von Joyce erwirbt sich der gewissenhafte Leser und nicht der Käufer eines Aer-Lingus-Tickets. Was meine Kompetenz für die Beurteilung des Werks betrifft, so kann ich, abgesehen von meiner eingehenden Beschäftigung mit demselben, eine katholische Erziehung in Lancashire geltend machen, eine abergläubische Großmutter namens Finnegan und eine starke Vorliebe für alles, was übers Gehör geht. Dublin hingegen ist eine Stadt, die mir längst nicht so vertraut ist wie Singapur oder Leningrad.

Doch wenn wir uns in Joyces Bücher stürzen, so stürzen wir in eine Art Dublin. Der Hügel von Howth steht für den Mann, der Fluß Liffey für die Frau, und am Ende ist die Stadt eine metaphysische, geeignet für die Ausbreitung der menschlichen Geschichte schlechthin. Doch bevor wir zu diesem Stadium der Vollendung vordringen, müssen wir Dublin erst als Paradigma aller modernen Städte betrachten, als Bühne für die Darstellung der Paralyse, als besudeltes Nest eines Dichters.

3

Eine paralysierte Stadt

JOYCES ERSTES GEDRUCKTES JUGENDWERK WAR EINE LOBREDE IN VERsen auf den toten Parnell und eine Attacke auf Parnells Hauptfeind. Es hieß *Et Tu, Healy,* und er schrieb es, als er neun war. Hier endet die Bibliographie des parteiischen oder engagierten Joyce. Seine Studentenschriften priesen Ibsen und vergossen Spott über dem irischen literarischen Theater (»Der Tag des Pöbels«). Bevor er Irland verließ, fast für immer, schrieb er ein swiftianisches – oder hudibrastisches – Gedicht namens »Das heilige Offizium«, in dem die Kirchturmpoetlinge des keltischen Zwielichts ein paar Tropfen Säure abbekamen:

> So nehm in den Blick ich, fern dem Lande,
> Das Schlachtfeld dieser Narrenbande,
> Der Seelen, die hassen der meinen Kraft,
> Die in des Aquinas Schule gestrafft.
> Wo sie gebückt sich voll Kriecherei,
> Steh ich, der Selbstbestrafte, frei,
> Furchtlos, freundlos und allein,
> Indifferent wie der Sonnenschein
> Und sicher und fest wie die Bergesspitzen,
> Wo luftig ich lass mein Geweihe blitzen. [GG 141]

Kühne Worte, und ein kühnes Manifest:

> Doch all diese Wichte, die ich hier knicke,
> Machen zur Klärgrube mich ihrer Clique:
> Damit träumen sie können im sicheren Port,
> Schaff ich ihnen die dreckigen Abwässer fort;
> Für sie jene Dinge ich übernehm,
> Durch die ich verloren mein Diadem,
> Für die mich Großmütterchen Kirche verstieß,

Mich unnachsichtig im Stiche ließ.

So erleichtre ich ihnen den furchtsamen Arsch,

Üb mein Katharsis-Amt bündig und barsch. [GG 139]

Joyce hatte, mit zweiundzwanzig, keinen Zweifel an seiner künstlerischen Funktion, auch nicht an deren Wichtigkeit. Das Offizium der Reinigung, der Verwendung von Kunst als einer Art Abwasserkanal für die Entleerung der niederen menschlichen Urstoffe, war keines, das die Kirche heilig nennen konnte; immerhin bürgte für Aristoteles – der ihm das Wort »Katharsis« gab – aber der heilige Thomas von Aquin, und Thomas von Aquin war nicht dieselbe Welt wie die Christian Brothers und die Priester von Maynooth. Joyce hat die Vorstellung von einer großen traditionellen intellektuellen Aristokratie, der er selber angehört. Geziertheit, Einbildungen, Devotionalismus haben keinen Platz in der Strenge und Selbsthingabe ihres Credos. Sie stellt hohe Ansprüche, und man muß bereit sein, ihretwegen verdammt zu werden (Joyce sieht sich in einer Art Künstlerhölle, »der Selbstbestrafte, frei, furchtlos, freundlos und allein«). Und daher die freiwillige Abtrennung, die Verbannung.

Die erste große Frucht der Joyceschen Verbannung war der Band mit Kurzgeschichten, *Dubliner*. Uns erscheint sie nun wie ein recht mildes Abführmittel, vor allem, weil sie die erste in einer ganzen Pharmakopöe kathartischer Arzneien ist, denen gegenüber wir eine gewisse Toleranz entwickelt haben. Ihren Eponymen schien sie kräftig genug; Drucker und Verleger verweigerten zunächst die Verabreichung; die kleine Saga ihrer Ablehnungen, Kastrierungen, Verbrennungen weist voraus auf die epischen Bemühungen des *Ulysses* (der ursprünglich selbst als eine Geschichte für die *Dubliner* konzipiert war), in Druck und an den Zollämtern vorbei befördert zu werden. Das Buch wurde zur Hauptsache 1905 in Triest geschrieben, ausgearbeitet auf der Grundlage von Notizen, die Joyce sich gemacht hatte, als er noch in Dublin war. Grant Richards, dem es zuerst geschickt wurde, wollte es partout nicht veröffentlichen. Im Jahre 1909 gab Joyce es an Maunsel & Co. in Dublin. 1910 bekamen es Maunsel & Co. darüber mit der Angst zu tun und verschoben die Veröffentlichung. 1912 vernichtete der Drucker den fertigen Satz, und in einem Flugblatt namens »Gas von einem Brenner« läßt Joyce den Drucker sagen:

(…) ich ziehe die Grenze bei jenem Gesellen,
Der kürzlich aus Öst'reich kam, uns zu verprellen:
Sang italienische Gassenhauer
Vor O'Leary Curtis und John Wyse Power
Und schrieb über Dublin auf eine Art,
Daß sämtlichen Druckern sich sträubte der Bart.
Scheiße mit Zwiebeln! Was glaubt ihr, der nennt
Beim Namen das Wellington Monument,
Die Sydney Parade und die Sandymount-Tram,
Downe's Cakeshop und William's Jam!
(…) Wer hat doch gesagt: Widerstrebt nicht dem Übel?
Ich verbrenne das Buch, so wahr mir der Dübel –!
Ich sing einen Psalm, wenn die Flammen turnen,
Und für die Asche gibt's Einhenkel-Urnen.
Dann tue ich Buße, will gerne mich stürzen
Aufs Knie unter reichlichen Seufzern und Fürzen,
Zur Fastenzeit, ohne ihn zu bedecken,
Meinen reuigen Arsch in die Lüfte recken
Und neben der Druckerpresse erbleichten
Gesichts meine furchtbare Sünde beichten.
Mein irischer Faktor aus Bannockburn taucht
In die Urne den frommen Daumen und haucht
Dann kreuzweis mit Asche aus jenem Gefäß
Memento homo mir aufs Gesäß. [GG 145 ff.]

Doch den Namen des Wellington-Monuments und von Downe's
Cakeshop zu drucken war immerhin erst der Anfang vom Lied. Wer
den Naturalismus einer Ansichtspostkarte zuläßt, muß sehr bald auch
Graffiti auf Toilettenwänden, die Lästerungen der Kutscher und das,
was in den hinteren Schlafzimmern von Finn's Hotel vor sich geht,
zulassen. Die *Dubliner* waren vollkommen naturalistisch, und keine
Art von Wahrheit ist harmlos; die Menschheit kann, wie Eliot sagt,
nicht viel Realität ertragen.

Und doch wollte Joyce, am Anfang wie am Ende, nicht einfach
nur den Gang des gewöhnlichen Lebens festhalten. Es gab da noch
diese Sache mit den Epiphanien, definiert in *Stephen der Held* (dem
ersten Entwurf von *Ein Porträt des Künstlers*):

Unter einer Epiphanie verstand er eine jähe geistige Manifestation, entweder in der Vulgarität von Rede oder Geste, oder in einer denkwürdi-

gen Phase des Geistes selber. Er glaubte, daß es Aufgabe des Schriftstellers sei, diese Epiphanien mit äußerster Sorgfalt aufzuzeichnen, da sie selbst die zerbrechlichsten und flüchtigsten aller Momente seien. [SH 224]

Stephen Dedalus erzählt seinem Freund Cranly (wie er es in *Ein Porträt des Künstlers* Lynch erzählen wird – eloquenter und sehr viel ausführlicher), daß Aquins drei Voraussetzungen für Schönheit Integrität, Symmetrie und Ausstrahlung sind. Zuerst sondert der wahrnehmende Geist den – »hypothetisch schönen« – Gegenstand vom Rest des Universums und begreift, »daß er ein integrales Ding ist« [SH 226]; er bemerkt seine Integrität oder Ganzheit. Als nächstes betrachtet der Geist »den Gegenstand als Ganzes und in seinen Teilen, in Beziehung zu sich selber und zu anderen Gegenständen, überprüft die Balance seiner Teile, bedenkt die Form des Gegenstands, dringt in alle Ritzen der Struktur ein« [SH 226]. Was die dritte Stufe betrifft – »Strahlung« – das ist Stephens Übersetzung der Aquinschen *Claritas* –, so handelt es sich um eine Art von *Quidditas* oder Washeit, die aus dem Gegenstand hervorscheint:

(…) schließlich, wenn die Beziehung der Teile vollkommen ist, wenn die Teile auf den einen fixen Punkt eingestellt sind, erkennen wir, daß er *das* Ding ist, welches er ist. Seine Seele, seine Washeit, springt uns an aus dem Gewand seiner Erscheinung. Die Seele des gewöhnlichsten Gegenstands, dessen Struktur sich durch diese Blickeinstellung zeigt, scheint uns zu strahlen. Der Gegenstand vollbringt seine Epiphanie. [SH 227]

Der Begriff wirkt ironisch, wenn er auf die »Offenbarungen« der *Dubliner* angewandt wird, aber immerhin war die allererste Epiphanie den heiligen drei Königen etwas ebenso Ironisches – ein Kind in einem schmutzigen Stall.

Glanz und Geheimnis der Kunst können in der Spannung zwischen der Erscheinung und der Realität liegen, oder, genauer, zwischen dem gegenständlichen Stoff und dem, was daraus gemacht wird. Die Ansicht, daß der Stoff als solcher lehrreich sein sollte, hält sich weiter, vor allem, weil sich den meisten Menschen eine moralische Standardantwort eher mitteilt als ein genuiner ästhetischer Taumel. Als Grant Richards sich schließlich dazu durchrang, die *Dubliner* zu publizieren – er tat es am 15. Juni 1914: fast genau am

10. Jahrestag jenes Bloomsday, der noch nicht stattgefunden hatte –, waren nur wenige Leute dafür bereit: Der Geschmack votierte für das Schulmeisterliche, die öden Moralstunden einer weniger naturalistischen Prosa. In den *Dublinern* wurde dem Leser nicht gesagt, was er von den Charakteren und ihren Taten, oder vielmehr Tatenlosigkeiten, halten sollte. Es gab darin keine großen Sünden, auch keinen Auftritt großer Güte. Aus grauer Gewöhnlichkeit entspringt eine rein ästhetische *Quidditas.*

Alle Geschichten der *Dubliner* sind Studien der Paralyse oder der Frustration, und die totale Epiphanie ist die der Natur modernen Großstadtlebens – die Unterordnung unter die Routine und die Furcht, sie zu durchbrechen; die Emanzipation, die erstrebt wird, aber nicht stark genug erstrebt; die großen, noblen Attitüden, die von der Schwäche des Fleisches gelöchert werden. Die erste Erzählung, »Die Schwestern«, präsentiert das Schlüsselwort in ihrem allerersten Absatz:

> Jeden Abend, wenn ich zu dem Fenster hinaufsah, sagte ich leise das Wort *Paralyse* vor mich hin. Es hatte immer seltsam in meinen Ohren geklungen, wie das Wort *Gnomon* im Euklid und das Wort *Simonie* im Katechismus. Doch jetzt klang es mir wie der Name eines übeltäterischen und sündigen Wesens. Es erfüllte mich mit Furcht, und doch verlangte es mich, ihm näher zu sein und sein tödliches Werk zu betrachten. [D 7]

Der Erzähler ist ein kleiner Junge. Hinter dem Fenster liegt tot Pater Flynn. Der Junge wird, wie Joyce selbst, nicht nur von dem Geheimnis von Wörtern angezogen, sondern von der furchterregenden Mittäterschaft der Riten, die der Priester ausgeübt hat. Was den Priester selbst betrifft – alt und im Ruhestand und sterbend –, so sind die Gefühle des Jungen eine Mischung aus halbherziger Faszination und Widerwillen. Pater Flynn weist voraus auf die unangenehmen Priester Graham Greenes und die dramatischen Möglichkeiten des Kontrastes zwischen ihrem Amt und ihrer Natur. Er ist ein schmuddeliger Tabakschnupfer gewesen. »Wenn er lächelte, entblößte er immer seine großen verfärbten Zähne und ließ die Zunge auf der Unterlippe ruhen.« [D 11] Doch nun ist er tot, und der Junge begleitet seine Tante, um im Haus der Misses Flynn, der Schwestern des Priesters, seinen Leichnam zu sehen. Er lernt, über einem Glas

Totensherry, daß Pater Flynns Krankheit mit dem Zerbrechen eines Kelches begonnen habe, daß dies seinen Geist in Mitleidenschaft gezogen habe: »... Und was glauben Sie, da war er«, sagt Eliza Flynn, »saß ganz allein im Dunkeln in seinem Beichtstuhl, hellwach und wie wenn er leise für sich lachen täte?« Währenddessen liegt der tote Priester »still in seinem Sarg (…), wie wir ihn gesehen hatten, feierlich und grimmig im Tode, einen leeren Kelch auf der Brust« [D 16].

Das ist die ganze Geschichte, und es ist mehr ein Versuch, ein Symbol zu errichten, als eine Handlung einzurichten: ein zerbrochener Kelch, ein leerer Kelch. Die peinlichen Entdeckungen über die Erwachsenenwelt werden in der nächsten Geschichte, »Eine Begegnung«, fortgesetzt, in der der kindliche Erzähler und sein Freund Mahony für einen Tag die Schule schwänzen. Die Köpfe voll von *The Union Jack, Pluck* und *The Halfpenny Marvel,* begegnen sie dem Abenteuer, aber nicht in Gestalt der unschuldigen Gewalt ihrer kleinen Wildwestmythologien. Ein heruntergekommener Mann spricht sie an, voller perverser Phantasien. Mahony rennt davon, doch der Erzähler muß sich den Monolog des Mannes anhören über das Durchprügeln von Jungen, die Schätzchen haben. »Er beschrieb mir, wie er einen solchen Jungen verprügeln würde, als enthülle er ein kompliziertes Geheimnis. Er liebe das, sagte er, mehr als irgend etwas sonst auf dieser Welt; und während er mich monoton durch das Geheimnis geleitete, wurde seine Stimme fast zärtlich und schien mich inständig zu bitten, ihn doch zu begreifen.« [D 26] Der Erzähler kann sich von dem wahnwitzigen Gestammel losmachen, er ruft Mahony. »Wie schlug mein Herz, als er über das Feld auf mich zurannte! Er rannte, als wolle er mir Hilfe bringen. Und ich war reumütig; denn in meinem Herzen hatte ich ihn immer ein wenig verachtet.« [D 26]
»Arabia« ist die letzte in dieser Eröffnungstrilogie von Erzählungen, in denen die Welt aus dem Blickwinkel von Kinderaugen gesehen wird. Hier aber gehört die leidenschaftliche Frustration zu dem Jungen selbst. Er ist jenseits des Stadiums, wo er äußeren Geheimnissen – Ritual und Irrsinn – begegnet, und erfährt nun durch pubertäre Erfahrungen etwas über der »Liebe bittres Rätsel« [U 16]. Hier erscheint das eucharistische Symbol: »Ich stellte mir vor, ich trüge meinen Kelch sicher durch eine dichte Menge von Feinden. In seltsamen Gebeten und Lobpreisungen, die ich selber nicht verstand, drängte sich mir zuweilen ihr Name auf die Lippen.« [D 29]

Wir werden diesem Symbolismus wieder begegnen, in der »Villanelle der Verführerin« [SH 224] – beim Titel genannt in *Stephen der Held*, präsentiert in *Ein Porträt des Künstlers*. In »Arabia« jedoch ist die Geliebte keine Verführerin, sondern ein Mädchen in einer Klosterschule. Sie will den Bazar namens Araby besuchen (dieser ist, wie alle öffentlichen Anlässe bei Joyce, historisch verbürgt: Er fand vom 14. bis 19. Mai 1894 zugunsten des Jervis Street Hospital in Dublin statt); unglücklicherweise sind Exerzitien im Kloster, und sie muß enttäuscht werden. Der Junge verspricht, an ihrer Stelle zu gehen und ihr ein Geschenk mitzubringen. Es ist der letzte Abend von Araby, er braucht noch etwas Geld von seinem Onkel, und sein Onkel kommt spät und angesäuselt heim. Als er beim Bazar eintrifft, wird der gerade geschlossen; die Lichter gehen aus.

In die Dunkelheit hinaufspähend, sah ich mich selber als ein Wesen, von Eitelkeit getrieben und lächerlich gemacht; und meine Augen brannten vor Qual und vor Zorn. [D 34]

Die scheinbare Trivialität der Frustration und die Gewalt der Sprache, in der sie ausgedrückt wird, werden wie zuvor von der ästhetischen Kraft der Epiphanie versöhnt: Hier ist, abgeleitet aus der alltäglichen Erfahrung, ein Symbol für die Frustration der Jugend und, in der Fortschreibung, auch der Reife.

Der Rest der Frustration und Beispiele der Paralyse gehört zur säkularen Welt der Erwachsenen. Die Heldin von »Eveline« sehnt sich danach, ihrem trostlosen Dubliner Dasein zu entkommen, und sie hat ihre Chance. Aber gerade an dem Punkt, wo sie sich mit dem Mann, der sie liebt, nach Buenos Aires einschiffen will, brandeten alle »Wasser der Welt (...) um ihr Herz. Er zog sie in sie hinein: Er würde sie ertrinken lassen.« [D 40] Ihr Herz sagt nein; sie richtet »ihr weißes Gesicht auf ihn, passiv, wie ein hilfloses Tier. Ihre Augen gaben ihm kein Zeichen der Liebe oder des Abschieds oder des Erkennens.« [D 40] Little Chandler in »Eine kleine Wolke« hat eine Wiederbegegnung mit dem großen Ignatius Gallaher, der sich im Londoner Journalismus gemacht hat (im *Ulysses* ist er bereits zum Mythos des Dubliner Zeitungsmannes geworden: Er benutzte einen Code, der auf einer Anzeige im ›Freeman‹ basierte, um Einzelheiten des Mords im Phoenix-Park an die ›New York World‹ zu telegraphieren. Das war eine denkwürdige Erstmeldung). Little Chandler stellt den unausweichlichen Vergleich an zwischen dem Reichtum von Gallahers Leben, ganz Whiskey und Vorschüsse von vermögenden Jüdinnen, und seinem eigenen – dem schäbigen Job, der faden Frau, dem quengelnden Kind. Könnte er sich doch nur durch ein Bändchen Verse im Ton des keltischen Zwielichts einen Namen machen, nach London gehen, dem entsetzlich provinziellen Dublin entkommen. Doch es ist zu spät. Die Epiphanie erblüht in den Vorwürfen seiner Frau, weil er den Balg zum Schreien gebracht hat, während er »Schamröte auf seinen Wangen« fühlt und ihm »Tränen der Reue« [D 86] in die Augen treten. Der Käfig ist fest verriegelt.

Man braucht kein negativer oder zaghafter Charakter wie Eveline oder Little Chandler zu sein, um das Syndrom der Seelenfäulnis aufzuweisen. Farrington in »Entsprechungen« ist stämmig, rotgesichtig, unaufhörlich durstig, und er denkt von sich, er sei kneipenfest. Doch er hat die Ruhelosigkeit aller virilen Dubliner, und sogar der Job eines Schreibers in einer Anwaltskanzlei ist zuviel für ihn. Der kleine Himmel der Befreiung aus der Wirklichkeit ist stets die »heiße stinkige Wirtschaft« [D 98], das kehlbereite Malz, der Traum von hochklassigen Frauen, doch das Geld geht immer bald aus, die schmarotzenden Kumpane verschwinden, und der Himmel hat sich gänzlich aufgelöst, wenn er schließlich die Tramhaltestelle auf der O'Connell-Brücke erreicht. »Er fluchte auf alles« [D 98] beim Warten auf die Tram nach Sandymount. »Er hatte sich geschafft im Büro, hatte seine Uhr versetzt, sein ganzes Geld ausgegeben; und er war noch nicht einmal betrunken.« [D 98] Alles, was bleibt, ist heimzugehen und seinen Sohn Tom zu schlagen, weil der das Feuer hat ausgehen lassen. Tom heult: »Ich sag ein *Ave Maria* für dich, Papa, wenn du mich nicht schlägst ... Ich sag ein *Ave Maria* ...« [D 99] Aber ein *Ave Maria* hilft keinem dieser Dubliner.

Nichts hilft wirklich. Lenehan trägt, in »Zwei Kavaliere« wie im *Ulysses,* in Diensten einer Sportzeitung und im Amt eines Possenreißers für jeden – sogar für einen Flegel wie Corley –, der ein kleines bißchen Geld auszugeben hat oder besorgen kann, seine schäbigen Fitzelchen von Kultur (»Das ist der allerhöchste, einsam dastehende und, wenn ich so sagen darf, exquisite Gipfel!« [D 50]) mit sich herum. Doch selbst da, wo tatsächlich einmal Geld vorhanden ist und auch eine Erziehung und eine recht kultivierte und kosmopolitische Bekanntschaft, da fehlt noch etwas. In »Nach dem Rennen« trägt die Stadt »die Maske einer Kapitale« [D 45] für Jimmy und seine kontinentaleuropäischen Freunde, die »nach Dublin hereingerast« gekommen sind und »wie Kugeln (...) gleichmäßig die Rille der Naas Road entlang« [D 41] gleiten in ihren Rennwagen.

> Auf der Höhe des Hügels von Inchicore hatten sich Trauben von Schaulustigen angesammelt, um die Wagen heimwärts karriolen zu sehen, und durch diesen Kanal der Armut und der Untätigkeit jagte der Kontinent seinen Reichtum und seinen Gewerbefleiß. Hin und wieder brachen die Menschentrauben in die Hochrufe der dankbar Unterdrückten aus. [D 41]

Es wird getrunken und gespielt und gesungen an Bord der Yacht des Amerikaners im Hafen von Kingstown, aber Jimmy ist beschwipst und einer der größten Verlierer. »Es waren Mordskerle, doch er wünschte, sie würden aufhören: Es wurde spät.« [D 47] Es ist alles Dummheit, und alles wird er am Morgen bereuen. Am Ende der Erzählung – Joyces einzigem Fischzug durch die Welt der Vermögenden – ist der Morgen gekommen. »Der Tag bricht an, meine Herren.« [D 48]

Hohe Ideale werden verraten – nicht mit der Gewalt des Abtrünnigen, sondern durch die Unterordnung unter Kompromisse, das langsame Hinwegsickern von Überzeugungen, die, wie es scheint, nur der irische Fanatiker hegen kann. Mr. Henchy in »Efeutag im Sitzungszimmer« sagt:

> Parnell (...) ist tot. Also ich sehe die Sache so. Hier der Bursche, der kommt auf den Thron, nachdem seine alte Mutter ihn davon abgehalten hat, bis er grau war. Er ist ein Mann von Welt, und er meint's gut mit uns. Er ist ein netter anständiger Kerl, wenn ihr mich fragt, und er hat keine Sputzen im Kopf. Er sagt sich einfach: *Die Alte hat diese wilden Iren nie besucht. Jesus, ich fahr selber und guck mir mal an, wie die so sind.* Und wir sollen den Mann beleidigen, wenn er zu einem freundschaftlichen Besuch hier rüberkommt? [D 134]

Es ist Parnells Gedenktag, und die Korken knallen um das Feuer im Sitzungszimmer. Der bevorstehende Besuch Edwards VII. ist von der Wärme gastlicher Toleranz (»Daß der König herkommt, wird bedeuten, daß Geld in dieses Land fließt« [D 134]) umschlossen. Joe Hynes rezitiert ein Gedicht mit dem Titel »Der Tod Parnells«, in dem der verlorene Führer als ein verratener Jesus präsentiert wird. Es gibt Beifall, ein weiterer Korken knallt, und Mr. Crofton sagt, »daß es sehr schön geschrieben sei« [D 138]. Parnell ist in ein harmloses Pantheon eingegangen, kein rechtmäßiger Jesus, sondern eine Ikone. Dies ist eine der Erzählungen, die die Publikation des ganzen Buches aufhielten. Die Verleumdung der irischen Seele, ein zu freier Umgang mit dem Namen des lebenden Monarchen, eine nicht hinnehmbare Menge degradierenden Geredes: Der Naturalismus war insgesamt schon viel zu weit gegangen.

In »Gnade«, der vorletzten Erzählung, ist der zu Kopf steigende Wein religiösen Vertrauens für die Kinder dieser Welt unauffällig verwässert worden, die – wie der Text von Pater Purdons Predigt uns in Erinnerung ruft – in ihrer Generation weiser sind als die Kinder des Lichts. Die Erzählung beginnt mit dem Sündenfall:

Zwei Herren, die gerade in der Toilette waren, versuchten ihn aufzurichten: doch er war völlig hilflos. Er lag zusammengerollt unten an der Treppe, die er hinuntergestürzt war. Es gelang ihnen, ihn umzudrehen. Sein Hut war ein paar Meter weit gerollt, und seine Kleidung war besudelt von dem Dreck und der Schmiere des Fußbodens, auf dem er gelegen hatte, Gesicht nach unten. Seine Augen waren geschlossen, und sein Atem machte ein grunzendes Geräusch. Ein dünnes Blutrinnsal sickerte ihm aus dem Mundwinkel. [D 153]

Dies ist Mr. Kernan, »ein Handlungsreisender der alten Schule, die an die Würde ihres Berufes glaubte« [D 156]. Er gehört zu einer Gruppe kleiner Händler, Angestellter, Beschäftigter der Königlich-irischen Polizeitruppe, Arbeiter im Büro des Untersheriffs oder des städtischen Untersuchungsrichters – gute trinkfeste Männer, die das Rückgrat des *Ulysses* bilden werden. Mr. Power verspricht Mrs. Kernan, daß er und seine Freunde einen neuen Menschen aus ihrem Ehemann machen werden: keine betrunkenen Stürze mehr, Wiedergeburt mit Gottes Gnade. Und so, ohne Zeremoniell und sogar mit ein paar harmlosen Witzen, bewegen wir uns auf die Umkehr eines Geschäftsmannes zu, auf die Erneuerung der Taufgelübde und eine Predigt von Pater Purdon. Es ist eine männliche, unsinnfreie Predigt, in der Jesus Christus als ein höchst verständiger Meister präsentiert wird, der wenig fordert, aber viel vergibt.

> Wir kämen vielleicht, wir alle kämen gewiß, von Zeit zu Zeit in Versuchung; wir hätten vielleicht, wir alle hätten gewiß, unsere Fehler. Aber ein einziges, sagte er, verlange er von seinen Zuhörern. Und das sei: aufrecht und mannhaft zu Gott zu sein. Wenn ihre Konten in jedem Punkt stimmten, zu sprechen:
> – Jawohl, ich habe meine Konten überprüft. Ich finde alles einwandfrei.
> Wenn es aber, was wohl vorkommen könnte, Unstimmigkeiten gab, die Wahrheit zuzugeben, freimütig zu sein und wie ein Mann zu sprechen:
> – Jawohl, ich habe meine Konten überprüft. Ich finde dies unrichtig und jenes unrichtig. Aber mit Gottes Gnade werde ich dieses und jenes richtigstellen. Ich werde meine Konten in Ordnung bringen. [D 178]

Auf diese Weise wird diese recht gewöhnliche Stadt vor uns ausgebreitet, ihre Schüchternheit und die Hohlheit ihrer Gesten mit sparsamen Mitteln und einer Art gedämpfter Poesie aufgezeichnet, ihre geplatzten Seelenschecks mit Humor indossiert, aber nicht mit Mitleid und auch nicht mit Krittelei, denn der Autor muß sich völlig aus seiner Schöpfung zurückgezogen haben. Das Buch beginnt, in »Die Schwestern«, mit dem Bild eines paralysierten Priesters und eines zerbrochenen Kelches; es hätte vielleicht, in »Gnade«, geendet haben können mit den Sakramenten provinziellen Frömmigkeitsabklatsches und der Segnung kleiner und schmutziger Geister. Doch es schließt hier noch nicht. Die längste und beste Geschichte, die das Buch beschließt, ist ein Nachgedanke. Dublin mag eine impotente Stadt sein, aber Irland ist mehr als Dublin. Das Leben mag in der Verbannung zu liegen scheinen, »draußen in Europa«, doch in Wahrheit wartet es eingerollt in Irland, bereit, aus einem wilderen Westen heraus einzufallen als jenem, den die lesenden Jungen von »Eine Begegnung« kennen. Die Erzählung über das Leben heißt »Die Toten«.

Alles im Joyceschen Schreiben ist eine überhöhte Niederschrift der eigenen Erfahrung des Autors, aber vielleicht ist »Die Toten« der persönlichste Posten in der langen Chronik Dublins, die sein Lebenswerk war. Gabriel Conroy ist eine Art James Joyce – ein Literat, Hochschuldozent, Beiträger einer literarischen Kolumne im

Dubliner ›Daily Express‹, europäisiert, ohne Sympathien für Irlands nationalistische Bestrebungen, sich dessen bewußt, daß seine eigene Kultur einer anderen, höheren Ordnung angehört als jene, die ihn im provinziellen Dublin umgibt. Er hat ein Mädchen von geringerer Bildung geheiratet (»eine Plietsche vom Land« [D 191] hat seine eigene Mutter sie einst genannt), aber er achtet sie nicht gering: Gretta Conroy besitzt die Galwayer Charakterfestigkeit ihres Vorbilds, Nora Joyce; sie ist schön; Gabriel ist ein Ehemann, der weiß, was er an ihr hat. Am Neujahrsabend gehen sie zu dem alljährlichen Fest, das Gabriels Tanten – Miss Kate und Miss Julia – geben, und da ihr Haus ein gutes Stück außerhalb Dublins liegt, haben sie für die Nacht ein Hotelzimmer gebucht. Es ist ein lustiger, geselliger Abend, voller Klaviersoli, Lieder, Quadrillen, Speisen. Als Gabriel und Gretta in den frühen Morgenstunden zu ihrem Hotelzimmer gehen, überkommt ihn eine Welle des Begehrens: Der, der weiß, was er hat, will sie jetzt haben. Doch Gretta ist abgelenkt. Am Ende der Feier sang der Tenor Bartell D'Arcy ein Lied namens »Die Dirn von Aughrim«, und sie denkt über das Lied nach. Ein Junge, den sie einst in Galway kannte, sang es immer. Sein Name war Michael Furey, und er »hat im Gaswerk gearbeitet« [D 225]. Er starb jung. Gabriel fragt, ob er an Schwindsucht gestorben sei, und Gretta antwortet: »Ich glaube, er ist meinetwegen gestorben.« [D 225]

Das Bündel von Gefühlen, das bei dieser Enthüllung und bei Grettas Taumel aus neubelebtem Gram Besitz von Gabriels Seele ergreift, braucht zu seinem Ausdruck mehr als eine naturalistische Technik. Wir erleben den Auftritt eines neuen Joyce, die Entfaltung der List des Autors von *Ulysses,* und erfahren die Heimsuchung eines fürchterlichen Zaubers. Als Gabriel seine laue kleine Seele analysiert, sehen wir, daß sein Name und der seines toten Rivalen eine eigenartige Bedeutung angenommen haben – Gabriel der milde Engel, Michael der leidenschaftliche; und jener tote Junge, besessen von einer untragbaren Liebe, wurde zu Recht Furey genannt.

Die Luft im Zimmer ließ ihn an den Schultern frösteln. Er streckte sich vorsichtig unter die Bettücher und legte sich neben seine Frau. Einer nach dem anderen wurden sie alle zu Schatten. Es war besser, kühn in jene andere Welt hinüberzugehen, als kläglich vor Alter zu schwinden und zu verwelken. [D 228]

Gabriel wird sich der Welt der Toten bewußt, in die die Lebenden eingehen. Jene Welt hat ein Eigenleben, mit dem sie voranschreitet, und ihr Zweck ist es, die Welt derer, die noch nicht darin eingegangen sind, zu charakterisieren und buchstäblich heimzusuchen. Die Lebenden und die Toten existieren nebeneinander; sie haben eigenartigen Verkehr miteinander. Und in bestimmter Hinsicht ist der tote Michael Furey lebendiger, durch die Leidenschaft, die ihn tötete, als der lebendige Gabriel Conroy mit seinem bißchen kontinentaleuropäischer Kultur und seiner intellektuellen Überlegenheit. Währenddessen fällt in der nur zu handgreiflichen Welt Dublins der Schnee herab, und überhaupt auf ganz Irland. »Die Zeit war für ihn gekommen, seine Reise gen Westen anzutreten.« [D 229] Der Westen ist da, wo Leidenschaften stattfinden und Jungen aus Liebe sterben: Der Friedhof, auf dem Michael Furey begraben liegt, ist in gewisser Hinsicht ein Ort des Lebens. Was den Schnee betrifft: Er vereint die Lebenden und die Toten und hört kraft dieser übernatürlichen Funktion auf, der Schnee zu sein, der unter dem Mond auf eine Winterstadt fällt. Gabriels Seele schwindet langsam, »während er den Schnee still durch das All fallen hörte, und still fiel er, der Herabkunft ihrer letzten Stunde gleich, auf alle Lebenden und Toten« [D 229]. Wir haben, zusammen mit ihm, den Schleier von Zeit und Raum durchbrochen; wir befinden uns in der Gegenwart einer fürchterlichen letzten Wahrheit.

Ellmanns Joyce-Biographie informiert uns detailliert über das realweltliche Material, das zur Entstehung von »Die Toten« beigetragen hat. Gabriels Entdeckung der Gemeinschaft von Toten und Lebenden war auch die seines Schöpfers, abgeleitet aus einer gleichartigen Eifersucht auf den toten Liebhaber seiner Frau, einer Eifersucht, die der stillen Duldung und einer Art von Hingabe weichen mußte. In der Ausweitung wird die Eifersucht auf einen lebendigen Rivalen ebenso sinnlos: Am besten ist es, alles philosophisch und sogar freudig hinzunehmen; am Ende können wir sogar dahin kommen, daß wir die Rolle des Hahnreis aus freien Stücken übernehmen wollen. Als Bloom gegen Ende des *Ulysses* über den Ehebruch seiner Frau nachsinnt (den vielfachen Ehebruch – die Namen ihrer Mitsünder werden komplett aufgelistet), überdenkt er die Reaktionsweisen »Neid, Eifersucht, Entsagung, Gleichmut« [U 931] und rechtfertigt die letztere mit Gedanken an »die Zwecklosigkeit von

Triumph, Protest oder Ehrenrettung: die Sinnlosigkeit der hochge-
lobten Tugend: die Lethargie der unwissenden Materie: die Apathie
der Sterne.« [U 934] Aber zuvor, in der Bordellszene, hat seine Vorstellungskraft den Vollzug des Ehebruchs zwischen seiner Frau und
Blazes Boylan aufgerufen und ihn selbst, in seiner Vorstellung, dazu
angespornt:

> BLOOM *(die Augen wild aufgerissen, legt bei sich selber Hand an):* Zeigs ihr!
> Rein! Zeigs ihr! Pflüg sie durch! Mehr! Schuß! [U 722]

Ebenso hat Richard in dem Drama *Verbannte* ein schamhaftes Verlangen danach, seine Frau an seinen Freund Robert abzutreten:
»Weil ich es mir im Innersten meines niederträchtigen Herzens
wünschte, von dir und von ihr betrogen zu werden – im Dunkeln,
in der Nacht – heimlich, gemein, listig. Von dir, meinem besten
Freund, und von ihr. Ich habe mir das inbrünstig und niederträch-
tig gewünscht, in der Liebe und in der Lust für immer entehrt zu
sein, für immer …« [V 68] Dieser Preisgabedrang, der von dreien der
Joyceschen Charaktere geteilt wird und der im *Ulysses* sogar einen
mythischen Stellenwert erhält (er wird beispielsweise Shakespeare
unterstellt), ist ein Aspekt des *Fraulichen* am Joyceschen Mann, das
yin, das das *yang* veredelt. Bloom wird in der Mabbot Street einer
Reihe von Metamorphosen unterzogen, und die vielleicht spekta-
kulärste davon ist seine Geschlechtsumwandlung.

Das größere und auch kreativere Thema der einen Welt aus Lebenden und Toten aber, das könnte als eines betrachtet werden, das
seine Wurzeln im Joyceschen Katholizismus findet: Die strebenden
Lebenden machen mobil, und die gelobten Toten tragen den Sieg
davon, doch sie sind Mitglieder der einen Kirche. Tote und Lebende
begegnen einander ganz natürlich in der Phantasmagorie der Bordellszene; im tieferen Traum von *Finnegans Wake* ist die Einheit der
menschlichen Geschichte von der gleichzeitigen Existenz aller ihrer
Abschnitte abhängig. Doch im Interesse der Ökonomie müssen ein
Mann und eine Frau viele Partien spielen. In Adaline Glasheens *Census of Finnegans Wake* läßt die Tabelle, die auf gut joyceanisch »Wer
ist wer wenn einjeder jemand anderer ist« überschrieben wurde,
Earwicker Gottvater, den Sünder Adam, den Vater Adam, Abraham,
Isaak, Noah, Buddha, Mohammed, Finn MacCool, Tim Finnegan,

König Leary und an die dreißig weitere Rollen spielen, und Earwickers Familie zeigt sich wendig darin, angemessene Nebenrollen zu finden. Dies ist die Occamsche Klinge des gereiften Künstlers. Am Schluß von »Die Toten« fühlt Gabriel seine eigene Identität erlöschen und seine Seele schwinden, als die feste Welt zerstiebt: Sie zerstiebt, im Vorgriff, zum gewaltigen Feuerball von *Finnegans Wake;* die Saat ist ausgesät.

Die Bedeutung der *Dubliner* im gesamten Joyceschen Kanon kann nicht überbetont werden. Es mag heutzutage wenig Bemerkenswertes an der Technik zu geben scheinen, aber das liegt daran, daß Joyce selbst, sowohl durch seine Nachfolger als auch in dem Buch, uns daran gewöhnt hat: Wir nehmen die Kargheit der Prosa als etwas Selbstverständliches hin – die Tatsache, daß Originalität ebenso in Weglassungen wie in Hinzufügungen bestehen kann. Das spätere Joycesche Werk ist tatsächlich eine Kunst des Hinzufügens, der Anbringung von Überformungen immer größerer Fülle auf einem Gerüst, das schlicht genug ist: *Finnegangs Wake* repräsentiert die mögliche Grenze, bis zu der Aussagen mit Bedeutungsschichten beladen werden können. In den *Dublinern* war seine Aufgabe eine andere. Er mußte die Erzählprosa entromantisieren, indem er die Farblasuren abschmirgelte, die in der Blütezeit des spätviktorianischen Romans als dichterische Brillanz durchgegangen waren. Zu schreiben wie Meredith oder Hardy oder Moore (oder irgendein anderer, was das betrifft) war nicht schwer für den Autor, der die »Sonnenrinder«-Episode im *Ulysses* schaffen sollte. Er tendierte von Haus aus zur Fülle, aber Fülle wurde nicht angestrebt in dieser Studie einer trüben modernen Großstadt, die ihre Epiphanien aus dem Alltäglichen hervorblitzen lassen sollte. Wo Klischees vorkommen, sind Klischees beabsichtigt, denn die meisten Einwohner der Stadt leben in Klischees. Wo ein abgedroschenes Fitzelchen Romantik benutzt wird – wie in »Zwei Kavaliere«: »Seine Harfe, ungerührt auch sie, schien der Augen der Fremden gleichermaßen überdrüssig wie der Hände ihres Herrn« [D 54] –, da steht auch das im Einklang und unterstreicht die Armut des irischen Traums von der Vergangenheit. Und bei der Handhabung des Humors, wie in »Gnade« und »Lehm«, wird ein ebensolches Pokerface aufgesetzt wie nur igendwo in der zeitgenössischen amerikanischen Tradition und um Welten Distanz gehalten von dem schrulligen und trampligen Gealbere dessen, was zu Joyces Jugendzeit als Komödie durchging. Doch das mirakulöse Ohr für Sprachnuancen läßt sich am besten in den Dialogen betrachten.

Die Joyceschen Bücher handeln von der menschlichen Gesellschaft, und der größte Teil sozialer Rede ist »phatisch«, um Malinowskis brauchbaren Ausdruck zu benutzen. Sie beschäftigt sich weniger mit der Übertragung von Informationen, Intentionen oder Bedürfnissen als mit dem Aufbauen oder Aufrechterhalten von Kontakten – nur beruhigendes Geräusch in der Dunkelheit. Die Rede der irischen Städte ist die phatischste in der ganzen englischsprachigen Welt: Sie ist nichts als Farbe, Rhythmus und Geste. Sie ist ganz die Stimme bezaubernder Apathie und Ruhelosigkeit, eine tödliche Sirenenfalle für den Autor, der mit starken Handlungslinien und dramatischen Aktionen befaßt ist, denn die Erschaffung irischer Charaktere in einer Handlungsstruktur muß entweder die Zerstörung der Handlung zur Folge haben oder die Verfälschung derer, die darin auftreten. Wenn wir uns *Juno und der Pfau* ansehen, fühlen wir uns irgendwie befremdet, wenn sich eine Handlung ereignet: Das Stück steht und fällt mit dem, was die Charaktere sagen, und das, was sie sagen, bringt uns keineswegs dem Fallen des Vorhangs näher. Joxer und dem Pfau ist es, wie *Finnegans Wake*, beschieden, unentwegt im Kreis herumzulaufen, das »Chassis« der Welt bejammernd, ohne irgendetwas dagegen zu unternehmen, und immer die Frage »was sind die Sterne« im Sinn ohne das geringste Bemühen, es herauszufinden. Und so steht es mit den Joyceschen Dublinern, deren Totem das Pferd Johnny in Gabriel Conroys Geschichte ist:

> Und alles verlief prachtvoll, bis Johnny des Denkmals von König Billy ansichtig wurde: und ob er sich nun in das Pferd verliebte, auf dem König Billy sitzt, oder ob er meinte, er wäre wieder in der Mühle, jedenfalls begann er um das Denkmal herumzulaufen.
>
> Gabriel schritt in seinen Galoschen unter dem Gelächter der anderen im Flur im Kreis herum. [D 213]

Die präzise eingefangene Rede dieser angeschirrten Bürger ist die getreuliche Stimme der Paralyse. Wenn wir erkennen, wie essentiell ihre Tonlagen für die Joycesche Kunst sind, fangen wir an, sein Bedürfnis zu verstehen, Handlungen außerhalb zu finden, denn seine schwatzhaften Kneipengänger werden keine hervorbringen. Die Handlung muß aus einem außenstehenden Mythos wie dem der *Odyssee* kommen oder aus einer zyklischen Geschichtstheorie, die ein Abbild zielgerichteter Bewegung wenn schon nicht ausfüllt, so doch immerhin entwirft.

Schließlich sind die *Dubliner* bedeutsam, weil sie den *Ulysses* mit einer eingespielten Besetzungsliste für die Statistenrollen versorgen. Wir werden sie alle wieder antreffen oder, wenn sie tot sind, von ihnen hören – Bartell D'Arcy, Mr. Power, Martin Cunningham, Hynes, Mrs. Sinico und die übrigen. Wenn wir Mr. Bloom noch nicht getroffen haben, so liegt das daran, daß er zwar ursprünglich für diese Galerie vorgesehen war, aber doch herausgehievt werden mußte, um mit ihm größere Dinge einzustudieren. Und wenn wir Stephen Dedalus und seine Studienkumpane noch nicht getroffen haben, so liegt das daran, daß sie schon in einem eigenen Roman porträtiert worden waren – zusammen mit einem lärmenden Vater und einer süßen todgeweihten Mutter.

4

Märtyrer und Irrgärtner

JOYCES ERSTER VERSUCH, EIN STÜCK IMAGINATIVER PROSA AUS SEINER eigenen künstlerischen Genese zu schmieden, fällt offenbar in das Jahr 1904, das Bloomsjahr, als die Genese noch nicht beendet war. Die Dubliner Intellektuellen Eglinton und Ryan brachten eine Zeitschrift heraus, die nach der irischen Erdgöttin *Dana* genannt wurde. Joyce schrieb eine Erzählung über sich selbst – den abtrünnigen Katholiken, der auf dem Wege der Sünde seine kreative Seele entdeckt und dann vorwärtsschreitet, um die Welt zu ändern –, in der die Technik der Symbolisten mit dem Geist Ibsens aufgeladen worden war. Stanislaus Joyce schlug als Titel »Ein Porträt des Künstlers« vor; unter diesem Namen wurde sie bei ›Dana‹ eingereicht und prompt abgelehnt. Aber noch war nichts verloren. Tatsächlich sind Schriftsteller über Ablehnungen manchmal im stillen erleichtert: Häufig kommen ihnen Skrupel, sobald das Päckchen in den Briefkasten gesteckt ist, und sie erkennen ein größeres Potential in ihrem Stoff, als es zunächst schien: Manches dicke Buch hat als etwas für eine Zeitschrift angefangen. Joyce bemerkte schnell, daß es sein Thema verdiente, in der Größenordnung eines Romans voller Länge ausgearbeitet zu werden, und so entwarf er einen Bildungsroman von gut dreihunderttausend Wörtern. So wurde *Stephen der Held* geboren. Die Niederschrift dieses Buches scheint, zuerst in Dublin und dann in Triest, *pari passu* mit den Skizzen für die *Dubliner* vorangekommen zu sein, doch Joyce sollte *Stephen der Held* niemals veröffentlichen. Der größte Teil des fertigen Manuskripts wurde offenbar verbrannt – vielleicht in depressiver Stimmung –, doch fast vierhundert Seiten überlebten, um postum als *Stephen Hero: Part of the first draft of »A Portrait of the Artist as a Young Man«* veröffentlicht zu werden.

Das ist, wie wir dieses lange Fragment lesen – ein Tasten dem

Meisterwerk entgegen. Wir können erkennen, warum Joyce sein ursprüngliches Schema aufgab: Es war zu wenig Form darin, es wurde zuviel Mühe darauf verwandt, das Leben so brühwarm aufzuzeichnen, wie es gelebt wurde. Die Vitalität von *Stephen der Held* leitet sich hauptsächlich aus seinem leidenschaftlichen Egoismus ab, dem Bedürfnis, wie in einem Tagebuch alles, was geschieht, aufzuzeichnen, sobald es geschieht, denn jedes Korn der Erfahrung ist der gefräßig größer werdenden Seele des Künstlers Nahrung. Joyce will stets das Ganze einer Sache. Seine Unfähigkeit, in *Stephen der Held* das Ganze eines heranwachsenden Lebens zusammen mit dem, wovon sich dieses Leben nährt, zu umspannen, lehrt ihn, sich mit kleineren Ganzheiten zu bescheiden – der Ganzheit eines Tages im *Ulysses* und der Ganzheit einer Nacht in *Finnegans Wake*. In jedem bedeutenden Künstler scheint es einen Konflikt zu geben zwischen dem Drang, alles zu verschlingen, und dem Bedürfnis, auszuwählen und zu formen. Joyce muß der Lösung des Problems der *Dubliner* wegen jene Gefahren, die in der Niederschrift von *Stephen der Held* lagen, klarer gesehen haben. Es reichte nicht aus, ein Bündel beliebiger Epiphanien zu versammeln und ihnen allein durch das Faktum der gemeinsamen Einwohnerschaft eine Einheit überzustülpen: Joyce arrangierte seine Geschichten listig, in einer Art genetischen Musters, beginnend mit der Kindheit, fortschreitend zur Jugend, zur Reife, zum öffentlichen Leben, und durch die Mutterschaft zur Kirche übergehend; schließlich wurden die Lebenden und die Toten, die Jungen, die Alten, die fragilen Bollwerke, die sie gegen die Zeit und den Verfall errichteten, gemeinsam eingehüllt unter dem metaphysischen Schnee. Für seinen autobiographischen Roman skizzierte er einen verwandten Entwurf, aber er war kühner im Rückgriff auf die Schätze des Symbolismus.

Das Wachstum des Embryos und das Wachstum der Seele spiegelten einander in Joyces privatem Symbolismus. In der »Sonnenrinder«-Episode im *Ulysses* wird die Geschichte der englischen Literatur – die als Aufzeichnung der seelischen Entwicklung einer Nation passend genug ist – benutzt, um embryonales Wachstum zu symbolisieren; in *Ein Porträt des Künstlers als junger Mann* wird embryonales Wachstum benutzt, um die seelische Entwicklung eines jungen Dichters zu symbolisieren. Das war kein Element der kalten und kalkulierten Wahl von Symbolen: Joyce war als Medizinstudent von der

Embryologie fasziniert; die Zeugung und Geburt seiner Tochter Lucia akzentuierten das Mysterium; seine eigentümliche Leidenschaft für Nora vermied zwar das Kindliche, doch sie drückte sich oft – in seinen Briefen an sie – im Foetalen aus. Der statische und passive Organismus, der sich nicht aus eigenem Entschluß bewegt, sondern dessen Wachstum ihm auf geheimnisvolle Weise aufgedrängt wird, ist eine sehr Joycesche Vorstellung.

Sobald wir dem Namen des Joyceschen Helden begegnen, bemerken wir, daß Symbolismus am Werke ist, doch in *Stephen der Held* sticht dieser besondere Symbolismus heraus wie ein schlimmer Daumen – besonders in der unwahrscheinlichen Form »Daedalus«. Joyce beeilte sich, daraus »Dedalus« zu machen, was in einem naturalistischen Roman gerade eben durchgehen kann, doch der Name kann nur in einem symbolischen Kontext wirklich Bedeutung ausstrahlen. So kann das »Stephen Dedalus« von *Ein Porträt des Künstlers,* das den Naturalismus zum Diener des Symbolismus macht, all seine Harmonien zum Klingen bringen – das selbstgewählte Märtyrertum der Literatur; den Zaunkönig, der im Lied »König aller Vögel« ist und am Tag des heiligen Stephan geopfert wird; die Felsbrocken, die einen Heiligen umbrachten und die ein Labyrinth fügten; die Erfindung des Fliegens – Flucht in die Verbannung und Höhenflug der dichterischen Schöpfung; das Bild des Vogels, der den heidnischen und den christlichen Namen vereint.

Ein Porträt des Künstlers als junger Mann verfügt über viele Symbole, aber das fundamentale ist das eines Wesens, das versucht, den Fesseln der schwerfälligen Elemente Erde und Wasser zu entkommen, und das auf schmerzhafte Weise das Fliegen erlernt. Das erste der fünf großen Kapitel, in die das Buch eingeteilt ist, beginnt mit den diskreten Eindrücken eines Kindes – dem Märchen des Vaters (der Vater kommt zuerst); dem Stolpern einer Kinderzunge, die noch nicht die eines Dichters ist, so daß »Oh die wilde Rose blühet« zu »Oh die grüne Lose blüet« [P 7] wird; den Gerüchen von Bett und Vater und Mutter, Wasser. Die embryonale Seele ist umgeben von einer Art Fruchtwasser – Urin und Meer (Stephen tanzt einen Hornpipe); und das Land, das hat zwei Farben – rot und grün. Dies sind gleichzeitig heraldische oder politische Farben: »Dante hatte zwei Bürsten in ihrem Schrank. Die Bürste mit dem maronenbraunen Samtrücken war für Michael Davitt, und die Bürste mit dem

grünen Samtrücken war für Parnell.« [p 7] Doch der Embryo ist ans
Dunkel besser gewöhnt, und so versteckt sich Stephen unter dem
Tisch. Dante (Mrs. Riordan, seine Kinderfrau) sagt ihm die Zukunft
voraus:

> Seine Mutter sagte:
> – O, Stephen sagt Entschuldigung. Heraus ...
> Dante sagte:
> – O, wenn nicht, dann kommen die Adler und hacken ihm die Augen
> aus.
>
> *Hacken ihm die Augen aus,*
> *Sagt Entschuldigung heraus,*
> *Sagt Entschuldigung heraus,*
> *Hacken ihm die Augen aus.* [p 8]

Der Adler, nicht der Zaunkönig, ist immer noch der König aller
Vögel, aber er weiß, wer seinen Horst zu usurpieren droht, und er
droht zurück und bedroht den Dichter mit Blindheit.

Diese Eröffnungsseite ist ein flinkes Wunder, die Art von Ausführung, die in ihrer Dichtheit und ihrer erstaunlichen Ökonomie
den konventionellen Romancier (»Meine frühesten Erinnerungen
sind die an meinen Vater, einen monokeltragenden, behaarten
Mann, der mir Geschichten erzählte«) beschämen sollte. Prosa und
Stoff sind eins und untrennbar geworden; es ist der erste große technische Durchbruch in der Prosa des zwanzigsten Jahrhunderts, und
es wirkt unausweichlich so, als hätte sich das jeder ausdenken können. Hier liegen die Wurzeln des *Ulysses* – jeder Phase der Seele ihre
eigene besondere Sprache; *Finnegans Wake* muß nicht als vorsätz-
liche Sinnverwirrung erscheinen, sondern als eine logische Schlußfolgerung aus dieser Prämisse. Erkennen wir »Wenn du das Bett
naßmachst ist es erst warm dann wird es kalt. Seine Mutter legte das
Öltuch auf. Das roch so komisch« [p 7] als richtig, so müssen wir
auch »Bis tusendirsja. Lppn. Die Schlüssel zum. Gegeben! Ein Weg
ein samer ein letzter ein liebster entlang der« [FWD 275] als unausweichlich akzeptieren.

Der Abschnitt, der folgt, führt Stephen ins Clongowes Wood College. Er ist immer noch ein Kind, ein Wesen der Reaktionen, nicht
der Gedanken, und er versucht sich vor der ungestümen Welt zu verstecken. Der augenhackende Adler ist zu einem Fußball geworden:

Da fliegt »die ölige Lederkugel wie ein schwerer Vogel durch das
graue Licht« [P 8]. In der bleichen und frösteligen Abendluft kommt
ihm »sein Körper klein und schwach vor in dem Auflauf der Spie-
ler«; seine Augen sind »schwach und wässrig« [P 8]. Er ist umgeben
von Dreck und Kälte, aber er ist auch krank: Ein Junge namens Wells
(ein passender Name) schubste ihn in das schleimige Wasser des Ab-
trittgrabens, weil er seine Schnupftabakdose nicht gegen eine Hack-
kastanie eintauschen wollte. Die Seele bleibt zu ihrer Urflüssigkeit
und der Erde niedergedrückt. Stephen hört einen Jungen einen anderen »Zutscher« [P 11] schimpfen, und sofort hört und sieht er Wasser, das aus einem Toilettenbecken abläuft. Die Farben der Erde behaupten sich: »er erinnerte sich an das Lied über die wilden
Rosenblüten auf dem kleinen grünen Fleck. Aber eine grüne Rose
gäbe es nicht. Aber irgendwo auf der Welt vielleicht doch.« [P 13]
Ein Klassenkamerad, Fleming, hat die Erde und die Wolken auf der
ersten Seite seines Geographiebuches angemalt – die Erde grün und
die Wolken maronenbraun. Wir sind wieder bei Dantes Bürsten und
der irischen Politik – schwerfällige Kräfte, die versuchen werden, die
sich entwickelnde Seele an einem bestimmten Erdenfleck festzuhalten. Parnell ist Stephen im Sinn, als ihn im Studiensaal fröstelt:

> Er überlegte, was richtig wäre, für Grün oder für Maronenbraun zu sein,
> denn Dante hatte eines Tages den grünen Samtrücken von der Bürste, die
> für Parnell war, gerissen, mit der Schere, und ihm gesagt, Parnell sei ein
> schlechter Mensch. Er überlegte, ob sie zu Hause darüber stritten. Das
> nannte man Politik. Dabei gab es zwei Seiten: Dante war auf einer Seite,
> und sein Vater und Mr. Casey waren auf der anderen Seite, aber seine
> Mutter und Onkel Charles waren auf keiner Seite. [P 17 f.]

Als er ins Schulinfirmarium fortgeschafft wird und seine Seele sich
beinahe der Erde ergibt (»Wie wunderschön waren die Worte, wo
es hieß *Im alten Kirchhof bett mich zur Ruh!* [P 26]), hat er eine Vision von Wasser, angefüllt mit Wellengeräusch, worin der Schrei
»Parnell! Er ist tot!« [P 29] von der Menge am Wasserrand ertönt.
Dante, in maronenbraunem und grünem Samt, geht stolz und
schweigend vorüber.
    Das Rot der Stechpalme und das Grün des Efeus läuten die Weih-
nachtsmahlszene ein mit ihrem fürchterlichen Streit über Politik und

die Kirche und mit Mr. Caseys herzerstickendem Ausruf »Armer Parnell! (...) Mein toter König!« [P 43] Stephen, nun alt genug, um bei Tisch mit den Erwachsenen Platz zu nehmen, blickt mit schreckerfülltem Gesicht auf, um seines Vaters Augen voll von Tränen zu sehen. Die Seele lernt etwas von der Welt – Loyalität, Treulosigkeit, die bitteren Vertrauensspaltungen. Andere Lektionen kommen, als er zurück in der Schule ist – die Verbrechen der Pubertät und gerechte Strafen für diese Verbrechen. Doch Stephen selber wird für nichts bestraft: Seine Brillengläser sind zerbrochen, und (die Adler sind am Werk) er sieht nicht gut genug, um zu schreiben. Der Studienpräfekt erscheint im Klassenzimmer, nennt Stephen einen faulen kleinen Drückeberger und schlägt ihn – in einer der auf unerträglichste Weise qualvollen Passagen der ganzen modernen Literatur – mit einem Bakel:

> Ein heißer brennender sengender kribbelnder Schlag wie der laute Knall eines entzweigebrochenen Stocks ließ seine zitternde Hand zusammenschrumpfen wie ein Blatt im Feuer: und bei dem Geräusch und dem Schmerz trieb es ihm brühheiße Tränen in die Augen. Sein ganzer Körper bebte vor Angst, sein Arm bebte und seine geschrumpfte brennende blauangelaufene Hand erbebte wie ein lockeres Blatt in der Luft. Ein Schrei sprang ihm auf die Lippen, ein Gebet um Freilassung. Aber obwohl die Tränen seine Augen brühten und seine Glieder vor Schmerz und Angst zuckten, hielt er die heißen Tränen zurück und den Schrei, der seine Kehle brühte.
> – Andere Hand! brüllte der Studienpräfekt. [P 55]

Die eigentümliche Objektivität der Joyceschen Methode läßt sich sogar in isolierten Wörtern erkennen. In dem Absatz, der folgt, zieht Stephen »seinen bebenden Arm in Panik weg« und bricht »in ein Schmerzgewimmer aus« [P 55]. »Gewimmer« ist bei Helden nicht üblich, doch es ist genau das Wort, das hier gebraucht wird. Genauso ist der Stephen des *Ulysses* fähig, zu feixen, wie er es ist, in der Nase zu bohren. Zum Teufel mit den traditionellen unheldischen Konnotationen.

Und nun findet die erdgebundene Seele, zu einer schamhaften Niedrigkeit gebakelt, den Mut, es mit den Lüften zu versuchen. Nasty Roche rät Stephen, sich beim Rektor zu beschweren; ein Kamerad aus Grammatik II sagt: »Der Senat und das römische Volk erklärten, daß Dedalus zu Unrecht bestraft worden war.« [P 58] Sein Name ist ein großer Name, so wie die Namen klassischer Männer in Richmal Magnalls Fragen [P 98]; die Adler sind auf seiner Seite. Er beschwert sich beim Rektor, der ihm freundlich Gehör schenkt und sagt, dergleichen werde nicht wieder vorkommen, und er geht schneller und schneller hinaus in die Luft. Er erzählt seinen Mitschülern, was er getan hat, und freudeschreiend werfen sie ihre Mützen in die Luft. Sie hieven ihn in ihren verklammerten Händen hoch und schleppen ihn fort. Er wird in der Luft getragen, und das Leitmotiv ist »Luft«. Doch als er wieder allein ist, erinnert ihn der Geruch des Abends in der Luft an Felder und das Ausgraben von Steckrüben. Das Geräusch der Cricketbälle, die in der Ferne aufschlagen, geht »pick, peck, pock, pack: wie Wassertropfen in einem Springbrunnen, die in das überschäumende Becken sanft fallen.« [P 64] Wir sind wieder zurück im Fruchtwasser. Der Foetus hat ein Vorgefühl der Befreiung gehabt, aber bis zu der Emanzipation ist es noch ein langwährender Weg.

Im zweiten Kapitel wird die Prosa gesetzter und regelmäßiger, sie suggeriert das gewundene Tasten dem Ausdruck der Seele entgegen – über Schulaufsätze und Lektüre der Literatur des neunzehnten Jahrhunderts. Stephen lernt unter dem alten Trainer Mike Flynn das Rennen, wenn schon nicht das Fliegen. Doch Wörter suggerieren ihm bereits, daß ein anderes Element auf sein Flüggewerden wartet:

Wörter, die er nicht verstand, sagte er sich wieder und wieder vor, bis er sie auswendig konnte: und durch sie bekam er Schimmer von der wirklichen Welt, die um ihn war. Die Stunde, da auch er am Leben jener Welt teilhaben würde, schien näherzurücken, und im geheimen begann er sich für die große Rolle zu bereiten, die er seiner harren fühlte, deren Natur er aber nur undeutlich erfaßte. [P 67]

Träume aus dem *Grafen von Monte Cristo* nähren seinen Stolz. Sein erstes Vorstellungsbild von der Frau kommt zu ihm in Gestalt von Mercedes und erfüllt sein Blut mit Unrast. Währenddessen ist der Ruin seiner Familie eingeleitet, und er wird nicht nach Clongowes zurückkehren. Doch, so sagt sein Vater, der »alte Schwung ist noch nicht hin, Stephen, alter Knabe. (...) Noch bin ich nicht ganz tot, Junge. Nein, bei Jesus Christus (Gott verzeih mir), und auch nicht halbtot.« [p 71] Und so transportieren die Möbelwagen die Habe der Dedalus nach Dublin, und auf den Künstler wartet schon sein Stoff. Die Schlüsselwörter sind »Unrast«, »Unzufriedenheit«, »verbittertes Schweigen«, »Zorn« [p 72]: Die wachsende Seele wird mehr denn jemals zuvor hinabgezogen durch die Erfahrung der sie umgebenden Verwahrlosung. Wir erhaschen den ersten vagen Anblick der »Verführerin« – des jungen Mädchens beim Fest, Emmy Cleary, die nur mit ihren Initialen erscheint, als Monogramm im Kopf des Gedichts, das er für sie schreibt, unter A. M. D. G. und über L. D. S.

Stephen geht auf das Belvedere College, so daß er immer noch eine jesuitische Ausbildung erhält. Die stetige Verdichtung des Prosastils entspricht dem »Abschaum des Abscheus«, der seinen Geschmack am Leben bemäntelt; eine immense Summe an Details wird vermerkt – wie in der Beschreibung des Pfingstspiels, in dem Stephen auftritt –, aber es kommt nicht zum Hervortreten irgendeines einzelnen Bildes. Die schiere Mannigfaltigkeit des täglichen Lebens verwirrt die Seele, und die Quälereien der Pubertät schieben den Flug noch zusätzlich hinaus. Doch ein Vogel, sein Schulfreund Heron, hat eine bestimmte Art von Emanzipation erreicht – die kichernde Welt der Bazare und Tennisparties und Zigaretten. Heron zieht Stephen mit dem Interesse auf, das Emma an ihm zeigt (»*Und welche Rolle spielt Stephen, Mr. Dedalus? Und singt Stephen nicht, Mr. Dedalus?*« [p 84]), und, indem er ihm spielerisch mit seinem Stock eins überzuziehen droht, versucht ihn zu dem Eingeständnis zu veranlassen, er habe es faustdick hinter den Ohren. Diese lockere Welt der Neckerei und der Liebelei ist eine, in die der junge Dichter nicht eintreten kann. Heron ist das oberflächliche, spießbürgerliche Irland mit den kleinen, allerdings schmerzhaften Klauen. Es war Heron, daran erinnert sich Stephen, der ihm vor etwas mehr als einem Jahr das Eingeständnis abringen wollte, Byron tauge nichts – ein schlechter Mensch und ein Atheist, also (nach irischer Logik) ein dürftiger Dichter. Damals hatte Stephen nicht nachgegeben, und er war mit einem Kohlstrunk und einem Stock geschlagen worden; das war der Beginn seines literarischen Märtyrertums. Nun rezitiert er zum gönnerhaften Gelächter Herons und seines Freundes Wallis zungenfertig das *Confiteor*. Er kann Wut oder Abneigung nicht wirklich lange anhalten lassen; wie die Schale einer Frucht lösen sich alle starken Gefühle schnell und sauber von ihm ab. Er bereitet sich auf die einzige Verbindlichkeit der Kunst vor. In der Zwischenzeit muß er in der Schulaufführung die Rolle eines bejahrten Pedanten spielen. Der Vorhang fällt, und auf komplexe und unerträgliche Weise von Emotionen in Beschlag genommen, die er nicht verstehen kann – (verletzter) Stolz, (verpuffte) Hoffnung, (vereiteltes) Verlangen –, rennt er und rennt er – wie einst den Korridor hinab, der ihn vom Rektorzimmer in Clongowes wegführte. Doch diesmal geht es einen Hügel hinab – »in halsbrecherischem Tempo« [P 94]. Am Fuße des Hügels besänftigt der Geruch von Pferdepisse und verfaultem Stroh sein Herz. Er muß sich auf einen größeren Abstieg in weiterer Dreck vorbereiten. Er ist immer noch nicht bereit zum Abheben.

Stephen reist mit seinem Vater nach Cork, Simon Dedalus' Heimatstadt. Irgendein vages Geschäft in Zusammenhang damit, die Familie selbst vor einem zu jähen Abstieg zu bewahren, führt sie dorthin. Stephens pubertäre Quälereien finden Bilder der Scham. Im Queen's College, wo Mr. Dedalus einst Medizinstudent war, findet er mehrmals in ein Pult geschnitzt das Wort FOETUS. »Die plötzliche Inschrift rührte sein Blut auf.« [P 94] Ungebeten und aus keiner wissentlichen Erinnerung gespeist, tut sich vor ihm ein Bild vom Akt des Schnitzens auf:

Ein breitschultriger Student mit Schnurrbart schnitzte die Buchstaben mit einem Taschenmesser ein, mit Bedacht. Andere Studenten standen oder saßen in seiner Nähe und lachten über das Werk seiner Hände. Einer schubste ihn am Ellbogen. Der große Student drehte sich stirnrunzelnd zu ihm um. Er trug weite graue Kleider und gelbbraune Schuhe. [P 94]

Stephen wird andere, scheinbar richtungslose, Epiphanien dieser Art erleben. Der gegenwärtige visionäre Schock umrahmt ein signifikantes Wort. Er wird immer noch im Schoß der Materie niedergehalten, sich sehnend nach der Geburt, doch dazu gezwungen, ein Embryo zu bleiben, der von einem umschließenden Willen dazu angetrieben wird, weitere, groteskere Formen anzunehmen vor der Befreiung in die Luft. Er bemerkt seine Formlosigkeit, den vorgeburtlichen Schlaf, der sich ihm als Tod darstellt. »Seine Kindheit war tot oder verlorengegangen und mit ihr seine einfacher Freuden fähige Seele, und er trieb jetzt durchs Leben wie die unfruchtbare Schale des Monds.« [P 105]

Die Schale ist eine trügerische. Das äußere Leben Stephens ist das des akademischen Erfolges, und er gewinnt sogar dreiunddreißig Pfund aus einem Stipendium und einem Aufsatzpreis. Mit dem Geld versucht er, »einen Damm der Ordnung und Eleganz gegen die ekle Drift des Lebens um ihn herum zu bauen und, durch Verhaltensregeln und aktive Interessen und neue Sohnesbeziehungen, das mächtige Branden der Driften in seinem Innern einzudämmen« [P 108]. Doch es gelingt ihm nicht, er erkennt, daß er der Sünde unterliegen muß, und läßt die Driften hereinbrechen. Im Bordellviertel Dublins findet er, was er haben muß.

Kann die Seele noch tiefer hinabsteigen? Die Welt, die Joyce nun beschreibt, ist eine des trüben Lichts, durch das die Seele rumpelt und stolpert, eine Art krassen Vergnügens an ihrer eigenen Erniedrigung findend. Sünde folgt auf Sünde, Fummeleien mit Huren werden gepaart mit dem grobschlächtigen Appetit auf fettige Hammelschmorbraten. Die Materie hat sich ihrer selbst neu versichert, doch die verklumpte Seele hat keinen Drang, frei zu sein. Ein ekstatisches Bild allerdings behauptet sich, wenn auch ohne Hoffnung: Mercedes hat sich passenderweise in die Heilige Jungfrau verwandelt, eine Kristallisation des *Ewigweiblichen*, der Frau schlechthin.

Wenn je seine Seele, die ihre Stätte schon wieder betrat, nachdem die Raserei der körperlichen Lust sich verbraucht hatte, ihr zugekehrt war, ihr, deren Emblem der Morgenstern ist, *hellicht und wie Musik, der vom Himmel sagt und Frieden spendet,* so war es dann, wenn ihre Namen leis von Lippen gemurmelt wurden, auf denen ekle und schandbare Wörter noch säumten, gar der Geschmack eines unzüchtigen Kusses. [P 115 f.]

Was die Lippen des embryonalen Künstlers selbst betrifft, so scheinen sie das Recht der goldenen Äußerung verwirkt zu haben. Am Anfang des Buches stotterten sie (»Oh die grüne Lose blüet«); nun haben sie sich einem Druck hingegeben, »dunkler als das Zergehn in der Sünde« [P 111]. Sie können das heilige Abendmahl nicht empfangen, noch nicht.

Die Seele kann, natürlich, noch tiefer hinabsteigen, denn sie kann zur Hölle fahren. Es folgen nun die unglaublichen und höchst unjesuitischen Exerzitien, in denen Pater Arnalls Predigten über die Hölle unredigiert wiedergegeben werden – die äußerste Grenze des

Naturalismus. Hier ist der endgültige Sieg natürlicher Elemente, die göttliche Intensität und Dauer angenommen haben. Es gibt nun keine Luft, nur Gestank und Verfall und Feuer. Stephens Entsetzen ist so groß, daß es Halluzinationen ausbrütet: Gesichter schauen zu und Stimmen murmeln:

– Wir wußten haargenau natürlich daß er obschon alles sowieso ans Licht kommen mußte beträchtliche Schwierigkeit bei dem Unterfangen finden würde zu versuchen sich zu bewegen den geistlichen Generalbevollmächtigten zu bestimmen sich zu unterfangen zu versuchen und also wußten wir natürlich haargenau – [P 152]

Die Sprachtechnik nähert sich dem *Ulysses* an. Die Vision der persönlichen Hölle ist fast eine Bühnenanweisung aus der Bordellszene:

Ein Feld harter Unkräuter und Disteln und büscheliger Nesselplacken. Breit zwischen den Büscheln von strotzendem Gewächs lagen zerbeulte Blechbüchsen und Klumpen und Kringel festgewordener Exkremente. Fahles Sumpflicht kämpfte sich aus all dem Unrat durch die borstigen graugrünen Unkräuter nach oben. Ein ekler Geruch, fahl und faul wie das Licht, krauste sich träg aus den Büchsen und von dem altbackenen verkrusteten Mist nach oben. [P 153 f.]

Das Feld ist voller grauer Satyrn. Das Entsetzliche an der Vision wird noch verstärkt durch die einfache Schmutzigkeit einiger der Requisiten – die Blechbüchsen, die altbackenen Exkremente, eine zerrissene Flanellweste um die Rippen einer der Kreaturen. Es ist die authentische Hölle. Stephen schreit nach Luft.

Er ist nicht der einzige. Ich finde es immer noch schwer, das Höllenkapitel zu lesen ohne etwas von dem Erstickungsgefühl, das ich empfand, als ich im Alter von fünfzehn Jahren zum erstenmal darauf stieß – ich selbst damals ein Katholik, der nach der Emanzipation Ausschau hielt. Ich wurde durch eben diese Predigt und eben diese Vision in die Anpassung zurückgeworfen. Und Stephen rennt blind zur Beichte und empfängt, in einem weißen Traum wiedererlangter Heiligkeit, das Abendmahl. Alles ist weiß – Pudding, Eier, Blumen, das Altartuch, die Hostie, Stephens Seele. Die Lippen, die am Ende des voraufgegangenen Kapitels eine Hure küßten, öffnen sich nun für die Aufnahme Christi. Doch im Zuge einer feinen Ironie gehört die Erhebung, auf die die Seele gewartet hat, zu einer anderen Ordnung der Realität als jener, die die Religion repräsentiert. Stephens lange Buße mit ihren merkwürdigen Kasteiungen des Fleisches scheint keine wirkliche spirituelle Frucht zu tragen. Er findet sich in den Fesseln eines quantitativen Erlösungskonzeptes, das sich in sehr materialistischen Begriffen ausdrückt:

(...) zu Zeiten war sein Gefühl für solch unmittelbaren Widerhall derart lebendig, daß es ihm schien, als spüre er seine Seele in Devotion wie mit Fingern die Tasten einer großen Registrierkasse drücken und als sehe er die Summe seines Kaufs unmittelbar im Himmel angezeigt, nicht als eine Zahl sondern als eine schwanke Rauchsäule oder eine schlanke Blume. [P 166]

Er wartet immer noch auf den wirklichen Hostienkelch, und – fortgesetzte Ironie – er erspürt sein Kommen, als sein spiritueller Direktor ihn fragt, ob er jemals gefühlt habe, berufen zu sein. Er sagt beinahe ja, aber er hält das Wort zurück. Der Priester meint etwas ganz Bestimmtes. »Der Reverend Stephen Dedalus, S. J.« [P 181] Stephen ist sich der Versuchung bewußt, doch das Bild seiner selbst als Priester wird sofort durcheinander gebracht mit den Bildern der Seelenunterdrückung, denen wir in den Clongowes-Episoden bereits begegnet sind. »Seine Lungen blähten sich und schrumpften, als zöge er warme feuchte ungesunde Luft ein, und er roch wieder die warme feuchte Luft, die im Bad in Clongowes« über dem trägen torffarbenen Wasser hing.« [P 181]

Stephen weiß schließlich, daß die Literatur seine Berufung ist – priesterlich genug, denn ihre Funktion ist die Umwandlung niederer Zufälle in göttliche Substanz. Durch die Kunst kann er den hinabziehenden Stoff des materiellen Lebens in den Griff bekommen.

Der schwache saure Gestank von verfaultem Kohl kam ihm von den Küchgärten auf dem ansteigenden Grund überm Fluß entgegen. Er lächelte bei dem Gedanken, daß es diese Unordnung war, die Mißwirtschaft und das Durcheinander im Haus seines Vaters und die Stockung des vegetabilischen Lebens, was den Sieg in seiner Seele davontragen sollte. [P 182]

Er geht auf das Meer zu und beobachtet die rohen weißen Körper seiner alten Mitschüler, Foeten, die nie zum äußeren Leben emportauchen werden, wie sie im Wasser herumplumpsen. Doch zumindest werden sie, sogar im Scherz noch, der »milden stolzen Souveränität« des Dichters ansichtig, und sein Name, den sie rufen, erscheint ihm »als eine Prophezeiung« – »Stephanos Dedalos! Bous Stephanoumenos! Bous Stephaneforos!« [P 189] Und nun sieht Stephen, zum erstenmal, eine geflügelte Gestalt über den Wellen, die langsam zum Himmel emporsteigt. Es ist Daedalus, der fabulöse Artifex. Der Seele wachsen endlich Flügel:

> Sein Herz zitterte in einer Ekstase der Angst und seine Seele war im Flug. Seine Seele schwang sich hoch auf in einer Luft jenseits der Welt und der Leib, den er kannte, wurde in einem Atemzug geläutert und seiner Ungewißheit entbunden und strahlend gemacht und mit dem Element des Geistes vermischt. Flugekstase machte seine Augen strahlend und wild seinen Atem und zittrig und wild und strahlend seine windgepeitschten Glieder. [P 190]

Er will sein Gefühl der Entbindung, der Befreiung hinausschreien mit der Stimme eines Falken oder Adlers. Feuer, das ihm als ein Eigentum der Hölle hingestellt worden war, ist Teil der Luftwelt: sein Blut und sein Körper brennen auf Abenteuer. Alles, was nun gebraucht wird, um zwischen Erde und Himmel zu vermitteln, ist irgendeine Engelserscheinung einer Frau, die weder eine Hure noch die Jungfrau Maria ist. Stephen sieht ein Mädchen in einem Priel stehen, »allein und still, schaute aufs Meer hinaus« [P 192]. Kein Wort fällt zwischen ihnen, aber ihr Bild tritt für immer in seine Seele ein. Sie verkörpert den Ruf des Lebens. Verzückt fällt er auf der Erde in Schlaf, und die Erde nimmt ihn an ihre Brust. Die schwerfälligen Elemente ziehen ihn nicht länger hinab: Sie sind durch seine neugefundene Kraft des Fliegens geheiligt worden. Die Erde ist zum Herumwandern da und das Meer zum Reisen. Er ist Herr über die vier Elemente. Und dabei erinnern wir uns an die Eintragung auf dem Vorsatzblatt im Geographiebuch des jungen Stephen, damals in Clongowes:

STEPHEN DEDALUS
ELEMENTARKLASSE
CLONGOWES WOOD COLLEGE
SALLINS
COUNTY KILDARE

IRLAND
EUROPA
DIE WELT
DAS ALL [P 16]

Das ist, wie wir sehen, ein Manifest der Eroberungen, und nun beginnt es erfüllt zu werden.

5

Freier Flug

Das Material der wenigen Trefferseiten, die das Schluss-kapitel von *Ein Porträt des Künstlers* bilden, ist destilliert aus den Hunderten von Seiten von *Stephen der Held*. Wenn wir beides ver-gleichen, sehen wir schockartig, wie listig der Joyce von *Ein Porträt des Künstlers* uns soweit eingelullt hat, daß wir ohne Kommentar eine Revolution der Form und des Stils akzeptieren, denn so interessant der Inhalt auch sein mag, *Stephen der Held* ist stilistisch und formal doch orthodox. Seine Anziehungskraft liegt, wie ich bereits ange-deutet habe, in seinem Heißhunger auf das Notieren: Das Leben – und das heißt vor allem: die Rede – wird festgenagelt, solange es noch warm ist. Was wir lesen, wenn wir nicht gerade auf Stimmen lauschen, ist eine Prosa, die fest in der vorjoyceschen Zeitrechnung steht:

> Als Stephen den großen eckigen Mauerblock betrachtete, der durchs schwache Tageslicht drohend vor ihnen aufragte, betrat er wieder in Ge-danken das Seminaristenleben, das er so viele Jahre lang geführt hatte und dessen engen Tätigkeitsbereich er nun schlagartig mit dem Geist eines scharfsichtigen wohlwollenden Fremden begriff. Sofort erkannte er den martialischen Geist der irischen Kirche am Stil dieser ekklesiastischen Ka-serne wieder. Er schaute vergebens in den Gesichtern und Gestalten, die an ihm vorübergingen, nach einem Zeichen moralischer Erhebung aus: alle waren eingeschüchtert, ohne demütig, angepaßt, ohne bescheiden in ihrem Gebaren zu sein. [SH 74 f.]

Das ist unbekümmert, unaufdringlich und gewählt. Es reicht für manchen angesehenen Schriftsteller hin, aber kaum für einen Joyce. Was den jugendlichen Egoismus des Buches betrifft: das ist kein Feh-ler, der in einer Überarbeitung gemildert oder getilgt werden muß. Der Egoismus ist für das Schema wesentlich; was nötig ist, ist ein An-

67

satz, der ihm angemessen ist – nicht der epische oder dramatische, sondern der lyrische. In der lyrischen Form wird, wie Stephen Dedalus uns bald erzählen wird, alles der Persönlichkeit des Dichters unterstellt. Es ist durchaus angemessen, daß er sich in der Schluß-phase der Künstlerentwicklung nicht nur in die Luft erheben sollte, sondern alles auf der Erde unter ihm dominieren.

In bestimmten Ländern des Fernen Ostens werden amerikanische Filme – sogar die bizarrsten und phantastischsten – für die Wirk-lichkeit, nicht für Fiktion gehalten. Joyce-Leser im Westen sind bis-weilen um nichts weltoffener: Sie sind mehr mit der Biographie von *Ein Porträt des Künstlers* beschäftigt als mit der Kunst, und sie heißen *Stephen der Held* als eine Quelle für Erhellungen und für die Ausfül-lung von Lücken willkommen. Das ist entsetzlich falsch. Wenn wir eine Joyce-Biographie wollten, sollten wir besser zu Gorman greifen oder zu Ellmann oder zu *Meines Bruders Hüter* von Stanislaus Joyce. Wenn es in *Ein Porträt des Künstlers* Auslassungen gibt, so können wir ganz sicher sein, daß sie zum Schema gehören und daß *Stephen der Held* nicht als Nachschlagewerk begrüßt werden darf. Von all dem abgesehen, sollten wir daran denken, daß die Joyceschen Romane nur annäherungsweise autobiographisch sind: Joyce war ein formen-der Künstler und kein getreulicher Chronist, wenngleich *Stephen der Held* einem Dokumentarfilm mehr als irgendein anderes seiner Werke näherkommt. Ein Vergleich zwischen *Ein Porträt des Künstlers* und seinem ersten Entwurf sollte daher nur für das Studium der lite-rarischen Methodik von Interesse sein. Ein Stil wurde angenommen und später aufgegeben; *Ein Porträt des Künstlers* zeigt uns, warum.

In *Stephen der Held* tritt der Egoismus paradoxerweise pointierter zutage, weil der junge Künstler auf derselben Objektivitätsstufe wie die anderen Charaktere gesehen wird: Stephen ist ein prahlerischer junger Mann, der mit den Folien von Mitgliedern seiner Familie und der Universität zusammenprallt. In *Ein Porträt des Künstlers* ist Stephen göttergleich geworden, er enthält alle anderen, und seine Überle-genheit wird als eine Art *lex aeterna* eingeführt. Ebenso werden die Geschehnisse, die in *Stephen der Held* umfassend und dramatisch vor-gestellt werden, in dem reiferen Buch zu Halbverborgenem, Peri-pherem, zu Gerüchten und Geflüster. Maurice ist in *Ein Porträt des Künstlers* fast vollständig verschwunden; in *Stephen der Held* ist er, wie es Stanislaus im realen Leben war, ein Partner in der Dialektik. Dialektik hat keinen Platz in einem lyrischen Monolog, und so erscheinen viele der weißglühenden Diskussionen in *Stephen der Held* – insbesondere jene zwischen Stephen und seiner Mutter über seine Weigerung, die österlichen Pflichten zu versehen – in *Ein Porträt des Künstlers* nur als die in überdrüssiger Kürze mitgeteilte ermüdende Belagerung eines Standpunktes, den fahrenzulassen der Künstlerheld nicht vorhat. Im letzten Kapitel von *Ein Porträt des Künstlers* gibt es keine weiteren Schlußfolgerungen anzustreben: Der Held kennt die Kraft seiner eigenen Flügel; alles, was bleibt, ist, seinen Standpunkt von den Höhen herunter auszuposaunen und dann abzuheben.

Das Element dieses letzten Kapitels ist folglich die Luft, doch das Viatikum für die Flugreise setzt sich aus den niederen Elementen zusammen. Stephen leert seine dritte Tasse wässrigen Tees; die dunkle Lache der Kanne erinnert ihn »an das dunkle torffarbene Wasser des Bades in Clongowes« [P 195]. Wasser dient ihm nun: Seine Mutter unterzieht ihn einer rituellen Waschung, bevor er das Haus verläßt, um zu seinen Vorlesungen an der Universität zu gehen. Sie ist zu nichts anderem als einer gesichtslosen Dienerin zusammengeschrumpft, ebenso wie seine lebenden Schwestern (der Tod Isabels, so fürchterlich in *Stephen der Held,* hat hier keinen Platz mehr):

– Stellt mir das Waschzeug hin, sagte Stephen.
– Katey, stell Stephen das Waschzeug hin.
– Boody, stell Stephen das Waschzeug hin.
– Ich kann nicht, ich geh Wäscheblau holen. Stell dus hin, Maggie. [P 195]

Stephens Morgenspaziergang zur Universität wiederholt in aller Kürze sein langes Flugtraining. Er schüttelt voller »Ekel und Bitterkeit« [P 197] die Stimmen ab, die den Stolz seiner Jugend angreifen – das Gekreisch einer verrückten Nonne, seines Vaters schrilles Pfeifen, das Gemurr seiner Mutter. Er sucht sich seinen Weg über die Dämme feuchten Abfalls in der wassergetränkten Allee, doch Nässe wird zum Eigentum der Blätter und der Baumrinde und macht sein Herz leichter. Er hört andere Stimmen – Hauptmann, Newman, Guido Cavalcanti, Ibsen (der Gott des Stephen in dem anderen Buch, und des realweltlichen Studenten Joyce, dient hier demütig, »ein Geist widerspenstiger jungenhafter Schönheit«: Der Stephen von *Ein Porträt des Künstlers* verneigt sich vor niemandem), Ben Jonson,

Aristoteles, Aquin. Er hat eine Vielfalt von Einflüssen absorbiert. Man nehme Blake, Bruno, Vico hinzu, und man hat beinahe schon die ganze Joycesche Bibliothek beisammen.

Er kommt zu spät zu den Vorlesungen, doch der Dichter erhebt sich über die Zeit. Er erhebt sich auch über andere Dinge. Er denkt an MacCann (der in *Stephen der Held* den Spitznamen »Bonny Dundee« trägt: »Komm füll mir den Becher, komm füll mir die Kanne« [SH 47]) und an das, was dieser progressive Mitstudent zu ihm gesagt hat:

> – Dedalus, du bist ein asozialer Mensch, verkriechst dich in dich selbst. Ich nicht. Ich bin Demokrat: und ich werde für die soziale Freiheit und Gleichheit aller Klassen und Geschlechter in den künftigen Vereinigten Staaten von Europa leben und arbeiten. [P 199]

Er denkt auch an Davin, den bäurischen Studenten, der »die schmerzensreiche Sagenwelt Irlands« [P 203] vergöttert und Stephen einmal erzählte, was ihm passierte, als er spätabends von einem Hurlingmatch nach Hause ging. Er klopfte an einer Hütte nach einem Glas Wasser und bekam weitergehende Gastfreundschaft angeboten von einer halbnackten jungen Frau, die sagte, ihr Mann sei die Nacht über nicht da. Für Stephen symbolisiert die Frau Irland, »eine Fledermausseele, die in Dunkelheit und Heimlichkeit und Einsamkeit zum Bewußtsein ihrer selbst erwacht und, durch die Augen und die Stimme und Gebärde einer Frau ohne Arg, den Fremdling an ihr Bett ruft« [P 206]. In diesem letzten Kapitel vollzieht sich eine Verschmelzung weiblicher Bilder – Emma; Stephens Mutter; die Jungfrau Maria; Mädchen, die auf der Straße zu sehen sind oder beim Verlassen der Jacob's-Keksfabrik; Irland selber – zu einer einzigen Figur, einem *Ewigweiblichen*, das die Aufgabe erfüllt hat, die Seele des Künstlers hervorzubringen, doch deren Verlangen nach Vergötterung – durch Sohn und Liebhaber – widerstanden werden muß. Ein anderes Bild der ewigen Weiblichkeit muß geschaffen werden – die gebende und erneuernde, nicht die nehmende und verschlingende –, und dies muß eine der homerischen Aufgaben des reifen Künstlers sein, der nicht länger ein junger Mann ist.

Stephen wird weder der Welt MacCanns noch der Davins dienen, doch der Verführer seiner Seele sind viele. Da ist der Studiendekan, der die »praktischen Künste« des Feueranzündens im Physiksaal ausführt, ein englischer Jesuit und »demütiger Nachfolger im Kielwasser lautstarker Konversionen« [P 212], einer, der leicht zu bemitleiden oder zu verachten ist. Stephen und er diskutieren über Ästhetik, doch sie reden aneinander vorbei: Stephens metaphorische Lampe in der Gefolgschaft von Aristoteles und Aquin, den Lichtspendern des jungen ästhetischen Theoretikers, wird beim Dekan zu Epiktets Lampe. Bald spricht der Dekan, ganz praktischer Künstler, über das Auffüllen seiner nichtmetaphorischen Lampe. Er benutzt das Wort »Trichter«, wohingegen Stephen das Gerät nur als einen »Seiger« kennt, »Seiger« ist ein Wort, dem der Dekan nie begegnet ist. Und dann spürt Stephen »niedergeschlagen und verletzt, daß der Mann, mit dem er sprach, ein Landsmann von Ben Jonson war« [P 211 ff.]. Englisch gehört dem Dekan, bevor es Stephen gehört:

– Die Sprache in der wir sprechen ist seine, ehe sie die meine ist. Wie verschieden sind die Wörter *home, Christ, ale, master* auf seinen Lippen und auf meinen! Ich kann diese Wörter nicht sagen oder schreiben ohne Unrast im Geist. Seine Sprache, so vertraut und so fremdländisch, wird für mich immer eine angelernte Sprache sein. Ich habe ihre Wörter nicht gemacht und nicht akzeptiert. Meine Stimme hält sie auf Distanz. Meine Seele zerfrißt sich im Schatten seiner Sprache. [P 213]

Früher oder später wird es dem Künstler notwendig werden, das Englische umzubringen, indem er es an seine Grenzen treibt, um an seine Stelle eine geschaffene Sprache seiner selbst zu setzen. In der Zwischenzeit muß er sich zernagen angesichts der Unvollständigkeit seiner Emanzipation: Irland mag er für seine Kunst benutzen, doch England wird immer noch ihn benutzen.

Stephen sitzt die Physikvorlesung ab, fasziniert und erschöpft von den Komplikationen der Formeln und Berechnungen, ein Papierschnorrer, der kein Notizbuch mitgebracht hat, abgelenkt, überheblich, kein Musterstudent. Es ist ein kurzes Aufderstelletreten vor seiner Begegnung mit MacCann in der Eingangshalle. MacCann sammelt Unterschriften für einen Aufruf zugunsten allgemeiner Abrüstung. Stephen verweigert natürlich die Unterschrift. Sein Geweih blitzt auf: »Denkst du, du machst mir Eindruck, (...) wenn du mit deinem Holzsäbel fuchtelst?« [P 222]; während er seine Schulter dramatisch in Richtung eines Zarenbildes ruckt, sagt er: »– Behalte deine Ikone. Wenn wir schon einen Jesus haben müssen, wollen wir einen legitimen haben.« [P 223] Er ist in Hochform. Sein Mitstudent Temple bewundert ihn (»Er ist der einzige, den ich in diesem Institut kenne, der einen eigenen Kopf hat« [P 226]), doch sein Freund Cranly, dunkel, derb, düster, hat nichts zu sagen. Cranlys Aufgabe in dieser Szene ist es, Handball zu spielen; er läßt den Ball immer wieder aufspringen und sagt zu Stephen: »Zugenäht!« [P 229] Sein wahres Amt tritt später zutage. Nachdem er MacCanns Ideale zurückgewiesen hat, sitzt Stephen nun zu Gericht über die Davins. Er fällt harsche und endgültige Urteile über Irland: »Wenn die Seele eines Menschen in diesem Land geboren wird, werden ihr Netze übergeworfen, um sie am Fliegen zu hindern. Du sprichst mir von Nationalität, Sprache, Religion. Ich werde versuchen, an diesen Netzen vorüberzufliegen.« [P 229] Irland ist keine arme alte Frau, die nach der Wiedererlangung von Jugend und Schönheit strebt: Es ist »die alte Sau, die ihre eigenen Ferkel frißt.« [P 229] Und nun verschwindet Stephen mit Lynch, nicht mit Cranly, um die Artikel seines wahren Glaubens, der Kunst, zu entwickeln.

Stephens Theorie der Ästhetik ist originär, logisch und absolut kompromißlos. Sie wird mit solch brillanter Eloquenz vorgebracht, daß wir uns an ein anderes umfängliches und gebieterisches Stück Propaganda erinnert fühlen – an Pater Arnalls Predigt über die Hölle, gegen die dieser peripatetische Diskurs sich genauestens aufrechnen läßt. Es ist aufschlußreich, die Darstellungstechniken gegeneinanderzuhalten. Die Predigt wird vollständig, ohne Unterbrechung, statisch wiedergegeben – ein unrediertes Tonband, dessen Fähigkeit des Schockierens und des Marterns keine Steigerung seitens des Künstlers braucht. Wir sind gefesselt, wie es der junge Stephen ist, weil wir entsetzt sind. Der ästhetische Vortrag hingegen besitzt eine rein intellektuelle Anziehungskraft, und Romanleser können – zu Recht – nicht viel Intellektualität ertragen. Joyce, der dies weiß, orchestriert den langen erklärenden Solovortrag mit Komik, Derbheit, dem Alltäglichen, dem Geistlosen. Als er anfängt mit der Formulierung »Aristoteles hat Mitleid und Furcht nicht definiert. Aber ich. Ich sage ...«, unterbricht ihn Lynch sofort: »Hör auf! Ich hör nicht zu! Mir ist schlecht. Ich hab gestern nacht so eine verflachste Sauftour gemacht mit Horan und Goggins.« [P 230] Der Leser faßt hierbei Mut und ist in der Lage, jene sauberen Defini-

tionen zu schlucken, die nachfolgen. Es war ein Geniestreich, Cranly
– Stephens Gesprächspartner in dem korrespondierenden Abschnitt
von *Stephen der Held* – durch Lynch zu ersetzen. Cranly ist, trotz all
seiner Wicklower Derbheit, ein tiefer und beunruhigender Charakter voller Freudscher Obsessionen. Lynch ist eine leichtere Folie, und
Joyce wird ihn wieder benutzen, um Stephen in eine weitere unbekannte Region zu begleiten, nämlich die der Circeschen Phantasmagorien des Bordellviertels im *Ulysses*. Lynchs niedere Komik
streicht hier in *Ein Porträt des Künstlers* Stephens intellektuelle Speer-
spitzen in idealer Weise hoch heraus, aber für später reicht er nicht
aus – für den endgültigen nervösen geistigen Akt des Gewicht-
abwerfens, dessen einziger angemessener Empfänger Cranly ist.

Stephen macht, was Aristoteles nicht gemacht hat, und läßt auf
seine Definitionen des Mitleids und der Furcht eine strenge Ab-
grenzung des Begriffs »tragisch« folgen. Die Leute sterben bei Ver-
kehrsunfällen, doch solche Todesfälle können wir nicht, wie die Zei-
tungsreporter es tun, tragisch nennen: »Die tragische Empfindung ist
(…) ein Gesicht, das in zwei Richtungen schaut, zur Furcht hin und
zum Mitleid, die beides Aspekte von ihr sind. Du siehst, ich benutze
das Wort *gefangennehmen*.« (Sowohl Furcht als auch Mitleid, hat er erklärt, nehmen »den Geist angesichts alles dessen gefangen (…), was
schwer und konstant ist am menschlichen Leid.«) »Ich meine damit,
daß die tragische Empfindung statisch ist.« [P 230f.] Joyce definiert
wirklich seine eigene Art Kunst, die eigentliche Kunst. Die Künste,
die Verlangen oder Abscheu erregen, sind uneigentlich, kinetisch: Sie
sind pornographisch oder didaktisch. Bei der »statisch« ästhetischen
Empfindung – die wir in bezug auf realweltliche Begebenheiten
nicht spüren können – wird der Geist »gefangengenommen und
über Verlangen und Abscheu erhoben« [P 231]. Dies ist natürlich der
Grund, warum eigentliche Kunst nicht populär sein kann, warum
der *Ulysses* und *Finnegans Wake* entweder auf Wutausbrüche oder auf
Gleichgültigkeit stoßen. Deine Bestsellerlisten schließen immer das
Pornographische (die Erreger von Verlangen) und das Didaktische
(die Bücher, die einem sagen, was zu tun ist) ein. Kombiniere das
Didaktische und das Pornographische, wie in manchen hinduistischen Liebesanleitungen, und du hast den größten Bestseller. Die
ästhetische Empfindung wird allgemein nicht stärker gewünscht als
der mystische Zustand. Der durchschnittliche Leser will nicht aus

dem Leben herausgehoben werden, um es unvoreingenommen und gleichgültig zu betrachten; er benötigt die Illusion, tiefer darin verwickelt zu sein.

Wir sind bereits in tiefem philosophischem Fahrwasser. Stephens allgemeine Definition der Kunst verlangt danach, von Erinnerungen an Cranly auszugehen, der, wie Lynch sich entsinnt, »uns von den elend fetten Säuen von Schweinen da erzählt« [P 233] hat. Die Schweine umgrunzen Stephens Klarheit: »Kunst (…) ist das dem Menschen eigene Arrangement sensibler und intelligibler Materie, auf einen ästhetischen Zweck hin ausgerichtet.« [P 233] Doch welches ist der ästhetische Zweck, was ist Schönheit? Stephen geht zu Aquin zurück, der sagt: »schön ist das, dessen Wahrnehmung wohlgefällig ist.« [P 234] Das ist ein Ausgangspunkt. Wahrheit und Schönheit erkennt Stephen, wie Keats, als etwas Verwandtes. Wenn wir mehr über Wahrheit wissen wollen, müssen wir den Intellekt studieren, der versucht, sie wahrzunehmen, »den Akt der Verstandestätigkeit, der Intellektion selber, zu begreifen«. Ebenso müssen wir, um die Natur von Schönheit zu verstehen, »Umfang und Bereich der Imagination (…) verstehen, den Akt der ästhetischen Wahrnehmung selber (…) begreifen« [P 234]. Bevor wir weiter vorankommen können, müssen wir in der Lower Mount Street dem dicken Studenten Donovan begegnen. Er gibt die Examensergebnisse bekannt und verschwindet, um Pfannkuchen zu essen. Lynch ist voller Verachtung und Neid gegenüber Donovan: »Wenn man bedenkt, daß dieses verflachste pfannkuchenfressende Exkrement einen guten Posten kriegen kann (…), und ich muß billige Zigaretten rauchen!« [P 238] Wir haben unsere Verschnaufpause gehabt; wir sind bereit für »*integritas, consonantia, claritas*«: Inwiefern korrespondieren sie, die Aquinschen Bedingungen für Schönheit, mit den »Phasen der Wahrnehmung«? Stephen übersetzt sie als »Ganzheit, Harmonie und Ausstrahlung« [P 238]. Und nun geht er daran, sie zu definieren.

Ein Metzgerjunge hat einen Korb auf dem Kopf. Stephen bittet Lynch, ihn sich anzuschauen; um dies zu tun, muß er den Korb vom Rest des sichtbaren Universums trennen. »Du siehst es als ein Ganzes. Du nimmst seine Ganzheit wahr. Das ist *integritas*.« [P 239] Die unmittelbare Wahrnehmung ist synthetisch (viele Teile fügen sich zur Empfindung eines Ganzen); auf diese erste Phase folgt die Analyse: »Was du zuerst als *ein* Ding empfunden hast, empfindest du jetzt als ein *Ding*. Du nimmst es wahr als Komplexes, Vielfaches, Teilbares, Trennbares, aus Teilen Zusammengesetztes, als das Ergebnis seiner Teile und deren Summe, als Harmonisches. Das ist *consonantia*.« [P 239] Lynch sagt, wenn er ihm erkläre, was *claritas* sei, gewinne er einen Orden. Stephen erklärt es ihm, eloquent. Wir haben bereits zuvor von der *claritas* oder »Ausstrahlung« gehört, nämlich in *Stephen der Held* – es ist die *quidditas*, die »Washeit«, die aus dem wahrgenommenen Gegenstand herausscheint. Damals hörten wir viel von den Epiphanien, doch nun wird dieser Begriff nicht erwähnt: Stephen bevorzugt Ausdrücke wie »die leuchtend stumme Stasis des ästhetischen Wohlgefallens, ein geistiger Zustand, der jener Herzverfassung sehr ähnlich ist, die der italienische Physiologe Luigi Galvani (…) die Entrückung des Herzens genannt hat« [P 240].

Stephen beendet seinen Diskurs mit prägnanten Definitionen der drei hauptsächlichen literarischen Formen – der lyrischen, in der der Künstler sein Bild in unmittelbarer Beziehung zu sich selbst darstellt; der dramatischen, in der er es in unmittelbarer Beziehung zu anderen darstellt; der epischen, in der er es in mittelbarer Beziehung zu sich selbst und anderen darstellt. Doch diese Formen durchdringen einander, oder besser: Sie bilden ein natürliches Kontinuum, so daß die Persönlichkeit des Künstlers als lyrisches Zentrum beginnt, dann in die epische Erzählung eindringt und sich schließlich in der dramatischen Form aus der Existenz hinaussublimiert.

Der Künstler, wie der Gott der Schöpfung, bleibt in oder hinter oder jenseits oder über dem Werk seiner Hände, unsichtbar, aus der Existenz hinaussublimiert, gleichgültig, und maniküt sich die Fingernägel.
– Und versucht auch die aus der Existenz hinauszusublimieren, sagte Lynch. [P 242]

Vieles an dieser ästhetischen Theorie macht, trotz ihres fremdartigen und begrenzten Ursprungs, auch weiterhin auf bewundernswürdige Weise Sinn; von größtem Wert ist sie aber, wenn sie in Zusammenhang mit Joyces eigenem Werk betrachtet wird. *Ulysses* und *Finnegans Wake* sehen wie Epen aus, doch in Wirklichkeit sind es Dramen: Joyce erreicht das göttliche Ziel der Unsichtbarkeit und Gleichgültigkeit, indem er die Aufgabe des Erzählens an unsympathische oder sogar unmenschliche Stellvertreter weiterreicht – an einen Kneipenschnorrer, eine Frauenzeitschrift, eine Fuge, einen wissenschaftlichen Katechismus, einen träumenden Geist. Jenes Kapitel des *Ulysses,* das in dramatische Form gekleidet ist, ist nicht notwendigerweise der am wahrhaftigsten dramatische Teil des Buches. Die Bühnenanweisungen der Bordellszene sind in einer hochmanieristischen Prosa geschrieben, so daß wir uns – wie bei der Lektüre von Shaws Stücken – immer des Dramaturgen bewußt sind, der uns in den Nacken atmet. Ist dieser Dramaturg Joyce, »mittelbar« dargestellt, oder ist es irgendein gesondert vorgestellter stückeschreibender Agent, der es dem wahren Schöpfer erlaubt, im Hintergrund zu bleiben, ein unsichtbarer Impresario, seine Fingernägel manikürend? Es gibt keinen Zweifel, daß wir der Joyceschen Stimme lauschen, der Stimme Shems, und daß dieses Stück dramatischer Literatur in Wahrheit ein Stück Epik ist. Joyce ist sein eigener Proteus, und nie ist er dramatischer, als wenn er die äußeren Formen und Mechanismen des Dramas nicht benutzt.

Der Diskurs findet ein Ende – im Regen, dem Unterstellen, dem Ansichtigwerden des namenlos gewordenen Mädchens unter den Arkaden der Nationalbibliothek. »Dein Liebchen ist hier« [P 243], flüstert Lynch. Stephen verspürt einen Stich Bitterkeit, als er sie schweigend zwischen ihren Kameradinnen stehen sieht – »Sie hat keinen Priester, mit dem sie flirten kann« [P 243] –, doch sein Geist kleidet sich in einen teilnahmslosen Frieden – den druidischen Frieden des »Hör auf zu streben, zu kämpfen« [U 304], den er wieder verspüren wird, als er, das Gehirn gerade von seiner *Hamlet*-Theorie geleert, im Sonnenlicht an dieser Stelle stehen wird und Bloomsday halb verstrichen ist. Der Friede ruft nun Mitleid hervor:

Und wenn er sie zu schroff beurteilt hatte? Wenn ihr Leben ein einfacher Rosenkranz von Stunden wäre, ihr Leben einfach und seltsam wie ein Vogelleben, heiter am Morgen, rastlos den ganzen Tag, müde bei Sonnenuntergang? Ihr Herz einfach und mutwillig wie ein Vogelherz? [P 244]

Nachdem er von der Verzückung des Herzens gesprochen hat, ist er jetzt dabei, sie zu erleben. Er wacht zu einer morgendlichen Inspiration auf, und der Takt einer Villanelle geht von seinem Geist auf seine Lippen über:

Bist du nicht müd das glühnde Fragen,
Das Locken der gefallnen Seraphim?
Sprich nicht mehr von entrückten Tagen. [P 245]

Wenn wir das Gedicht lesen, können wir eine leichte Enttäuschung
nicht verbergen. Nach den Wogen eloquenter ästhetischer Theorie,
nach der wunderbar bewegenden Beschreibung der Verzückung in
der Dämmerung – »Im jungfräulichen Schoß der Imagination ist das
Wort Fleisch geworden. Gabriel der Seraph war an der Jungfrau Kam-
mer gekommen« [P 245] – erleben wir nun die formale Perfektion der
Verseschmiede aus der Fleet Street, der Anhänger Austin Dobsons,
und den abgestandenen Swinburnianismus des »Mit Leibs Verschwendung, sehnsuchtsvoller Miene« [P 252]. Stephen ist als Lyriker
ebenso klein wie sein Schöpfer. Das Gewicht des Abschnittes liegt,
wie stets, auf der Prosa mit ihren subtilen Rhythmen, der Herauf-
beschwörung subtiler Stimmungen. Was in *Stephen der Held* eine
solide Erzählung bildete – die Feiereien, der Unterricht in Gälisch,
die schüchternen dunkeläugigen Mädchen –, wird hier zu einer lyrischen Erinnerung. Stephen mag das zusammengesetzte Bild irischen
Frauentums, das er geformt hat, verachten, er mag wütend auf das
Mädchen sein, das Lynch »Dein Liebchen« genannt hat – »Er hatte
wohl daran getan, sie auf den Stufen der Bibliothek nicht zu grüßen.
Er hatte wohl daran getan, sie mit ihrem Priester flirten und mit einer
Kirche spielen zu lassen, die die Scheuermagd der Christenheit war«
[P 248] –, doch die Stärke seiner Gefühle ist eine Art Huldigung. Und
an dieser Stelle nun steht das Gedicht für sie – jenes, das in *Stephen der
Held* »Die Villanelle der Verführerin« genannt wird. Er sieht sie ihrer
irischen Frömmigkeit – oder Pseudofrömmigkeit – beraubt und sich
ihm hingeben, dem Priester der Imagination. Der Dichter ist gleichzeitig Zauberer und kann aus einem adrett bestiefelten Mädel, ausgestattet mit einem Buch irischer Redensarten, die ewige Frau machen.

Der Priester der Imagination bezieht ein gutes Stück der Bildersprache seiner Villanelle aus dem Ritus, den die niederen, verachte-
ten Priester der Kirche praktizieren. Blasphemie? Die Verführerin
wird in einer eucharistischen Hymne gepriesen, geweihte Hände
heben den Kelch. Wenn es Blasphemie ist, dann ist es auch eine Art
Huldigung, eine Huldigung, die die Hauptwerke hindurch immer
wieder spöttisch gewährt wird. Stephen sagt in dem vorletzten Ab-

schnitt, den wir nun erreichen, er fürchte »den Chemismus, der in meiner Seele entstünde durch lügnerische Huldigung vor einem Symbol, hinter dem sich zwanzig Jahrhunderte Autorität und Ehrfurcht ballen« [P 274]. Er wird keine sakrilegische Kommunion begehen; er macht sich keine Illusionen über die Unvollkommenheit seiner Emanzipation. Doch er wird sich, vielleicht ohne es zu wissen, am besten von der Oberherrschaft der Kirche befreien, indem er die Empfindungen säkularisiert, die ihren Riten und Symbolen anhaften, Stephen, der säkulare Jesuit und häretische Franziskaner, ist weniger verstrickt, als es scheint.

Der letzte erzählende Abschnitt beginnt in dem Geschwirre von Vögeln. Stephen, im Überdruß des *fin de siècle,* lehnt auf seinen Eschenstock und sieht sie in der Molesworth Street »um einen Tempel aus Luft« [P 253] kreisen. Das Vogelmotiv wird hier am vollständigsten entwickelt – Cornelius Agrippa über Vogelaugurien, Swedenborg über die Entsprechung zwischen Vögeln und geistigen Dingen. Stephens Stock wird zu dem eines Auguren, das Bild des ibisköpfigen Thot, des Gottes der Schreiber, zeigt sich ihm; in einer Art Furcht sieht er Daedalus selbst, »der sich schwang hoch auf aus der Gefangenschaft auf weidengeflochtenen Flügeln« [P 254]. Die realen Vögel in der Molesworth Street kann er nicht identifizieren – sind das Schwalben? Es ist das Wort »Schwalbe«, das den Gedanken an sein eigenes bevorstehendes Fortziehen heraufbeschwört, und auch – über die Zeile »Ich schaue auf sie wie die Schwalbe schaut« [P 254] – die erinnerte Eröffnung des neuen Nationaltheaters mit Yeats' *Gräfin Cathleen,* das Zischen und Auspfeifen durch seine Mitstudenten – »Verleumdung Irlands!« und »Blasphemie!« [P 255] – und der ganze Rest. Cathleen hatte ihre Seele dem Teufel verkauft, um Brot für das verhungernde Volk zu kaufen, das Publikum war nicht bereit, auf ihre Erlösung zu warten; Gottes Wege wurden als unverständlicher und barmherziger herausgestellt, als die Dubliner Katholiken erlauben wollten. Alles deutet auf Stephens Aufbruch hin.

Der Zeitpunkt des Abhebens, des wirklichen Erhebens in die Lüfte, muß bis ganz zum Schluß warten. Stephen muß in Gegenwart Cranlys seinen Geist klären, indem er eine letzte Beichte und ein letztes Gelöbnis ablegt. Wir hängen wieder sehr an der Erde; der Text ist voller hinabzerrender Symbole – der Priester im Lesesaal der Bibliothek, der seine Nummer des ›Tablet‹ mit einem zornigen Knall zuklappt; Cranlys Buch, *Krankheiten des Rindes;* der Scott-lesende Zwerg, der angeblich das Produkt einer zwar edlen, doch inzestuösen Verbindung sein soll (Stephen schaut diesen Akt in einem ungebetenen visionären Aufblitzen, das es mit dem früheren, den *Foetus*schnitzenden Studenten in Cork betreffenden Bild aufnehmen kann – der regnerische Park, die Schwäne, Bruder und Schwester in der Umarmung); das gröbliche Genecke der Studenten unter der Kolonnade; sein eigenes Bewußtsein von seinem verlausten Körper und von seinen Gedankenläusen, »geboren aus dem Schweiß der Trägheit« [P 264]; seine ambivalente Bitterkeit gegenüber seiner »Geliebten«. Doch Temple macht, wie ein Orakel, irre und prophetische Ankündigungen. Er sagt, Giraldus Cambrensis feiere Stephens Sippe als *»Pernobilis et pervetusta familia«* [P 259]. Er zitiert den letzten Satz des Zoologiebuchs: »Die Fortpflanzung ist der Anfang des Todes.« [P 260] Die Kirche, sagt er kühn, sei grausam wie alle alten Sünder. Zuletzt zieht Stephen Cranly von der Studentenansammlung fort. Dixon pfeift ihnen das Waldvogelmotiv aus dem *Siegfried* hinterher: Wir dürfen das Mysterium des Fluges nicht vergessen.

Stephen erzählt Cranly, daß er eine Auseinandersetzung mit seiner Mutter gehabt hat (die Auseinandersetzung, die in *Stephen der Held* als schmerzliche und langatmige Erzählung mitgeteilt wird): Er weigert sich, seinen österlichen Pflichten nachzukommen. »Ich will nicht dienen« [P 269], sagt Luzifer-Stephen, womit er jener Zeile eine Bedeutung verleiht, die er gerade im stillen falsch zitiert hat – »Lichte senkt sich aus der Luft.« [P 264] Er ist, wie der Urmärtyrer, verdammt, doch seine Verdammung mag mehr als eine Metapher sein. Es ist eine Sache, wie Ikarus zu fallen (das *Ulysses*-Thema der Identifikation von Vater und Sohn ersteht am Ende von *Ein Porträt des Künstlers:* »Urvater, uralter Artifex, steh hinter mir, jetzt und immerdar« [P 285]); es ist eine andere Sache, zu fallen wie Luzifer. Siegfried-Stephen, der den Gesang der Vögel versteht und das Schwert Nothung gegen Höllenvisionen schwingt, mag immer noch in die Hölle gehen müssen; doch er sagt, daß er bereit ist, Fehler zu begehen, daß er keine Angst hat, »sogar einen großen Fehler« zu begehen, »einen lebenslangen Fehler, und vielleicht einen, der so lang dauert wie die Ewigkeit« [P 278]. Cranly antwortet auf all das nicht, wie Lynch es vielleicht getan hätte; Stephen hätte zu Lynch nicht sagen können, was er nun zu Cranly sagt:

Ich will dir sagen, was ich tun und was ich nicht tun will. Ich will nicht dem dienen, an das ich nicht länger glaube, ob es sich mein Zuhause nennt, mein Vaterland oder meine Kirche: und ich will versuchen, mich in irgendeiner Art Leben oder Kunst so frei auszudrücken wie ich kann, und so vollständig wie ich kann, und zu meiner Verteidigung nur die Waffen benutzen, die ich mir selbst gestatte – Schweigen, Verbannung und List. [P 278]

Dies ist, ungeachtet der mutigen Worte, eine Szene, der ganz und gar die feine, kompromißlose, degenscharfe Zuversicht jenes peripatetischen Vortrags fehlt. Da ist Verzweiflung im Trotz, eine Ahnung davon, daß das, was aufgegeben werden soll, ebensosehr aus Stolz wie aus Berufung aufgegeben wird, daß dem Stück geweihten Brotes, das Stephen nicht nehmen will, durchaus eine »unheilvolle Realität« innewohnen könnte, und genauso der ganzen absurden Kohärenz und Logik der Kirche. Über allem lauert da das fürchterliche Bild der Einsamkeit, verkörpert in der kalten Traurigkeit von Cranlys Gesicht.

– Und keinen einzigen Menschen haben, sagte Cranly, der mehr wäre als ein Freund, mehr sogar als der edelste und treueste Freund, den ein Mensch je hatte. [P 279]

Stephen sagt, er wolle das Risiko tragen.

An dieser Stelle endet die Handlung des Romans. Wir müssen ein bißchen auf der Stelle treten, bevor Stephens Mutter seine »neuen altgekauften Kleider in Ordnung« [P 285] bringt und der selbstverdammte, unerschrockene junge Künstler sich zum Einschiffen fertigmacht. Wir brauchen einen knappen Epilog, in dem die Stimmung der Erregung im Angesicht des Ausfliegens wiederhergestellt wird, in dem der Geist des großen komischen Romans, der da kommen wird, angedeutet wird, in dem eine neue literarische Technik ihre Schatten vorauswerfen kann. Die Tagebucheinträge, mit denen *Ein Porträt des Künstlers* schließt, nehmen in ihren gekappten Lyrizismen und ungeduldigen Ellipsen den inneren Monolog des *Ulysses* vorweg. Doch sie blicken auch zurück bis ganz zum Anfang, auf den Säugling Stephen, der im Aufblitzen diskreter Beobachtungsgabe zum Bewußtsein gelangt. Das ist korrekt: Das Durchschneiden der physischen Nabelschnur wird gepaart mit dem Durchschneiden der spirituellen. »Willkommen, Leben!«, so sagt Stephen, und er geht voran, um »in der Schmiede meiner Seele das ungeschaffne Gewissen meines Volkes zu schmieden« [P 285].

Ein Porträt des Künstlers ist, nach jedem Maßstab gemessen, ein bemerkenswerter Roman, obwohl der *Ulysses,* der Stephens Geschichte weiterführt, ihn überschattet und sowohl seine Offenheit als auch seine technischen Neuerungen weniger ansehnlich aussehen läßt, als sie in Wahrheit sind. Der Jugend, die es als Taschenbuch entdeckt, mag seine Modernität in einer Zeit, in der eine ganze zeitgenössische Weise des Schreibens sprießt, wenig bemerkenswert erscheinen; der in freier Liebe, Drogenkonsum und Agnostikertum versierte Student mag sich fragen, worum es hier jemals einen solchen Aufstand gegeben hat. Den Studententypus, den Stephen Dedalus repräsentiert – arm, alte Bücher mit stockfleckigen Seiten sorgsam hegend, unabhängig, unweinerlich, politischem und sozialem Schibboleth gegenüber taub, der Kunst und nur der Kunst fanatisch ergeben –, wird man in den Großstädten des Westens nicht mehr finden: Er verschwand im Jahr 1939. Er ist der traditionelle Student, so alt wie Chaucer, und ohne ihn muß die Literatur – wie das Leben – ärmer sein. Die Rebellen des Nachkriegsromans rebellieren für nichts gegen alles – gegen kohärente Kunsttheorien ebenso wie gegen die Autorität von Kirche, Staat und Familie. Sie stehen Lynch näher als Stephen, quengeln herum, weil sie billige Zigaretten rauchen müssen oder überhaupt keine. Aber Lynch hörte sich Stephens Ästhetik wenigstens an und bat ihn sogar, einige seiner Definitionen zu wiederholen. *Stephen der Held* – dieser aufgegebene Titel ist ein stolzer und ein gerechtfertigter: Stephen Dedalus ist der letzte der Künstlerhelden in der bürgerlichen Dichtung. Das Konzept des jungen Mannes als komischer Hamlet oder wirkungsloser Rebell bleibt bestehen, doch er leitet sich mehr von Eliots Prufrock her als von Joyces Stephen – die unschuldige errötende Zielscheibe einer harten Welt, die gewisser Gewißheiten versichert ist. Wie Denis in Huxleys *Crome Yellow* schleicht er schmachvoll aus dem Bild; wie Paul Pennyfeather in Waughs *Auf der schiefen Ebene* oder William Boot in desselben Autors *Die große Meldung* erzielt er seine Triumphe durch eine Art Betrügerei oder die Intervention des Gottes aus der Maschine. Doch das gerundete Porträt eines jungen Mannes, der sündigt, sühnt und einen edlen Fanatismus entwickelt, läßt sich nach Joyce schwerlich finden: Stephen Dedalus ist Abschluß und Summe zugleich.

Das Buch ist nicht nur dieser Charakter: Es ist auch es selbst – eine lyrische Meditation, die gleichzeitig hochorganisiert ist, in der der Symbolismus listenreich eingepflanzt ist und sich auch noch die beiläufigste Aufzeichnung scheinbar zielloser Rede oder Handlung als eine erweist (das trifft sogar noch mehr auf den *Ulysses* zu), die ihren Platz in dem kniffligen Schema hat – es gibt keine losen Enden, keine Belanglosigkeiten. Der Symbolismus unter dem Naturalismus ist nicht dazu da, Stephen zu glorifizieren, sondern dazu, die Kunst zu glorifizieren. Wenn es nicht um dieses unablässige Gefühl ginge, daß jedes Wort, jede Tat mehr bedeutet, als es aussagt oder als sie ausführt, wäre der Name Stephen Dedalus nichts als ein Stückchen prätentiöser Dekoration. So, wie es ist, trägt das abschließende Bild von Stephen als Priester der Imagination. Wie ein Priester der Kirche wächst er über sich hinaus kraft der Macht, deren Agent er ist. Der Egoismus ist nicht Selbsterhöhung: Es ist der Gott im Priester, der sagt, »*Om* – ich, mein Selbst.« Und schließlich ist der Künstler, der Erschaffende, selbst nur Geschöpf unbekannter Künste – das *ignotae artes* des Mottos: Er ist umschlossen von einem Mysterium. Es liegt an dieser Gegenwart des Mysteriums, daß unsere abschließende Reaktion auf *Ein Porträt des Künstlers* die des verwunderten Erstaunens ist.

6

»Du armer Poet du!«

»VETTER SWIFT«, SAGTE JOHN DRYDEN, »DU WIRST NIE EIN DICHTER
werden.« Stephen Dedalus denkt, als er im *Ulysses* am Strand spazie-
rengeht, an Swift – einen seiner literarischen Vorfahren – und identifiziert sich sogar einen kurzen Moment lang mit dem großen Dekan. Doch er sagt zu sich selbst: »Vetter Stephen, du wirst nie ein
Heiliger werden.« [U 58] Er widersteht der literarischen Verurtei-
lung, wird aber die der anderen Natur freudig akzeptieren. Joyce
muß sich der Begrenztheit seines lyrischen Talents bewußt gewesen
sein, doch es ist essentiell für das Bild von Stephen Dedalus, daß es
vom Nimbus großer lyrischer Versprechungen und sogar Errungenschaften umgeben ist. Die wenigen Verse, die Stephen im *Ulysses*
macht, sind armseliges Zeug aus der Reimschmiede; die Villanelle
in *Ein Porträt des Künstlers* ist nach den Höhenflügen in den Erklärungen des Künstlers reichlich enttäuschend. Die Gedichte, die
Joyce in zwei gesonderten Bänden – *Kammermusik* und *Pöme Penysstück* – veröffentlicht hat, erheben keine großen Ansprüche: Sie sind
nicht dazu da, im Kontext von Stephen Dedalus gelesen zu werden.
Sie sind bezaubernd, tüchtig, erinnernswert, doch sie allein würden
ihrem Autor nie einen Namen gemacht haben. Die *poetische* Seite
von Joyce (den Begriff einmal in seinem engsten, orthodoxesten
Sinne benutzt) mußte von der Ironie der großen Prosabücher umschlossen werden, um effektiver zu sein. Sein lyrisches Talent steht
wirklich dem Swiftschen nahe (Dryden hatte, natürlich und wie immer, recht), und dies scheint angemessen für den zweiten Mann, der
aus Irland große Prosa herausholen sollte. Am besten ist der Verse-
schreiber Joyce noch in Schmähschriften und in den Gelegenheits-
parodien und Privatsatiren, die er für seine Freunde schrieb.

Wir haben *Kammermusik* gut im Griff, wenn wir den Titel der

Sammlung begriffen haben. Es gibt darin grobschlächtige Untertöne: Joyce las die Gedichte einer Frau vor, die die Rezitation unterbrach, um sich, hörbar, hinter einem Wandschirm zu erleichtern. Dieses Orakel gab dem Buch seinen Namen. Als das Buch, im Jahre 1907, erstmals erschien, wurde Joyce in einen Zusammenhang mit den Imagisten gebracht. Doch der Künstler, der seine ästhetische Philosophie von Aristoteles und Aquin bezog, war keiner, der seine poetische Inspiration aus zeitgenössischen Reimmethoden ableitete, und es steckt ebensowenig von den Imagisten in den Gedichten von *Kammermusik* wie von Yeats und dem keltischen Zwielicht. Diese leichtgewichtigen Verse gehen zurück auf die Elisabethaner, und sie sind darauf angelegt, in Musik gesetzt und gesungen zu werden. Als Tenor wußte Joyce, welche Art Texte die Musik braucht – viele lange Vokale, einfache Stanzenformen, keine Überlängen, Einheitlichkeit der Stimmungen, konventionelle Bildersprache und so weiter. Diese Gedichte klingen besser, als sie sich lesen, und ganz zur Geltung kommen sie in Vertonungen im elisabethanischen Stil (das Ohr erschaudert bei dem Gedanken, sie könnten als ›Lieder‹ behandelt werden) wie denen von E. J. Moeran:

> Saiten in Erd und Luft
> Machen süße Musik;
> Saiten am Fluß, wo Duft
> Um der Weiden Gewieg. [GG 7]

Die Gedichte werden immer wieder von neuem vertont und regelmäßig gesungen, und man könnte es, wenn sie nicht von Joyce wären, dabei belassen. Doch selbst noch in der simpelsten Joyceschen Schöpfung steckt immer mehr, als Auge oder Ohr wahrnehmen. *Kammermusik* ist nicht nur einfach eine Sammlung von Versen; es ist eine Sequenz, eine Auswahl aus der großen Zahl von Versen, die Joyce in Dublin schrieb, und sie sind so angeordnet, daß sie eine Geschichte andeuten. Es ist eine Liebesgeschichte, doch nicht einfach eine konventionelle, wie sie elisabethanische Sonettschreiber vielleicht ersonnen hätten: Sie ist autobiographisch, wie alles, was Joyce schrieb, doch die Autobiographie ist erhöht, ins Mythische gekehrt. Seine Liebesaffäre mit Nora Barnacle währte sein ganzes Leben; hier aber muß die Liebe enden. Eine im realen Leben vorübergehende Stimmung der Einsamkeit muß in einen endgültigen, unumkehrbaren Zustand verwandelt werden. Das ist das Gestalten der Kunst.

Die Anordnung ist so listig, wie wir es von dem Großen Gestalter erwarten können. Die drei Eröffnungsgedichte sind eine winzige präludierende Suite, die die Stimmung angibt. Der Schauplatz ist eher vorstädtisch als ländlich – da ist eine Allee und eine Laterne und ein Mädchen spielt Klavier –, und diese schlichten Gegebenheiten halten »der seufzenden Harfen Laut, / Die der Liebe rufen,« [GG 11] in Schach. Im vierten Gedicht singt der Liebhaber-Dichter an der Tür seiner Geliebten, dann im fünften verdirbt er alles, indem er ein ganz und gar anderes Mädchen beschwört – in einem der miserabelsten Gedichte, die ein großer Autor je verfaßte:

> Beug aus dem Fenster dich,
> Lockengold,
> Ich hörte dich singen
> Ein Lied so hold.
>
> (…)
>
> Ich verließ mein Buch:
> Ich verließ mein Gemach:
> Denn ich hörte dich singen
> Im Dunkel wach,
>
> Singen und singen
> Ein Lied so hold.
> Beug aus dem Fenster dich,
> Lockengold. [GG 15]

Bald sind es echt ländliche Stoffe, gewürzt mit genuinen elisabethanischen Ausdrücken wie »Welladay« [GG 22] und gestärkt mit anstrengenderen Wörtern wie »plenilune« [GG 28] und »Epithalamium« [GG 30]. Die Geliebte enthüllt ihren Mädchenbusen dem »Hörnerklang der Cherubim« [GG 27], lauter als die früheren Saiten und die Harfe; die Sprache wird biblisch: »Mein Täubchen, mein schönes du, / Auf, schlummre nicht« [GG 33], und der Liebhaber wartet am Zedernhain (Dublin ist fern). Die Erfüllung wird erreicht, dann fol-

gen dem Honig die Stacheln. Der Freund des Liebhabers wird
eifersüchtig (die biographischen Wurzeln sind leicht aufzudecken:
Oliver St. John Gogarty – der Buck Mulligan des *Ulysses* – ist der
Freund), und der Name der Geliebten wird entehrt. Eine altertüm-
liche Erhabenheit dringt in die Verse ein:

> Wem keine Seele freund in Not,
>   Wer allen Ruhm gegeben hin
> Und trotz der Feinde Grimm und Spott
>   Festhält an altem Edelsinn –
> Ein solcher Mann, gefährtenlos,
> Hat doch die Liebe zum Genoß. [GG 47]

Der stolze junge Dichter läßt seine Hörner aufblitzen, furchtlos, aber
nicht allein.

Doch die Liebe hat etwas von der Verderbtheit des Lebens gesehen, und der Apfel wird faulfleckig. Shakespeare, dessen Lieder
schließlich nicht alle über die schönen Glockenzeiten gingen, wird
angerufen, der Überlieferer toller Mären, »beschwörbar jetzt zur
Geisterstund«; wir hören ein Couplet, das zu massiv ist für Liebeslyrik:

> (…) Und nur weil eines Namens Tand
> Im alten Holinshed er fand. [GG 57]

Die Liebe findet ein Ende. Regen fällt, »das Jahr (…) holt seine
Ernte ein« [GG 71], dann schreit der Winter vor dem Tor. Die drei
Gedichte des Postludiums sind die besten der Sequenz, und die letzten beiden – mit den Geräuschen der Wasser, dem verzweifelten Ruf
des verlassenen Liebhabers, der »ein Heer anstürmen« hört »gegen
das Land« [GG 77] – nähern sich Yeatsscher Vollendung, obwohl sie
durch und durch Joyceanisch sind.

»Du armer Poet du!« [P 278] Diese Worte sind Cranlys, und wenn
auch wir sie auf Joyce-Stephen anwenden wollen, so müssen wir uns
Cranlys Tonfall ausborgen – spöttelnd, doch auch herzlich und sogar zögerlich bewundernd, wenn auch nicht zu sehr. Denn obschon
der größte Teil von *Kammermusik* der Kritik nicht standhält, so bleiben uns doch noch zwei Dinge – das Gefühl einer knappen, doch
kraftvollen erzählerischen Struktur; und das Bewußtsein einer bei-

nahe schamhaften Potenz, die in »billiger Musik« zu finden uns Noël Coward autorisierte. Manche dieser Verse – und nicht einmal die besten – rufen das Bild eines jungen Mannes hervor, der aufrichtig verliebt ist und in »billiger staubiger Trauer« in den Vorstadtalleen herumlungert. Sie sind ein Kommentar zu einem Aspekt an Stephen Dedalus, den zu betrachten uns weder *Ein Porträt des Künstlers* noch *Ulysses* erlauben. Und wenn wir, wie es manche von uns taten, diese Gedichte zum erstenmal lasen, als wir selbst arme Studenten und ebenfalls verliebt waren, so bemerken wir, daß ihnen die alten unkomplizierten Gefühlsregungen anhängen – wie die billigen Parfüms, die die einzigen waren, die sich unsere Liebsten leisten konnten. Ich weiß, daß dies sehr wenig mit Literaturkritik zu tun hat. Eine Figur in William Goldings *The Brass Butterfly* sagt, wenn er Vergil wiederlese, fühle er sich nicht in die Welt Vergils versetzt, sondern zurück in seine eigene Kindheit: »Ich bin wieder ein Junge, der Vergil liest.« Das ist vielleicht für große Dichtung keine große Anerkennung, aber für unbedeutendere Liebeslyrik möglicherweise doch die äußerste.

Joyce brachte seinen anderen Lyrikband – sogar noch leichtgewichtiger als *Kammermusik* – 1927 heraus, als *Ulysses* seit fünf Jahren im Handel war und die Peinigungen von *Finnegans Wake* bereits im Gange waren. *Pöme Penysstück* kosteten einen Schilling, also sollten es zwölf Gedichte sein, doch Joyce gibt – wie die alte Milchfrau am Anfang von *Ulysses* – noch eine Zugabe, und »Zugabe« ist der Titel des ersten Gedichts in dem Buch. Es scheint nur wenig Fortschritt, sei es in der Sprache, der Rhythmik oder Organisation, gegenüber dem dürftigen Handwerk des früheren Bandes zu geben: Da sind müde Anrufungen der Liebe, Seufzer der Nostalgie und des Bedauerns und ein hinreichendes Aufkommen an altertümlichen Duzformen. Nur gelegentlich blinzelt der Prosaexperimentator hervor, wie in »Erinnerung an die Players in einem Spiegel um Mitternacht«:

> Sie deklamieren der Liebe
> Sprache. Brunst
> Aus dreizehn Zähnen. Hiebe
> Für dein Gelüst, die nackten Fleischestriebe!
> Ob Wort, ob Lied, dein Liebeshauch ist schal
> Wie Katzendunst,
> Ein heiserer Schwall (…) [GG 101]

Wenn wir angerührt sind, dann oft aus den falschen Gründen. Wir lesen in »Eine Blume, meiner Tochter geschenkt« nicht nur die Hingabe von Joyce als Vater, sondern auch die Tragödie von Lucia Joyce und ihrer bevorstehenden Geisteskrankheit; in »Am Strande von Fontana« erhellt die »Liebe voll Schmerz«, die er für seinen Sohn empfindet, die biographischen Fakten – wir sind vielleicht zu sehr an dem interessiert, was die Gedichte über Joyce aussagen (man vergleiche, wenn dies statthaft ist, die Sonette Shakespeares), und zu wenig an dem, was die Gedichte über uns selbst auszusagen vermögen. Doch könnte irgendein Gedicht spezifischer und weniger allgemein sein als »Ecce Puer«, das Joyce 1932 schrieb? Sein Enkel Stephen war gerade geboren; sein Vater war gerade gestorben:

> Aus dunkel Vergangnem
> Ein Kind geborn;
> In Freude und Kummer
> Mein Herz verlorn.
>
> Still dort im Bettchen
> Das Lebende liegt.
> Von Liebe und Gnade
> Sei es gewiegt!
>
> Jung Leben atmet
> In stiller Gewalt;
> Die Welt, die nicht war,
> Wird Gestalt.
>
> Ein Kindlein schlafend;
> Ein Alter davon.
> O verlassener Vater,
> Vergib deinem Sohn! [GG 213]

In diesen Gedichten des reifen Joyce erspähen wir eine willentliche Begrenzung, und wenn wir darüber nachdenken, erlauben wir den alten hoffnungslosen und unverdaulichen Fragen über das Wesen der Lyrik, sich von neuem zu erheben – Fragen, die besser nicht gestellt werden. Es sind nämlich die beiden großen Veröffentlichungen von 1922 – *Ulysses* und *Das wüste Land* –, die zeigen, wie weit einander das Lyrische und das Unlyrische durchdringen können und wie geringe Bedeutung Begriffe wie *Vers* und *Prosa* wirklich besitzen. Wie sollen wir das Folgende klassifizieren? –

(…) Wenns dir nicht paßt, ist's auch recht, sagt' ich. Andere können sich was aussuchen, wenn du's nicht kannst. Aber wenn Albert dir durchgeht, so weißt du warum. Du solltest dich schämen, so alt auszusehen. (Und sie ist doch erst einunddreißig.) Ich kann nichts dafür, sagte sie, und zog ein langes Gesicht. Die Pillen sind dran schuld, mit denen ich's wegbrachte. (Sie hatte schon fünf, und starb fast am kleinen Georg.) Der Apotheker sagte, es täte nichts, aber ich bin seitdem anders. Du bist auch zu blöd, sagt' ich (…)

(…) In Schoßes Sündendunkel lag auch ich,
Erschaffen, nicht gezeugt.
Von ihnen, dem Mann mit meiner Stimme und meinen
    Augen, und einem
Geisterweib mit Asche auf dem Atem.
Sie umschlangen einander und trennten sich, taten
    des Kupplers Willen.
Vor der Äonen Anbeginn hat Er mich gewollt
Und wird nicht hinweg mich wollen jetzt noch jemals.
Eine *lex aeterna* bleibt um ihn. Ist das dann
Die göttliche Substanz, darin
Vater und Sohn konsubstantiell sind?

Die erste Passage stammt, natürlich, aus *Das wüste Land,* und die zweite stammt aus dem *Ulysses* [U 54 f.]. Es gibt keinen Zweifel, welche von beiden die größere poetische Intensität birgt. Doch *Das wüste Land* bleibt ein Gedicht und *Ulysses* ein Roman. Eliots Passage flacher Umgangssprache ist ein willentlich verabreichtes Glas mit kaltem Wasser, um den vollen Obstkuchengeschmack des vorausgegangenen Abschnitts in Keats' Manier hinunterzuspülen; sie bereitet außerdem unseren Gaumen vor auf eine andere, herbere Füllung, die folgen wird. Die *Ulysses*-Passage ist ein reiner innerer Monolog von Stephen Dedalus: Wir werden um so bereiter sein für Leopold Blooms gebratene Nieren, wenn wir sie gelesen haben. Die umfassende Struktur ist das, was zählt.

Die Komplexität und Suggestivkraft einer Sprache, die wir poetisch nennen, erblüht bei Joyce nicht im isolierten Stück Lyrik, sondern in dem umschlossenen lyrischen Abschnitt – er braucht die flachen Umgebungen für seine Flüge ebenso, wie Eliot die tiefe Umgebung für seine Flachheit braucht (jedenfalls in *Das wüste Land*). Und allgemein wäre es zutreffend, zu sagen, daß Joyce in all den nicht romanhaften Zweigen der Literatur, die er ausüben möchte, seiner selbst am sichersten ist, wenn er in einer großen Prosastruktur sicher eingemauert ist. Die dramatische Gewandtheit des *Ulysses* verführt Bearbeiter zu der Verrücktheit, Teile daraus auf die Bühne zu zerren; die Bordellepisode ist eines der größten Lesedramen aller Zeiten; doch als Bühnenautor für das Theater ist Joyce ebensowenig ein Erfolg wie Henry James.

Es war unvermeidlich, daß Joyce, der Ibsen zum Heiligen seiner Befreiung auserwählt hatte, sich früh als einen Dichter-Dramatiker betrachten mußte. Sein Stück, *A Brilliant Career,* ist aber nur wegen der Arroganz seiner Widmung (an des Autors eigene Seele) in Erinnerung geblieben und des Interesses wegen, das William Archer daran bezeigte. Der reifere Versuch, *Verbannte,* gehört in das *annus mirabilis* 1914, als *Ein Porträt des Künstlers* vollendet worden war, die Aufnahme der Arbeit an *Ulysses* bevorstand und die ersten Ranken der Anerkennung und der Hilfe sich ausstreckten. *Verbannte* wurde 1918 veröffentlicht. Es ist oft gelesen worden, aber selten gespielt. Das Interesse daran ist weniger künstlerisch als vielmehr biographisch: Wir gehen meist mit den falschen Motiven heran.

Tatsächlich leuchtet *Verbannte* eine Phase von Joyces persönlicher Entwicklung aus, und da es im Dublin von 1912 spielt, liegt diese Phase dem Zeitpunkt der Niederschrift näher, als es bei ihm sonst der Fall ist – ausgenommen natürlich die Epiphanien von *Stephen der Held*. Mit anderen Worten: Joyce scheint es darum zu gehen, eine abschließende Erklärung über seine Beziehung zur Welt seiner eigenen Vergangenheit abzugeben, bevor er sich an die Arbeit macht, zwei große Mythen aus eben jener Welt zu erschaffen. Dies ist das letzte wichtige Stück Aufräumarbeit vor dem Antritt der echten Verbannung. Nicht, daß *Verbannte* völlig autobiographisch wäre. Joyce kehrte im Jahre 1912 nach Irland zurück, wie sein schriftstellernder Held Richard Rowan. Buck Mulligan spricht in *Ulysses* davon, die Insel zu »hellenisieren« [U 13]; Richard fragt sich acht Jahre später, ob er eine Professur für romanische Sprachen an seiner alten

Universität annehmen und das trübe teigige Dublin mit dem flinken Geist Europas säuern soll. Es ist sein Freund Robert Hand, der das Angebot der Berufung vom Prorektor bringt und mitteilt, seine zurückliegende »Wahnsinnshandlung« werde vergessen sein: Dublin ist bereit, ihn »als Gelehrten, als Literat« zu ehren. Die »Wahnsinnshandlung« war Joyces eigene, nur daß sie hier in etwas Melodramenhaftes verschärft wurde:

> ROBERT: (…) Die Sache steht so, Richard. Jeder weiß, daß du vor Jahren
> mit einem jungen Mädchen davongerannt bist … Wie soll ich sagen?
> … Mit einem jungen Mädchen, das nicht ganz auf deinem Niveau war.
> *Freundlich.* Entschuldige, Richard, das ist nicht meine Meinung und
> auch nicht meine Sprache. Ich benutze lediglich die Sprache der Leute,
> deren Meinung ich nicht teile.
> RICHARD: Und schreibst jetzt also praktisch einen deiner Leitartikel. [V 33]

Es ist diese Kombination einer Ehefrau, die zu begehrenswert ist, um als eine Dame angesehen zu werden, und der gebieterischen und doch masochistischen Haltung des Ehemannes ihr gegenüber, die das Stück, das als Beinahe-Biographie beginnt, in hochinteressante und doch höchst undramatische Regionen fortträgt. Diese ganze Sache mit dem verwundeten Künstler läßt sich recht gut an als Selbstporträt des Joyce von 1912 (»Du hast diesen glühenden Zorn«, sagt Robert, »der das Herz eines Swift zerriß« [V 39]). Doch die Dreiecksquälereien, die dem Stück das an Handlung verleihen, was darin ist, haben wenig mit Joyce und Nora Joyce und sonst irgendwem zu tun: Joyce erhebt sich in die Region der Phantasie, die auf komischere Weise Bloom in den Albträumen der Bordellepisode des *Ulysses* erreichen wird. Hier gibt er sich einem köstlichen Traum von Hahnreischaft hin.

Robert sagt, er liebe Bertha, Richards Frau. Auf dem Gipfel des zweiten Aktes beichtet Richard, wie ein Teil seines Bewußtseins sich nach dem Betrogenwerden durch jene beiden Menschen gesehnt habe, die ihm am meisten bedeuten – seine Frau und sein bester Freund: »Weil ich es mir im Innersten meines niederträchtigen Herzens wünschte, von dir und von ihr betrogen zu werden – im Dunkeln, in der Nacht – heimlich, gemein, listig. Von dir, meinem besten Freund, und von ihr. Ich habe mir das inbrünstig und nie-

derträchtig gewünscht, in der Liebe und in der Lust für immer entehrt zu sein, für immer (…) eine geschändete Kreatur zu sein und
meine Seele aus den Trümmern ihrer Schande neu aufzubauen.«
[v 68 f.] Auch Robert hat seinen großen Moment der Eloquenz.
Er wünscht sich eine Art Duell zwischen sich selbst und Richard:

Ein Kampf unserer beiden Seelen, verschieden wie sie sind, gegen alles
was verlogen in ihnen und in der Welt ist. Ein Kampf deiner Seele gegen
das Gespenst der Treue, meiner Seele gegen das Gespenst der Freundschaft. Das ganze Leben ist eine Unterwerfung, der Sieg des menschlichen
Verlangens über die Gebote der Feigheit. Willst du, Richard? Hast du den
Mut? Selbst wenn das unsere Freundschaft in Atome zerstäubt, selbst
wenn das die letzte Illusion in deinem eignen Leben auf immer zerstört?
Es gab eine Ewigkeit, bevor wir geboren wurden: eine andere wird kommen, wenn wir gestorben sind. Nur der Moment des Verlangens, der uns
blind macht – eines bedingungslos-freien, nicht verschämten, unwider-
stehlichen Verlangens – das ist das einzige Tor, durch das wir dem Elend,
das nur Sklaven Leben nennen, entrinnen können. Ist nicht das die Sprache deiner eigenen Jugend, die ich so oft von dir gehört habe – hier, an
dieser Stelle, wo wir jetzt sitzen? [v 69 f.]

Dies klingt wie hochdramatische Sprache, aber dramatisch kommt
sie überhaupt nicht rüber. Das liegt zum Teil daran, daß niemand,
nicht einmal Stephen Dedalus, so spricht; es liegt auch daran, daß
Robert Hand, trotz all des sorgsamen Hineinskizzierens seines Hin-
tergrunds, trotz all seiner hehren Gefühle und Epigramme, nie aus
eigenem Recht lebendig wird: Er ist nichts als ein Aspekt von Richard. Bertha mit ihrem »O mein fremder wilder Geliebter, komm
wieder zu mir zurück!« [v 117] funkelt gelegentlich zu Leben auf,
weil ihr absichtlich eine Intensität nach Art Ibsenscher Heldinnen
übergehängt wird, wenn Joyce-Richard ein bißchen Zeit von seinem Gestikuliere mit seinem andern Ich abzweigen kann; das ganze
Stück aber löst sich in ein sehr statisches Porträt des verwundeten
Künstlers auf, der seine Wunden eher liebt als leckt. Bertha fragt ihn
ganz vernünftig: »In welcher Weise bist du verwundet?« [v 116] Und
Richard spricht von der tiefen, tiefen Wunde des Zweifels in seiner
Seele. Bertha könnte durchaus sagen, daß er, mit seiner perversen
Sehnsucht nach dem Betrogenwerden, sich die Wunde selber beige-
bracht habe. Und das hat er, doch anscheinend wünscht er immer

noch Mitleid und eine Art foetaler Verhätschelung. Bertha kommt tatsächlich noch ganz gut heraus: Wir erhaschen einen flüchtigen Blick auf Nora Joyce als eine der großen Heldinnen unserer Zeit.

Das ganze ist keineswegs ein fehlkonstruiertes, amateurhaftes Stück. Es ist sehr gut zusammengesetzt, doch es ist ein Stück reinster Morphologie. Es ist das klassische Beispiel dessen, was ein genauer Ibsen-Kenner zustande bringen kann, wenn es ihm am Talent für die Bühne fehlt. Einen Großteil der Zeit haben wir das befremdliche Empfinden, daß wir eine eher gestelzte Ibsen-Übersetzung lesen – da ist ein großer Mangel an umgangssprachlicher Rasanz und selbst an jenen üblichen Verkürzungen der alltäglichen Rede. Freilich suggerieren die Steifheit und Großmannssucht keine Poesie. Die Sprache ist so speziell wie die Sprache von *Finnegans Wake,* doch sie ist nicht in der Wirklichkeit verwurzelt: Sie macht den Eindruck eines grotesken Versuches, etwas dramatisch Belebbares aus der toten pedantischen Korrektheit des Lohnübersetzers zu machen.

Von allen Stücken Ibsens, die ein Echo in *Verbannte* finden, klingt vielleicht eines von seinen erfolglosesten – *Wenn wir Toten erwachen* – am stärksten heraus: Es bietet einen verwundeten Künstler und seine Frau, die in sauberer Symmetrie mit einem Paar kontrastiert werden, dessen Temperamente weniger intensiv sind (wie Richard mit Robert kontrastiert ist, so wird Bertha – die erwachende Frau – gegen die milde Jungfrau Beatrice Justice gehalten, Roberts Cousine). Der junge Joyce schrieb einen Artikel über *Wenn wir Toten erwachen* – seine erste veröffentlichte Prosa –, und wenn man auf seine anderen frühen Schriften zum Theater zurückgeht, kann man mit dem Gedanken spielen, Joyce sei ein vorgreifender Theaterkritiker gewesen, einer, der die Erfahrung der Abfassung selbst eines schlechten eigenen Stückes brauchte, um für die Beurteilung der Werke anderer qualifiziert zu sein. Doch bei ihm lief es gerade andersherum: Nach den Essays »Drama und Leben« (nicht zu verwechseln mit dem gleichbetitelten Vortrag, der in *Stephen der Held* gehalten wird), »Ibsens neues Drama« (beide im Jahr 1900 geschrieben) und »Der Tag des Pöbels« (1901) ließ die große dramaturgische Tat lange auf sich warten, und Joyce beharrte den größten Teil seines Lebens darauf, *Verbannte* für ein Stück zu halten, das der Aufführung sehr wohl würdig sei. Er konnte in bezug auf sein eigenes Werk sehr halsstarrig sein.

Fast sein ganzes Leben übte Joyce in einer irgendwie zerstreuten Weise Theater- und Literaturkritik, doch wir können seine kritischen Schriften nicht als professionell ansehen – er ist kein Kritiker aus eigenem Recht, wie es, sagen wir, Eliot ist. *The Sacred Wood* hilft uns dabei, die poetischen Zielvorstellungen des Autors von *Gerontion* zu verstehen; auch wenn Eliot nie eine Zeile Lyrik geschrieben hätte, wäre ihm doch sein Platz unter den großen Kritikern des zwanzigsten Jahrhunderts sicher. Wenn wir die als *Kritische Schriften* publizierten Rezensionen und Vorträge und Protestschreiben Joyces lesen, tun wir das nicht, um etwas über die von Joyce behandelten Autoren zu lernen, sondern um diesen einen bestimmten Autor besser zu verstehen. So ist der Essay über James Clarence Mangan (1902) damit beschäftigt, eine ästhetische Theorie zu entwerfen (nämlich jene, die in *Stephen der Held* als »Drama und Leben« vorgetragen wird) und festzustellen, welche Art Dichter das erneuerte Irland braucht – den, der nicht einfach nur romantisch trauervoll ist, sondern auch präzise, klassisch, sogar fröhlich. Der Aufsatz über William Blake – ursprünglich 1912 als die abschließende zweier Abendvorlesungen in Triest gehalten, die auf italienisch vorgetragen wurden und »Verismo ed idealismo nella letteratura inglese« betitelt waren – weist eine mächtige Affinität zwischen dem Schöpfer des Riesen Albion und dem Schöpfer Finnegans auf. Die oberflächlichen Ähnlichkeiten zwischen Blake und Joyce beginnen damit, daß sie beide Frauen von geringerer Bildung heirateten, die aber durch »Züge erfüllter Begierde« [U 279] gesegnet sind, und setzen sich fort im Umarbeiten der Details des alltäglichen Lebens in einen göttlichen Mythos – die Soldaten, die so grob mit Blake umsprangen, werden gigantische Symbole des Bösen; die Beamten, die Joyce schikanierten, enden als die groben Soldaten, die in der Bordellepisode die Nachtstadt zertrümmern. Die tieferen Ähnlichkeiten lassen sich erst erkennen, als der Vortrag des Blake-Essays schon lange zurückliegt, doch Joyce muß seine eigenen großen organischen Visionen im Kopf gehabt haben, als er sagte:

Die Ewigkeit, die dem Lieblingsjünger und St. Augustinus als himmlische Stadt erschienen war und Alighieri als Himmelsrose, erschien dem schwedischen Mystiker [Swedenborg] im Bilde eines himmlischen Menschen, der in all seinen Gliedern von einem flüssigen Engelsleben beseelt ist, das auf ewig ausfließt und zurückkehrt, Systole und Diastole von Liebe und Weisheit. (...) Bewaffnet mit diesem zweischneidigen Schwert, der Kunst Michelangelos und den Offenbarungen Swedenborgs, tötete Blake den Drachen der Erfahrung und des natürlichen Wissens, und indem er Raum und Zeit auf ein Minimum zusammendrängte und die Existenz des Gedächtnisses und der Sinne negierte, suchte er seine Werke in die Leere des göttlichen Herzens zu malen. [KS 200]

Ulysses ist voller Anspielungen auf Blake, doch es ist auch selbst eine Art Blakesches Wahrsagebuch, basierend auf der Swedenborgschen Enthüllung der Wirklichkeit als eines himmlischen Menschen, den in Kunst zu verwandeln Blake als erster vollbrachte, Joyce als zweiter und letzter. *Finnegans Wake* steht solchen Gedichten wie »Jerusalem« und »Milton« sogar noch näher, in großem Maße ein Werk, das Raum und Zeit auf ein Minimum zusammendrängt und in die Leere des göttlichen Herzens gemalt ist.

Wie Eliot über Theologie und die Music-Hall ebenso geschrieben hat wie über die Literatur, so hat Joyce über Bruno (den »Nolaner«) geschrieben und über Home Rule und sogar (1912) über »Politik und Viehkrankheit« – ein Essay, dessen direkte Fortsetzung der »ochsenfreundliche Barde« [U 51] des *Ulysses* ist. Anders als Eliot aber war er weniger willig, unmittelbar über sein eigenes Werk zu sprechen, als wir uns wünschen würden. Seine Methoden, uns den Weg ins Labyrinth zu erleichtern, waren stets indirekte – er machte das so, daß er anderen Leuten (Stuart Gilbert beispielsweise) nahelegte, sie könnten vielleicht dieses oder jenes über seine Bücher schreiben und könnten eventuell diesen oder jenen Ansatz wählen und dieses oder jenes Buch zu Rate ziehen, um auf dieses oder jenes Problem ein Licht zu werfen. Doch in einem Artikel, der 1932 in ›The New Statesman and Nation‹ und (in Amerika) in ›Hound and Horn‹ veröffentlicht wurde, tat Joyce einige Schritte, um die Technik von *Finnegans Wake* menschlich, liebenswert und zugänglich erscheinen zu lassen.

Der Artikel heißt »From a Banned Writer to a Banned Singer« (»Von einem geächteten Schriftsteller an einen geächteten Sänger«) und tritt für die Sache des irisch-französischen Tenors John Sullivan ein, der, wie Joyce überzeugt war, von der Welt der musikalischen Förderer weniger Beachtung erfahren hatte, als er verdiente. Sullivans Stimme war, wie der Sänger selbst einräumte, zu dieser Zeit schon über ihren Zenit hinaus, doch Joyce in seiner halsstarrigen Art hörte nur ihre ursprüngliche Vitalität und ihren phänomenalen Stimmumfang. Dieser Text, der Teil einer umfassenden Empfehlungskampagne war, ist nicht obskur: Seine propagandistische Qualität liegt in seiner Frische, seinem Humor und seiner Kunstfertigkeit. Er zeitigte wenig Wirkung, doch er präsentiert einen aufgeknöpften und großzügigen Joyce, und er ist die beste Einführung in die linguistischen Schwierigkeiten von *Finnegans Wake,* die wir besitzen:

> Nur aus Neukerrier wiegleich ist ein Sullivan? Es hat das Fortefaccia eines Markus Brutas, den Flügelbums eines Breiteadlers, den Körper uniformiert von einem Metropolizisten mit den Blechfüßen eines steinwehnden Pflüg-Earls. Es crescet hinauf in Aquilon, doch diminuendet austrowärts. Gesehen und gehört wurde von ihm zuletzt durch ein paar Macgillicknuddlies über einem einsamen Tale ihrer Riechsen, bedämmrend das Graulicht wie es so flog, sein Schrei echechochoend inmitten der Anfracktuositäten: *pour la dernière fois!* Die Schwarzbebullten, davonstampfedend, zogen ihre Hörner ein, all verschüttchert und sehr aufgerächt, was die Schuttermilch auf ihren Übelziehern erkleert.

Dies ist der zweite Absatz. Seine Schwierigkeiten sind eher geringer als die von »Jabberwocky«, denn die meisten Schachtelwörter erklären sich selbst – es ist beispielsweise klar, daß Sullivan aus Kerry kommt, dem Land jener Berge, die als Macgillicuddy's Reeks bekannt sind, daß er nicht nur groß an Statur ist (er könnte Polizist sein; seine Füße gleichen denen eines Steinway-Flügels), sondern auch groß an Stimme, tauglich für die Metropolitan-Oper. Einige der übrigen Anspielungen sind abstruser – das Zitat aus der französischen Version von *Wilhelm Tell* etwa, in dem Arnolds letzter Besuch daheim mit Sullivans letztem Besuch (kurz vor der Abfassung des Artikels) in Irland parallelisiert wird. Man kann nicht alles bei der ersten Lektüre verstehen, und das soll man auch nicht: Wie bei *Finnegans Wake* füllt sich das allgemeine Bild erst mit der Erfahrung aus, eher durch Zufallsentdeckungen als durch willentliches Studium. Daher ist es zunächst genug, daß »Aquilon« auf den Nordwind führen sollte; später mögen wir erfahren, daß Sullivans Nase aquilin (adlerartig gebogen) war und daß der Mount Eagle (der Adlerberg) im Westen von Kerry liegt. Doch der erste Eindruck ist immer ein gültiger, und das Bild eines großleibigen, breitbrüstigen, plattfüßigen, riesenstimmigen Helden bricht sich sofort Bahn.

Am eindrucksvollsten und originärsten finden wir den Lyriker Joyce und den Dramatiker Joyce in den beiden großen Romanen. Dasselbe kann vom Kritiker Joyce gesagt werden. Eines der großen Ereignisse am Bloomsday ist Stephens Vorstellung einer neuen *Hamlet*-Theorie in der Nationalbibliothek. Während er das Zusammentreffen Blooms und Stephens beschreibt, zuerst in der Zeitungsredaktion und dann später im Entbindungskrankenhaus, gibt uns Joyce, als kostenlose Geschenke, eine Geschichte der Zeitungsprosa und der Schlagzeilen, ein kritisches Lehrbuch der Rhetorik und einen parodierenden Überblick über die englische Literatur. *Finnegans Wake* vollendet das Werk, das in *Ein Porträt des Künstlers* begonnen wurde – das Werk der Demonstration dessen, daß Literatur nicht nur ein Kommentar zum Leben ist, sondern dessen integraler Bestandteil. Der arme Poet, der gleichgültige Dramatiker und der gelegentliche Kritiker erlangen Größe im Kontext des Lebens, der der Kontext des Romans ist.

TEIL ZWEI

DAS LABYRINTH

I

Wege in das Labyrinth

DIE ODYSSEE DES *ULYSSES* LIEST SICH SEHR SCHMERZLICH. AUF DIE siebenjährige Anstrengung, das Buch zu schreiben – Armut, Augenleiden, den Bruch eines europäischen Krieges –, folgte die Hölle der Versuche, es gedruckt zu bekommen. (Und überhaupt auch, es erst einmal getippt zu bekommen: Ein großer Teil der »Circe«-Episode wurde vom angewiderten Mann einer freiwilligen Stenotypistin verbrannt.) Als der *Ulysses* schließlich, gedruckt in Frankreich und veröffentlicht von einer Pariser Buchhandlung, da alle regulären britischen und amerikanischen Vertriebskanäle ihn abgelehnt hatten, in den ansehnlichen Farben der griechischen Flagge und voller Druckfehler erschien (an Joyces Geburtstag 1922), trat es eine unglaubliche Karriere der Unterdrückung, Verfolgung, Lobhudelei, Raubdruckerei, öffentlichen und privaten Verbrennung, Schmuggelei an. (Als Schuljunge schmuggelte ich die zweibändige Ausgabe der Odyssey Press nach England ein, in Teile zerschnitten und am ganzen Körper verteilt.) Als Richter Woolsey 1933 am Bundesgericht der Vereinigten Staaten verkündete, *Ulysses* sei nicht obszön und dürfe in Amerika legal ge- und verkauft werden, mußte England immer noch drei Jahre auf seine eigene Ausgabe warten. Es hatte eine lange Zeitspanne gebraucht, allzu lange, ein Meisterwerk gesetzlich anzuerkennen. Heute sind wir darüber hinaus, vom *Ulysses* schockiert zu sein. Wir können ihn in aller Ruhe von den Regalen der Schulen oder öffentlichen Bibliotheken nehmen und über andere Dinge staunen als über schmutzige Wörter und Schilderungen von Körperfunktionen. Es stecken eine Menge Dinge zum Staunen darin, aber als allererstes auch viele Fragen. Die meisten dieser Fragen summieren sich zu der einen grundlegenden: Warum schrieb Joyce das Buch überhaupt? Der *Ulysses* ist ein dickes Buch (933 Seiten in der Bodley-Head-

Ausgabe der 6oer Jahre), und die Dicke ist eine Antwort. Jeder Romancier möchte sich und anderen beweisen, daß er mit einer großen Leinwand fertigwerden kann. Die großen Romane der Vergangenheit – *Don Quijote, Tom Jones, Krieg und Frieden* beispielsweise – sind alle sehr lang gewesen, und nur in großer Länge können Romanschriftsteller ihren blasphemischen Drang erfüllen, mit Gott zu konkurrieren. Ein paar menschliche Wesen in einem ausschnitthaften Lebenskontext zu erschaffen ist gut genug für den kleinen Künstler, doch der große Schriftsteller will einen ganzen Kosmos und das Ganze der Menschheit. All das kann er natürlich nicht haben – Joyce war, wie Blake, nur in der Lage, dies zu erreichen, indem er eine Figur viele Rollen spielen ließ –, doch zumindest kann er eine große menschliche Gemeinschaft erschaffen, die eine Art von verkleinertem Abbild des Kosmos ist.

Ausgehend von dieser vagen und allgemeinen und traditionellen Intention, entwickelte Joyce dann (oder gleichzeitig, oder schon vorher) einen anderen Ehrgeiz – einen modernen Roman nicht nur mit den klassischen Errungenschaften konkurrieren, sondern ihn diese enthalten zu lassen. Die klassische Epik war expansiv; das klassische Drama war kontraktiv. Homer umspannt Himmel, Erde, das Meer und eine dicke Scheibe der Zeit; Sophokles bleibt an einem kleinen Ort und beschränkt die Zeit seiner Handlung auf vierundzwanzig Stunden. Und so bleibt Joyce in Dublin am 16. Juni 1904 und nutzt doch auch Wahnvorstellungen und Imagination, um einen großen Teil der menschlichen Geschichte und sogar das Ende der Welt zu umspannen. Griechische Epik und griechische Dramatik sind beide in dem Rahmen eines modernen bürgerlichen Romans enthalten.

Epische Länge und die Beschränkungen der dramatischen Form können nicht nur durch Schleifen der Imagination versöhnt werden, sondern auch durch eine detailliertere Untersuchung der Handlungen und Motive der Figuren, als sie von herkömmlichen Romanciers entweder für nötig oder für schicklich gehalten wurde. Bloom muß nicht nur essen, sondern auch ausscheiden; Molly Bloom muß nicht nur über ihre Liebhaber nachsinnen, sondern auch darüber, wie ihre Liebhaber im Bett sind. Bei einer so großflächigen Leinwand braucht kein menschliches Detail ausgelassen zu werden. Doch die traditionellen Techniken, unausgesprochene Gedanken auszudrücken, bleiben notwendigerweise unbefriedigend. Daher der »Bewußtseinsstrom« oder der »innere Monolog« – ein endloser Kommentar der Hauptfiguren zu dem Material, mit dem das Leben sie bewirft, aber unausgesprochen, oft chaotisch, bisweilen die Schwelle des Unbewußten betretend. Dieser Kunstgriff war schon früher angewandt worden – von Dickens und Samuel Butler, sogar von jener großen Primitiven, Jane Austen –, doch weder in der Größenordnung noch bis zu den Grenzen, die Joyce erkundete. Joyce lebte schließlich in der psychoanalytischen Ära: Er scherzte gerne darüber, daß sein Name dieselbe etymologische Bedeutung habe wie Freuds.

Zwei künstlerische Probleme ergeben sich aus der extensiven Nutzung des inneren Monologs. Das erste hat mit der Charakterisierungsfunktion zu tun: Wie erreicht man es, daß der innere Monolog einer Person anders klingt als der einer anderen, so daß wir ohne ermüdende mechanische Hinweise wie »Stephen dachte« oder »Bloom dachte« sofort erkennen können, welche Figur gerade denkt? Ein Teil dieses Problems liegt in der Tatsache, daß der »Bewußtseinsstrom« wesensmäßig vorsprachlich ist: Wir sagen nicht zu uns selbst: »Wo's der Lichtschalter? Sehr dunkel hier drin. Muß vorsichtig sein. Da drüben ein Stuhl, weiß ich. Verdammt. Schienbein daran abgeschürft« – vielmehr reagieren wir ohne Worte auf Stimuli und Erinnerungen, und jeder Versuch, einen solchen Prozeß in Worte zu fassen, ist äußerst konventionell. Joyce löst das Problem, indem er dem Gedankenstrom eines jeden seiner drei Hauptcharaktere einen charakteristischen Rhythmus zuweist. Stephens ist lyrisch, subtil, irgendwie klumpig, und da Stephen ein Dichter ist, ist sein innerer Monolog sich der Wörter sehr viel bewußter – nicht Wörter als konventionelle Zeichen für Bilder, sondern Wörter als Material der Meditation – als der sowohl von Bloom als auch von seiner Frau. Blooms eigener Rhythmus ist schnell, lebhaft, sprunghaft, löchrig – angemessen für einen Mann, dem Kneipengespräche mehr liegen als ästhetische Abhandlungen, direkter Ausdruck der Seele eines intelligenten, aber nicht übermäßig gebildeten Anzeigenakquisiteurs. Und was Molly Blooms Rhythmus betrifft, er kombiniert auf bestimmte Weise das Praktische mit dem Poetischen, kurze Wörter, die zu langen fließenden Formulierungen gefügt sind, die – da wir dazu gebracht werden, ihre Gedanken ganz in einem Stück und nicht in Raten aufzunehmen – zu einem einzigen Bandwurmsatz verschmelzen, der das letzte Kapitel des Buches ausmacht.

Das andere Problem dreht sich darum, worüber die Figuren nachdenken sollen. Üblicherweise streunen und wandern die Gedanken umher, ohne sich mit irgend etwas lange aufzuhalten, kommen häufig immer wieder auf denselben Punkt zurück, doch bleiben da selten stehen. Eine naturalistische Wiedergabe des vor sich hin monologisierenden menschlichen Bewußtseins mag von wissenschaftlichem Interesse sein, doch sie hat nichts mit Kunst zu tun. Den drei wichtigsten Köpfen des Romans müssen Themen zugeordnet werden, und diese Themen müssen sich aufeinander zubewegen, um eine absichtsvolle Bewegung und die Geschlossenheit, die zu einem Werk der Literatur gehören, anzudeuten. Der Hauptgegenstand des Buches – die schöpferische Beziehung zwischen spirituellem Vater, spirituellem Sohn und nichtspiritueller Mutter und Frau – bindet das Bewußtsein jedes Mitglieds des Haupttrios und verhindert so den freien Flug im Übermaß, doch in einem solch umfangreichen Buch braucht es mehr als das. Wir müssen nicht nur das Thema des Buches in Betracht ziehen, sondern auch seine Struktur.

Wir sind wieder bei Joyces epischen Intentionen. Er tut es Homer nicht nur gleich, sondern übernimmt ihn. Der Titel *Ulysses* ist kein bloßer ironischer Hinweis auf den Niedergang des Heroischen, wie er im Hervorgehen des bürgerlichen Romans aus der ursprünglichen epischen Form beispielhaft vorzuführen ist: Der Titel ist der Schlüssel zur Struktur. Bloom ist Odysseus, der seine kleinen Abenteuer in Dublin erlebt; Stephen Dedalus ist Telemach auf der Suche nach einem Vater; Molly Bloom ist sowohl die betrügerische Calypso als auch die treue Penelope. Diese Gleichsetzungen wären nur Launen, gäbe es da nicht eine dichtere Parallelführung mit der *Odyssee,* die in die Struktur des Werkes selbst eingearbeitet ist: Schon ein kurzes Studium erweist die Parallelisierung als ebenso gründlich wie detailliert. Jede Episode des *Ulysses* korrespondiert mit einer Episode der *Odyssee,* und die Korrespondenz zeugt Früchte in Gestalt einer Fülle subtiler Anspielungen. Wenn Bloom beispielsweise bei herrlichem Sommermorgenwetter den Sir John Rogerson's Quay entlangschlendert, dann inszeniert er von neuem die Lotusesser-Episode der *Odyssee.* Alles – die Wärme, der Gedanke an ein entspannendes Bad, die Kommunikanten in der von ihm besuchten Kirche, die Düfte einer Drogerie – dienen einer Stimmung des Sichgehenlassens, und das Kapitel endet mit dem Vorstellungsbild Blooms im Bade, gebettet in einen »Schoß der Wärme« [U 122]. Dieses Motiv kontrolliert die Richtung von Blooms freien Meditationen, verleiht ihnen Gestalt, formt sie zu Kunst. Es konditioniert sogar den Wortschatz, der die Symbolik für seinen inneren Monolog speist: Wenn wir genau hinsehen, erkennen wir, daß dieser Wortschatz eine richtige Anthologie ist, eine Ansammlung von Blumenanspielungen. Es modifiziert auch den Rhythmus des Monologs, so daß er entspannter und passiver wird, als wir ihn normalerweise mit Bloom in Verbindung bringen.

Doch die Parallele zu Homer ist nur der Anfang. Gestalt und Zielrichtung werden jedem Kapitel in erster Linie vermittels einer odysseeischen Anspielung auferlegt, doch diese Anspielung zeitigt verwandte Anspielungen, untergeordnete Anspielungen, und diese wiederum haben nicht nur mit der Zielrichtung und dem Gegenstand des inneren Monologs zu tun, sondern auch mit der Handlung selber und sogar mit der Technik, die benutzt wird, um diese Handlung darzustellen. So ist eine Dubliner Zeitungsredaktion eine sinnvolle Parallele zur Höhle des Aeolus – des Gottes der Winde, dessen Feindschaft sich Odysseus zuzog –, und auf daß die Schrift sich erfülle, geht Bloom in die Redaktion des ›Freeman's Journal and National Press‹. Es ist angemessen, daß die Szene vom Wind durchfegt wird, Druckfahnen auf dem Schauplatz herumfliegen, doch angemessen ist auch, daß der Wind an die Lungen denken läßt, an die Windigkeit der Zeitungsrhetorik, die Kunst der Rhetorik selber, die windesschnelle Übermittlung von Nachrichten, die Geschichte der Kunst der Nachrichtenaufmachung (ausgedrückt in Schlagzeilen, die den Text perforieren) und die Technik, mit der Handlung, Rede und Gedanken dargestellt werden. Am Ende verfügen wir über eine formidable Batterie von Klammern – die Szene, die Kunst, das präsidierende Körperorgan, die Technik. Über allem stößt und bläst der Windgott selber – der Chefredakteur. Wenn wir am allertiefsten hineinschauen, werden wir bemerken, daß die Episode sogar über eine vorherrschende Farbe verfügt – Rot. Rot paßt zur Kunst, Leidenschaften durch Worte zu entflammen, und zum journalistischen Kult der Sensation.

Was in diesem Kapitel geschieht, geschieht fast überall in dem Buch: Der Homerischen Parallele fügen wir ein vorherrschendes Organ, eine Kunst, eine Farbe, ein Symbol und eine passende Technik hinzu. Die Charaktere können nicht denken, was sie denken wollen, und auch nicht tun, was sie tun wollen: Sie sind in eine *lex aeterna* eingebunden, werden diszipliniert für die Schaffung eines Kunstwerks, und doch – solcher Art ist des Autors Schweigen und List – treten sie mit dem Anschein freien Willens auf. Wenn wir das Buch erst beendet haben, haben sie uns nicht nur um eine ernsthaft-komische Neuerzählung der *Odyssee* bereichert, sondern auch um einen vollständigen Abriß der Künste und Wissenschaften, ein Arbeitsmodell des menschlichen Körpers, ein Farbspektrum und ein Lehrbuch literarischer Techniken. Dies sind Geschenke, die wir annehmen oder verschmähen können, wie wir es gerade mögen: Sie sind in erster Linie in Diensten einer Geschichte da. Wie Joyce selber es ausdrückte, schlagen sie eine Brücke, auf der seine achtzehn Kapitel übersetzen sollen; wenn die Kapitel auf der anderen Seite angelangt sind, kann die Brücke in die Luft gejagt werden. Doch die Brücke ist ein erstaunliches Stück pontifikaler Baukunst eigenen Rechts.

Bis jetzt haben wir die Frage nach Joyces Absichten bei der Abfassung des *Ulysses* nur hinsichtlich einer Art technischen Ehrgeizes betrachtet. Es besteht immer die Gefahr, daß wir, benebelt von der schieren Kunstfertigkeit des Romans, ignorieren, wovon das Buch überhaupt handelt. Es ist bei jedem Kunstwerk schwierig, den Gegenstand aus der Darstellung des Gegenstandes herauszuschälen, und wir könnten in dem Joyceschen Versuch, eine Art Enzyklopädie mit einem Herzen wie mit einem Regenbogen zu schaffen, schon eine hinreichende künstlerische, der technischen entsprechende Absicht aufdecken. Der grundlegende Zweck jedes Kunstwerks ist es, dem Chaos des Lebens, wie es sich uns bietet, Ordnung zu verleihen; indem es eine Vision von Ordnung mitteilt, macht der Künstler, was auch der religiöse Lehrmeister macht (dies ist einer der Sinne, in denen Wahrheit und Schönheit dasselbe sind). Doch die Enthüllung durch den religiösen Lehrmeister ist weniger Erschaffung als Entdeckung, wohingegen der Künstler spürt, daß er – mehr Gott als Gottesdiener – der Autor der Ordnung ist. Ich habe bereits erwähnt, daß die Erschaffung einer menschlichen Gemeinschaft in der Fiktion die größte Näherung an die Erschaffung des Kosmos darstellt, die dem Romancier möglich ist, doch Joyce ist ehrgeizig genug, um einen menschlichen Körper schaffen zu wollen (Kapitel um Kapitel, Körperteil um Körperteil), der eine Art von Konfiguration (wie bei Blake oder Swedenborg) der letzten himmlischen Ordnung ist. Dies ist vielleicht weniger blasphemisch, als es klingt: Es könnte sogar als eine Geste der Ehrfurcht aufgefaßt werden. Mit Sicherheit könnte es als Joycesche Absicht aufgefaßt werden, für sich selbst eine Ordnung zu errichten, die ein Ersatz für jene Ordnung ist, die er mit der Kirche aufgab.

Doch wir dürfen nicht vergessen, daß Joyce nicht nur ein kosmischer Dichter und apokalyptischer Epiphaniker ist, sondern ebenso ein Geschichtenschreiber. *Ulysses* ist eine Geschichte, und eine einfache Geschichte dazu. Es ist eine Geschichte über das Bedürfnis der Menschen nach einander, und Joyce sieht dieses Thema als so wichtig an, daß er sich eigens eine epische Form ausborgen muß, in der es sich erzählen läßt. Die Anrufung der *Odyssee* mag Odysseus zu Bloom reduzieren, doch sie erhebt auch Bloom zu Odysseus. Es wird Zeit, daß wir uns die Natur dieser Anrufung ansehen.

2

Homer übernehmen

»ULYSSES« UND »ULIXES« SIND, WIE EINMAL JEDER SCHULJUNGE WUSSTE, lateinische Formen des griechischen »Odysseus«. Odysseus war, sogar schon recht früh in seinem Leben, Joyces epischer Lieblingsheld, und wenn wir etwas vom Joyceschen Temperament wissen, können wir erkennen, warum. Die meiste primitive Dichtung handelt vom Kämpfen, und naturgemäß rühmt das antike Epos Kampfesqualitäten, indem es als Helden Schwergewichte nimmt, die mit blindem Mut, roher Stärke und als Garnierung mit herkömmlicher Tugend gesegnet sind. Physische Gewalt war Joyce etwas Widerwärtiges – in seinen Büchern findet sich sehr wenig davon –, doch er sprach bereitwillig auf intelligentere Möglichkeiten an, einen Gegner zu erledigen – Planung, Abgebrühtheit, Feingefühl, Listigkeit. Diese Qualitäten finden wir alle bei Odysseus, und wir können ihnen noch verschiedene sympathische Unvollkommenheiten des Charakters hinzufügen. Er sehnt sich danach, heim zu seiner Frau zu kommen, doch er ist der Hurerei mit Nymphen und Göttinnen keineswegs abgeneigt. Seine Frau ist nur die zweitbeste, nach Helena, deren Hand er nicht zu erringen vermochte, und auf seiner Seite besteht die Anständigkeit des guten Verlierers darin, alle Freier zu dem Schwur zu überreden, mit ihm zusammen Helena vor Gewalt zu schützen. Als aber Helena nach Troja entführt wird, versucht er sich seinen Verpflichtungen zu entziehen, indem er vorgibt, verrückt zu sein. Immerhin, nachdem er einmal in die Expedition hineingerissen ist, erweist er sich als weiser und listiger Ratgeber und als auf besonnene Weise mutiger Krieger. Er ist liebenswerter als Achilles und Ajax und Aeneas; er ist menschlicher, Bloom-ähnlicher. Die *Ilias* zeichnet uns ein scharfes Bild von ihm.

Odysseus' Qualitäten verlangen danach, in einem gesonderten

epischen Gedicht gewürdigt zu werden, und die *Odyssee* ist ganz und gar seinen Abenteuern nach dem Fall Trojas gewidmet. Sie überspannt die zehn Jahre zwischen seiner Abmusterung und seiner Ankunft daheim in Ithaka, wo er das kleine Inselkönigreich den Freiern seiner vermeintlichen Witwe Penelope entringt. Bevor wir Odysseus begegnen, begegnen wir seinem Sohn Telemach (dieser einleitende Abschnitt der Geschichte wird ›Telemachie‹ genannt). Telemach ist, wie Hamlet, krank im Herzen. Diverse Inselprinzen suchen um die Hand seiner Mutter nach, doch sie hat sie alle vertröstet – mit einer List, die sie vielleicht von ihrem Mann lernte –, indem sie versprach, eine Entscheidung zu fällen, wenn sie ein Leichentuch für Odysseus' Vater Laertes fertiggewebt habe. Was sie während des Tages webt, trennt sie nachts wieder auf, doch zu Beginn des Gedichts ist diese List entdeckt worden: Sie muß sich jetzt einen Ehemann wählen. Für Telemach wird es dringlich, Nachrichten von seinem Vater zu erhalten. Er sieht sich der Aussicht ausgesetzt, einen Stiefvater zu bekommen, den er haßt (er haßt alle Freier, doch Antinous, der Kandidat mit den besten Karten, ist der schlimmste von allen); mehr noch, diese anmaßenden Prinzlinge verschleudern den Reichtum des kleinen Königreiches sehr schnell. Telemach macht sich auf, um Nestor in Pylos und Menelaos und seine Frau Helena in Sparta um Rat anzugehen: Vielleicht haben sie Nachrichten von seinem Vater. In der Zwischenzeit bereiten die Freier einen Hinterhalt vor, um seine Rückkehr zu verhindern.

Nun erreichen wir die eigentliche Odyssee. Odysseus hat sieben Jahre lang auf der Insel Ogygia gelebt, von der Göttin Calypso dort festgehalten. Er möchte heimkehren, doch sie will ihn nicht ziehen lassen. Zeus aber, der Vater der Götter, schreitet ein und ordnet seine Freilassung an, und Odysseus baut sich ein Floß. Er segelt siebzehn Tage darauf und gelangt in Sichtweite Scherias, wo die Phaeaken leben, doch dann läßt Poseidon, der Meeresgott, einen Sturm aufkommen und zerstört das Floß. Odysseus hat, wie wir später hören, Poseidons Riesensohn Polyphem sein einziges Auge ausgelöscht, und das soll er nicht vergessen. Odysseus treibt zwei Tage lang auf dem Meer, über Wasser gehalten von einem Schleier, den ihm die Meeresgöttin Ino gegeben hat, und zuletzt wird er an der Küste Scherias auf das Land geworfen. Nausicaa, die Tochter des Königs Alcinous, findet und versorgt ihn. Im Palast singt der Barde Democodus ihm von seinen eigenen Heldentaten – einschließlich jener vom trojanischen Pferd –, und nun sagt Odysseus, der bis zu diesem Moment seinen Namen verschwiegen hat, den Phaeaken, wer er ist, und erzählt ihnen seine gefahrenreiche Geschichte.

Er berichtet vom Überfall auf die Ciconen in Ismarus, dann vom Land der Lotusesser, wo so viele seiner Männer der Versuchung jener Frucht nachgaben, die den Willen zerstört und die Heimat vergessen macht. Danach hören wir von den einäugigen Riesenkannibalen, die Cyclopen heißen, und wie Odysseus einem von ihnen – Polyphem – das Auge mit einem rotglühenden Pfahl auslöschte. Dann kommt der Bericht von seinem Aufenthalt beim Windgott Aeolus, der ihm als Abschiedsgeschenk die in einem Schlauch verschnürten widrigen Winde mitgab; seine Männer, im Glauben, der Schlauch enthalte Schätze, ließen die Winde frei, was weder für sie noch für ihren Anführer gewinnbringend war. Anschließend zerstörten die Laestrygonen, ein weiterer Riesenstamm von Kannibalen, elf seiner zwölf Schiffe und verspeisten ihre Besatzungen. Der traurige Rest erreichte Aiaia, wo die Hexengöttin Circe sie alle in Schweine verwandelte – ausgenommen natürlich Odysseus, der vor der Verzauberung durch das Kraut Moly, ein Geschenk von Hermes, bewahrt wurde. Nach einem Jahr bei Circe (während dessen er ihr einen Sohn zeugte, Telegon, der am Ende unwissentlich seinen Vater töten sollte) brach er auf – seine Männer waren wieder in menschliche Gestalt zurückverwandelt worden –, um den Seher Tiresias im Hades über die Aussichten seiner Rückkehr nach Ithaka zu befragen. Im Hades erblickte er die Geister vieler toter Helden und ihres Frauenvolks und sprach mit seiner eigenen Mutter, Anticlea. Wieder zurück auf dem Meer, widerstand er dem todbringenden Gesang der Sirenen (er selber an den Mast gebunden, seine Leute mit Wachs in den Ohren) und steuerte zwischen Scylla – einem matrosenfressenden Ungeheuer in einer Höhle – und dem Strudel Charybdis hindurch. Nach so vielen glücklichen oder listigen Rettungen besiegelten seine Männer nun selbst ihr Schicksal, indem sie auf Trinacria die Rinder des Sonnengottes Helios töteten: Ein solcher Frevel brachte ihnen einen Donnerschlag ein, wenngleich Odysseus – der sie vor ihrer Tat gewarnt hatte – auf dem Wrack des Schiffes nach Ogygia und in die Arme Calypsos entkam.

Nun kommt die Heimkehr, auch »Nostos« genannt. Die Phaeaken

bringen Odysseus zurück nach Ithaka (für ihre Mühen wird ihr Schiff bei der Rückkehr von Poseidon in einen Fels verwandelt), und nun muß der fintenreiche Odysseus die Zerstörung der Freier bewerkstelligen. Die Göttin Athene verkleidet ihn als Bettler, und der treue Schweinehirt Eumaeus erzählt ihm vom Verhalten der Freier. Odysseus offenbart sich Telemach (der dem Hinterhalt der Freier entkommt), und gemeinsam planen sie ein Massaker. Inzwischen erfahren zwei andere, daß dieser Bettler Odysseus ist – seine Amme Eurycleia und sein Hund Argus. Nach Beleidigungen durch die Freier und einem Kampf mit dem Bettler Irus erfährt unser Held, daß Penelope jenen Mann heiraten wird, der den Bogen des Odysseus spannen und einen Pfeil durch zwölf Axtköpfe schießen kann. Überflüssig zu sagen, daß nur Odysseus den Bogen biegen und den Pfeil schießen kann, und nun steht er enttarnt da in seinem Ruhm, und alle Freier erzittern – zu recht, wie sich herausstellt, denn Odysseus, Telemach und Eumaeus töten sie alle, angefangen bei Antinous, und hängen sogar ihr Weibervolk. Penelope weiß, daß dies nur ihr Gemahl sein kann, denn er kann ihr sagen, wie ihre gemeinsame Bettstatt aussieht, und so endet alles zwar blutig, aber doch glücklich. So erzählt Homer die Geschichte.

Joyce erzählt sie reichlich anders. Er hat achtzehn Kapitel entgegen den vierundzwanzig Büchern Homers; er läßt manches Homerische Material aus, fügt aber dafür ein Abenteuer der Argonauten ein – das der Symplegaden oder kollidierenden Felsen, mit dem er einen Hinweis auf die Plankten oder Irrfelsen im zwölften Buch (Verszeile 61) der *Odyssee* ausbaut. Außerdem ändert er die Anordnung der Heldentaten Homers und gibt sie alle in dramatischer Gegenwärtigkeit wieder, nicht in epischen Rahmenerzählungen. Der Joycesche Odysseus läuft folgendermaßen:

Telemach ist, wie Hamlet, krank im Herzen. Seine Mutter ist tot, und er fühlt sich ihretwegen schuldig; er hat seines Vaters Haus verlassen, um mit zwei Gefährten zusammenzuwohnen. Einer von ihnen ist Ausländer, Mitglied einer Rasse, die die Regentschaft über sein Volk usurpiert hat; der andere ist ein Landsmann, der ihn ständig zum Narren hält und Geld und sogar den Schlüssel des Turmes, in dem sie gemeinsam leben, von ihm verlangt. Er ist enteignet, verbittert über die Gegenwart des Usurpators. Von Nestor – einem weisen, geschwätzigen und in Erinnerungen schwelgenden Prinzen –

kann er nichts erfahren, was ihn wieder in die gesetzliche Verfügungsgewalt über seine Rechte einsetzen kann. Er – nicht Menelaos – sucht Rat beim Meeresgott Proteus, doch dieser Gott wechselt ständig seine Gestalt und entschlüpft dem Zugriff Telemachs. Orakelhafte Andeutungen sind ihm entgegengeblitzt über sein Bedürfnis nach einem spirituellen – im Gegensatz zu einem leiblichen – Vater, doch er kann dieses Bedürfnis nicht in Worte fassen. An dieser Stelle, nach dieser »Telemachie« von drei Episoden, sind wir bereit für Odysseus. Der Joycesche Held ist gleichzeitig Verbannter und doch daheim. Er hat sein Anwesen im Westen, doch an seinem Herzen zerren angestammte Erinnerungen an den Osten, aus dem sein Volk gewandert kam. Daher kann seine Frau Penelope die Eigenschaften einer Göttin annehmen, die ihn dazu verführt hat, in der Verbannung zu bleiben: Dies ist ihr Königreich, und ihr Name ist Calypso. Odysseus zieht weiter, nachdem er sie mit Ambrosia und Nektar gespeist hat, und findet sich sogleich unter den Lotusessern wieder. Er gelangt sicher durch ihr Land und nähert sich, mit seinen Kameraden, dem Hades, wo er den Geistern der sagenhaften Toten begegnet. Als nächstes gerät er in windigen Kontakt mit Aeolus und trifft beinahe Telemach, in dem er – dessen einziger Sohn tot ist – die Züge eines weiteren Sohnes erblickt. Er streift als nächstes bei den Laestrygonen herum, alles scheußliche Freßsäcke, doch wird selber nicht verschlungen.

Auf dem Weg zu Scylla und Charybdis, einem notwendigen Abschnitt seiner Reise, erspäht er Antinous, den er als einen Freier seiner Frau Penelope kennt. Er bietet ihm nicht den Kampf: Er ist allein; er hat keinen Sohn, der ihm helfen kann. Doch nun erblickt er Telemach, der selber couragiert die todbringende Passage zwischen der Höhle des Ungeheuers und dem Strudel in Angriff nimmt. Telemach seinerseits sieht beim Hindurchsteuern seinen sohnlosen Vater und entsinnt sich eines Traumes, in dem ein solcher Mann ihn zu besuchen schien. Und nun müssen Pseudovater und Pseudosohn neuen Fährnissen entgegensehen: Sie werden zu Argonauten und wagen sich zwischen die kollidierenden Felsen, die den einen vor dem anderen verbergen. Dann sind wir ein weiteres Mal mit Odysseus allein, und er wird vom Gesang der Sirenen nicht von seinem Vorhaben fortgelockt – das Werk zu verrichten, das zu verrichten die Götter ihn bestimmten, und zu guter Letzt sicher nach Ithaka heimzukehren. Doch er wagt sich in die Gegend, in der der Cyclop

Polyphem lauert, und Polyphem greift ihn an. Odysseus kommt davon, doch der Riese schleudert ihm ein schweres Geschoß hinterher. Es ist Zeit, um für eine kurze Weile Zuflucht vor der feindlichen Welt zu suchen, bevor die Reise fortgesetzt wird. Er ruht sich in Sichtweite des Meeres aus.

Am Strand der See spielt die Königstochter Nausicaa mit ihren Kameradinnen. Sie verliebt sich in den reifen und ermatteten Fremdling und gibt sich ihm – in einem Traum der Willenlosigkeit – hin. In einem Traum nimmt Odysseus sie, doch in der Erholungsphase nach der Liebe kommt ihm zu Bewußtsein, daß, während er auf solche Weise fern von zu Hause herumtändelt, der Freier Antinous in Ithaka die Oberhand gewonnen hat. Das ist ein bitterer Augenblick. Dennoch segelt er, stets mehr um die anderen als um sich selbst bekümmert, zu der Insel, auf der die Stiere des Sonnengottes ihr Fruchtbarkeitslied brüllen: Die Insel ist voll von Frauen in den Wehen, und er weiß, daß die Frau eines Kameraden sehr bald entbinden wird. Er landet auf der Insel, erkundigt sich nach ihr und erhält zur Auskunft, die Stunde stehe bevor. Er sieht, daß der Junge Telemach zugegen ist und mit betrunkenen Gefährten zecht, und Odysseus ist schockiert, Blasphemien hören zu müssen, die sich gegen die göttliche Gabe der Empfängnis richten: Ist nicht genau das eine symbolische Schlachtung der heiligen Stiere? Doch Zeus hört es und schleudert als eine Warnung furchterregenden Donner.

Odysseus sieht, daß Telemach zuviel Wein getrunken hat; welche Gefahren, schlimmer als Blasphemie, möchten ihn nicht befallen? Er erklärt sich zum Beschützer des jungen Mannes und folgt ihm zur Insel Circes, wo Männer durch Zauberkraft in Schweine verwandelt werden. Der besonnene Odysseus ist selbst in keiner Gefahr, denn der Gott Hermes hat ihn mit dem schützenden Kraut Moly ausgestattet. Er durchsegelt furchterregende Erscheinungen und Phantasmagorien unversehrt. Was den jungen Helden betrifft, dem gegenüber seine Einstellung zusehends väterlicher wird: Auch er widersteht grobschlächtiger Verwandlung und befindet sich lediglich in Gefahr, von rohen Männern angegriffen zu werden, die durch Lust und Trunkenheit zu wilden Tieren wurden. Er wird ins Gesicht geschlagen und stürzt nieder. Und nun ist es Odysseus' Pflicht, diesen neugefundenen Sohn zurück nach Ithaka zu bringen, ihn zu kurieren, ihm Gelegenheit zur Genesung zu geben und ihm – als wahrem Sohn – die Freiheit seines Palastes anzubieten.

Doch die Rückkehr zum Königreich muß mit Bedacht ausgeführt werden. Sie rasten eine Weile unter dem harten Obdach des Eumaeus, nehmen Speisen und Getränke zu sich. Dann fassen sie Mut und marschieren zum Palast, wo sie eine sakramentale Tasse Nektar schlürfen als Unterpfand von Vaterschaft und Kindschaft. Der junge Mann geht, jetzt kein Fremder mehr. Odysseus verlangt es nach seiner Lagerstatt – er ist müde; er ist weit gereist –, und seine Frau Penelope entdeckt in ihm eine Meisterlichkeit, die sie zuvor nicht gekannt hat. Die Freier mögen von ihrem Körper gekostet haben, doch sie haben nicht die Oberhand gewonnen, wie Odysseus sie gewonnen hat: Sie können nicht seinen langen Bogen der List und der Kenntnis von der Welt und von den unsterblichen Göttern, die die Welt regieren, spannen. Und Odysseus hat ihr einen Sohn mitgebracht, um den wahren Sohn zu ersetzen, der lange zuvor an die Götter der Unterwelt verlorenging. Dieser Sohn, der nicht von ihrem Körper ist, ersteht in der potentiellen Gestalt des Messias und des Liebhabers. Sie schläft ein, sehr zufrieden.

Das ist, in aller Kürze, Joyces eigene Version der *Odyssee*. Alles, was wir jetzt tun müssen, ist, diese Charaktere in moderne Gewänder zu kleiden und sie dazu zu bringen, daß sie ihre Abenteuer in einer modernen Großstadt durchleben, diese Abenteuer auf eine epische Länge auszudehnen und den Charakteren gleichzeitig die engen Regeln der Einheit, die wir im klassischen Drama vorfinden, überzuwerfen. Wir wollen noch einmal zum Anfang zurückkehren, aber dieses Mal langsamer zu Werke gehen.

3

Telemach

Geblendet vom strahlendsten Aspekt des *Ulysses* – der Entfaltung literarischer Techniken und der symbolischen Genialität darin – finden wir es naheliegend, jedes Kapitel als separaten Gegenstand unseres Staunens und das ganze Buch als lose Kombination eigenständiger Bildnisse – wie in einer Ausstellung – anzusehen und zu vergessen, daß sein grundlegendes Anliegen das Erzählen einer Geschichte ist. Eine plane Zusammenfassung dieser Geschichte ist nicht sehr aufschlußreich, doch das Thema, auf dem die Geschichte basiert, ist mächtig, gehaltvoll und unwiderstehlich. Es ist das Mysterium der Beziehung zwischen nichtzeugendem Vater und ungezeugtem Sohn.

Was wie Unsinn oder bestenfalls ein Paradoxon klingt, wird erst in einem theologischen Kontext klar. Am Ende von *Ein Porträt des Künstlers* sind wir verwirrt durch eine Identifikation, die wir nicht erwartet haben. Stephen hat sich selbst als den fabulösen Erfinder des menschlichen Fluges und den Erschaffer des Labyrinths gesehen. In seinem letzten Tagebucheintrag aber ruft er Daedalus als Vater an. »Lichte senkt sich aus der Luft« und *»Non serviam«* beziehen sich auf Luzifer, aber auch auf Ikarus, den Sohn Daedalus', dessen Schwingen ihn im Stich ließen. Stephen ist sowohl Daedalus als auch Ikarus, sowohl Vater als auch Sohn. Wie kann dies Mysterium aufgelöst werden? Nur in der mystischen Begrifflichkeit der christlichen Theologie, in der Vater und Sohn, obgleich eigenständige Personen, tatsächlich Aspekte voneinander sind.

Und so ist der Wissenzweig (Kunst oder Wissenschaft), der über das erste Kapitel des *Ulysses* herrscht, die Theologie. Das rechtfertigt die liturgische Eröffnungsszene, in der Buck Mulligan den Anfang der Messe intoniert – *Introibo ad altare Dei* – und ein Seifenbecken trägt, auf dem ein Rasiermesser und ein Spiegel ein Kreuz bilden. Der Schauplatz ist jener Martello-Turm an der Dubliner Küste, in dem Joyce und Oliver St. John Gogarty (die Vorlage für Buck Mulligan) eine kurze Weile lebten (er ist heute ein Joyce-Museum), und die Zeit ist acht Uhr früh am 16. Juni 1904. Wir betreten die Geschichte ohne Schwierigkeiten. Die Technik ist eine geradlinig erzählende, in der alle Figuren bis auf eine jung sind. Plötzlich aber setzt der innere Monolog von Stephen Dedalus ein. Mulligans Zähne glitzern von Goldfüllungen, und wir werden mit dem isolierten Wort »Chrysostomos« [U 8] beworfen. Es bedeutet ›Goldmund‹, und es verweist auf einen Sankt Johannes mit diesem Beinamen. Der Verweis ist auf ironische Weise angemessen, wenn wir uns erinnern, daß Mulligan ja Oliver St. John Gogarty ist. Hier beginnen nun die Mühen, die uns begleiten, wenn wir die Joyceschen Hauptwerke lesen – die Mühen bezüglich Verweisen auf das reale Leben, die eigentlich bei der Lektüre eines fiktionalen Textes keinen Platz finden sollten. Immer wieder wird Obskures erst dann klar, wenn wir den biographischen Hintergrund des *Ulysses* konsultieren.

»Chrysostomos« – das Wort verbindet die beiden Welten des Kapitels und überhaupt des Buches als solches. Es ruft die christliche Heiligengeschichte auf, und da es ein griechisches Wort ist, ruft es auch den griechischen Mythos auf, der, da er dem ganzen Buch unterlegt ist, sofort eingeführt werden muß. Mulligan betrachtet sich selbst als einen Griechen. Er will Stephen die Sprache beibringen. Sie wollen gemeinsam nach Athen fahren. Sie wollen versuchen, die Insel zu »hellenisieren« [U 13]. Er bemerkt, daß Stephens Nachname griechisch ist, was freilich absurd ist, denn Stephen ist »der jecke Jesuit« [U 8]. Mulligan ist ein großer Spötter – er bespöttelt Stephens Armut (er hat ihm ein paar abgelegte Kleider geschenkt), er bespöttelt den Jesuitenzug in Stephens Aufmachung, der sich nicht abschütteln läßt. Sofort beginnen wir, Mulligan als eine Art Antinous für Stephens Telemach anzusehen. Stephen wird herumgestoßen und schikaniert. Er hat, wie wir erfahren, die Miete für diesen Turm bezahlt, in dem sie wohnen; bald wird Mulligan den Schlüssel und »einen Zwopence (...) für 'ne Pinte« [U 33] dazu verlangen. Und noch schlimmer: Ein englischer Freund Mulligans – Haines – hält sich bei ihnen auf, und Haines dient dazu, Stephen an seine – und ganz Irlands – Dienststellung dem britischen Staat gegenüber zu erinnern.

Das Schlüsselsymbol dieser Episode ist »Erbe«, und Stephen begreift sich als enterbt: Es gibt nichts, was er sein eigen nennen könnte.

Mulligan spricht das Meer auf griechisch an – »*Thalatta! Thalatta!*« [U 10] – und sagt, es sei eine »graue liebe Mutter« [U 9]. Dies führt ein neues und wichtiges Thema ein – Stephens Schuld in Bezug auf seine eigene, kürzlich verstorbene Mutter. Die Verbannung, die am Ende von *Ein Porträt des Künstlers* ihren Schatten vorauswarf, erfüllte sich: Stephen ging nach Paris, um Medizin zu studieren. Doch ein Telegramm mit der Mitteilung, seine Mutter liege im Sterben, zitierte ihn wieder heim. Am Bett seiner Mutter weigerte er sich, niederzuknien und für sie zu beten – *non serviam*. Das Meer, »eine träge trübgrüne Masse Flüssigkeit«, erinnert ihn nun an das Becken mit zäher Gallenmasse, »die sie unter lautem Stöhnen in Brechanfällen ihrer verfaulten Leber entrissen hatte« [U 11]. Das Mitleid mit ihr weicht nicht von ihm, und als äußeres Zeichen dafür trägt er Trauer, aber er wollte nicht niederknien und beten und bereut auch nicht, daß er es nicht tat. Seine Mutter lebt fort als Symbol einer Kirche, die er gleichzeitig verachtet und fürchtet, da sie die irdische Stimme eines haßerfüllten Schlachtergottes ist. Und doch ist er in seinem Temperament immer noch, was Mulligan ihn nennt – ein »jecker Jesuit«.

Wenn man die Familie – die von der Mutter zusammengehalten wird – ebenso zurückweist wie die Bindungen an Kirche und Staat, bleibt einem da noch irgendetwas? Es bleibt die Kunst, doch die Kunst muß genährt werden, und die irische Kunst ist der »geborstene Spiegel eines Dienstmädchens« [U 12]. Stephen, so vollkommen enterbt, weiß noch nicht, wo er die Sicherheit und das Material für jene große Literatur finden wird, die er schaffen muß. Er verachtet seinen Vater, wenn er ihn auch nicht fürchtet: Es ist seine Mutter, nicht sein Vater, die mit dem bärtigen Ungeheuer namens Gott (»Nobodaddy« bei William Blake) in Verbindung gebracht werden muß. Was er braucht, obwohl er darauf erst noch aufmerksam werden muß, ist ein spiritueller oder mystischer Vater, ein Vater, der nicht »konsubstantiell« ist. Dieser Vater wird gleichzeitig eine Mutter sein, und wir bekommen einen Hinweis darauf, wo er zu finden ist. Mulligan sieht »die Leute jeden Tag abkratzen im Mater« [U 14], und das Mater befindet sich am Ende der Eccles Street, wo Leopold Bloom wohnt. »*Et unam sanctam catholicam et apostolicam ecclesiam*« [U 31] schallt es Stephen durch den Kopf. ›Eccles‹ ist darin. In *Finnegans Wake* wird der *Ulysses* »Blaubuch von Eccles« genannt.

Sobald dieses Eröffnungskapitel erst einmal in Gang gekommen ist, wird das Vater-Sohn-Thema zwar versteckt, aber doch energisch dargeboten. Haines hat von Stephens *Hamlet*-Theorie gehört und will sie sogleich erläutert bekommen. Mulligan sagt: »Er weist per Algebra nach, daß Hamlets Enkel Shakespeares Großvater ist und er selber der Geist des eigenen Vaters.« [U 27] Haines deutet auf Stephen und sagt: »Was? (…) Er selber?« Und dann verspottet Mulligan Stephen so: »O du Schatten von Kinch dem Älteren! Japhet auf der Suche nach einem Vater!« [U 27] Haines sagt: »Ich habe einmal irgendwo eine theologische Interpretation darüber gelesen (…). Die Vater-Sohn-Idee. Der Sohn im Kampf um Versöhnung mit dem Vater.« [U 28] Und dann rezitiert Mulligan, ebenso blasphemisch wie spöttelnd, einige seiner eigenen (soll heißen: Mulligans) Verse – »Die Ballade vom Juxer Jesus«.

Die Spötterei ist treffend:

> – *Ein komischer Knabe singt euch dies Lied:*
> *Mein Paps ist ein Vogel, meine Mama 'ne Jid!*
> *Mit Joseph dem Zimmermann komm' ich nicht klar –*
> *Drum Prosit die Jünger und Golgatha!* [U 29]

Stephen bebrütet Häresien über das Verhältnis zwischen Gott dem Vater und Gott dem Sohn. Für seinen eigenen Fall, so merken wir, sprechen »Photius und die Brut der Spötter, deren Mulligan einer war« [U 31], eine heilsame Warnung aus. Wenn wir Stephen in eine Art Christus verwandeln wollen, so dürfen wir nicht vergessen, daß das Wort nur durch die Mittlerschaft einer Mutter Fleisch werden kann. Für Bloom ist die Rolle als Vater-Mutter in der Welt des Geistes durchaus passend, doch das Fleisch bleibt bestehen: Die körperliche Mutter ist unvermeidlich. Daher rührt ein anderes Symbol dieses Kapitels – der Nabel. Stephen nennt es zuerst im Selbstgespräch, in den Worten Matthew Arnolds: »Für uns selbst … neues Heidentum … omphalos.« [U 13] Mulligan sagt, als er vom Martello-Turm spricht: »Billy Pitt hat die Dinger gebaut (…), als der Franzmann fuhr zur See. Aber unser ist der *omphalos*.« [U 27] Wir sind mit unseren Müttern durch eine Nabelschnur verbunden, und auf diese

Weise immer weiter zurück für immer und ewig. Und deshalb muß Stephen das Bild seiner Mutter, ein machtvolles Symbol, den ganzen Tag mit sich herumtragen. Durch sie ist er außerdem an zwei andere Mütter gebunden – Irland und die Kirche. Er kann nicht wirklich in einen Lichthimmel entkommen, wo der Sohn und Erbe nur mystische Familienbande kennt.

Ich sagte, das Eröffnungskapitel beschränke sich mit einer Ausnahme auf junge Leute, Söhne und Erben. Die Ausnahme ist die alte Frau, die kommt, um die Milch zu liefern. Sie ist Irland, arm und enteignet. Haines, ihr Herr und Meister, spricht irisch; sie nicht; sie verfügt nicht einmal über ihre eigene Sprache. Sie geht klaglos davon, trotz der nicht voll bezahlten Rechnung (die zwei Pence, die sie bekommen sollte, bekommt Mulligan »für 'ne Pinte«). Obwohl ihre Homerische Entsprechung Athene ist – die in der Gestalt Mentors erscheint und Telemach anweist, weise und mutig wie sein Vater zu sein –, dient sie weder als Botin, noch tadelt sie wie eine Göttin. Und doch kann ohne sie der sakramentale Trank zum Auftakt des Tages nicht eingenommen werden: Haines und Mulligan wünschen Milch in ihren Tee; Stephen allerdings, bezeichnenderweise, ist willens, ihn schwarz zu nehmen.

Das letzte Wort dieses Abschnitts ist »Usurpator« [U 34], und es bezieht sich auf Mulligan und Haines gleichermaßen. Mulligan ist, wie Antinous, auf tätige Weise ein Usurpator, hier und jetzt, spöttelnd, kommandierend, ebenso der Einzieher von Stephen-Telemachs Besitztümern wie der Krittler seines Geistes und der Knicker seines Mutes. Haines' Usurpation liegt weiter zurück, das Werk seiner Vorfahren, und Haines gibt der Geschichte die Schuld für das, was er als Englands Unfairness gegenüber Irland auffaßt. Die Geschichte ist es, über die Stephen nun im nächsten Kapitel nachsinnt. Die morgendlichen Meeresfarben Weiß und Gold werden gegen Braun ausgetauscht. Die Technik ist die eines Katechismus, ein ständiges Fragen und Antworten, und dies paßt zu der Szene, die in einer Schule angesiedelt ist.

Die Schule gehört Mr. Deasy, und Stephen ist dort als Lehrer angestellt. Als das Kapitel beginnt, stellt er seiner Klasse Fragen über Pyrrhus (»*Noch ein solcher Sieg, und wir sind verloren*« [U 35]), doch sein innerer Monolog ist ganz allgemein vom Albtraum der Geschichte besessen. Die Geschichte, ein Alpdruck auf den Lebenden, ist so sehr *gegenwärtig,* ebenso unentrinnbar wie die Verbindung über die

Nabelschnur mit der eigenen Mutter. Gab es in der Geschichte jemals das Element der Wahlmöglichkeiten, irgend etwas, das die Geschehnisse anders hätte ausgehen lassen können?

Wäre Pyrrhus nicht von einer alten Vettel Hand in Argos gefallen und Julius Caesar nicht zu Tode gemessert worden? Sie sind nicht fortzudenken. Die Zeit hat sie unauslöschlich gezeichnet, und gefesselt sind sie nun untergebracht im Raum der unbegrenzten Möglichkeiten, die sie ungenutzt gelassen haben. Aber können die denn überhaupt möglich gewesen sein angesichts dessen, daß sie niemals waren? Oder war allein das möglich, was sich auch wirklich begab? Webe, Weber des Winds. [U 36 f.]

Seine Schüler sind ebenfalls bedrückt von der Geschichte. Sie bitten ihren Lehrer um eine Geschichte, eine Gespenstergeschichte, die Entlassung per Imagination aus den Klauen des Vergangenheitsalps. Statt dessen hört Stephen ihre Rezitationen von Miltons *Lycidas* ab, den auswendig zu lernen sie aufbekommen hatten; *»wiewohl ihn tiefe Wasser decken«* [U 37]: Das Motiv vom »Mann, der ertrunken ist« [U 32], das im vorhergehenden Kapitel angerissen wurde (Mulligan rettete einen Mann vor dem Ertrinken), wird hier fortgeführt. Es findet offensichtliche Homerische Parallelen in den zahllosen ertrunkenen Gefährten von Odysseus, doch es hat ebenso noch eine andere Funktion – es ruft einen Aspekt jener Welt der Toten wach, die, wie die Geschichte selbst, die Welt der Lebenden bedrückt. Der Junge Talbot stolpert über die Zeile *»Durch Dessen Macht, der auf dem Wasser wandelt'«* [U 38], und plötzlich überschattet Christus die Geschichte. »Auch hier über diesen feigen Herzen liegt sein Schatten und auf des Spötters Herz und Lippen und auf meinen. Er liegt auf derer eifrigen Gesichtern, die ihm einen Zinsgroschen brachten. Dem Kaiser, was des Kaisers, und Gott, was Gottes ist.« [U 38] Doch Stephen spöttelt das Bild hinweg:

Rate mich, rate mich, rattattattat –
Mein Vater schickt mich aus zur Saat. [U 38]

Es ist Donnerstag, ein halber Feiertag (ohne diesen halben Feiertag wäre das Buch nicht möglich gewesen), und die Jungen machen sich fertig zum Gehen und versammeln sich dann wieder zum Hockeyspiel. Zuerst aber gibt Stephen ihnen ein Rätsel auf:

Es krähte der Hahn
Zum Himmel hinan:
Der Glocken Klagen
Hat elf geschlagen.
's ist Zeit, dies arme Seelchen
in den Himmel zu tragen. [U 38]

Sie können es nicht lösen, und Stephens eigene Lösung enttäuscht sie: »Der Fuchs, wie er seine Großmutter unter einem Holderbusch beerdigt.« [U 39] Doch Stephen meint weder einen Fuchs noch eine Großmutter. Das Muttermotiv ist wieder da, und als der junge Sargent zu Stephen kommt, um sich bei seiner Algebra (»Er weist per Algebra nach, daß Hamlets Enkel Shakespeares Großvater ist« [U 40]) helfen zu lassen, wird es einen ganzen Absatz lang entwickelt. In Sargent erblickt Stephen den ewigen Sohn – »Häßlich und aussichtslos: magerer Hals und wirres Haar, und ein Tintenfleck, ein Schneckenbett« [U 40] –, der vor der Welt, die ihn zerquetschen würde, durch die Liebe einer Mutter bewahrt wird. »Mit ihrem wässrigen Blut und ihrer molkensauren Milch hatte sie ihn genährt und hatte vor dem Blick von anderen seine Wickelbänder verborgen.« [U 41] Ist vielleicht im Angesicht des fürchterlichen Albtraums der Geschichte *amor matris* [U 41] das einzig Wahre im Leben? Doch während er sich diese Frage stellt, skizziert Stephen die Symbole einer algebraischen Gleichung für Sargent, und orientalische Bilder werden durch diese »Kobolde maurischer Phantasie« heraufbeschworen – Averrhoes und Moses Maimonides, »die in ihren Spottspiegeln die obskure Seele der Welt aufblitzen ließen« [U 40]. Auch Leopold Bloom wird, in diesem Moment, von einem altertümlichen Osten angezogen, wie wir bemerken werden, wenn wir zu der eigentlichen Joyceanischen Odyssee kommen. Stephens Kopf und Blooms Kopf stimmen sich ein auf das sich schließlich ergebende Zusammentreffen.

Stephen und Mr. Deasy haben eine Besprechung im Arbeitszimmer des alten Schulmeisters, voll von schaler Luft, alten Münzen und Muscheln, Pferdebildern an den Wänden. Mr. Deasy ist alt, und sein Zimmer steht für die Geschichte. Er selber steht für Nestor, den weisen Pferdezähmer, bei dem Telemach als erstes um Rat wegen des Verbleibs seines Vaters nachsuchte. Er kann Stephen nichts erzählen, was ihn der Wiedererlangung seines Erbes näherbringen würde. »Sie

halten mich sicher für einen alten Kauz und einen alten Tory«
[U 45], sagt er, durchaus zutreffend. Er weiß von Untaten, die in der
Vergangenheit begangen wurden – »Durch ein Weib kam die Sünde
in die Welt«: Helena, deretwegen die Griechen einen zehnjährigen
Krieg gegen Troja führten; die Frau MacMurroughs, die die Fremden nach Irland brachte; die Frau, die »Parnell zu Fall« [U 50] brachte
(hier wird uns, wie mit einem Fingerzeig, eine Homerische Parallele aufgewiesen). Doch immer noch bewegt sich alle Geschichte
»auf ein einziges großes Tor zu: die Offenbarung Gottes.« [U 49] Für
Stephen ist die Geschichte »ein Albtraum, aus dem ich zu erwachen
versuche« [U 49], und Gott ein »Gebrüll auf den Gassen« [U 50]. Der
junge enteignete Erbe und der Mann der antiken Weisheit treffen
sich nur in wenigen Punkten, und Mr. Deasy vermutet scharfsinnig,
Stephen werde nicht lange an seiner Schule bleiben.

Doch Mr. Deasy gibt Stephen Geld – sein Monatsgehalt –, und
Stephen kann – vermittels seiner journalistischen Beziehungen –
Mr. Deasy im Gegenzug einen Gefallen tun. Nestors Schloß stand
unweit der Mündung des Flusses Alpheus, jenes Flusses, den Herakles umlenkte, um die Ställe des Augias auszumisten. Um diesen
Fluß gruppiert sich ein ganzes Heer von Rinderassoziationen (die
semitischen Buchstaben alif, lam, pa bilden eine Wurzel mit der Bedeutung »Stier«; der Buchstabe Alpha ist von einer simplen Abbildung eines Stierkopfes abgeleitet). Es ist daher recht passend, daß Mr.
Deasy sich sehr stark um die Maul- und Klauenseuche in Irland und
ein angedrohtes Handelsembargo gegen irisches Vieh sorgt. Er
schreibt zu dem Thema einen Leserbrief an die Zeitungen, und er
möchte, daß Stephen ihn bei den Chefredakteuren unterbringt, die
er kennt. Dieses Stiermotiv ist bedeutsam. Durch seine Verbindung
mit den Sonnenrindern, die für Fruchtbarkeit stehen, deutet es
einen Weg hinaus aus der Tretmühle der Geschichte an – die ständige Erneuerung, die in Vicos Geschichtstheorie (der Grundlage
von *Finnegans Wake*) dargestellt ist, und bereits hier wird in einem
Hinweis auf die Vico Road in Dalkey angespielt. Der junge Dichter tituliert sich selbst als »der ochsenfreundliche Barde« [U 51]. Der
alte Ritter hat ihm ein mächtiges Symbol verliehen.

Nur an dieser Stelle allerdings kommen Nestor und Telemach zusammen. Mr. Deasy donnert seine falschen Prophezeiungen herunter, insbesondere das Verderben betreffend, das die Juden über Eng-

land bringen werden. Irland ist aber geschützt, sowohl vor jüdischer Konspiration als auch vor der Schuld der Judenverfolgung. Seine letzten Worte erklären, warum: »Es hat sie nie hereingelassen!« [U 52] Er weiß offensichtlich nicht um jenen Mann in der Eccles Street. Tatsache ist, daß Mr. Deasy die Geschichte als einen Marsch in Richtung auf den Ruhm, auf die sich schließlich einstellende Vision Gottes ansieht und für die Fehler der Geschichte böse Weiber und die Juden verantwortlich macht. Für Stephen, wie für Blake, ist die Geschichte leer, »Gefabelt von den Töchtern der Erinnerung« [U 35]. Die Symbole der Geschichte, die sich in Mr. Deasys Arbeitszimmer befinden, sauber angeordnet wie Fakten in Katechismen, sind Muscheln und Münzen. Für Stephen sind Münzen zum Ausgeben da, nicht zum Horten; Muscheln sind nichts als tönende Hohlheiten. Telemach verläßt Nestor ohne Aufklärung, abgesehen vom Besitz jenes Bullenbildes, des Symbols einer Erneuerung des Lebens, die sich in der vermuschelten, vermünzten Geschichte nicht finden läßt.

Der dritte Abschnitt dieser »Telemachie« ist ein umfänglicher Monolog und unsere erste Begegnung mit dem wirklich ›schwierigen‹ Joyce. Schauplatz ist die Meeresküste, die Farbe ist Grün, das Symbol sind die Gezeiten, die Tageszeit geht auf Mittag zu. Die Homerische Parallele hat nur indirekt mit Telemach zu tun. Menelaos, den Telemach sofort nach seinem Besuch bei Nestor um Rat fragt, sucht seinerseits Rat bei Proteus einzuholen, dem alten Meeresgott, der nicht um Rat angegangen werden will und nur dann Prophezeiungen abgeben wird, wenn man ihn gefangennimmt. Doch er ist schwer einzufangen, da er geschickt seine Gestalt verändern kann, und nur mit der Hilfe Eidotheas, der Tochter Proteus', gelingt es Menelaos, ihn niederzuhalten und zu befragen. Augenscheinlich deutet Proteus schon im Namen auf irgendeine Urkraft hin, auf den Stoff des Lebens selbst, befähigt, sich in vielerlei Gestalt auszudrücken. Die fundamentalsten Fragen des Menschen – über die Natur des Lebens, die Himmel, das Universum – werden einer formlosen Masse sich wandelnder, ungreifbarer Phänomene gestellt; der Mensch muß die Gabe erlernen, die Zeichen zu lesen, die Sprache zu verstehen, in der sich das Leben selbst ausdrückt. Es ist die Philologie, die Wissenschaft von den Sprachen, die über diese Episode des *Ulysses* herrscht.

Stephen ist sein eigener Menelaos, während er am Strand von Sandycove entlangspaziert, die Natur der Wirklichkeit erforscht und im Verlauf dessen das Potential der menschlichen Sprache ausspannt. Die Handschriften, die zu lesen er lernen muß, sind alle um ihn herum – »Seelaich und Seetang, die nahende Flut, den rostigen Stiefel dort. Rotzgrün [so beschrieb Mulligan das Meer im ersten Kapitel], Blausilber und Rost: gefärbte Zeichen.« Aristoteles wird angerufen, in Dantes Worten *»maestro di color che sanno«* (»Meister derer, die wissen«) [U 53], um die ungreifbare Welt der Materie zu zähmen und zu klassifizieren. Stephen gibt seine eigenen Definitionen der Elemente, in denen die Welt lebt und sich bewegt. Die Zeit ist das *Nacheinander* – eine Sache kommt nach einer anderen; der Raum ist das *Nebeneinander* [U 53] – eine Sache kommt an der Seite einer anderen. Sie existieren im Dunkeln weiter (Stephen schließt seine Augen), wenn die Welt der sichtbaren Materie ausgeschlossen ist. Ist die Welt der Phänomene, wie Bischof Berkeley es von ihr meinte, abhängig vom Wahrnehmenden? Stephen öffnet seine Augen und sieht, daß alles noch da ist, »Allzeit dort außerhalb deiner jetzt und immerdar: Welt ohne Ende.« [U 54] Doch einen Moment lang, als seine Augen geschlossen waren, hatte er sich gefragt, ob alles in jener schwarzen Zwischenzeit verschwunden sein könnte. Man kann der Welt der Materie nicht wirklich trauen.

Zwei »Frauenzimmer« (Joyce ist, in einem Kapitel, das der Philologie gewidmet ist, befugt, andere Sprachen neben der englischen heranzuziehen, und benutzt den deutschen Ausdruck) kommen zum Strand herunter, und die eine von ihnen »schwang plumpig ihre Hebammentasche« [U 54]. Stephen ist sofort wieder bei dem Motiv des Nabels, eines Telephons, das einen schließlich mit »Edenhausen« verbinden wird – »Aleph, alpha: null, null, eins.« [U 54] Mr. Deasys Bulle ist wieder aufgetaucht, an der Seite eines grobschlächtigen Fruchtbarkeitssymbols. Am Ende der Schnur befindet sich Eva, ohne Nabel, »Bauch ohne Fehl« [U 54]. Wenn der metaphysische Pfad Stephen an die »unausweichliche Modalität des Sichtbaren« [U 53] führt, so führt ihn die Nabelschnur schließlich zurück zu Evas Sünde, der Erbsünde. Aus der Erbsünde erwuchs die Erschaffung von Leben nicht durch ein Wunder (der narkotisierte Adam; die Entfernung einer Rippe), sondern in Schmerzen. Stephen grübelt über seine eigene Entstehung, vollzogen durch zwei Fremde, nach –

»Von ihnen, dem Mann mit meiner Stimme und meinen Augen, und einem Geisterweib mit Asche auf dem Atem« [U 54] –, und bald ist er wieder bei der Theologie, der Beziehung zwischen Vater und Sohn, dem lebenslangen Krieg des Häresiarchen Arius gegen die »Kontransmagnificundjudenpengtantialität« [U 55] – eine mysteriöse Gott-Christus-Identifikation, die, mit diesem grotesken Ausdruck, das Verschmelzen Blooms zu Stephen und Stephens zu Bloom (»Stoom«; »Blephen« [U 863]) vorwegnimmt.

»Lüfte umtollten ihn, strenge und schneidende Lüfte.« [U 55] Dieses Kapitel ist voller *Hamlet*-Anspielungen und weist voraus auf die Szene in der Nationalbibliothek, wo dieses ganze Vater-Sohn-Thema ausgearbeitet werden wird. Stephen hört in der Imagination seines »konsubstantiellen Vaters Stimme« [U 55] seine angeheiratete Verwandtschaft, die Gouldings, verspotten (dies ist John Joyce höchstpersönlich mit seinem »O du mein schluchzender Herrgott, in was hab' ich da bloß reingeheiratet! (...) Hochangesehene Gondolieri (...) Jesus aber gingen die Augen über: Kunststück das, wenn man Christus ist« [U 55]). Stephen kann sich nicht entscheiden, ob er seinen Onkel Richie Goulding besuchen soll oder nicht, doch ein feines komisches Bild von ihm bereitet uns auf ein späteres Zusammentreffen mit ihm vor – wenngleich dann Bloom mit ihm zusammentrifft und nicht Stephen. Das Haus der Gouldings ist im Verfall begriffen, wie das Haus der Dedalus'. Der Mensch bringt die Dinge dazu, zu verfallen, und es war ein großer Dubliner Geist, der verrückt darüber wurde, der Menschen ekle Torheit mit anzusehen. Stephen brütet über Swift nach, und das Pferdemotiv des vorausgegangenen Kapitels ersteht, ebenso wie das (auf dem Martello-Turm vermerkte) »in seiner Länge pferdehafte Gesicht« Buck Mulligans [U 7], von neuem aus dem Bild der Houyhnhnms. Sofort bringen Swift als »rasender Dekan« [U 57] und die Erinnerung an einen Priester, den, in *Ein Porträt des Künstlers*, »manche Jungen Laternenkinn und andere Campbell-den-Fuchs nannten« [P 181], einen spöttischen Bezug auf die Messe und, darin enthalten, auf das »Teufelchen Hypostasis« [U 57] hinein – Hypostasis ist der Fachausdruck für die Doktrin von der gemeinsamen Substanz des Vaters und des Sohnes.

Die Rasanz, mit der Stephens Geist von Gegenstand zu Gegenstand huscht, wobei die assoziativen Zusammenhänge oft tief auf Tauchstation bleiben, ist eines Kapitels angemessen, das die quecksilbrige Ungreifbarkeit Proteus' feiert: Proteus ist der Geist, und doch auch ebenso die Welt der Phänomene, die der Geist zu verstehen sucht. Ein obskurer Swift-Bezug (Drydens »Vetter Swift, du wirst nie ein Dichter werden« wird zu »Vetter Stephen, du wirst nie ein Heiliger werden« [U 58]) führt uns weiter zu einer Selbstprüfung, die die vom proteischen Ego ausgelegten Selbsttäuschungen durchbricht. Wie dumm waren seine alten Ambitionen – die allen großen Bibliotheken der Welt hinterlassenen Epiphanien – zu lesen »ein paar tausend Jahre später (…) nach einem Mahamanvantara« [U 58] (wir sind jenem Mahamanvantara – dem »großen Jahr« der Inder – bereits zuvor begegnet: in *Das heilige Offizium*. Es ist eines der Motive, die unser Augenmerk in den Osten ziehen. In einem Kapitel, das von den Meeresgezeiten beherrscht wird, ist es angemessen, an das Manvantara und das Pralaya erinnert zu werden – die menschlichen Perioden des Wachens und Schlafens, die Analogien in den Rhythmen der Jahreszeiten und des Meeres selbst finden).

Stephen spaziert weiter, am verfallenden Wohnsitz der Gouldings vorbei, und wendet sich nordostwärts auf das Pigeonhouse zu. Das veranlaßt ihn, an einen unanständigen französischen Witz über die jungfräuliche Geburt zu denken – »C'est le pigeon, Joseph« [U 59]: Wir können nicht mehr weit von der göttlichen Inkarnation entfernt sein. Doch dies ist gleichzeitig ein Zugang zu einer langatmigen und elliptischen Reminiszenz an seine Zeit in Paris inmitten der anderen irischen »Wildgänse« [U 59] (das Verbannungsthema, das sich mit Blooms Sinn für die Entfremdung trifft). Die literarische Technik hier ist brillant mit ihren Evokationen von »Paris, derb erwachend, krudes Sonnenlicht auf seinen zitronengelben Straßen« [U 61]. Wir können, wenn wir wollen, die Ellipsen mit biographischen Hinweisen auffüllen. Wie ich bereits angedeutet habe, berührt so vieles von dem erinnerten – im Gegensatz zum vorgeführten – Leben im *Ulysses* das Gebiet des Faktischen. Ein Halbschatten umgibt das Buch, voll der Zeichen, die uns hinausführen zu Joyces eigenen Erfahrungen. Prosadichtung selbst ist proteisch, eine Verkleidung des realen Lebens. Häufig erscheinen die inneren Monologe sowohl Blooms als auch Stephens wie der sichtbare Teil eines Eisbergs, mit untergetauchten Gebirgen von Querbezügen, die wir erst erreichen können, wenn wir vergessen, daß der *Ulysses* ein Kunstwerk ist, und ihn als einen enzyklopädischen Führer zur echten Geschichte benutzen. Entwertet das den Roman als Literatur? Ich glaube nicht. Wirklicher Naturalismus ruft nach Schatten und Geheimnissen und Fingerzeigen, denen wir nachgehen mögen oder auch nicht, wie wir es gerade wollen. So wie wir im *Ulysses* nicht alles verstehen können, so können wir auch nicht alles im realen Leben verstehen.

Stephen denkt an Kevin Egan, die revolutionäre Wildgans, die vergessen ist. »Er denket noch deiner, o Zion.« [U 63] Ein blasses Bild Blooms, jenes anderen Verbannten, winkt hier herüber. Als er nach Süden zum Martello-Turm schaut, versichert sich Stephen erneut seiner Einsamkeit. »Er hat den Schlüssel. Ich will nicht schlafen dort, wenn's Nacht wird heute. (...) Nimm alles, halte's all'.« [U 64] Der enteignete Erbe ist auch der enteignete Vater: Er sieht sich selbst einen Moment lang als den Geist in Helsingör, gleichzeitig König Hamlet und Prinz Hamlet. Doch nun verschafft sich die äußere Welt wieder Geltung, wenngleich die Sprache, in der sie beschrieben wird, kein durchsichtiger Schleier ist: »Er stieg über die Segge und den aaligen Riementang und ließ sich auf einem Felsschemel nieder, seinen Eschenstock in einem Gesteinsriß abstellend.« [U 64] Die Sprache zieht die Aufmerksamkeit auf sich, und das, wie wir sofort einsehen, zu recht. Stephen erinnert uns, daß die Philologie die Wissenschaft ist, die hier den Vorsitz führt: »All der schwere Sand hier ist Sprache, von Wind und Gezeiten abgelagert.« [U 64] Die Betonung liegt wiederum auf dem Entziffern der Zeichen der Natur, der Suche nach dem Selbst der Natur hinter ihren Symbolen, ihren Verkleidungen. Ein Hund läuft über den Sand, und Stephen – der, wie sein Erschaffer, Angst vor Hunden hat – beschwichtigt sich mit einem »Ich hab' ja auch meinen Stock. Schön stillgesessen.« [U 64] Die Prosa wird hochgradig kontrapunktisch; eine Vision von der Landung der Wikinger (das englische Wort für »Gebell« – »bark« – und der Schiffstyp Bark bilden einen unhörbaren enharmonischen Akkord) führt Stephen zu Gedanken an jenes nordische Blut, das verborgen in ihm fließt, an die Invasoren der Geschichte, an die Vorspiegeler der Geschichte (die Iren spiegeln sich vor, »Lauter Königssöhne« [U 65] zu sein), an das Zusammenbrechen seiner eigenen Vorspiegeleien, da er sich zittern spürt, nur weil »ein Köter kläfft« [U 65]. Verhalten ist, wie die Geschichte, nur Verkleidung, proteische Gabe. Er versucht, ehrlich zu sich selbst zu sein: Könnte er wie Mulligan einen Mann vor dem Ertrinken gerettet haben? Nein, und ebensowenig konnte er seine Mutter retten: »Wasser: bittrer Tod: verloren.« [U 66]

Das Verkleidungsthema wird auf den Hund übertragen, der sich in einen Hasen, einen Bock, einen Wolf, ein Kalb, einen Fuchs, einen Panther (die Wellen verwandeln sich unter dem Einfluß des Hundes für einen Moment in »Herden von Walrossen« [U 66], Proteus' eigene Herde) zu verwandeln scheint. Ein Panther. Haines hatte Stephen in der vorigen Nacht geweckt, mit einem Schrei im Schlaf, wegen eines schwarzen Panthers. Hinterher wurde Stephen, als eine Art lindernder Salbe, ein Traum gewährt, in dem ihm auf einer Straße von Huren ein Orientale Gastfreundschaft gewährte. Nun erinnert er sich an diesen Traum. Einige hundert Seiten später wird er in Erfüllung gehen.

Muschelsucher auf dem Strand, mit ihren Taschen dahinstapfend, erscheinen Stephen als »die roten Ägypter« [U 67] und würzen seinen Monolog mit der Redeweise der Zigeuner, einer vorgekauten Sprache mit einer neuen Verkleidung der Realität:

> *Weiß deine Pfötchen, rot deine Gusch',*
> *Und dein Balg ein gar leckerer Bissen –*
> *Komm schon mit mir ins Körbchen, huschhusch,*
> *Zum Schunkeln im Dunkeln und Küssen … [U 68]*

Doch der Monolog hat sich schon stetig mit fremdartigen Redeweisen verdickt – des Meeres eigener Sprache, den Riesenwörtern von »Sir Lout« (»laut« ist das malaiische Wort für das Meer): »Ich bin der böseböse Riese, roll' all die bösenbösen Riesenfelsen, Gebeine für meine Siebenmeilensteine. Ein Buhmann, buh! Seid auf der Huuut! Iiich rrriiiech', iiich rrriiieche Iiirenbluuut!« [U 64] Alle wichtigen europäischen Zungen vermengen sich, wie sie es später, und spektakulärer, in *Finnegans Wake* tun sollen. Die Ausdrücke der Heraldik putzen Stephens Bildersprache heraus, wobei sie versuchen, das proteische Farbspektrum auf bestimmte und starre Töne festzunageln. Und dann bricht sich das Sprachgewoge in einem Gedicht, das Stephen, der kein anderes Papier hat, auf einem abgerissenen Stück von Mr. Deasys Leserbrief niederschreibt. Es ist ein Symbol des Kontrollierens, der Zähmung des Proteus: »Spieß das fest, Kerl, sei nicht so faul. Meine Schreibtäfelchen.« [U 69] (*Hamlet* ist nie sehr weit entfernt.) Eine Art Befriedigung kommt: Stephen liegt in voller Länge auf den scharfen Felsen, seinen »Hamlet-Hut« [U 68] – den breitkrempigen Hut, den er sich aus Paris mitbrachte – über seine Augen gezogen. »Der Schmerz ist fern.« [U 70] Er denkt an eine Zeile aus dem Lied des Fergus, dem Gedicht von Yeats, das Stephen-Joyce in Musik setzte und sang, als seine Mutter dem Tod nahe war, die Traurigkeit der Worte beweinend: *»Und nimmer geh beiseit' und sinn'.«* [U 71] Das Bild des hinaufgespülten ertrunkenen Mannes scheint etwas von seinem Schrecken zu verlieren (»Seetod, mildester aller Tode, so dem Menschen bekannt« [U 72]). *Hamlet* erscheint zum letztenmal in dem Kapitel mit einer Erinnerung an Ophelias Lied für den toten Vater. Stephen, der eine Art Sieg über Proteus davongetragen hat, ist bereit für einen Drink (er soll Mulligan und Haines um halb eins im Ship treffen, sein Gehalt spendierfreudig dabei). Er hinterläßt einen kleinen trockenen Rotz als Tribut auf dem Felsensims. Bevor er von »dieser brennenden Szenerie« [U 70] abgeht, bemerkt er ein Schiff, das in den Hafen einläuft – der heimkehrende Wanderer. Ein alter Seemann wird, als Emblem der vollendeten Verbannung, am Ende des Tages sein Zusammentreffen mit Bloom beherrschen.

Ich sage »eine Art Sieg über Proteus«. Dies ist keine bloße Phantasterei. Das Chaos der Urmaterie, der Welt der Phänomene, wird abgebildet im Chaos der Sprache, sich unablässig wandelnd, schwer festzunageln. Doch die Sprache hat, ungeachtet des Chaos, in gewisser Weise die Welt draußen festgenagelt. Es bleibt dem Dichter vorbehalten, der Sprache Ordnung aufzudrücken und, indem er den Gezeitenrhythmus des Hin und Her benutzt, ein Bild von organischer Ordnung zu erschaffen, die endgültige Festnagelung zu erreichen. Jetzt schon, am Ende der »Telemachie«, ist Stephen ein gutes Stück des Wegs bis zur Wiedererlangung seines Erbes vorangekommen: Er regiert mit Worten, und sogar Mulligan fürchtet die Lanzette seiner Kunst, während der Meere Beherrscher, Haines, geneigt ist, ein Buch der Weisheit aus Stephens Aussprüchen zu machen. Doch Stephen ist, wenn auch ein Prinz der Wörter, doch noch nicht groß genug, um den *Ulysses* zu schreiben. Er braucht Leopold Bloom.

4

Der Anfang der Reise

DIE »PROTEUS«-EPISODE, DIE WIR GERADE BEHANDELT HABEN, IST EINE *tour de force* sprachlicher Virtuosität. Nicht nur stellt sie die verwirrende proteische Mannigfaltigkeit der Welt der Materie und der sprachlichen Ressourcen vor, die in der Lage sind, sie zu zähmen, sondern sie bietet das Wissen und den intellektuellen Scharfsinn von Stephen Dedalus so reichhaltig dar, daß wir gezwungen sind, ihn als eine Art von Homerischem Helden des Geistes zu akzeptieren. Er scheint das Universum der Wörter und Ideen zu umspannen; und doch, ironischerweise, umspannt er nicht den niedrigeren Bloom. Unterernährt, in billige Trauer und abgelegte Schuhe gekleidet, mit schlechten Zähnen, ein Nasenbohrer in Ermangelung eines Taschentuches, überschreitet er die Begrenzungen des Körpers. Für ihn – und auch für das Buch – ist es notwendig, wieder auf den Boden zurückgeholt zu werden. Während wir die Bloomsche eigentliche Odyssee in Angriff nehmen, sind wir uns dessen bewußt, daß Stephen für den Geist und Bloom für das Fleisch steht. Der Auftakt der »Telemachie« – der Erzählung von jungen Männern – wurde mit den einleitenden Worten der Messe begangen; als wir zum erstenmal auf Mr. Bloom treffen – auf die Erzählung des reifen Mannes –, haben wir es mit dem Wortschatz der »inneren Organe von Vieh und Geflügel« [U 77], dem Gedanken an Nieren für das Frühstück zu tun.

Diese Konsultation von Eingeweiden ist eine Art Ritual, doch es führt nicht zu hochfliegenden Daedalus-Themen wie denen der Theologie und Philologie. Die Wissenschaft, die über Eccles Street Nummer 7 herrscht, ist die Ökonomie – die praktische Kunst der Haushaltsführung. Die Niere ist das Symbol, das das Kapitel kontrolliert – ein utilitaristisches Organ, das gleichwohl dem Neuen Bloomusalem seine Gestalt leiht, als es, später im Buch, errichtet wird. Die Verherrlichung des Körpers beginnt nun: Physische Organe sind in der »Telemachie« nicht gefeiert worden. Was Blooms eigenen Namen betrifft – eine Anglisierung des alten ungarischen Namens Virag, der »Blume« bedeutet –, faßt dieser doch recht schön zusammen, wofür sein Eigentümer steht: etwas Bemerkenswertes, aber Unprätentiöses, das auf gewöhnlichem Boden sprießt. Die relative Zufriedenheit Blooms in seinem häuslichen Umfeld, die Zubereitung des Frühstücks für seine Frau, das Milcheingießen für die Katze, kontrastiert mit Stephens göttlichen Unzufriedenheiten und Ambitionen. Bloom befindet sich dessen ungeachtet in mancherlei Hinsicht auf einer höheren Entwicklungsstufe als der junge Dichter: Er steht dem reifen Joyce darin nahe, daß er Vaterschaft (eine geliebte Tochter; ein Sohn, der im Kindesalter starb), Toleranz und die stille Weisheit eines Mannes, der die Welt kennt, erreicht hat. Im Gegensatz zu Odysseus und im Einklang mit Joyce zieht er Katzen Hunden vor.

Seine Frau ist Madam Marion (Molly) Tweedy, Sängerin von Beruf. »Tweedy« ruft das Weben Penelopes, deren Entsprechung Molly ist, auf, aber auch den Doppelzwirn ihres Gewebes, denn sie ist teils Irin und teils spanische Jüdin, geboren in Gibraltar – wo ihr Vater, ein Berufssoldat, stationiert war. Als Penelope werden wir Molly nur im letzten Kapitel antreffen; hier tritt sie als Calypso auf, als Nymphe einer Insel mit einer großen Höhle als Nabel (auch Gibraltar hat seine Höhlen). Jetzt und während des ganzen Buches ist ihr Platz das Bett.

In gewisser Weise ist Bloom in ihrer Gegenwart befangen. Sobald er hinausgeht, um seine Frühstücksniere einzukaufen, ist er mit Bildern des Ostens beschäftigt, der fernen angestammten Heimat. Doch wie Stephen sich unbewußt auf ihn zubewegt, so bewegt er sich auf Stephen zu, denn Turko der Schreckliche taucht in seinen Gedanken auf – eben jene pantomimische Figur, die, wie Stephen sich erinnert, seine Mutter so mochte. Bloom ist ein Verbannter, mit einer gewissen inwendigen Leere. Die Wissenschaft der Ökonomie füllt zeitweise die Leere aus – Überlegungen über Bier als Geldquelle, wo doch Exilanten aus der Grafschaft Leitrim als Brauereikönige erblühen. Der Schlachterladen, den er nun besucht, wird von einem Exilanten seiner eigenen Art betrieben – Dlugacz. Ein Mädchen ist vor ihm dran und kauft Würste; Bloom nimmt sich ein abgeschnittenes Stück Zeitungspapier, und wieder ist er im Osten: »Die Musterfarm in Kinnereth am Seeufer des Tiberias. Kann ideales Wintersanatorium werden.« [U 83] Die Ökonomie der Viehzucht füllt seine Gedanken für einen Moment. Dann blüht schnell wieder der sinnliche, erdverbundene Bloom auf: Er will seine Niere auf der Stelle haben, um dem Mädchen die Straße hinunter nachgehen und ihre schaukelnden Hinterbacken bewundern zu können. Doch er kommt zu spät und redet sich ein – »Sodarissige Hände. Verkrustete Zehennägel auch« [U 84] –, daß das morgendliche Verlangen sich nicht rentiere.

Während er nach Hause geht, liest er sein abgeschnittenes Stück Zeitung. Es gibt da eine Pflanzergenossenschaft – Agendath Netaim [U 84] –, die einem für acht Mark ein Dunam Land mit orientalischen Früchten anpflanzt. Der Osten ruft ihn wieder, symbolisiert durch eine Orange oder Zitrone, eine kleine aufgehende Sonne. Doch wir sind auch mit der Ökonomie befaßt: »Kann zehn anzahlen und den Rest jährlich abstottern. Bleibtreustraße 34, Berlin W 15.« [U 85] Der Name der Straße erinnert uns, wenn schon nicht Bloom, daran, daß er der Religion seiner Vorväter nicht treu geblieben ist. In beiderlei Bedeutung ist er ein aus Jerusalem Verbannter. Und die Niere, die er heimbringt, ist eine Schweinsniere.

»Zitrone« ruft andere jüdische Exilanten neben ihm zu Bewußtsein – Citron, den Namensvetter der Frucht in der St. Kevin's Parade, und den zitherspielenden Mastiansky. Dann verbirgt sich die Sonne für einen Moment, jenen Moment, in dem sich das Meer für Stephen in eine Schale bitterer Flüssigkeiten verwandelt (es ist eben nach acht). Bloom, in einem grauen Schauder, der sein Fleisch versengt, sieht das Tote Meer und die tote Stadt eines umherziehenden Volkes, seines eigenen: »grau eingesackte Votze der Welt.« [U 86] Das Bild wird durch eine alte Vettel hervorgerufen, die eine Noggin-Flasche an sich drückt; Stephen sinnt gleichzeitig, dazu passend, über die trockenen, verschrumpelten Brüste einer Frau nach, die Milch gibt, die nicht die ihre ist. Blooms Niedergeschlagenheit legt sich, als das Sonnenlicht zurückkehrt; es läuft auf ihn zu wie ein goldenes Mädchen, eine Nymphe (Nymphen regieren dieses Kapitel, Calypso zu Ehren). Er bringt solche Phasen von Schwermut mit der Dysfunktion seines Körpers in Verbindung (»Morgenstunde, flau im Munde« [U 86]). Leuchtende Farben kehren zurück, und die Post ist gekommen. Da ist eine Karte an seine Frau von ihrer Tochter Milly, doch für ihn selber (sie ist Papas Mädchen) ein Brief. Auch für Molly ist ein Brief gekommen, und er weiß, wer der Absender ist: »Sein schnelles Herz verlangsamte alsbald seinen Schlag. Kühne Hand.« [U 86] Stephen ist seinem Antinous gegenübergetreten; Blooms Antinous scheint bereits erobert zu haben, ohne einen Bogen spannen zu müssen.

Bloom liest den Brief seiner Tochter. Wieder entdecken wir eine Verbindung mit Stephens Welt. Am Ende des ersten Kapitels erzählt ein junger Schwimmer Mulligan, ein gewisser Bannon (bei dem in Westmeath sich Mulligans Bruder gerade aufhält) habe »ein süßes junges Ding da unten gefunden. Ein Photomädchen, schreibt er.« [U 32] Das Photomädchen ist Milly. Sie erwähnt Bannon in ihrem Brief und sagt, er singe Boylans Lied über »die Strandmädchen« [U 93]. Bannon ist eine Verbindung zwischen den beiden Inkarnationen von Antinous – auf der einen Seite Mulligans Bruder, auf der anderen Blazes Boylan, der »haarige Bursche« [U 243], dessen Brief Molly in diesem Moment gerade liest. Bloom lächelt »mit beunruhigter Zuneigung« [U 94] über das augenscheinliche Erwachsenwerden Millys. Sie ist eine weitere Nymphe – »Ihre schlanken Beine, wie sie die Treppe raufliefen« [U 94] –, die ihn hier auf der Insel der Höhlen festhält.

Mollys Schlafzimmer ist eine Höhle, ganz »warmes gelbes Zwielicht« [U 87]. Er bedient sie mit Brot und Butter und Tee und Zucker und Sahne – Nymphenspeise – und erfährt, daß Boylan die Programme jener Konzerttournee vorbeibringen wird, die er organisiert. »La ci darem« (aus dem *Don Giovanni* – eine passende Oper im Zusammenhang mit Boylan) ist eines der Duette, die Molly singen wird; das andere ist »Love's Old Sweet Song«, ein ominöser Titel [U 89]. Doch beinahe ohne Zögern liefert Bloom den Beweis einer Überlegenheit, die, ohne daß er auch nur einen einzigen Pfeil zücken müßte, schließlich Boylan und alle derartigen Freier zu einem Häuflein Asche reduzieren wird. Molly hat ein Buch namens *Ruby: der Stolz der Arena* (Ruby ist eine weitere Nymphe, nackt, während der Zirkusdirektor sie auspeitscht, versteckt auf einer Abbildung zwischen besudelten Seiten) [U 90]; sie ist darin auf das Wort »Metempsychose« [U 90] gestoßen und will seine Bedeutung wissen. Bloom weiß Bescheid und versucht eine Erklärung: »Das ist griechisch: aus dem Griechischen. Es bedeutet die Transmigration der Seelen.« [U 90] Molly sagt: »Ach du dickes Ei! (...) Kannst du das nicht noch etwas schwieriger erklären?« [U 90], und dann fängt Bloom – wie Mulligan – damit an, die wilden Iren zu hellenisieren, wobei er in Molly so etwas wie die Reinkarnation der Nymphe auf dem Bild über dem Bett (»Gratisbeilage zur Osternummer der ›Photo Bits‹: Herrliches Meisterwerk in künstlerischen Farben« [U 91]) sieht, aber mit seiner Lektion über die wahre Bedeutung von »Metempsychose« nicht sehr weit kommt. Es riecht verbrannt: Die bratende Niere ruft: Er kehrt zu den inneren Organen zurück. Doch von all den Dublinern, die den Ruf des Fleisches exemplifizieren, erweist er sich als der feinsinnigste, fast ein Intellektueller. Er ist am dichtesten dran, Pflegevater eines Dichters zu sein.

Er ist Fleischesser, aber kein Kannibale. Er ist freundlich zu seiner Katze; er mißbilligt die Grausamkeiten beim Abrichten von Tieren, die ihm *Ruby: der Stolz der Arena* in den Sinn bringt; er geht an diesem Morgen aus dem Haus – in Trauer wie Stephen –, um der feierlichen Beisetzung der fleischlichen Überreste des armen toten Dignam beizuwohnen. Er ist weise in den Grenzen des Körpers, tolerant. Der Körper ist ein Gewand, das die Seele nach den Gesetzen der Metempsychose wechseln kann – die Nymphe Syrinx gegen ein Schilfrohr, die Nymphe Daphne gegen einen Lorbeerbaum. Der Körper ist eine Höhle für die Seele. Doch sogar bevor die Seele wandern kann, setzt sich der Wandel fort, unkontrollierbar. Bloom erkennt das Proteische seiner Tochter, die sich in ihre Mutter verwandelt: »Passiert ja doch einmal. Verhindern. Zwecklos: läßt sich nichts machen dagegen.« [U 94]

Bloom, in der Höhle seines Körpers, seinen Körper in der Höhle des schwarzen Begräbnisanzugs, geht hinaus zur Höhle des Außenklos, und er nimmt – mit Gründen, denn er hat in letzter Zeit an Verstopfung gelitten – eine Nummer von *Titbits* mit. Ausscheidung ist nichts, dessen man sich schämen müßte: Dung ist ein Fruchtbarkeitsmittel. »Dreckiges säubert.« [U 95] Calypso, die Höhlennymphe, folgt ihm selbst hierher noch; er verliert seine Frau nie lange aus seinen Gedanken. Er erinnert sich an den Wohltätigkeitsball, als die Kapelle Ponchiellis »Tanz der Stunden« spielte (dort war es, wo Molly zum erstenmal Boylan begegnete): »Abendstunden, Mädchen in grauem Flor. Nachtstunden dann, schwarz, mit Dolchen und

Augenmasken.« [U 98] Die Zeit ist eine Prozession von Nymphen, alle verschleiert, verwandelt durch Metempsychose vom Morgen zum Mittag zum Abend zur Nacht, dann bereit, um den Kreis der Wandlungen zu erneuern. Doch die Zeit, daran erinnern ihn die Glocken der George's Church, als er nach vollbrachtem Werk das Klosett verläßt, die Zeit muß manchmal enden. Die Glocken schlagen dir, ebenso wie dem armen toten Dignam.

Im zweiten Kapitel treffen wir Bloom auf dem Sir John Rogerson's Quay. Er ist von der Eccles Street nach Süden gegangen, der Sonne entgegen, die Leben gibt (das herrschende Organ sind die Genitalien), aber Energien nimmt (die Homerische Parallele sind die Lotusesser). Es ist gegen zehn Uhr, und der Tag wird schön warm. Das vorherige Kapitel war mit den tatkräftigen Künsten des Geldmachens befaßt, doch nun regiert das vegetabile Königreich. Der Text ist überschüttet mit Anspielungen auf Blumen, Kräuter und die Aufbrühungen, die der Drogist daraus zubereitet: Die Wissenschaften der Botanik und der Chemie fassen sich bei den schlaffen Händen. Über allem liegt ein Hauch von Teilnahmslosigkeit, von *dolce far niente* [U 100], und der sanfte Sog in Richtung Osten – hier entfacht durch das Schaufenster der Belfast and Oriental Tea Company – wird erneuert. Zur gleichen Zeit wirkt ein Zug dem Mittelpunkt der Erde entgegen: »Zweiunddreißig Fuß pro Sekunde, pro Sekunde. Gesetz der fallenden Körper: pro Sekunde, pro Sekunde.« [U 100] Bloom schlendert zum Postamt Westland Row – sogar noch weiter im Süden – und rollt – indem er die Mattigkeit des Morgens mit einem phallischen Symbol kontert – sein Exemplar des ›Freeman‹ [U 101] zu einem Stab zusammen.

Auf dem Postamt liegt ein Brief für ihn – adressiert an »Henry Flower, Esq« [U 101]. Wie Odysseus ist er ein listiger Namensänderer, wenngleich er sich, im Gegensatz zu Odysseus nicht allzu weit von der Wahrheit entfernt: »Bloom« und »Flower« sind immer noch »Virag«. Die Rekrutierungsplakate zeigen Soldaten, die halbgar und hypnotisiert aussehen: Der Lotus verschlingt sogar die Lebenskraft des Militärs. Der Brief kommt von einer Frau, doch er kann ihn noch nicht lesen. Eine Figur aus den *Dublinern*, M'Coy, spricht ihn an. (In dem vorherigen Kapitel haben wir bereits, wenn auch nur namentlich, eine andere *Dubliner*-Figur wiedergetroffen – Gretta Conroy).

Die Frau M'Coys ist Sängerin wie Molly, doch sie ist nur ein »schnarrender Sopran mit Sommersprossen« [U 106], gut für kleine Balladen, aber nicht für »La ci darem«. M'Coy, das erfahren wir aus den *Dublinern,* borgt sich ständig Koffer für die Konzerttourneen seiner Frau aus, und Blooms innerer Monolog spielt auf diese Gewohnheit an. Bloom will nicht reden; er will seinen Brief lesen, und er will seine Augen an einer hochklassigen Frau weiden, die gerade aus dem Grosvenor gekommen ist. Seine Sexualität ist passiv: Er betrachtet gerne. Wir erfahren später, daß er keine normale sexuelle Beziehung mehr zu seiner Frau unterhält (der Schwung wich von dieser Seite der Ehe, als ihr Sohn Rudy starb) und Onanie praktiziert. Das Genitalbild und das Lotusbild verschmelzen in Passivität.

Nichtsdestotrotz wird es Zeit, daß das Vater-Sohn-Thema in Blooms Odyssee seinen Auftritt hat. Es taucht, wie bei Stephen, aus *Hamlet* auf. Bloom sieht ein Plakat, daß Mrs. Bandman Palmer heute abend in *Leah* auftritt; am Abend zuvor spielte sie den Prinzen von Dänemark – »Hosenrolle. Vielleicht war er ja auch eine Frau. Warum beging Ophelia sonst wohl Selbstmord?« [U 106] Bloom sieht nichts Verqueres in einer solchen Theorie; später wird er selber in der Phantasie als »vollendetes Exemplar des neuen weiblichen Mannes« [U 660] auftreten; die *yin-* und die *yang-*Elemente sind in ihm vereint, wie die *yoni-* und *lingam-*Elemente, der Phallus und die Blume, als vereinte Herrscher über dieses Kapitel zusammentreffen. Ist nicht Bloom selbst, ein Mann, ebenfalls eine Blume? Und nun wird das Vaterschaftsthema in seinem Kindesaspekt vorgestellt – Nathan, »der da verließ seines Vaters Haus und verließ den Gott des Vaters« [U 107], und der Kommentar von Blooms Vater höchstpersönlich zu dieser ergreifenden Rede aus *Leah* (Mrs. Palmers beiden Stücke sind von gleicher Relevanz für die Vater-Sohn-Situation): »Das ist ja so tief, Leopold, jedes Wort!« [U 107] Eine beinahe weibliche Zärtlichkeit quillt nun empor in dem Sohn, dessen Vater den letzten Lotus suchte und von eigener Hand starb.

Der Lotus der Lebenden aber ruft erneut. Bloom passiert kastrierte Pferde, alle Leidenschaften verbraucht; denkt, als er an der Kutscherkneipe vorübergeht, an die treibenden Kutscher, »bei jedem Wetter, überall, Zeit- oder Einzelfahrt, nichts mehr nach eigenem Willen« [U 108]. Zuletzt ist es ihm, beobachtet durch eine »weise getigerte Katze, blinzelnde Sphinx« [U 108], endlich möglich, seinen Brief in Frieden zu lesen. Er kommt von einer gewissen Martha Clifford, einer leidenschaftlichen Brieffreundin, die er nie getroffen hat, ein kitschiger Brief mit einem abstrusen Fehler darin: »Ich hab Dich einen bösen Jungen genannt weil ich das andere Weltchen nicht mag.« Mindestens eine Ausgabe des *Ulysses* korrigierte das »Weltchen« stillschweigend zum »Wörtchen« und ruinierte auf diese Weise jene Szene in der Nachtstadt, wo Stephens Mutter, von den Toten auferstanden, Martha unbewußt zitiert: »Ich bete für dich in meiner anderen Welt.« [U 733] Das ist einer der sorgfältigen Kunstgriffe, um Stephen und Bloom zu verbinden.

Dem Brief beigelegt ist Blooms eigener Rebus – eine Blume, getrocknet und mit fast gar keinem Geruch mehr. Bloom liest noch einmal, wobei »schwache Freude« [U 109] seine Lippen öffnet, und Joyce, der eine Möglichkeit sucht, um den Akt des Wiederlesens zu vermitteln, ohne den ganzen Text deshalb noch einmal wiederholen zu müssen, bewirft uns mit Blumen: »Böse Tulpen mit Dir mein Schatzilein Menschenblume Dich bestrafen Kaktus wenn Du nicht bittebitte Vergißmeinnicht wie ich mich sehne Veilchen nach Rosen Lieber wenn wir uns bald Anemonen treffen alles böser Nachtschatten Deine Frau Marthas Parfüm.« [U 109] Die Botanik ist die ganze Zeit bei uns, doch nun wird durch eben den Namen Martha das spezielle Lotusesser-Motiv orientalisch orientiert erneuert. »Martha, Mary, Maria, Martha. (...) Er sitzt bei den beiden im Haus, redend.« [U 110] Bloom, ein Jude, ist nicht gewillt, den heiligen Namen auszusprechen, doch unbewußt bemerkt er, daß Christus ein Lotussymbol ist: »Lange lange Rast.« [U 111] Auf diese Weise wird er zur Kirche von All Hallows geführt, wobei er eine kleine Phantasie auswebt über Missionare, Opium, Buddha, Räucherstäbchen, Dornenkrone, Sankt Patricks dreiblättrigen Shamrock, Religion, die wie Milch aufgeschleckt wird. Die Messe wird gesprochen, und die Kommunion ragt für Bloom als höchster Lotus empor. Er ist allen Religionen gegenüber skeptisch, doch er gesteht diesem »Engelsbrot« [U 113] einen Wert zu – »Steckt eine große Idee dahinter, so ein Gefühl wie das Reich Gottes ist in euch.« [U 113] Was die Gläubigen betrifft, sie sind zum Teil in einem alten Mann zusammengefaßt, der neben einem Beichtstuhl eingeschlafen ist: »Blinder Glaube. Geruhsam sicher in den Armen des Dein Reich komme. Lullt allen Schmerz ein. Durchdösen bis nächstes Jahr um diese Zeit.« [U 113 f.]

Andere Lotusthemen tauchen auf – Musik, Liköre (»Benediktiner. Chartreuse Grün« [U 115]), Eunuchen (»Auch ein Ausweg« [U 115]), Frauen, Blumen, Weihrauch. Als der Priester betet: »Heiliger Erzengel Michael, steh uns bei in der Stunde des Streits« [U 117], werden wir daran erinnert, was die Kirche einem anderen Ungläubigen immer noch bedeutet – Stephen. Stephen will nicht einmal mehr die Formen des Glaubens erdulden, doch Bloom bewundert offen die Mächtigkeit und Organisation des Katholizismus.

Es ist fünfzehn nach zehn, und die Beerdigung ist um elf. Nach der Botanik die Chemie oder zumindest die Drogerie. Bloom muß ein Schönheitswasser für Molly fertigen lassen, doch er stellt fest, daß er das Rezept in der anderen Hose gelassen hat, und ebenso den Hausschlüssel (also kein einfaches Heimkommen, wenn er spät dran ist). Bei Sweny am Lincoln Place wenden sich die Gedanken naturgemäß den Kräutern, Latwergen, Heilpflanzen und Liebestränken zu, während der Drogist Mollys Verordnung in seinem Buch nachschlägt. Süße Wohlgerüche lullen seine Sinne in einer Stimmung sexuellen Sichgehenlassens ein. Er wird hingehen und im moscheeartig gebauten Hammam (wieder der Osten) ein Bad nehmen, und während er im Bade sitzt, wird er masturbieren. In diesen beiden allerersten Kapiteln scheint Bloom, nach dem Brandopfer der Niere, um eine völlige Reinigung und eine völlige Entleerung von allen Körpersekreten bemüht zu sein. Als sauberer Jude bildet er einen ziemlichen Kontrast zu dem dreckigen Christen, den er sich zum Sohn machen wird. (Stephen wäscht sich selten und badet nie: »Ganz Irland wäscht der Golfstrom« [U 24], das muß reichen.) Bloom ersteht ein zitronig duftendes Stück Seife.

Heute ist der Tag des Goldpokalrennens in Ascot, und Bantam Lyons (eine weitere *Dubliner*-Figur) sieht Blooms Zeitung, als Bloom den Laden verläßt. »Ich will nachsehen, ob was über das französische Pferd drinsteht, das heute läuft«, sagt Lyons. »Verdammte Unzucht, wo steckt denn das Ding?« [U 120] Bloom beschließt, ihm die Zeitung zu schenken, um ihn loszuwerden. Doch so generös und gut er auch ist, einige der Götter sind gegen ihn. Er sagt: »Ich wollte sie sowieso grade wegwerfen (...) weg wie der Wind. Sowieso bloß ein Flugblatt.« [U 120] Lyons weiß, und auch wir, die wir in unseren Exemplaren von Copes *Racegoer's Encyclopaedia* nachgeschlagen haben, wissen, daß ein Pferd mit dem Namen *Flugblatt* (Throwaway) beim

Goldpokalrennen in Ascot mitläuft. Wir wissen, und ganz Dublin wird schließlich wissen, daß Flugblatt das Rennen mit 100 für 5 gewann. Lyons glaubt, er habe einen Tip erhalten: Bloom selbst ist »ein Riesenroß von einem Außenseiter« [U 465], unschuldig scheinend, doch voller arglistigen und verborgenen Wissens. Die List des Odysseus führte zur Einschmuggelung eines Riesenrosses in das trojanische Lager: Dieses Roß ist Anlaß, dem Verbannten weiteren Haß von einer Gemeinschaft zuzuziehen, die ihn bereits ebenso fürchtet wie verachtet. Bloom ist besonnen und wettet nicht; doch wer wird das noch glauben, wenn die Zeit gekommen ist, Wettgewinne an der Bartheke auszugeben?

So geht der Wanderer durch »Himmlisches Wetter« [U 121], von dem Bloom, der dem Wechsel philosophisch gegenübersteht, genau weiß, daß es nicht anhalten kann, seinem Bad entgegen. Der Strom des Lebens läßt sich für einen Moment aufhalten, er läßt sich zu Wärme und Reinigungsdiensten zähmen. Das Bild der Kommunion schwebt darüber: »Dies ist mein Leib.« [U 122] Er sieht ihn im Geist, und an seinem Kiel seinen hingegossenen Penis – »den lahmen Vater von Tausenden« –, der sich in eine »schlaffe flutende Blume« [U 122] verwandelt hat. Doch all dies ist ein Zwischenspiel, während dessen Zeit und Geschichte und Bestimmung aufgehoben sind und sein Nabel ihn nicht mit der Vergangenheit verbindet (man denke an Stephen und den Omphalos), sondern nur eine harmlose »Knospe aus Fleisch« [U 122] ist, ein Lotus. Nach dem Ausruhen und Reinigen muß er gegen den Dreck und die Vergeltungen des Lebens losziehen.

5

Hölle, Wind, Kannibalen

JOYCE BESCHRIEB DIE TECHNIK DES LOTUSESSER-KAPITELS ALS
»Narzißtisch«, und dies erklärt dessen gelegentliche Anspielungen auf
Wasser – nicht einfach nur das Wasser der Lethe, das mit dem Saft des
Lotus verwandt ist, sondern Wasser als Streichler, Wärmer und
Schmeichler. Bislang haben wir die Welt – und den Mann selbst – aus
Blooms eigenem Fleisch und seinen eigenen Eingeweiden heraus betrachtet: »Dies ist mein Leib.« [U 122] Was wir über Bloom erfahren
haben, macht ihm Ehre. Er hat sich nicht mit Schleiern und Masken
vor uns verborgen, denn sein Autor hat ihm die Gelegenheit dazu
nicht gewährt. Er wird uneingeschränkt offenbart als ein Mann von
durchschnittlichen fleischlichen Gelüsten, freundlicher Neugier,
einem durch langwährende Weltkenntnis (obgleich er erst achtund-
dreißig ist) gedämpften Optimismus, starkem Familiensinn, beacht-
licher allgemeiner Wohltätigkeit. Es wird Zeit, ihn in Gesellschaft
seiner Mitbürger anzutreffen, doch bevor wir ihn auf eine Reise zum
und durch den Hades schicken, sollten wir zur Kenntnis nehmen, welches Körperorgan über sein nächstes Abenteuer regiert. Es ist das Herz.
Das Herz ist eine Pumpe, wie Bloom sachlich bemerkt, die rostig und
fehlerhaft wird und ihren Geist aufgibt. Auf dem Friedhof, während
Dignams Leichnam der Erde übergeben wird, ist ihm bewußt, daß der
Tod das und nicht mehr ist – der Defekt einer Pumpe. Er ist nicht das
Öffnen einer Tür zur letzten Wirklichkeit. Wenngleich die Religion
das Studienfach ist, das in dieses Kapitel verwoben wurde, so ist es nicht
die Religion, wie sie in der ersten Episode der »Telemachie« vorgestellt wurde – die Schrecken und Erhabenheit der Theologie. Religion
heißt für Bloom Priester und Gebete, konventionelle Zeremonien, die
ausgeführt werden, wenn die menschliche Pumpe versagt und der
Körper beerdigt wird, ein Bündel nutzlosen Abfalls.

Doch wir erinnern uns, daß das Wort »Herz« noch andere Anklänge hat und daß diese gut zu Bloom passen. Bloom ist Körper, Gegensatz und Ergänzung von Stephen Dedalus' Intellekt, doch er ist auch Gefühl, Wärme, Liebe. Bald werden wir erkennen, daß genau dies die Eigenschaften sind, die Bloom aus dem Rest des schwachen, verantwortungslosen, schmarotzerischen Dublin hervorhebt und die ihm – wie so vielen anderen großen Helden der Literatur – Verachtung und so etwas wie Furcht eintragen. Im Augenblick, während er in eine Kutsche des Trauerzuges einsteigt, ist er mit Männern zusammen, die hinlänglich vernünftige Bürger sind, wenn auch mit Schwächen, die Bloom nicht vollständig verstehen mögen, aber die ihm und seiner Fremdartigkeit tolerant gegenüberstehen. Seine drei Gefährten bringen die *Dubliner* mit *Ein Porträt des Künstlers* zusammen: Simon Dedalus, Stephens konsubstantieller Vater, reizbar, sarkastisch in seiner Rede, ziemlich genau der Mann, dem wir zuvor schon begegnet sind, wenn auch nun älter, Witwer, in seinem Verfall weit fortgeschritten; Martin Cunningham, aus »Gnade«, ein gutmütiger und intelligenter Mann, den Bloomschen Qualitäten so nahe wie nur irgendwer im ganzen Buch; Mr. Power, unausgereift, geistlos, überschuldet, noch einer aus jener Exerzitiengemeinde von Geschäftsleuten in »Gnade«.

Die Homerische Parallele ist Odysseus' Reise in den Hades, das Reich der Toten. Der Tod ist von Anfang an in Blooms Gedanken – der Tod seines Sohnes, der seines Vaters. Doch man erblickt Stephen Dedalus – »einen geschmeidigen jungen Mann, in Trauerkleidern, mit großem Hut« [U 124] –, wie er die Watery Lane entlanggeht, die erste Andeutung eines neuen Sohnes, der die Lücke schließen kann. Von Mr. Dedalus wird »dieser Flegel, der Mulligan« [U 125] kurz beknurrt, und er brummelt auch etwas über die Familie seiner Frau: »der besoffene kleine Federfuchser aus der Advokatur und Crissie, Papas kleines Schnuggelpützchen, das Miststück, ein weises Kind, das seinen eigenen Vater kennt.« [U 125] Sie kommen an die Dodder, einen der vier Wasserwege des Hades – die übrigen sind die Liffey und der Grand Canal und der Royal Canal. Mr. Dedalus setzt seine Schmährede auf Mulligan – diesen »Sprößling eines Ladenschwengels« [U 125] – fort, und Bloom, der sich überlegt, ein Vater habe recht, randvoll von seinem Sohn zu sein, wie dies Mr. Dedalus ist, bringt den Namen des toten Kindes – »der kleine Rudy«

[U 126] – an die Oberfläche seines inneren Monologs. Sein Bedürfnis nach einem Sohn bleibt bestehen, doch so jung er und seine Frau
auch immer noch sind, der philoprogenitive Drang ist dahin (wir an-
tizipieren den Shakespeare in Stephens Diskurs – sein Sohn Hamnet
mit elf gestorben, doch kein zweiter – zweitbester – Sohn).

Sie gehen am Hundeheim vorbei – ein Anflug des Cerberus-Mo-
tivs, das noch kommen wird –, und Bloom entsinnt sich des Wun-
sches seines sterbenden Vaters: »Sei gut zu Athos, Leopold. (…) Wir
parieren ihnen noch bis ins Grab. Ein letztes Gekritzel, im Sterben.
Er nahms sich zu Herzen, verging vor Gram. Stilles Tier. Sind
Hunde von alten Männern meistens.« [U 128] Der Name »Athos«
läßt an »Argus« denken, Odysseus' Hund, und einen Moment lang
scheint Bloom mit Telemach identisch. Diese Vater-Sohn-Ver-
wechslung ist ein Urkeim des ganzen Buches. Ein solcher ist natürlich aber auch das Freierthema, und es dauert nicht lange, bis Blazes
Boylan vorbeigeht: »Da drüben lüftet er grad die Perücke.« [U 130]
Blooms innerer Kommentar ist direkt: »Als Mann der schlimmste
in ganz Dublin.« [U 130] Doch unser gegenwärtiges Geschäft ist es,
zum Hades zu kommen, und wir erblicken bereits die Geister großer
Toter in Gestalt öffentlicher Standbilder – Sir Philip Crampton, Farrell, Smith O'Brien, die »riesigbemantelte Gestalt des Befreiers«
[U 132]. Eine Geschichte über den Sohn Reuben J. Dodds, des Geld-
verleihers, und seinen komischen Selbstmordversuch in der Liffey
spielt auf den Bootsmann (Charon) an, dem Dodd den Obolus eines
Zweischillingstücks entrichtete, weil er seinen Sohn mit einer
Stange herausgefischt und damit gerettet hatte. Und als Mr. Dedalus
und Mr. Power den toten Paddy Dignam lobpreisen, fällt Bloom ein,
daß er an Trunksucht starb – »Flammendes Gesicht: rotheiß. Zuviel
Hans Gerstenkorn« [U 135] –, und uns fällt ein, daß dies auch Odysseus' Gefährten Elpenor geschah, der stockbetrunken vom Dach des
Circeschen Palastes fiel. Wir nähern uns dem Tor zur Hölle.

Ein Kindersarg erinnert an den toten Rudy, und sogleich – das
Vatermotiv folgt dem Sohn – redet Mr. Power über die Schande,
einen Selbstmörder in der Familie zu haben. Martin Cunningham
erkennt die Taktlosigkeit dieses Themas in Blooms Gegenwart. Als
Mr. Dedalus sagt, Selbstmord sei Feigheit, wirft er schnell ein: »Es ist
nicht an uns, zu richten«. [U 136] Bloom ist ihm innerlich dankbar
dafür – »Hat immer ein gutes Wort zu sagen« [U 136] –, und dies

führt ihn dazu, die höllischen Qualen zu bedauern, denen Cunningham in seinem Leben ausgesetzt ist. Es ist seine Frau, durch die er »das Leben eines Verdammten« [U 136] führt, weil sie jeden Samstag das Mobiliar versetzt, betrunken, *»Und man nennt mich die Perle von Asien«* [U 137] singend (ein nützliches orientalisches Thema für die spätere Weiterentwicklung in Blooms Phantasieleben). Der arme Cunningham ist sowohl Sisyphos, der eine gewaltige Last hügelauf schiebt, nur um sie herunterfallen zu sehen (»Zum Steinerweichen, das« [U 136]), als auch Ixion (»Rein in die Tretmühle« [U 136]), der an sein glühendes Rad gefesselt ist. Dann sind wir wieder zurück bei Blooms eigenem gequältem Vater, »auf dem Tisch die rot etikettierte Flasche« [U 137].

Wir erhalten, während wir immer noch höllenwärts rollen, zahlreiche Hinweise darauf, daß das Leben weitergehen muß, trotz des Todes anderer Leute – das Gordon-Bennett-Rennen in Deutschland, eine Drehorgel, die »Hat je-emand hier Kelly gesehn?« spielt. Doch das *Mater Misericordiae,* am Ende von Blooms eigener Straße, bringt den Tod wieder ins Gedächtnis mit ihrer Abteilung für Unheilbare: Bloom vergißt vorübergehend, daß der Zweck eines Krankenhauses die Heilung ist. Er denkt an die alte Mrs. Riordan, die in Unserer Lieben Frau Hospiz dahinstirbt. Sie war, wie wir uns entsinnen, Stephens Gouvernante Dante: ein weiterer kleiner Nadelstich im Gewebe des Bloom-Stephen-Rapprochements. Und als dann eine Herde Vieh auftaucht – »Roastbeef für Alt Engeland« [U 138] –, wissen wir, daß wir auf die Geisterherde Orions schauen und Orion höchstpersönlich »Hüüüh! Los da, vorwärts!« [U 138] ausruft, als er seine Peitsche (in der Odyssee seinen Bronzestab) auf Flanken klatschen läßt. Tod und Hölle vermengen sich ohne Ende mit dem Leben.

Der Royal Canal, und ein weiterer Charon in seinem Kahn. Die toten Gestalten auf dem Steinschneiderhof, stumm darum flehend, auf das jenseitige Ufer hinüber zu kommen. Ein alter Landstreicher, ein weiterer Sisyphos, dazu verdammt, Irlands Hügel auf ewig zu zerstampfen. Das Haus, wo Childs angeblich seinen Bruder umgebracht haben sollte. Weitere Standbilder zwischen den Pappeln des Prospect-Friedhofs – »weiße Formen und Fragmente stumm vorüberströmend, mit leer erstarrten Gesten in der Luft« [U 142]. Sie sind an den Toren des Hades angekommen. Ein Höker verkauft Simnelkuchen. Bloom denkt: »Backwerk für die Toten. Hundekuchen.«

143

[U 142] Der Hund Cerberus mußte mit solchen Leckerbissen gefüttert werden. Paddy Dignams Leichnam ist, wie die Seele Elpenors, vor ihnen im Hades angekommen. Hier ist eine »dürre Kinnlade, eine Harpye das« [U 143], eine der Leidtragenden. Bloom überlegt, als er an Dignams Witwe denkt, »gibt mehr Frauen als Männer auf der Welt« [U 144] – ein Gemeinplatz, der später am Tag vom Geist von Stephens Mutter aufgenommen werden soll. Und nun kommt Cerberus höchstpersönlich, der Priester, der »bullig ums Maul« [U 146] ist, mit »so einem Bauch, wie ein vergifteter Köter« [U 146]. Er schüttelt heiliges Wasser über den Sarg, das Wasser der Lethe. Das isolierte Wort »Schlaf« [U 147] steigt in Blooms Sinn. Und die ganze Zeit über ist er sich der Stadt der Toten bewußt, von der der Glasnevin-Friedhof nur ein Vorort ist, der jeden Tag frische Trupps aufnimmt. Wie für Gabriel Conroy in »Die Toten« ersteht dieses Bild der anderen Welt als einer, die paradoxerweise ein Eigenleben führt.

Mr. Kernan, ein Mann aus Ulster, der schon in den *Dublinern* vorkommt, sagt zu Bloom, bei einem Trauergottesdienst sei die Landessprache kraftvoller als irgendein Latein: »*Ich bin die Auferstehung und das Leben*. Das packt einen doch im innersten Herzen.« [U 149] (Das Wort »Herz« erscheint immer wieder.) Der Rationalist Bloom erklärt sich selbst: »Die Auferstehung und das Leben. Wenn man erst mal tot ist, ist man tot.« [U 149] Doch trotz alledem, das ist ein Kernpunkt der Philosophie der Joyceschen Romane, vermengen sich die beiden Welten. John Henry Menton, der Rechtsanwalt, den Bloom einst beim Bowling geschlagen hat, preist Molly Bloom – »Sah gut aus, die Frau« [U 150] – Ned Lambert gegenüber, fragt aber dann: »Warum hat die denn bloß einen derartigen Trottel geheiratet!« [U 150] Als Bloom ihn, am Ende dieses Kapitels, darauf hinweist, daß in seinem Hut eine Delle ist, ignoriert Menton ihn. (»Gottogott, was sind wir heut morgen vornehm!« denkt Bloom. [U 163]) Seine Überheblichkeit ist die Überheblichkeit des toten Ajax in der *Odyssee*. Zur gleichen Zeit reihen sich die wahrhaftig Toten – Daniel O'Connell und Parnell – als Herakles und Agamemnon in die Gemeinschaft der griechischen Kameraden ein. Der Herr des Hades ist ein anderer O'Connell – John –, der höchst lebendig ist: Er hat eine Fruchtbarkeitsgöttin (wie Persephone) geheiratet, die ihm acht Kinder schenkte. Jeder will mit ihm auf gutem Fuße stehen: Es brächte nichts ein, sich mit Pluto schlecht zu stellen. Wenn wir nach Tantalus Ausschau gehalten haben – hungernd und dürstend inmitten von Speisen, die entschwinden oder sich in Staub verwandeln, sobald er danach zu schnappen versucht –, so ist es O'Connell selber, der ihn mit Peinigungen versorgt. Er vollzieht die Liebe zwischen den Grabsteinen, und das müssen »ja Tantalusqualen sein für die armen Toten« [U 152]. Was Prometheus betrifft, dessen Leben dem ewigen Gehacke von Geiern ausgesetzt war, so müssen wir seine Analogie in der Statue Christi entdecken, der auf sein Heiliges Herz zeigt, an dem die Sünden der Welt nagen.

Die Homerische Parallele wird in diesem Kapitel in bemerkenswerter Ausführlichkeit herausgearbeitet, doch sie ist keine bloße Spielerei. Sie verleiht dem Naturalismus dieser Friedhofsszene eine Art immerwährender Würde; sie schnürt verschiedenerlei Grübeleien über den Tod fest zusammen. Allein unter den katholischen Trauernden faßt Bloom kein Vertrauen in die Doktrin der persönlichen Unsterblichkeit. Er stellt sich den Fakten des Todes, erklärt sich selbst, daß da noch eine ganze Menge Leben zu bewältigen sei, bevor der dunkle eisenwangige Gott ihn sich greift. Immerhin sehnt sich doch jeder Mann nach Unsterblichkeit, und Bloom hat seine Chance eingebüßt, sie durch einen Sohn seiner eigenen Lenden zu erringen. Der Prophet Tiresias – den Odysseus im Hades um Rat fragen ging – sagt in seiner Verkleidung als Robert Emmet nichts zu Bloom. Alles, was Bloom antrifft, ist der Tod, das Versagen der Pumpe – Tod, Tod und nochmals Tod. Wenn wir mit ihm zusammen über das unausweichliche tragikomische Ende des Menschen meditiert haben, so haben wir es kaum nötig, noch einmal darüber zu meditieren. Der letzte Tropfen ist aus dem Gegenstand herausgewrungen worden, und der Gefühlsaufruhr des »Untergehens« ist niemals so gründlich ausgedrückt worden: Alles klafft und gähnt (selbst ein Landstreicherstiefel), und sogar die Straße ist aufgerissen und entblößt die rostigen Pumpen der lebenden Stadt. Bloom kommt sehr gut durch die klamme Konfrontation, wie er überhaupt gut durch alles kommt. Der Tod bekommt ihn »nicht dazu ran« [U 162]. Und was das zukünftige Leben betrifft, das für ihn bereits in Vorbereitung begriffen ist: Er wird seine Unsterblichkeit durch Kontakt mit der intellektuellen Imagination bewerkstelligen – durch Kontakt mit dem Dichter, der, wenn er Blooms eigenes Alter erreicht hat, mit der Niederschrift dieser Chronik anfangen wird. In einem Zeitalter, das nach Aufzeichnungen fiebert, haben wir keinerlei Aufzeichnung Blooms Tod betreffend.

Doch nach dem Begräbnis ruft das Leben, die Ansprüche des Lebens und seines Unterhalts werden wieder geltend gemacht. Bloom ist Anzeigen-Akquisiteur, ein Beruf am äußersten Rand literarischer Beschäftigungen; Stephen, ein Dichter, ist genau im Herzen der Literatur. Beide begegnen sich – oder begegnen sich fast – in dem einzigen Bereich, der sie beide akzeptiert – dem Journalismus. Nach den toten Farben Weiß und Schwarz quillt nun die lebendige Farbe Rot – die Farbe des Blutes und der Sensationsgier – hervor in einer Szene, die in der Redaktion des ›Freeman's Journal and National Press‹ spielt. Dies ist die Heimat von Aeolus, dem Windgott. Das vorherrschende Organ müssen die Lungen sein und die eingebaute Kunst die windige der Rhetorik. Das Kapitel muß sich nicht durch Schritte der Logik vorwärtsbewegen, sondern durch den oratorischen, stoßweisen Kunstgriff des Enthymems – eines Typs des Syllogismus (oder logischen Ausdrucks), der seine Haupt- oder Nebenbedingung unterschlägt und eine Wahrheit eher annimmt als erklärt. Joyce hat hier arbeitsamen Spaß. Er belädt den Text mit Beispielen rhetorischer Kunstgriffe – Sprechfiguren, Kalauern, Sprachentstellungen; er nagelt uns außerdem auf das rhetorische Handwerk des Journalismus fest, indem er das Geschehen mit Schlagzeilen perforiert. Diese Schlagzeilen geben uns eine skelettartige Geschichte des Journalismus an die Hand. Sie beginnen imposant – »Im Herzen der hibernischen Metropole« [U 164] – und enden schalkisch: »Sophist versetzt hochmütiger Helena Nasenstüber Spartaner knirschen mit Backenzähnen Ithaker wählen Pen zur Favoritin« [U 207] (sogar die Boulevardpresse wird in das Branden und Donnern der Odyssee hineingezogen).

Bloom ist damit befaßt, einen »Aufreißer« [U 204] für einen seiner Anzeigenkunden, Alexander Keyes, einzurichten. »Wir sehen den Annoncen-Akquisiteur bei der Arbeit.« [U 169] Er kann »einen kleinen Schrieb dazu« [U 170] im ›Telegraph‹ (einer Abendzeitung, die vom ›Freeman‹ betrieben wird) kriegen, wenn er seine Anzeige für drei Monate erneuert. Die Anzeige selbst soll einen Rebus aus zwei gekreuzten Schlüsseln darstellen, und Bloom hat in einer in Kilkenny erscheinenden Zeitung eine brauchbare Vorlage gesehen: Seine Suche danach in der Nationalbibliothek wird ihn näher an

Stephen heranbringen. Zuerst aber muß bei Keyes selbst wegen der vorgeschlagenen Absprache nachgefragt werden: Bloom wird in einer kleinen Brise der Geschäftigkeit aufgehalten. Er betritt die ›Telegraph‹-Redaktion, um zu telefonieren, und er trifft auf eine Reihe *Dubliner*-Charaktere – Simon Dedalus, Ned Lambert, Professor Mac Hugh (»Professor« ist ein ziemlicher Gefälligkeitstitel: Der kleine Lateinlehrer hat sich aufgeblasen) –, die über ein Stück windiger Rhetorik lachen (»*tief in den Schatten, die auf den sinnenden Busen ihm wirft das rauschige Blattwerk der Riesen des ragenden Walds.*« [U 174]). Blooms innerer Monolog ist angefüllt mit aeolischen Anspielungen auf aufgeblasene Säcke, Anlässe für Luftsprünge, »Was wohl heute in der Luft liegt« [U 176], Wetterhähne, »alles wie weggeblasen« [U 177], und Professor MacHugh nennt den Autor der Phrasen einen »aufgeblasenen Windbeutel« [U 177]. Als wären sie von heftigen Windstößen getrieben, verhalten sich alle Figuren gezwungen oder ungeduldig oder bewegen sich urplötzlich. Der Chefredakteur, Aeolus höchstpersönlich, ist rot und harsch und laut. Wenn wir in diesem ganzen Wind einige der rhetorischen Tropen vermissen, so ist doch der Sportreporter Lenehan (einer der zwei Kavaliere aus den *Dublinern*) bereit, uns mit Schüttelreimen zu bedienen. »Das ist ja der reinste Taifun« [U 180], schreit der Chefredakteur, und sogar die Sprache wird verweht und zerzaust zu »Ich höre Fiestrutte« [U 180] und »Verschlammt dau« [U 192].

Als Bloom abgeht, um Keyes aufzusuchen, bietet sich uns eine der seltenen Gelegenheiten, ihn von hinten zu betrachten, »die Rotte der tollenden Zeitungsjungen« [U 182] in seinem Kielwasser. »Nun sehn Sie sich an, wie der junge Rotzbengel da hinter ihm herwetzt«, sagt Lenehan, »und Sie lachen sich tot! O du meine seitenstichlige Kicherrippe! Wie er abhaut mit seinen Plattfüßen, und dieser Gang! Liffey-Kähne sind nischt gegen dem seine Latschen! Als wollt er Lerchen beschleichen!« [U 182] Dies ist eine typische Reaktion auf Bloom. Man kann ihn nie normal behandeln. Er ist entweder eine Witzfigur oder ein fremdländisches Mysterium, das man bewundert, fürchtet, dem man selten traut. Sobald er fort ist und sein innerer Monolog mit ihm, wird die Welt platter. Die Lücke kann nur durch einen anderen inneren Monolog geschlossen werden: Es ist Zeit für Stephen, den ochsenfreundlichen Barden, mit Mr. Deasys Leserbrief einzutreten. Er wird von Mr. O'Madden Burke begleitet: »Die Ju-

gend besucht die Berüchtigtheit, geführt von der Erfahrung.«
[U 185] Telemach, jung, errötend, muß im Rat der reifen Männer
seinen rhetorischen Stand halten, doch noch ist die Zeit nicht gekommen. Er, sich seiner Jugend bewußt, muß erst einmal zuhören.
Als der Chefredakteur Stephen bittet, etwas für ihn zu schreiben,
und hinzusetzt, »Sie können das. Ich seh's in Ihrem Gesicht«, sind
wir wieder in Clongowes und bei Pater Dolan: »Seh's in deinem Gesicht. Seh's in deinen Augen. Fauler müßiger kleiner Drückeberger.«
[U 189]

Bloom versucht, wieder einzutreten, von ferne, per Telefon, doch
der Chefredakteur, so wechselhaft, wie ein Windgott sein sollte,
wehrt ab – »Sagen Sie ihm, er soll sich aufhängen« [U 191] – und
wünscht ihn zur Hölle, ohne zu ahnen, daß Bloom dort schon gewesen ist. Stephen ist auf sich allein gestellt, und große Redestürme
blasen ihm entgegen, obwohl Blooms Volk in jenem erinnerten Re-
deschwall John F. Taylors als Urtyp aller unterdrückten Nationen,
und prototypisch der irischen, ins Spiel gebracht worden ist. Stephens Gedanken werden ostwärts getrieben: »Am Nilufer knien die
eingeborenen Weiber, Wiege aus Binsen: ein Mann, geschmeidig im
Kampf: steingehörnt, steinbebartet, Herz von Stein.« [U 199] Stephen behauptet sich, tut gereift, wenn auch nicht mit lauter Rede:
Er hat Geld, er schlägt einen Drink vor. »Ein Apfel, nicht weit vom
Stamm gefallen!« [U 201] schreit der Chefredakteur: Stephen ist der
Sohn des falschen Vaters. Und doch steckt in der langen Anekdote,
die er auf dem Weg zur Kneipe erzählt, das Thema des »Gelobten
Landes« – *Ein Blick vom Pisga auf Palästina / oder / Das Gleichnis von
den Pflaumen.* [U 208] Es ist eine Geschichte von zwei älteren Dub-
linerinnen, die Dublin von der Spitze der Nelson-Säule aus betrachten wollen. Sie klettern hinauf, verproviantiert mit Schweine-
sülze, Fladenbrot und Pflaumen, doch dann – »sie sind zu müde, um
noch weiter hinaufzublicken oder hinunter oder zu reden« [U 206] –
verzehren sie ihre Pflaumen und spucken die Steine durch das
Geländer hinaus.

Bloom, selbst wieder von »einem Strudel wilder Zeitungsjungen«
[U 203] erwischt, erwischt den Chefredakteur, als der gerade aufbricht, um mit Stephen und den übrigen zu trinken. Er ist bei Keyes
gewesen, und Keyes will seine Annonce auf zwei Monate erneuern,
wenn er einen kleinen Artikel in der rosa Samstagsausgabe des ›Te-

legraph‹ kriegen kann. Doch Aeolus war ungastfreundlich, als Odysseus zu ihm zurückkehrte und all die widrigen Winde aus ihrem Schlauch freigelassen waren. Nun ist der Chefredakteur grob. »Was soll ich ihm sagen, Mr. Crawford?« [U 204] fragt Bloom, und Crawford erwidert: »Ach, richten Sie ihm doch aus, er kann mich im Arsch lecken.« [U 204] Um das Maß vollzumachen, fügt er hinzu: »Er kann mich in meinem königlich irischen Arsch lecken (…). Jederzeit, wo's ihm paßt, sagen Sie ihm das.« [U 205] Bloom, der neue Moses, ist verächtlich gemacht. Die Schnipsel irisch-nationalistischer Redekunst, die in Stephens Gegenwart erneut vorgetragen worden sind, bezogen ihre Analogien bereitwillig aus der ägyptischen Gefangenschaft, doch ein lebendiger und atmender Jude wird gröbstens ignoriert. Und Stephen ist Arm in Arm mit diesen rastlosen irischen Bürgern, die nichts als Wind sind, entschwunden, um zu trinken, und hat eine sehr irische Geschichte erzählt über ein Gelobtes Land, das über und über mit Pflaumensteinen besät ist. Rhetorik ist nichts anderes als ein leeres Gedärm.

Von den windigen Lungen zum windigen Magen, oder besser zur Speiseröhre. Im nächsten Kapitel geht ein jeder zum Mittagessen. Die Homerische Parallele findet sich in der Episode von den Laestrygonen, den Kannibalen, die so viele von Odysseus' Gefährten verschlangen. Bloom und seine Mitbürger werden alle bewegt, peristaltisch – wie Nahrung auf dem langen Weg zur Verdauung bewegt wird –, durch die großen Verdauungstrakte der Stadt; sie sind in einem Verdauungssystem eingeschlossen, und daher bewahrt das kannibalistische Motiv Gültigkeit. Blooms innerer Monolog ist besessen von Speisen, häufig mit mehr Abscheu als Appetit aufstoßend, wenn er sieht, wie die Ein-Uhr-Dubliner sich in der Art kleiner Laestrygonen vollschlingen. Und doch müssen wir in diesem Essenstumult an einigen Rudimenten menschlicher Würde festhalten. Bloom erblickt die rituellen Aspekte des Schlachtens und Kochens, das Blutopfer und das Brandopfer, und führt uns weiter zur edelsten aller menschlichen Künste, indem er über den Bau von Altären und das Verschütten von Blut bei der Grundsteinlegung öffentlicher Gebäude nachdenkt. Die Architektur scheint sich schwerlich mit dem Essen verbinden zu lassen, doch Bloom entdeckt einen Zusammenhang. Diese Dubliner Straßen, sich schlängelnd wie Innereien, sind mehr als die Eingeweide, durch die die Bürgerbröckchen schleimig hindurchgezwängt werden. Sie sind ein Vorwand für prächtige architektonische Bauten.

Doch Speise, Speise als gedärmlicher Exzeß, dominiert Blooms Gedanken – prassende Priester (»Also das würd ich doch gerne mal sehn, wie die das schwarze Fasten halten würden am Yom Kippur (...) Eine Mahlzeit und kleines Frühstück, daß er bloß nicht umkippt vorm Altar« [U 211]), betrunkene Ratten, die auf Porter-Kufen treiben (»Saufen, bis sies wieder auskotzen wie die Christen« [U 212]), Nonnen, die alles in der besten Butter braten. Sogar die Liffey bringt seinen Sinn auf Reuben J. Dodds Sohn, der »einen ganzen schönen Bauchvoll (...) von der Brühe« [U 212] schluckt, während gierige Möwen über dem Wasser kräftig mit ihren Flügeln schlagen. Bloom, stets freundlich zu Tieren, kauft einen Banbury-Kuchen, um sie zu füttern. Der kleine Reim, den er sich über sie ausdenkt – »Die Möwe, hungerschwer, / Streicht übers trübe Meer« [U 212] –, führt ihn vorübergehend auf das *Hamlet*-Motiv (dessen volle Entwicklung im nächsten Kapitel bevorsteht): »Hamlet, ich bin deines Vaters Geist (...).« [U 212] Er kümmert sich jedoch nicht um die Bedeutung der Blankverse – lediglich, und keineswegs mit großer Neugier, um die Form. Was die Vögel betrifft, die geben ihm keinen Dank: »Nichtmal ein Krächzen.« [U 213] Sie sind typische Dubliner.

Der Fluß fließt weiter, ein Ruderboot vor Anker auf seiner »siruppigen Dünung«, und das Ruderboot wirbt für *Kino's* 11 /- *Hosen*. [U 213] Bloom zollt dem seine professionelle Anerkennung und denkt: »Für Annoncen sind alle möglichen Stellen gut.« [U 214] Ein Quacksalber klebte einmal Tripperkurplakate in öffentlichen Pissoirs an; Bloom fängt das Bild von irgendeinem »Kerl, den der Parterre-Schnupfen brennt« [U 214], auf und sperrt sich dann dagegen, einem besonders scheußlichen Gedanken Gestalt zu geben:

Wenn er ...

Oh!

Was?

Nein ... nein.

Nein, nein. Das glaub ich nicht. Dann würde er doch bestimmt nicht?

Nein, nein. [U 214]

Die Stunde für Blazes Boylans Türklopfen und die Probe von »Love's Old Sweet Song« nähern sich. Bloom flüchtet sich zurück in Meditationen über Wörter – »Parallaxe«, Mollys Volksetymologisierung von »Metempsychose« (»Mit ihm zig Hosen«) – und, als er fünf Männer sieht, die auf ihren fünf weißen Zylindern für H. E. L. Y. S. werben, über die sichere Welt der Reklame, obgleich Speisen (Plumtrees Fleischkonserven unter den Todesanzeigen, »Sparte Kaltes Fleisch« [U 215]) nie sehr weit entfernt sind.

Er trifft Mrs. Breen, eine alte Freundin von Molly, die ihm, unter anderem, erzählt, daß eine weitere Freundin, Mrs. Mina Purefoy, auf der Entbindungsstation der Holles Street liegt – »Dr. Horne hat sie eingewiesen. Ist schon drei Tage überfällig jetzt.« [U 221] Das ist wichtig, denn es wird Bloom, stets gutherzig, veranlassen, das Krankenhaus aufzusuchen und sich so unwiderruflich in Stephens Zukunft verwickeln zu lassen: Stephen, der betrunkene Dichter, vorübergehend vermögend, wird dort mit Medizinstudenten zechen. Freilich ist diese Sorge um Mrs. Purefoys Niederkunft auch nicht nur ein reiner Trick der Handlung. Bloom in seiner fraulichen Art fühlt mit Frauen in den Wehen: Im Albtraum der Bordellszene wird er selbst in Wehen sein und erwachsene Söhne zur Welt bringen. Das ist ein Aspekt seiner mütterlichen Väterlichkeit.

Speise, Speise, Speise. Konstabler kommen aus der College Street marschiert, im Stechschritt und im Gänsemarsch, fette Suppe hinter ihrem Koppel; andere sind, marschierend, auf dem Weg zur Wache, »drängen zu den Trögen« [U 227]. Diese Konstabler stehen für den Verdauungsvorgang – der Marsch der Speisen die Speiseröhre hinunter, der Eintritt der Nährstoffe in den Blutkreislauf, dann sich zerstreuend – wie die hier in der Stadt – in die verschiedenen Organe des Körpers. Verfall und Erneuerung der Körperteile, in einigen Bildern der Friedhofsszene bereits vorweggenommen, erfahren hier umfassendere Behandlung:

Geht sowieso alles weiter wie eh und je: Tag um Tag: Polizeitrupps, marschieren hinaus, zurück (...). Dignam ist weggeschafft worden. Mina Purefoy mit geschwollenem Bauch auf einem Bett, stöhnend, wartend, daß man ihr endlich ein Kind rauszieht. Jede Sekunde wird irgendwo eins geboren. Und jemand anders stirbt dafür jede Sekunde. Seit ich die Vögel gefüttert habe: fünf Minuten. Dreihundert haben ins Gras gebissen seither. Und andere dreihundert wurden geboren, waschen das Blut ab, alle werden gewaschen im Blut des Lamms, brüllen Maaaaaa. [U 229 f.]

Die Historie präsentiert sich Bloom als eine Art Kannibalismus, bei dem die Zeit Städte ebenso wie Städter verschlingt und die Architektur selbst (»Pyramiden (...) Gebaut auf Brot und Zwiebeln« [U 230]) ein Verschlinger von Bausklaven, aber auch Nahrung für die Zeit ist und als Kot Bruch und große Steine übrig läßt. »Niemand ist etwas.« [U 230] Bloom ist bedrückt: »Fühl mich, als wär ich verschlungen worden und ausgespien« [U 230]: Die Laestrygonen haben ihn zu fassen gekriegt.

Nachdem er George Russell (A. E.) erblickt und darüber nachgedacht hat, daß Ästheten ätherische Speisen essen – »Bloß Gemüsli und Obst« [U 232] –, arbeitet Bloom sich dem Mittagshunger auf dem Wege der Liebe entgegen, eine annehmbare Form von Kannibalismus: »Parfümierte Körper, warm, füllig. Alle küßten sich, gaben sich hin: in tiefen Sommerfeldern, wirr niedergedrücktem Gras (...).« [U 236] Joyce war, seinem Freund Frank Budgen zufolge, von dem Gedanken angetan, daß die Vergärung von Speisen zu alkoholischer Flüssigkeit vom Liebesspiel herrühre. Bloom wird sich, einige Seiten weiter, an einen Tag mit Molly auf dem Hügel von Howth erinnern: »Njmm. Sanft gab sie mir in den Mund den Mohnkuchen, warm und gekaut. Widerlichen Brei, gemummelt von ihr, süß und sauer von Speichel. Freude: ich aß ihn: Freude.« [U 247] Doch es ist das Gezwitscher verallgemeinerter Liebesstimmen, zu dem er Burtons Restaurant betritt: »– Jack, Liebster! / – Kleiner Schatz! / – Küß mich, Peggy! / – Lieber Junge! / – Liebster!« [U 236]

Wir erhalten nun eine der realistischsten Beschwörungen des Abscheus vor dem Akt des Essens, die uns die Literatur jemals geschenkt hat. Fleischverzehr ist, alles in allem, eine Form von Kannibalismus: Ein Schwein oder ein Kaninchen können, im Leben, Mitglieder der Familie sein. Hier ist der Schauder neo-hogarthisch:

Ein Mann mit einem soßebekleckerten Kinderlätzchen um den Hals schaufelte sich gurgelnde Suppe in den Schlund. Ein anderer Mann spuckte wieder aus auf seinen Teller: halbzerkleinerte Knorpel: keine Zähne mehr, sie zu kaukaukauen. Hammelkotelett vom Grill. (...) Männergerüche. Es würgte ihm die Gurgel. Bespucktes Sägemehl, süß-

licher flaulauer Zigarettenrauch, Tabakmief, verschüttetes Bier, bierige
Männerpisse, der schale Gestank von Gärung. (…) Das seh sich doch
einer mal an da, wie gemalt, und da. Futtert den Stewsaft weg mit Stipp-
brocken Brot. Lecks doch vom Teller, Mensch! Bloß hier raus. [U 237 f.]

Kannibalismus erniedrigt die Menschen: die Laestrygonen haben er-
schreckende Tischsitten. Bloom erweist sich wieder als erhabene
Persönlichkeit. Er geht entsetzt hinaus und weiter zu Davy Byrne's
(»Anständiges Lokal« [U 240]), um ein Glas Burgunder und ein Käse-
Sandwich zu sich zu nehmen. Käse, »der Leichnam der Milch«, kann
abscheulich sein, wenn man darüber nachdenkt oder Geruch (»der
fußige Geruch« [U 243]) von Geschmack trennt. Bloom ißt mit
einem »wohligen Anflug von Ekel« [U 243], wobei Nosey Flynn's ge-
fährlicher Tautropfen am Ende seines Schnorchels keine Abhilfe
schafft. Flynn, der zu Bloom von Mollys Konzerttournee schwatzt
und den Namen von Blazes Boylan (»Ah, bei Gott, der Blazes ist
schon ein haariger Bursche« [U 243]) ins Spiel bringt, beeinträchtigt
auch die Verdauung: »Ein warmer Schock senfiger Lufthitze schoß
Mr. Bloom ans Herz. Er hob die Augen und begegnete dem Starr-
blick einer galligen Uhr. Zwei. (…) Die Zeit vergeht. Zeiger bewegen sich. *La ci darem la mano.* Zwei. Noch nicht.« [U 242] Doch jetzt
nicht mehr lange hin.

Bevor Bloom die Bar verläßt, um auf die stille Botschaft aus
seiner Blase zu antworten, gestattet er den Hauptthemen des Kapi-
tels, zu verschmelzen. Der Prozeß des Verzehrens, Verdauens,
Ausscheidens ist primitiv – »Nahrung, Speisesaft, Blut, Kot, Erde,
Nahrung: müssens uns reinfüttern wie Kohlen in eine Lokomotive.
Die aber haben gar kein. Nie nachgesehn. Ich werds mal heute. Der
Wärter merkts wohl kaum. Bück mich, laß irgendwas fallen, seh
nach, ob sie.« [U 248] Die Architektur des Bibliotheksmuseums
wird durch die Standbilder nackter Göttinnen ausgeschmückt.
Bloom glaubt, wenn er auch nicht sicher sein kann, daß diese unsterblichen Wesen keine hintere Öffnung besitzen. An diesem Nachmittag wird er es genau herausfinden. Es gibt eine Welt jenseits
der endlosen Peristaltik, der Vorwärtsbewegung in Kreisen, die
die Menschen erdulden müssen. »Nektar, das ist wie stell dir vor,
du trinkst Elektrizität: Götternahrung.« [U 247 f.] Er sehnt sich
danach vermittels idealisierter Formen seiner eigenen Frau: »Wohl-

gestaltete Göttinnen, Venus, Juno: Kurven, die die Welt bewundert.«
[U 247]

Während er draußen ist, wird über ihn gesprochen. Davy Byrne – ein Schankwirt, einer, der von jedem Gutes sagen muß – meint, er sei »ein anständiger ruhiger Mann. Ich hab ihn hier oft schon gesehen, und noch nie hat er Schlagseite gehabt, verstehn Sie?« [U 249] Nosey Flynn zollt Bloom den üblichen Dubliner Tribut aus Achtung (er ist großzügig, besonnen) und Mißtrauen (er ist ein Freimaurer, er gibt nie etwas schwarz auf weiß). Und dann kommen Paddy Leonard und Bantam Lyons herein, begleitet von Tom Rochford, der Verdauungsstörungen hat (es ist höchste Zeit, daß jemand welche hat). Ein Gespräch über den Goldpokal von Ascot und Bantam Lyons' blasiertes Gezwinker über den Tip, den er bekommen hat (»Will selber fünf Schilling drauf in die Pfanne hauen« [U 251]), fallen mit Blooms Wiederauftauchen zusammen. »Das da ist der Mann, von dem ich's habe« [U 251], wispert Bantam Lyons. Obwohl Paddy Leonard verächtlich »Prrrwht!« [U 251] macht, können wir spüren, wie die Spannung zwischen Bloom und seinen Mitbürgern sich zu verdichten beginnt.

Doch Bloom hat nun die Kneipe verlassen, und wir begleiten ihn. Im Pissoir war der betriebsame innere Monolog weggedriftet, ungehört von uns und dem Autor; wir steigen *in medias res* wieder ein: »Etwas Grünes müßte es sein: Spinat etwa. Dann könnte man, als Suchlicht, mit diesen Röntgenstrahlen.« [U 251] Ein Hund erbricht »widerlich knöchlige Käue« [U 252] und leckt sie wieder auf. »Überfütterung. Nach Verdauung des Inhalts mit bestem Dank zurück.« [U 252] Das Mittagessen ist vorbei; jetzt ist die Stunde des Verdauens, Wiederkäuens, Ausscheidens (Bloom passiert Nachtstühle im Fenster eines Installateurs, William Miller – ein angemessen schleifmühlenhafter Name). Die nächste Mahlzeit wird das Abendessen sein. Bloom, dessen Hintergrundmusik wieder beim *Don Giovanni* ist, läßt *La ci darem* fallen und geht zu *Don Giovanni, a cenar teco m'invitasti* [U 252] über: »Don Giovanni, du hast mich geladen, / Bei dir zu speisen heut abend.« [U 253] Er meint, daß »heut abend« vielleicht wohl die Übertragung von »teco« [U 252] sei. Doch »teco« heißt »bei dir«, und es bleibt Bloom verborgen, daß er ein Nachtmahl mit jemand wichtigem einnehmen wird. Immerhin liegt Bloom aber doch niemals in irgendeiner Sache allzu weit daneben, und jenes

Treffen wird tatsächlich dem heutigen Abend seine Bedeutung verleihen.

Nahrung bewegt sich die Speiseröhre hinunter in die Dunkelheit. Der Blinddarm ist ein Eingeweidebeutel mit einem blinden Ende. Es ist angemessen, daß Bloom versucht, sich blind zu stellen bezüglich dessen, was an diesem Nachmittag in der Eccles Street geschehen wird (»Heute. Heute. Nicht denken« [U 253]), und daß er einem blinden jungen Mann über die Straße hilft. Doch dann muß er mit einem Sehanfall ringen, der ihn in fürchterliche Verwirrung bringt. »Strohhut im Sonnenschein. Lohfarbene Schuhe. Umgeschlagene Hosen. Das ist doch. Das ist doch.« [U 257] Blazes Boylan. Bloom schwenkt seine Augen hinauf zur ewigen Pracht der pseudogriechischen Architektur und strebt dem Museumsportal zu. Er fingert fummelig in seinen Taschen herum und müht sich, Boylan nicht zu sehen und nicht von ihm gesehen zu werden. Er betritt den Sitz der Gelehrsamkeit und der griechischen Göttinnen, vorübergehend in Sicherheit vor dem Mahlen und Verdauen und Kauen und Spucken der gedärmigen Welt.

6

Er weist per Algebra nach

WIR SIND BEDRÜCKT WORDEN VON GEDÄRMEN, VON ORGIEN DER Eingeweide. Die Zeit ist gekommen, daß das Gehirn sich wieder Geltung verschafft. Für einen Schriftsteller ist die größte Errungenschaft des Gehirns die Literatur, und der größte Name der ganzen Literatur ist William Shakespeare. Das interessanteste – wenn nicht das größte – Stück Shakespeares ist *Hamlet*. Die nachmittägliche Stunde für Stephens versprochene Erörterung der Bedeutung dieses Stückes hat geschlagen. Schauplatz ist die Nationalbibliothek, und die Technik ist eine dialektische, ein Vordringen in Richtung Wahrheit – oder zumindest Plausibilität – auf dem Wege der Sokratischen Methode von Frage und Antwort oder These und Antithese. Die Homerische Parallele ist Scylla und Charybdis, der Fels und der Strudel. Die Verbindungslinien halten sich an die lockersten aller Fäden, die klassischen Bezüge sind eher phantastisch als imaginativ. Und doch brennt – in einem Kapitel, das von Stephen Dedalus dominiert wird – die Imagination auf solch großer Flamme, wie sie zuvor erst einmal brannte – in der »Proteus«-Episode. Es ist richtig, sich an jenes Kapitel und seine herrschende Kunst – die Philologie – erinnert zu fühlen. Ohne Sprache gibt es keine Literatur; ohne Literatur kann keine Sprache ihre Sprecher überleben. Es ist dieser Sachverhalt, in Beziehung zur irischen Renaissance gebracht, den John Eglinton (der Herausgeber von ›Dana‹, der hier unter seinem eigenen Namen auftritt) zu Beginn impliziert:

> – Unsere jungen irischen Barden (...) haben erst noch eine Gestalt zu schaffen, welche die Welt dem Hamlet des Engländers Shakespeare an die Seite stellen kann, obschon ich ihn bewundere, wie der alte Ben es tat, was hierzulande Götzendienst ist.

Das ist Stephens Stichwort.

Doch der Quäker-Bibliothekar Lyster hat auf seine vage Weise bereits die Tür zur Shakespeare-Diskussion aufgestoßen und gleichzeitig das Scylla-Charybdis-Motiv angedeutet. In Goethes *Wilhelm Meister* – »Ein großer Dichter über einen großen Dichter-Bruder« [U 259] – kommt die Seele, die gegen eine See von Plagen zu den Waffen greift, ebenso an harten Tatsachen zu Schaden: Strudel und Felsen. George Russell (A. E.) ist ebenfalls zugegen, voll von wirbelndem Mystizismus über »formlose geistige Essenzen« [U 260], die zu offenbaren, so sagt er, die Funktion der Kunst sei. Stephen ist ganz für den harten grundlegenden Felsen des biographischen Faktums: Die Lösung des Problems einer Interpretation von Kunst liegt im Leben des Künstlers – zumindest gilt dies für Shakespeare. Russell bietet Platos Welt der Universalien (Charybdis, der Strudel); Stephen zieht es vor, näher am harten felsigen scyllischen Aristoteles vorbeizusteuern. Was an der irischen Kunst, für die Russell steht, falsch ist, so scheint ihm sein innerer Monolog zu sagen, ist ihre wischiwaschiwirblige theosophische Substanzlosigkeit. Als Best (eine weitere historische Figur) hereinkommt, tut er es, um mitzuteilen, der englische Haines, jener in ein silbernes Meer gefaßte Edelstein, zeigte sich immer begeisterter von Hydes *Liebesliedern aus Connacht* [U 262] – wirbligen wässrigen Versen. Doch Russells Hinweis auf Mallarmé (Frankreichs »zarteste Blüte der Verderbnis« [U 263]) veranlaßt Best, Mallarmés Prosagedicht über *Hamlet* zu erwähnen: »Hamlet ou le Distrait« – so hatte es ein französisches Provinztheater angekündigt – »Pièce de Shakespeare«. Stephen übersetzt »Le Distrait« als »Der geistesabwesende Bettler«. [U 263] Dann ist er aufgebrochen zu der gefährlichen Reise seiner *Hamlet*-Theorie.

Der Strudel bildet sich in Stephens innerem Monolog ab. Er hat getrunken, er hat nichts gegessen: Gedanken und Empfindungen geraten in einen Wirbel. Doch sein Vortrag ist prägnant, und seine Fakten stehen felsenfest. Es sind nur seine Schlußfolgerungen aus den Fakten, die es nicht schaffen, seine Zuhörer zu überzeugen. Er sagt im wesentlichen, daß es falsch sei, Shakespeare mit Hamlet (in Lysters Worten der »wirkungslose Träumer« [U 259]) gleichzusetzen. Hamlet sei Hamnet, Shakespeares eigener toter Sohn; Shakespeare sei der Geist, der hintergangene Ehemann und entthronte König; Ann Shakespeare, geborene Hathaway, sei die schuldbeladene Köni-

gin. Russell erhebt, natürlich, Einspruch gegen dieses »Herum-
schnüffeln im Familienleben eines großen Mannes« [U 265]. Stephen,
der am Felsen der harten Münze vorbeisteuert, erinnert sich daran,
daß er Russell ein Pfund schuldet – »A.E.I.O.U.« [U 266] –, und
widerspricht ihm nicht. Doch als Eglinton sagt, daß Ann Hathaway
keinen Platz in Shakespeares Werk finde, daß sie gestorben sei, »für
die Literatur wenigstens, noch ehe sie geboren wurde« [U 266], ist
Stephen schnell und scharf mit seinen Erwiderungen. Ann war Ehefrau und Mutter (er denkt einen Moment an seine eigene Mutter und
seine eigene Schuld – »Die mich einst brachte in diese Welt, dort liegt
sie, bronzelidig, unter wenigen billigen Blumen« [U 267]), und wenn
Shakespeare einen Fehler machte, als er sie heiratete, dann war es ein
willentlicher Fehler, eine »Pforte der Entdeckung« [U 267].
    Was kann denn ein Künstler wirklich von seiner Mutter und Ehe-
frau lernen? Sokrates, so merkt Eglinton an, hatte eine widerspen-
stige Frau wie Shakespeare; welche nützliche »Pforte der Entdeckung« könnte sie gewesen sein? Stephen entgegnet sofort, daß er
von ihr vielleicht die Dialektik erlernt habe und von seiner Mutter,
der Hebamme, wie man Gedanken zur Welt bringt. Phantasielastig,
aber brillant. Und dann befinden wir uns wieder im Klassenzimmer,
wo Stephen dem jungen Sargent Algebra beibringt und darüber
nachdenkt, wie machtlos die Liebe einer Mutter ist, um ihr Kind vor
den trampelnden Füßen der Welt zu bewahren. Sokrates war dem
Tod geweiht, und »weder die Hebammenkenntnisse noch die Gar-
dinenpredigten retteten ihn vor den Archonten des Sinn Fein und
ihrem Schierlingsbecher« [U 267]. Hier haben wir Stephens Antwort
auf Mulligans Vorschlag, Irland zu hellenisieren – die Hibernisierung
von Athen. Es gab nie irgendein goldenes Zeitalter in Griechenland,
und Propheten und Poeten werden stets liquidiert, wenn sie sich
nicht der Parteilinie unterwerfen. Daher Stephens zynische Haltung
zur Dubliner literarischen Bewegung (»Wir gewinnen langsam Bedeutung, scheint es« [U 270]) und seine inwendigen Spötteleien über
Russells unechten Orientalismus – »Yogibogihokuspokus in Daw-
son Chambers. (...) Kreuzbeinig unter einem Schattenumbraschirm
thront er, ein aztekischer Logos, tätig auf Astralebenen, ihre Über-
seele, mahamahatma.« [U 269] Wie Bloom gehört auch Stephen
nicht diesem provinziellen Dublin an. Er gibt Russell ein weiteres
Exemplar von Mr. Deasys Brief und bittet höflich um eine Ver-

öffentlichung im ›Homestead‹. Russell ist kurz angebunden, weiß nicht recht: »Wir haben ja so viel Korrespondenz.« [U 270] Er weist die Stiere ab, die Symbole der Fruchtbarkeit, wie die ganze irische Bewegung sie abweist.

Doch wir müssen zu Shakespeare zurückkehren. Stephen schlägt die Theorie vor, daß ein Adonis aus Stratford von einer Venus aus Shottery verführt worden sei, daß aber die Schönheit seiner Heldinnen auf jenes Mädchen, das er hinter sich ließ, zurückgehe. Shakespeare steuert zwischen dem Felsen des Zuhauses und dem Strudel Londons. Bald aber kann er sich nirgendwo mehr auf Sicherheiten verlassen: Ann ist ihm untreu. Hier kommt eines der köstlichsten »Versatzstücke« im ganzen *Ulysses:*

Christfuchs in ledernen Hochländerhosen, sich verbergend, ein Flüchtling in abgestorbenen Baumgabeln, vor hetzender Meute. Kennt keine Füchsin, läuft allein in der Jagd. Frauen gewann er sich, zärtliches Volk, eine Hure von Babylon, Richtergattinnen, bulliger Zapfkellner Weiber. Fuchs und Gänse. Und in New Place ein schlaffer entehrter Leib, der einst voll Anmut war, der einst so süß, so frisch wie Zimmet, jetzt aber entblößt aller Blätter, kahl, voll Angst vor dem engen Grab, und ohne Vergebung. [U 271]

Und auf diese Weise zurück zu *Hamlet* und dem gehörnten Geist, der Shakespeare selber ist. Doch, so sagt Stephen, es »blickt auch durch den Geist des ruhelosen Vaters das Bild des nicht-lebenden Sohns« [U 273]. Der Künstler webt und entwebt, wie Penelope, sein Bildnis. Die krasse Welt von Zeit und Raum präsentiert den Vater und den Sohn im *Nacheinander* und im *Nebeneinander,* doch die Imaginationskraft des Künstlers vereint sie. Stephens Argumentation ist nicht immer einfach zu folgen, vor allem, weil sie so sehr mit literarischen Anspielungen besetzt und mit absichtsvollen Elisabethanismen gefärbt und mit blickverwirrenden Paradoxa verklebt ist. Doch wir gelangen schließlich zu dem Bild eines Vaters, der über den Strudel und den Fels der Leidenschaft hinausgesteuert ist, um ein Geist zu werden, ein Schatten, der das Leben im »Herz dessen« findet, »der die Substanz ist (...), der mit dem Vater konsubstantielle Sohn« [U 276].

Wir nähern uns dem Strudel der Theologie, wie uns Buck Mulligan – der vom Eingang laut »Amen!« [U 276] herüberruft – unverzüglich ins Gedächtnis bringt. »Du hast gerade über das gasförmige Wirbeltier gesprochen, wenn ich nicht irre, ja?« [U 277] erkundigt er sich bei Stephen. Mulligan, das wissen wir noch, gehört zur »Brut der Spötter« [U 277], und Stephens innerer Monolog macht sich sofort auf zu einem grotesken Credo über »Er, der Sich Selbst erzeugte, (…) sitzet zur Rechten Seiner Selbst« [U 277]. Doch der Bibliothekar glaubt, Stephen selbst könne ein Spötter sein, der ihnen ein reines Paradoxon vorgesetzt habe, wenngleich man nie sicher sein kann: »Der Spötter wird nie ernst genommen, wenn er's am ernstesten meint.« [U 279] Wir werden, durch Mulligan, von Shakespeare fort und zu Synge geführt und sind bereit, uns von der Vater-Sohn-Hypostase abzuwenden. Und da erscheint der ewige Vater höchstpersönlich, hinter den Kulissen, als Bloom nach den Bänden des *Kilkenny People* fragt, um die Vorlage für Keyes' Haus der Schlüssel aufzufinden. »Eine geduldige Silhouette wartete, lauschend.« [U 281] Plötzlich hallt die ganze literarische Brillanz als hohles Echo nach. Wir erinnern uns an Blooms Wärme und Handfestigkeit, den Stoff, aus dem ein Vater ist, kein Geist.

Der Spötter spottet. Mulligan schreit: »Der Jid! (…) Wie heißt er denn? Ikey Moses?« [U 281] Bloom hat seine Karte dagelassen; Stephen hört seinen Namen zum ersten Mal. Mulligan rappelt weiter: »Jehovah, der Sammler der Vorhäute, ist nicht mehr. Ich fand ihn drüben im Museum, als ich die schaumgeborene Aphrodite begrüßen ging. (…) Er kennt dich. Er kennt auch deinen alten Herrn. Ah, ich fürchte mich, er ist griechischer als die Griechen. Seine blassen Galiläeraugen ruhten auf ihrem Mittelgrübchen.« [U 281 f.] (Bloom, der hartnäckige Fragensteller, hat schließlich die Frage nach den hinteren Öffnungen der Göttinnen klären können.) Mulligan hat Bloom also in einen Griechen verwandelt, und es ist passend, daß der Name »Penelope« [U 282] die Wiederaufnahme des Gesprächs über Ann Shakespeare einleitet. Blooms Frau ist Penelope, um nichts treuer als Ann; er ist ein gehörnter Ehemann ohne Sohn – wir, wenn auch nicht Stephen, fangen an, ihn für shakespeareanisch zu halten. Stephen ist nur mit seiner Theorie befaßt.

Er malt ein schönes Bild von Shakespeare in London, tändelnd »zwischen konjugialer Liebe und ihren keuschen Freuden und skortatorischer Liebe und ihren eklen Lüsten« [U 282] – erneut Scylla und Charybdis. Inzwischen begeht Ann – »heißes Blut. Einmal eine

Buhle, zweimal eine Buhle« [U 284] – in Stratford Ehebruch. Zurück zu Hamlet: »Zweierlei Tat ist faul für jenes Geistes Geist: ein gebrochen Gelübde und der schwachköpfige Bauernlümmel, dem sich ihre Gunst zugeneigt hat, des verblichenen Gatten Bruder.« [U 284] Für den ehebrecherischen Akt stehen drei Shakespeare-Brüder zur Auswahl – Gilbert, Edmund und Richard. Stephen wird sich damit später befassen. In der Zwischenzeit ergibt sich diese bestimmte Frage nach Shakespeares Gemeinheit seiner Witwe gegenüber: Der Mann, der reich in einer reichen Stadt lebte, vermachte ihr sein zweitbestes Bett. An diesem Punkt verfällt Joyce in den Blankvers, der, wie Shakespeare selbst, in trunkener Fiebrigkeit endet:

Ließihrsein

Zweitbestes

Bestseinbett

Zweitseinbest

Ließeinbett

Puh! [U 285]

Shakespeare war gemein, ein Spekulant, Horter, Wucherer. »Den Shylock hat er aus der eigenen Tasche gezogen.« John Eglinton bittet Stephen, zu beweisen, daß er ein Jude war (das Wort wird, entgegen der Konvention im Englischen, im Originaltext des *Ulysses* durchgängig mit kleinem j geschrieben, als solle es die Verächtlichmachung und Verdächtigung Blooms durch Dublin andeuten). Stephen erfüllt das Muster des Buches, indem er dies auf phantasiereiche Weise tut. Die christlichen Gesetze zwangen die Juden, Zuneigung ebenso wie Waren zu horten. Niemand soll nach Shakespeares Habe trachten, und auch nicht nach seinem Weib. Wenn Shakespeare ein Jude war, so war er ein höchst un-Bloom-ähnlicher.

Doch Eglinton will dieses Eindringen in die Familie nicht zulassen. Er stimmt Russell zu: »Was scheren uns seine Frau und sein Vater?« [U 289] Wir sind wieder beim alten Thema. Bloom erscheint ungebeten in Stephens Gedanken: »Dein eigener? Er kennt deinen alten Herrn. Den Witwer.« [U 290] Und dann seine Mutter, auf ihr »dürftiges Todeslager« [U 290] gebettet. Stephen kann seine Familie nicht so leicht abwerfen (»Nagebiß des Gewissens: dere gewizzede biz« [U 289]) und sieht nicht, wie Shakespeare das gekonnt hätte. Kühn, doch hoffnungslos schleudert er Definitionen heraus, die entscheidend für die ganze Konzeption des *Ulysses* sind:

> Vaterschaft, im Sinne der bewußten Zeugung, ist dem Menschen unbekannt. Sie ist ein mystischer Zustand, eine apostolische Nachfolge, von einzig Erzeuger zu einzig Gezeugtem. Auf dieses Mysterium und nicht auf die Madonna, die der gerissene italienische Intellekt dem Pöbel Europas hinwarf, ist die Kirche gegründet und unverrückbar gegründet, weil gegründet, wie die Welt, Makro- und Mikrokosmos, auf die Leere. (...) Vaterschaft kann durchaus eine Legal-Fiktion sein. Wer ist schon der Vater irgendeines Sohnes, daß irgendein Sohn ihn lieben könnte oder er irgendeinen Sohn? [U 290 f.]

Zu sich selbst sagt Stephen: »Wohin zum Teufel treibst du da?« [U 291] Die Antwort ist weniger die des jungen Stephen als vielmehr die des Joyce im mittleren Alter: »Ich weiß. Halt die Klappe. Zum Donnerwetternochmal! Ich hab Gründe.« [U 291] Stephen drängt weiter:

> Der ungeborene Sohn schädigt die Schönheit: geboren bringt er Schmerz, zieht Liebe ab, vermehrt die Sorgen. Er ist ein männliches Wesen: sein Wachsen ist seines Vaters Niedergang, seine Jugend des Vaters Neid, sein Freund des Vaters Feind. (...) Sabellius, der Afrikaner, listigster Häresiarch aller Tiere auf dem Felde, behauptete, daß der Vater Selbst Sein Eigener Sohn sei. (...) Nun: wenn der Vater, der keinen Sohn hat, kein Vater ist, kann dann der Sohn, der keinen Vater hat, ein Sohn sein? [U 291]

Ein Rätsel, doch das Bild jener besonderen Vaterschaft der Imagination wird ausgeformt, wird definiert durch die Benennung dessen, was sie nicht ist.

Stephen beschäftigt sich mit dem Rest der Shakespeare-Familie und ermittelt, daß, wenngleich Gilbert – dessen Seele von der Theaterwurst ausgefüllt wurde – keiner der Figuren seines Bruders seinen Namen leiht, doch Richard und Edmund (der eine der Namensstifter für *Richard III.*, der andere der Schurke von *König Lear*) auf bemerkenswerte Weise bei der Darstellung des Bösen figurieren. Das Thema des usurpierenden oder ehebrecherischen Bruders ist bei

Shakespeare immer vorhanden und ebenso das Thema der Verbannung. Enteignung ist Stephens eigener wunder Punkt: Shakespeare ist eine Art Telemach. Doch er ist zu groß, um so sehr verkleinert und in einen klagenden Sohn verwandelt zu werden. Stephen ist mit Eglintons Zusammenfassung einverstanden: »Er ist der Geist und der Prinz. Er ist alles in allem.« [U 297] (Mit anderen Worten: Er ist Gott.) Doch Stephen bringt ihn unwillentlich näher an Bloom heran: »Sein niemals nachlassender Intellekt ist der hörnertolle Jago, der unaufhörlich will, daß der Mohr in ihm leide.« [U 297] So wird, in der noch ausstehenden Bordellszene, Bloom nach seiner eigenen äußersten Erniedrigung verlangen, und er wird sie inszeniert sehen. Joyce läßt nun Eglinton den Vater und den Sohn durcheinanderbringen: »Nach allem Gesagten hat Dumas *fils* (oder ist es Dumas *père?*) doch recht. Nach Gott hat Shakespeare am meisten geschaffen.« [U 297] Jetzt sind wir so nahe an der blasphemischen Gleichsetzung, wie wir nur kommen werden.

Doch Stephen wird auf einem anderen Weg zur Blasphemie geführt. Die Gegensätze – Strudel und Felsen –, zwischen denen wir hindurchsteuern, mögen Einbildungen sein. Das Reisen selbst mag Einbildung sein: »Wir schreiten durch uns selbst dahin, Räubern begegnend, Geistern, Riesen, alten Männern, jungen Männern, Weibern, Witwen, warmen Brüdern. Doch immer imgrunde uns selbst.« Es ist Gott – »der Stückeschreiber, der das Folio dieser Welt verfaßte, und schlecht verfaßte (Licht gab zuerst Er uns, die Sonne zwei Tage später)« –, der, indem er alle Formen zu einer verschmilzt, Seiner eigenen, »ohne Zweifel alles in allem in allen von uns« [U 298] ist. Der »Henkergott« [U 298], den Stephens Mutter heraufbeschwor, wirft seinen« Schatten, der Feind, der »alte Nobodaddy« [U 288].

Die Szene schließt mit Stephens Verneinung der Gültigkeit seiner eigenen Theorie. Mulligan führt hinaus mit seiner medizinstudentischen Zotigkeit, die wieder einmal auf Blooms Kosten geht – »Ein Mann ging zwischen ihnen hinaus, sich verbeugend, grüßend.« [U 304] Mulligan stellt fest, daß Bloom – wie, passenderweise, der Alte Matrose von Coleridge – seinen Blick auf Stephen geworfen hat. Dies kann für Mulligan nur eines bedeuten: »Er sah dich an, deiner zu begehren. (…) O Kinch, du schwebst in Gefahr. Besorg dir nen Arschschützer.« [U 304] Doch bei Stephen hat sich Bloom endlich eingeschossen. Stephen erinnert sich an den Traum der vergangenen Nacht. In jenem Traum gelangte er zu voller daedalischer Größe, war er kein fallender Ikarus: »Letzte Nacht bin ich geflogen. Flog leicht. Menschen verwunderten sich.« Und danach kam die Straße der Huren, der orientalische Mann, der ihm eine »sahnefruchtige Melone« [U 304] hinhielt. Zweimal bisher sind Bloom und Stephen einander um ein Haar begegnet – einmal an einem Ort der Zeitungen, einmal – höher auf der literarischen Skala – an einem Ort der Bücher. Stephen weiß nicht, daß es bald ein echtes Zusammentreffen geben wird und daß es von seinem eigenen Traum vorausgedeutet worden ist. In der Kildare Street überkommt ihn eine Art Frieden – »Hör auf zu streben, zu kämpfen« [U 304] –, und obwohl er dort jetzt keine Vögel sieht (er erinnert sich seiner, wie er am Ende von *Ein Porträt des Künstlers* war), bemerkt er etwas: »Zart von den Hausfirsten stiegen zwei Rauchfedern auf, federnd, und wurden in einem Hauch von Windwehen hauchend verweht.« [U 304]

Dies ist ein schwieriges, subtiles Kapitel, wie es seiner zentralen Stellung, seinem Gegenstand, seinem Symbol und der Kunst, die es glorifiziert, zukommt. Es bedient sich einer größeren Zahl literarischer Formen als irgendeines, das wir bisher angetroffen haben – der lyrischen, der dramatischen (sowohl in Vers als auch in Prosa) und eines inneren Monologs, der (wie ein Strudel) konzentrische Schichten von Verweisebenen enthält und wirklich an die Grenzen des Bewußtseins stößt. Der Wortschatz ist immens und die Gelehrsamkeit in Sachen Shakespeare außerordentlich. Ein scheinbar simples Thema – das Zusammenziehen von Hirn und Herz und Sinnen in einer Vater-Sohn-Symbiose – wird auf diversen ineinandergreifenden Ebenen, von denen einige einander zu widersprechen scheinen, behandelt. Für uns reicht es aus, darin eine zweite (und abschließende) Darstellung der intellektuellen und imaginativen Kraft eines unausgereiften Dichters zu erkennen und zu bedenken, wie sehr dieser Strudel hinüberblicken muß auf einen Felsen als Bild der Festigkeit. Nach einem solchen Kapitel wird es eine Befreiung sein, einmal mehr dem einfachen Leben der Stadt zu begegnen, sich in Handlungen verstricken zu lassen, wie trivial sie auch immer sein mögen, und mit der zu erzählenden Geschichte voranzukommen.

7

Labyrinth und Fuge

WIR HABEN ES NACH DER BEENGENDEN ATMOSPHÄRE DER NATIONAL-bibliothek nötig, eine Weile draußen auf den Dubliner Straßen zu verbringen. Es ist drei Uhr nachmittags, die Stunde, da das Blut am schwerfälligsten fließt. Joyce peitscht das Blut auf, lenkt die Aufmerksamkeit auf das Wunder seines Zirkulierens und gestattet ihm, dieses beinahe zentrale Kapitel des Buches (es gibt insgesamt achtzehn Episoden; dies ist die zehnte) zu regieren. Bloom und Stephen sind vorübergehend von der Belastung durch Arbeit und Theorien befreit; es gibt keinen Grund, weshalb sie sich jetzt nicht begegnen sollten, wo Dublin doch eine so überschaubare Stadt ist. Doch Joyce muß ihr Zusammentreffen für einen Zeitpunkt von größerer Magie und Dramatik aufsparen – die Nacht; außerdem haben wir zwar Stephen ausgemessen, aber noch nicht genug über Bloom erfahren: Bloom muß mehr von sich zeigen, und dafür braucht er die Folie der Stadt, nicht die des Dichters. Und da ist noch die Frage seiner notwendigen Hahnreischaft, auf nach vier terminiert, ein Vollzug, mit dem die intellektuelle Imaginationskraft nichts zu tun hat. Joyce muß nun große List anwenden. Stephen und Bloom, die auf den Straßen unterwegs sind, müssen – auf welch kunstfertige Weise auch immer – davon abgehalten werden, in Kontakt zu kommen.

Kunstfertigkeit ist das eigentliche Blut dieses Kapitels. Die »Kunst«, die hier im Vordergrund steht, ist die Mechanik; der Ingenieur in Joyce richtet im Zentrum des großen Labyrinths, das das ganze Buch ist, ein kleines auf. In diesem Labyrinth herrscht ein Durcheinander und die Notwendigkeit, mindestens ebenso sorgsam zu steuern wie in der gerade abgeschlossenen Scylla-und-Charybdis-Episode. Die klassische Parallele wird von jenen Symplegaden oder Irrfelsen geboten, zwischen denen Jason und die Argonauten so gefahrvoll zu navigieren hatten. (Wir befinden uns für ein Weilchen außerhalb der Odyssee; wir schauen herab auf ein Modell der Gesamtstruktur.) Diese kollidierenden Felsen bildeten einen Archipel, der traditionellerweise am Bosporus angesiedelt wird – Europa an der einen Küste, Asien an der anderen. Joyce muß hier innerstädtische Parallelen finden, und er findet sie in Vertretern der Kirche und des Staates, ruhige, starre Ufer, zwischen denen die Bürgerschaft umherirrt.

Diese Episode wurde räumlich angelegt, und es ist in Ordnung, wenn wir sie mit den Augen eines Geometers überblicken, als wenn es sich um eine Landkarte handelte (Joyce schrieb sie tatsächlich mit einem Stadtplan von Dublin und einer Stoppuhr vor sich). Man zähle die Anzahl der Abschnitte, und man wird achtzehn vorfinden, die Anzahl der Kapitel im ganzen Buch. Im ersten Abschnitt treffen wir auf Pater Conmee S. J., oder vielmehr treffen ihn wieder, da wir seine recht flüchtige Bekanntschaft schon in Clongowes Wood gemacht haben, in *Ein Porträt des Künstlers*. Im letzten Abschnitt treffen wir auf Lord Dudley, den Vizekönig von Irland, der sich in einer stolzen Kavalkade durch die Stadt bewegt. Kirche und Staat sind wohlgeschieden, parallele Mächte. Man plaziere die Straßenpassanten zwischen sie, in säuberlichen kleinen Päckchen, und man meint, das sei es schon – eine einfache und findige Synthese, eine Art *Dubliner* ohne Handlungen. Doch gerade einfach ist bei Joyce nie etwas.

Unsere Probleme beginnen mit Pater Conmee. Nichts könnte so freiweg aussehen wie diese Darstellung würdiger priesterlicher Autorität:

Der Superior, Hochehrwürden John Conmee S. J., steckte seine glatte Uhr in die Innentasche zurück, als er die Stufen des Presbyteriums herunterkam. Fünf vor drei. Grad die rechte Zeit, um nach Artane zu gehen. Wie hieß doch der Junge noch wieder? Dignam, ah ja. *Vere dignum et iustum est.* Bruder Swan war da der zuständige Mann. Mr. Cunninghams Brief. Ja. Will ihm den Gefallen tun, wenn möglich. Guter verwendbarer Katholik: zur Missionszeit nützlich. [U 305]

Er geht seiner Wege, grüßend und gegrüßt, milde nachsinnend über das, was er sieht, über die Vorsehung und die Seelen der Menschen. Dann hält er nahe Rathcoffey ein, um sein Brevier zu lesen. Ohne Warnung erhalten wir die Mitteilung: »Seine dünnbesockten

Knöchel wurden vom Gestoppel des Clongowes-Feldes gekitzelt.« [U 311 f.] Doch er, das wissen wir, ist nicht mehr in Clongowes. Wir werden zum Halten gebracht, ein kleiner Fels beschwert unsere glatte Passage. Wir scheinen in einem Labyrinth um die falsche Ecke gebogen zu sein. Die Verwirrung wird uns absichtlich an den Hals gewünscht. Dann erkennen wir, daß es sich nicht um eine Zeit-versetzung handelt, nur um eine einfache Erinnerung an eine ver-gangene Empfindung. Wir können uns wieder auf unseren Weg machen, doch wir dürfen nicht vergessen, vorsichtig vorzugehen.

Wir dürfen nicht vergessen, daß Joyce all diesen verdreht schei-nenden Spitzfindigkeiten zum Trotz nicht vergißt, mit seiner Ge-schichte fortzufahren. Pater Conmee trifft Anstalten, um einem Hinterbliebenen namens Dignam zu helfen (das tut, wie sich bald herausstellen wird, auch Bloom). In der Eccles Street wirft der nackte Arm Mollys, die auf ihren Liebhaber wartet, einem singen-den einbeinigen Seemann, der ein Lied über den »einhenkligen Ehe-brecher«, Lord Nelson, grölt, eine Münze hinaus. Blazes Boylan, für dessen Ankunft bei Molly es noch zu früh ist, kauft bei Thornton Obst – »dicke Birnen« und »reife schamgesichtige Pfirsiche« [U 316]. Die Geschichte bewegt sich geruhsam auf ihre verschiedenen Höhe-punkte zu, doch die Technik scheint ein Eigenleben zu führen. So mischt sich gerade in der Mitte von Boylans kleiner Szene eine Zeile hinein, die offensichtlich aus dem Nichts kommt: »Eine dunkel-rückige Gestalt stöberte unter dem Merchant's Arch in Büchern auf dem Karren des fliegenden Händlers.« [U 316] Wer ist das – Stephen oder Bloom? Wir erfahren es erst, wenn wir den kurzen Abschnitt erreichen, aus dem das Bruchstück herausgerissen wurde. Bald ha-ben wir uns an diesen Trick gewöhnt. Jeder Abschnitt des Kapitels konzentriert sich auf einen bestimmten Dubliner – der entweder tief in die Handlung verstrickt ist oder nur vorgestellt wird, um beinahe sofort wieder ausrangiert zu werden –, und in jedem Abschnitt mischt sich eine kurze Passage aus einem anderen Abschnitt ein. Irr-felsen rammen uns, wenn wir ungeschickte Navigatoren sind, doch wir können unseren Weg durch den Irrgarten finden.

Weitere Beispiele. Im Verlauf einer Unterhaltung zwischen M'Coy und Lenehan schiebt sich dieser Satz dazwischen: »Ein Schild UNMÖBLIERTE ZIMMER erschien wieder auf dem Fensterrahmen von Eccles Street Nummer 7.« [U 325] Dann zurück zu der Unterhaltung, in der es zufällig um die Reize Mollys geht und, mit einer gewissen Zögerlichkeit, über die seltsame Würde ihres Gatten: »Er ist ein kultivierter Allerweltskerl, der Bloom (...). Keiner von diesen Feldwaldundwiesen ... Sie wissen schon ... Er hat irgendwas vom Künstler an sich, der olle Bloom.« [U 327] Bloom selbst leiht sich, im nachfolgenden Abschnitt, bei einem auf Halbpornographisches spezialisierten Buchladen *Süße der Sünde* aus. Die Szene wird unterbrochen von »Auf der O'Connell Bridge bemerkten viele Personen das gravitätische Gehaben und die heitere Gewandung von Mr. Denis J. Maginni, Professor der Tanzkunst &c« [U 327]. Dann werden wir sofort zu Bloom zurückgeschickt: »*Schöne Tyrannen* von James Lovebirch. Kenne die Sorte. Hab ich das schon mal gehabt? Ja.« [U 327 f.] Ein anderer Abschnitt zeigt uns Mr. Dedalus, der kein Geld hat, das er seinen Töchtern geben kann. Er macht sie herunter: »Ein unverschämtes Pack von kleinen Ludern, seit eure arme Mutter tot ist.« [U 331] Ein Bruchstück aus einem anderen Abschnitt bricht dazwischen: »Mr. Kernan, sehr zufrieden mit dem Auftrag, den er gebucht hatte, schritt unternehmend die James's Street entlang« [U 330]; dann sind wir erneut bei Mr. Dedalus und seinen Töchtern. Im Glauben, wir hätten unsere Ration treibenden Felsgesteins bereits überstanden, sind wir auf eine weitere Kollision nicht vorbereitet: »Die vizekönigliche Kavalkade sprengte, von unterwürfigen Polizisten gegrüßt, aus dem Parktor.« [U 332] Und dann ist es Mr. Dedalus vergönnt, seinen Abschnitt in Frieden zu beenden.

Irrfelsen sind, wenn auch einzigartig, doch eine Laune der Natur; ein Labyrinth ist ein menschengeschaffener Einfall, um Verwirrung zu stiften. Beides, so scheint uns Joyce zu sagen, sind Geduldsspiele, die sich mit menschlichem Erinnerungsvermögen und menschlicher List lösen lassen. Die bauernfängerischen Fallen, die in diesem Kapitel angebracht wurden, sind äußere, mechanische Hindernisse, nach denen wir Ausschau halten müssen. Als einer der Dubliner – Cashel Boyle O'Conner Fitzmaurice Tisdall Farrell – an den Schaufenstern eines Mr. Bloom vorbeischreitet, der Zahnarzt ist, gibt es keine Entschuldigung dafür, wenn wir diesen Bloom mit unserem Helden verwechseln. Die Verdoppelung von Namen ist eine rein mechanische Laune. Als der Vizekönig von Irland pompös vorbeifährt, ist es bloße Unwissenheit, aus der heraus zwei alte

Frauen »den Herrn Oberbürgermeister und die Frau Oberbürgermeisterin ohne seine goldene Kette in Augenschein zu nehmen« [U 354] meinen und Gerty MacDowell glaubt, dies sei »der Herr Gouverneur« [U 351]. Das Kapitel ist mit fehlbaren Maschinerien gespickt: Am einen Ende befindet sich das ganze Uhrwerksuniversum, von dem Stephen meint, ein Akt der Imagination könne ihm den Zusammenbruch gebieten, »Aber betäub mich selber auch mit in dem Schlag« [U 336]; am anderen befindet sich Master Dignams Kragenknopf, der zu klein für sein Loch ist, so daß sein Kragen zum Gruß des Vizekönigs hochspringt; in der Mitte dazwischen befinden sich die Nachrichten aus Amerika über eine Explosion auf der *General Slocum* und den nachfolgenden Schiffbruch. Im ganzen gesehen arbeitet die kosmische Maschine gut, und die scheinbare Verwirrung der kollidierenden Felsen ist in Wahrheit ein kunstvolles Labyrinth. Gleichzeitig allerdings mag eine Maschine, deren Teile so wundervoll ineinandergreifen, wirklich so unberechenbar wie die Symplegaden sein. Parnells Bruder spielt Schach in einer Teestube der D.B.C.: Wieviel ist Geschick, und wieviel ist Glück?

Umgeben von Maschinen – Rennrädern, Dynamos im Kraftwerk, »Micky Andersons alle Zeit tickenden Uhren« [U 352], Tom Rochfords neuester Erfindung (einer Vorrichtung, um Zuspätgekommenen in der Music Hall anzuzeigen, welche Nummer gerade läuft und welche Nummern bereits vorbei sind) – könnten wir meinen, das Leben sei lediglich eine Sache des Erlernens bestimmter mechanischer Kontrollhandgriffe. Doch Bloom und Stephen sind da, um uns an die Unwägbarkeiten zu erinnern, die unkontrollierbaren manischen Kräfte, die sich keiner mechanischen Reduktion unterwerfen wollen. Bloom wird, an einem Bücherstand, von Bildern der Lüsternheit bedrängt, die von *Süße der Sünde* heraufbeschworen werden, er wird zu einem Spiegel des ehebrecherischen Boylan. Stephen trifft, ebenfalls an einem Bücherstand, seine Schwester Dilly, die ein gebrauchtes französisches Elementarbuch gekauft hat, und er wird von Reue und Verzweiflung überwältigt – die Familie fällt auseinander, er kann seine Angehörigen nicht retten, die in Armut ertrinken: »Gewissensbisse. Gewissens Bisse. / Elend! Elend!« [U 338] (Es ist übrigens typisch für Stephen, daß er diesen höchst heimlichen Stachel des Gewissens in archaischen Ausdrücken beschreibt. Das ist ein Versuch, den Schmerz in die alte

Literatur abzudrängen, ihn weitab zu halten. Allerdings gelingt das nicht. Die Vergangenheit ist viel zu real.)

In der Zwischenzeit marschiert wie eine gutgeölte Maschine die Kapelle vorüber, deren blankpolierte Instrumente »*Mein kleines Yorkshire-Röschen*« [U 353] zum Vortrag bringen. Die vizekönigliche Kavalkade gleitet durch die Stadt: Der Staat ist sich seiner mechanischen Befähigung, das Leben zu regeln, sicher. Doch das ist auch die Kirche: Pater Conmee, dessen »glatte Uhr« [U 305] in seiner Tasche tickt, geht seiner glatten parallelen Wege. Der Vizekönig ist »unterwegs zur feierlichen Eröffnung des Mirus-Basars zugunsten des Fonds für Mercers Hospital« [U 354]; der Priester ist unterwegs, um den Dignams zu helfen. Sogar die Ausübung von Wohltätigkeit wird in die Maschine hineingezogen: Das Herz ist eine tickende Uhr. Doch die Herzen von Bloom und Stephen gehen unregelmäßiger, menschlicher.

Wann kann eine Maschine gleichzeitig ein lebender Organismus sein? Wenn sie ein Musikstück ist. In dieser »Irrfelsen«-Episode hat Joyce eine Art Kontrapunktik versucht, indem er eine gewisse Gleichzeitigkeit von Handlungen in einem Medium ausprobierte, das, da es zeitgebunden ist, dagegen ankämpft. Das Labyrinth ist freilich mechanisch, es wird mit der Stoppuhr abgemessen und mit dem Rechenschieber abgesteckt. Doch die Musik hat versucht, das Kapitel zu dominieren. Die Kapelle spielt; es findet eine bemerkenswerte Unterhaltung auf italienisch zwischen Stephen und seinem Lehrer Almidano Artifoni statt, in der es um die Aufopferung von Stephens (oder Joyces) Stimme geht; sogar Pater Conmee denkt an ein Lied über die Freudenglocken, die im fröhlichen Malahide erklingen. Die Kavalkade und die laute Kapelle tragen uns direkt in das nächste Kapitel hinein, in dem die Musik dominiert. Das mechanische Labyrinth ist zu einem Werk der Kunst geworden – zu einer Fuge; das Ohr ist das herrschende Organ; wir sind auf der mit Knochen behäuften Insel der Sirenen angekommen.

Der Zugang zum Lager von Miss Douce und Miss Kennedy – Barmädchen im Ormond – ist nicht einfach. Das erste, was wir antreffen, ist eine Ansammlung vernunftloser Bruchstücke:

Trillernd, trillernd: Idolores.
Kiek mal an! Wer sitzt denn da in der … Kiekvongold?

Pling schrie ins Mitleid von Bronze.
Und ein Klang, rein, lang und bebend. Verlanghinsterbender Klang.
[U 355]

Gut zwei Seiten dieser Art sind es. Nachdem wir erfolgreich zwischen den Irrfelsen hindurchgesegelt sind, sollten wir zu Recht annehmen, daß Zeilen wie »Klappklopp. Klippklapp. Klapperdiklapp« [U 355] und »Gutergott erhat tenoch niein seinemganzen« [U 356] einen Sinn ergeben, wenn wir ihnen im Kontext begegnen. Sie sind tatsächlich versetzte Bruchstücke jener Art, die wir bereits in dem vorherigen Kapitel angetroffen haben. Doch ihre Funktion ist eine andere: Sie sind die musikalischen Themen, die in der bevorstehenden Partitur ausgeführt werden. Joyce liebt Geduldsspiele, aber er mag unsere Geduld vor der Auflösung nicht zu lange auf die Probe stellen. Und so ergibt das zweite Thema – »Impertntn tntntn« [U 355] – sehr schnell einen Sinn. Der Hausknecht hat den beiden Sirenen Tee gebracht. Er ist kiebig, und Miss Douce beschwert sich über »derartige impertinente Unverschämtheiten« [U 358]. Der junge Schnösel, immer noch kiebig, deformiert das auf der Stelle zu »Impertntn, tntntn« [U 358].

Wir haben zwei Sachen, mit denen wir ringen müssen – das Detail der Homerischen Korrespondenz; eine Technik, die die Musik mit onomatopoetischer Klanggenauigkeit in Worte umzuwandeln sucht. Die Sirenen selbst bereiten am wenigsten Probleme. Beide tragen musikalische Namen – Mina (ein Wortspiel mit »minor«, also »Moll«) und Lydia (eine Anspielung auf die Lydische Tonleiter – F-Dur mit H statt B). Da ihre Homerischen Prototypen auf einer Insel lebten, müssen sie von Meeresanklängen umgeben sein. Sie kauern »unter ihrem Thekenriff« [U 358]; Miss Douce war im Urlaub und hat den ganzen Tag am Strand gelegen – »Arme einfältige Männer so in Versuchung zu führen« [U 362], neckt Mr. Dedalus; um uns zu erinnern, was sie in ihrem mythischen Aspekt darstellen, wird Bloom veranlaßt, sich ein Plakat anzuschauen, das »eine schwebende Nixe« zeigt, »rauchend inmitten hübscher Wellen. Raucht Nixe, den kühlen Hochgenuß.« [U 365] Miss Douce ist die einzige Sirene, die singt, und sie kennt den Text ihres Liedes nicht sehr gut: »Oh, Idolores, Königin der östlichen Meere!« [U 362] – sie meint »*meine* Dolores«. Das Singen ist in diesem Kapitel den in Versuchung geführten Männern vorbehalten. Und die Versuchung, mit der ist es auch nicht weit her: Sie sind Barmädchen, und es ist Teil ihrer Aufgaben, mechanisch mit den Kunden zu schäkern. Die Sirenen werden in die Windungen eines riesigen Ohres gewirbelt, gefangen in einem Netz aus Musik.

Die Technik dieser Episode ist vom Autor als die einer *Fuga per canonem* beschrieben worden – einer strengen Form, die nachzuahmen Wörter nicht wirklich befähigt sind. Wir brauchen das aber nicht allzu ernst zu nehmen, obgleich wir zur Kenntnis nehmen sollten, daß der Gegenstand der Fuge – das Thema, heißt das, auf dem die Komposition sich gründet – von den Sirenen selbst dargestellt wird; die Antwort (technisch gesprochen: der Gegenstand, der in einer anderen Stimme erklingt, eine Quint höher oder eine Quart tiefer) ist Mr. Bloom, der das Ormond betritt und monologisiert; der Gegen-Gegenstand – die kontrapunktische Begleitung der Antwort und, von da an, jeder neuen Setzung des Gegenstandes – ist Blazes Boylan, der einen letzten Drink nimmt, bevor er sich davonklingelnd in die Eccles Street aufmacht. Zwischen der erneuten Setzung des Gegenstandes und der Antwort müssen kurze Zwischenspiele kommen, bekannt als ›Episoden‹, und die werden durch die Lieder eingebracht, die von Mr. Dedalus (Tenor) und Ben Dollard (Baß) gesungen werden. Es ist alles eher eine Phantasterei, die wirkliche Joycesche Leistung hier – die schon zwischen den Irrfelsen ihre Schatten vorauswarf – liegt in der Erschaffung einer echten Kontrapunktik der Handlung. Während die Sirenen ihren Tee trinken und schwatzen, kauft sich Bloom Schreibpapier, so daß er eine Antwort an seine Brieffreundin Martha Clifford entwerfen kann. Eine bloße Anspielung auf seinen Namen (»Doch Bloom?« [U 359]) reicht aus, um uns seiner eigenen Musik bewußt zu werden, die horizontal zu der der Sirenen spielt. Als das Kapitel voranschreitet, wird die Technik subtiler, und wir können drei oder vier Stränge der Kontrapunktik zur gleichen Zeit aufnehmen – Blooms unausgesprochene Gedanken; den Gesang im Konzertraum; das Klopfen Boylans an der Tür von Eccles Street Nummer 7 (»Mit 'nem Kock, mit 'nem Kara« [U 397]) und das Tappen (»Tapp. Tapp. Tapp.« [U 397]) des Stockes des blinden Klavierstimmers (desjenigen, dem Bloom früher am Tag über die Straße geholfen hat), als er zum Ormond zurückkehrt, um seine Stimmgabel (die er auf dem Klavier vergaß, als er es stimmte) wiederzubekommen. Die quasi musikalischen Techniken erlauben es Joyce, einem gewagten, aber erfolgreichen Einfall völlig freien Lauf zu lassen – nämlich dem, es einem einzelnen Wort wie einer musikalischen Note zu gestatten, eine ganze Welt von Harmonien zum Klingen zu bringen. So steht das Wort »klingelnd« [U 365] – das ohne Vorbereitung und auch ohne Auflösung in den Text geworfen wird – für Boylans Aufbruch in einem Landauer, um Molly Bloom zu besuchen, und vorwegnehmend für das Aufschlagen der ehebrecherischen Sprungfedern.

Bloom hat den ganzen Tag über Themen gesammelt. Sein jüngstes wird ihm durch das Buch an die Hand gegeben, das er für Molly ausgeliehen hat: *Süße der Sünde* – und den Ehebrecher darin – den Schurken Raoul. Raoul identifiziert er mit Boylan; »Süßes zu« [U 377] oder »Süß sind die Sünden« [U 360] reicht aus, um die Obertöne seiner eigenen sinnlichen Vorstellungen, sein Bewußtsein dessen, was in der Eccles Street geschieht (es ist nun vier Uhr nachmittags), und eine Art befriedigte Ergebung in sein Hahnreischicksal zum Klingen zu bringen. Schon bald wird diese Technik nicht nur einer Verherrlichung der Kunst der Musik dienen: Sie wird der ganzen Anlage des inneren Monologs von Bloom oder Stephen wesentlich sein.

Bloom kommt für eine Mahlzeit ins Ormond – Leber und Schinken: Er hält an seiner Liebe zu den inneren Organen fest und widersetzt sich immer noch den Tabus seiner alten Religion. Stephens Onkel Richie Goulding sitzt neben ihm und ißt Steak- und Nierenpastete. Bloom ist von den Verführungen der Sirenen in der Bar abgeschnitten; abgeschnitten ist er auch vom Anblick Mr. Dedalus' und Ben Dollards, die im Konzertraum singen. Dennoch rührt ihn als wahren Dubliner Vokalmusik zutiefst, färbt seine Gedanken, treibt seine Stimmungen zu Freude und Traurigkeit. Wir befreien ihn aus einem Haufen musikalischer Kunstgriffe – einem Tremolo beispielsweise: »Ihr welligwalligwilligwelwelwellig Haar ent k: 'mmt« [U 384]; einer Stakkatotriole: »Will. Daß. Du.« [U 396]; reinen Quinten: »Blmstauf« [U 397] – in denen in Analogie zu verminderten Terzen in gewöhnlichen Akkorden die Vokale fehlen (»Bloom stand auf« [U 397]). Wir erleben Wiederholungen, ornamentale Kadenzen, Appogiaturen, doch über allem erleben wir eine Auslotung musikalischer Möglichkeiten des reinen Klanges, denen nur noch jene allerletzte Wortsymphonie *Finnegans Wake* gleich-kommen kann.

Verdunkelt die virtuose Ausbreitung diese letzte Phase der Ge-schichte? Nein, denn die Essenz des ganzen Buches ist Bloom und seine Qualifikation für die spirituelle Vaterschaft über einen Dich-ter, und wir müssen Blooms inwendige Welt auf allen ihren Ebenen kennenlernen. Jeder frische Reiz bringt einen neuen Aspekt des Menschen an die Oberfläche, und die Musik ist – in einer Stadt, die ihr so leidenschaftlich ergeben ist – ein Reiz von bemerkenswerter Potenz. Doch Joyce vergißt nicht, daß zu dieser Nachmittagsstunde ein entscheidendes Geschehnis stattfindet – Blooms Verwandlung in einen Hahnrei. Boylan betritt die Bar zur Melodie von Lenehans »Sieh an, da kommt der bezwingende Held«, dem Gegenthema zu »Zwischen Wagen und Fenster bedachtsamen Ganges ging Bloom, unbezwungener Held.« [U 366 f.] Joyce meint das letztere auch so. Boylan wird von den Barmädchen angelächelt (eine läßt für ihn ihr Strumpfband schnipsen – »*Sonnez* (...) *La cloche*« [U 369]) und glänzt in der ganzen Pracht eines provinziellen Don Giovanni, doch im Kern ist er lächerlich, und die musikalische Technik hilft dabei, das herauszuarbeiten:

> Über den Bachelor's Walk klippklapperte klingelnd Blazes Boylan, Jung-geselle, in Sonne, in Hitze, der Mähre glänzender Steiß in Trab, mit Peit-schenknall, auf prallenden Reifen: hingerekelt, warmgesetzt, boylende Ungeduld, kochglühendfrech. Ständer. Hat man'n? Ständer. Hat man'n? Stiständer. [U 373]

(Als »Boylan vor Ungeduld« [U 365] ist er von Lenehan aufgefaßt worden, der außerdem fragte: »Hat man 'n Ständer gekriegt oder was?« [U 370]) Ungeduldig, darum besorgt, Bloom ständrige Hör-ner aufzusetzen, setzt Boylan seinen Weg fort:

> Klinglingeling fuhr flott an den Monumenten von Sir John Gray, von Ho-ratio Einhenkel Nelson, Hochwürden Pater Theobald Matthew vorbei, wie soeben bereits gesagt. Im Trab, in Hitze, hitzesitzig. *Cloche. Sonnez la. Cloche. Sonnez la.* Langsamer zog die Mähre die Anhöhe bei der Rotunda hinan, Rutland Square. Zu langsam für Boylan, den blasierten Boylan, die boylende Ungeduld, zockelte die Mähre. [U 382]

Bald ist er in der Nähe von Blooms Nierenverkäufer:

> Dies ist das Klingeln, das rüttelt und ringelt. An Metzger Dlugaczs glän-
> zenden Agendath-Schläuchen trabte vorbei eine prallbackige Stute. [U 387]

(Die glänzenden Schläuche der Würste und die Werbung für die
Pflanzergenossenschaft Agendath Netaim verweisen uns zurück zu
jenem morgendlichen Gang des frühstückseinkaufenden Bloom –
bevor der Brief von Boylan ankam.)
Bloom schreibt inzwischen, mit Leber und Schinken fertig, seinen Brief an Martha Clifford – eine subtilere Form von Untreue als
die seiner Frau. Schließlich kommt Boylan an:

> Ruck zuck ruckte, hielt. Lohbraune Dandy-Schuhe des Dandys Boylan,
> Socken mit himmelblauen Zwickeln, kamen leicht zur Erde. [U 391]

Und dann:

> Einer rappelt' an der Tür, einer tappte mit 'nem Stock, galt sein Knock
> Paul de Kock, mit 'nem stolzen Knocker-Pocker, mit 'nem Kock Kara-
> karakara Kock. Kockkock. [U 391]

(Boylan ist bereits von Bloom mit einem pornographischen Schurken gleichgesetzt worden. Nun wird er direkt zum Verfasser gewisser schlüpfriger Liebesromanen, für die Molly Bloom schwärmt:
»Paul de Kock. Hat einen so hübschen Na.« [U 372]) Der lächer-
liche Ehebrecher ist von nun an bis zum Ende des Kapitels regelmäßig zu hören: »Kockkarakara« [U 394], »Mit 'nem Kock, mit 'nem
Kara.« [U 397] Die Musik muß bald enden, da sie zu albernen Rhythmen verkommen ist, um sich Boylans alberner Begierde anzupassen.
Das Tappen des Stockes des blinden Klavierstimmers ist nun häufiger
zu hören – ein bloßes Geräusch, wenn es auch das stille Zentrum der
Klänge anschlägt, für das jene Stimmgabel steht, derentwegen er
kommt. Auch in Blooms inneren Organen setzen Geräusche ein:
»Pwii! Ein winzig lütter Wind piepste ii.« [U 399]
Bloom hat an diesem Morgen im Hades den Seher Tiresias in seiner Reinkarnation als Robert Emmet nicht getroffen. Doch nun erblickt er Emmets letzte Worte in Lionel Marks' Schaufenster: »*Wenn*

mein Land einmal seinen Platz einnimmt unter. (...) Den Nationen der Erde. (...) Dann und erst dann. (...) Laßt mir das Epitaph. (...) Schreiben. Ich hab's. (...) Geschafft!« [U 403] Dies wird von neuen, dringlicheren Geräuschen perforiert (Bloom gibt dem mittäglichen Glas Burgunder die Schuld an seinen Blähungen): »Prrprr. (...) Fff. Uh. Rrpr. (...) Pprrpffrrppffff.« [U 403] Wir werden an Joyces Verehrung reinen Klanges, sei er bedeutungsvoll oder nicht, erinnert – an das Maunzen der Katze, die Geräusche der Druckerpressen in der »Aeolos«-Episode, das Gequietsche von Stephens Eschenstock, als er dessen Zwinge auf dem Boden hinter sich herschleifen läßt. Und so drängt Bloom sich nach einer Engführung, in der alle Themen des Kapitels über einem angehaltenen Anschlag (»Tapp. Tapp. Tapp. Tapp.« [U 398]) zusammengefaßt sind, voran zu seinem nächsten Abenteuer. Das Lied des Kuckucks, das verheiratete Männer verspottet, muß noch bis zum Anbruch der Nacht hinausgeschoben werden, doch »Love's Old Sweet Song«, das alte süße Lied der Liebe, klingelt jetzt zweifellos freudig davon.

8

Feuerwerk

Wir müssen zwei Veränderungen zur Kenntnis nehmen, die ungefähr von der Mitte des *Ulysses* an im Joyceschen Umgang mit seiner Technik stattfinden. Erstens werden die Kapitel länger, als versuche der Autor, die Aktzeit – die Zeit, die zur Ausführung der fiktionalen Handlungen nötig ist – genauestens mit der Lesezeit – der Zeit, die für die Lektüre dieser Handlungen nötig ist – korrespondieren zu lassen. Zweitens macht er sehr viel größeren Gebrauch von Parodien. Wir haben parodistische Züge bislang sporadisch angetroffen – die Seitenhiebe auf Zeitungsschlagzeilen und auf die Zeitungsrhetorik in der «Aeolus»-Episode, die Pastiches auf die Elisabethaner und die irische Renaissance in der Nationalbibliothek. Nun finden wir sie einigermaßen durchgängig angewandt. Joyce tendiert zur Verdichtung, wenn er in eigener Person schreibt – niemals ein Wort zuviel. Es ist daher nur natürlich, daß er für seine Parodien Stillagen auswählte, die langatmig, aufgeblasen, geschwollen sind. Die Länge der Kapitel und das Wesen der Parodien werden somit Aspekte voneinander.

Bloom geht nachmittags um fünf zu Barney Kiernans Taverne und sucht nach Martin Cunningham. Martin Cunningham hat seine Verbindungen zum Gerichtshof der Green Street, und Barney Kiernan's – gespickt mit spektakulärem Kriminalkram (Mordwaffen, Strick, Falschgeld) – liegt nahe am Gericht. Bloom will sich um die Auszahlung der Versicherungssumme an Dignams Witwe kümmern, und Cunningham weiß darüber Bescheid. Der Anlaß für seinen Gang ist also ein wohltätiger, doch er läuft geradewegs in Haß und Verachtung hinein. In dieser Taverne gibt es einen großmäuligen, getränkeschnorrenden irischen Nationalisten, der als »der Bürger« bekannt ist, einen Chauvinisten, der alle Ausländer haßt, besonders Juden. Seine Homerische Vorlage ist der Riesenkannibale Polyphem, einer aus der Rasse der einäugigen Cyclopen, Schäfern, die gut zu ihren Schafen sind, aber auch stets bereit, einem Menschen den Schädel einzuschlagen und mit ein paar Bissen seinen Körper runterzuschlingen. Polyphem verspeiste die meisten von Odysseus' Gefährten, die an Land gingen und in seine Höhle kamen, doch Odysseus rettete sich wie üblich mit einer List. Er gab sich als Outis oder Niemand aus, er machte Polyphem mit Wein bekannt. Als der Riese weinselig schlief, präparierte er einen spitzen Holzpflock im Feuer, und dann löschte er damit Polyphems einziges Auge aus. Polyphem jaulte, seine Nachbarn kamen in die Nähe seiner Höhle, um zu fragen, was los sei: Hatte ihm jemand was getan? Er antwortete, Niemand habe ihm was getan. Seine Nachbarn zogen den Schluß, daß er träume oder deliriere, und kehrten heim. Odysseus und seine unverspeisten Männer kamen davon, indem sie sich an die wolligen Bäuche der Riesenschafe klammerten und sich mit ihnen auf die Weide hinaustreiben ließen, doch sobald er an Bord war, konnte der Held der Versuchung zur Prahlerei nicht widerstehen. Wutentbrannt schleuderte Polyphem einen gewaltigen Felsbrocken nach dem Schiff, das er aber, natürlich, verfehlte. Knappe Sache.

Es ist Joyces Hauptanliegen, die Absurdität von Größenwahn zu unterstreichen, besonders, wenn dieser einäugig ist. Das Gesichtsfeld des Bürgers ist begrenzt auf die mit Füßen getretene Größe Irlands, die Hoffnungen auf ihre Wiedergeburt nach der Vertreibung der aussätzigen Ausländer. Sein Patriotismus, davon ist er überzeugt, muß ihm viele kostenlose Getränke eintragen und demgemäß seinem Hund Garryowen auch kostenlose Kekse. Doch er ist auch ein Held von eigenen Gnaden, ein einstmals großer Athlet, immer noch ein Mann mit Muskeln. Muskeln sind die Körperteile, die hier regieren, und die Kunst der Politik – in ihrem engsten Sinn als Chauvinismus – hat den Vorsitz über allem, wie der irische Riese selbst. Joyce läßt den Bürger zu Wort kommen, doch er beeilt sich, ihn im Stil des komischen Epos aufzublasen, allerdings zu einer so lächerlichen Übergröße, wie sie seinen pikaresken Vorläufern unbekannt war:

Die Gestalt, welche auf einem großen Felsblock am Fuße eines Rundturms saß, war die eines breitschultrigen, derbbrüstigen, starkgliedrigen, freiäugigen, rothaarigen, sattsam besommersproßten, scheckigbärtigen, breitmäuligen, großnasigen, langköpfigen, tiefstimmigen, barknieigen, schwielhändigen, haarigbeinigen, rotgesichtigen, sehnigarmigen Helden. Von Schulter zu Schulter maß er mehrere Ellen, und seine felshaften, gebirgigen Knie waren, wie insgleichen auch sein übriger Leib, wo immer dieser sichtbar, mit einem starken Wuchs von lohbraunem Stachelhaar bedeckt, welches nach Färbung und Festigkeit dem Gebirgsginster *(Ulex Europaeus)* ähnlich sah. [U 409 f.]

Joyce liebt, wie Rabelais, von Herzen Aufzählungen, die zu unerträglicher Länge getrieben werden, und er verwendet eine Seite darauf, die »Stammeszeichen vieler irischer Helden und Heldinnen des Altertums« [U 410] aufzulisten, die auf den Kieseln eingegraben sind, die vom Gürtel des Riesen hängen:

(…) Cuchulin, Conn von hundert Schlachten, Niall von den neun Geiseln, Brian von Kincora, Der Ardri Malachi, Art MacMurragh, Shane O'Neill, Pater John Murphy, Owen Roe, (…) Henry Joy M'Cracken, Goliath, Horace Wheatley, Thomas Conneff, Peg Woffington, Der Dorf-Schmied, Captain Moonlight, Captain Boycott, Dante Alighieri, Christoph Columbus, St. Fursa, St. Brendan, Marschall MacMahon, Karl der Große, Theobald Wolfe Tone, Die Mutter der Makkabäer, Der Letzte Mohikaner, Die Rose von Kastilien, Der Mann für Galway, Der Mann der die Bank von Monte Carlo sprengte, Der Mann in der Bresche, Die Frau die es nicht tat, Benjamin Franklin, Napoleon Bonaparte, John L. Sullivan, Cleopatra, Savourneen Deelish, Julius Caesar (…) [U 410 f.]

Und so weiter, nicht zu vergessen Patrick W. Shakespeare, Thomas Cook und Sohn und Adam und Eva. Diese allgegenwärtige Katalogisierung leitet sich von Homer höchstpersönlich her, der sich bezüglich des Mobiliars in der Unterkunft des Cyclopen präzise und detailgenau gibt. Hier ist schließlich Garryowen:

(…) zu seinen Füßen ein wildes Tier aus der Rasse der Hunde lag, dessen schnarchende Atemzüge verkündeten, daß es in unruhigen Schlaf gesunken sei, eine Vermutung, bestätigt von heiserem Grollen und krampfartigen Bewegungen, welche sein Herr von Zeit zu Zeit vermittels besänftigender Schläge mit einer mächtigen, roh aus paläolithischem Gestein gefertigten Keule unterdrückte. [U 410]

Dann wird Luft abgelassen, bis das unverdichtete Dublinerisch wieder da ist:

> Bringt Terry also jedenfalls drei Pinten, auf Joes Rechnung, und bei Gott, mir geht doch fast das Augenlicht flöten, wie ich sehe, daß er dafür nen leibhaftigen Glänzer landet. Ah, ja, so wahr ich hier stehe und euch erzähle. Einen blitzsauberen Sovereign. [U 411 f.]

Die geradlinige Erzählung, die dem gigantomanischen Kommentar entgegengesetzt wird, wird einem anonymen Dubliner ohne literarische Ansprüche in den Mund gelegt – und überhaupt ohne irgendwelche Ansprüche, abgesehen von der unbegrenzten Vertilgung der von anderen ausgegebenen Bierlagen. Anonymität und Pseudonymität sind einem Kapitel angemessen, in dem Bloom aufhört, Odysseus zu sein, und zu Niemand wird. Daher wird auch ein bißchen mit Blooms angestammtem Namen Virag gespielt; der Name des Bürgers wird nicht einmal erwähnt; der Erzähler ist sich nicht sicher, ob eine bestimmte Figur Crofton oder Crofter heißt; Garryowen wird zu Owen Garry – und so weiter. Es gibt zwei weitere Homerische Motive, die der Erzählung mit List – als bloße Dekoration – eingepflanzt werden: das Auge (stets in der Einzahl) und der Pflock, der das Auge auslöschte. Sie erscheinen gleich zu Beginn des Kapitels, zusammen mit einer weiteren Homerischen Anspielung:

> Ich war just so amgange und vertrieb mir die Zeit bei dem ollen Troy von der D.M.P., an der Ecke Arbour Hill da, und verdammt noch eins, da kommt doch so ein Dreckskerl von Schornsteinfeger lang und rammt mir um ein Haar seinen Apparat ins Auge. [U 404]

Später treffen wir Bloom dabei, daß er eine »Mordszigarre« [U 423] raucht – wiederum eine rein dekorative Anspielung, denn Bloom benutzt seine Zigarre nicht als Waffe. Doch Joyce scheint es für notwendig zu halten, der klassischen Parallele Nachdruck zu verleihen, selbst wenn seine Andeutungen reine Phantasterei sind. Am Schluß des Kapitels wird Blooms Name gänzlich unterdrückt, um uns daran zu erinnern, daß er Niemand ist, »und ein Bummelant mit nem Pflaster überm Auge fängt an zu singen *Wenn der Mann im Mond ein Jid wär, ein Jid wär, ein Jid«* [U 475]. Doch was uns wirklich interessiert, ist weniger die Genialität der Technik als vielmehr die genuin heroischen Qualitäten, die Bloom offenbart, als er zwischen Chauvinisten, Schnorrer und Judenhetzer versetzt wird.

Bloom wird gefürchtet, weil er sowohl ein Jude als auch ein halber Ungar ist – in doppelter Hinsicht ein Ausländer und zudem ein Mann, der sich angeblich unirischen Praktiken wie dem Verkauf ungarischer Lotterielose und dem Einkauf von Sahne für seine Frau hingibt. Er wird als treusorgender Gatte anerkannt, aber auch »Schlappschwanz« und »halbe Portion« [U 446] genannt. Im Gegensatz zum Bürger glaubt er nicht an den Nutzen von Gewalt, um Auseinandersetzungen beizulegen, und er wagt es – als Antwort auf Verachtung, die in Ausfälligkeiten übergeht –, die Doktrin der Liebe zu predigen. Die parodistische Technik scheint gemeinsam mit dem Bürger zu feixen:

> Liebe liebts Liebe zu lieben. Krankenschwester liebt den neuen Apotheker. Konstabler 14 A liebt Mary Kelly. Gerty MacDowell liebt den Jungen, der das Fahrrad hat. M. B. liebt einen blonden Herrn. Li Chi Han is sehl velliebt in küßliche Cha Pu Chow. Jumbo, der Elefant, liebt Alice, die Elefantin. (…) Seine Majestät der König liebt Ihre Majestät die Königin. Mrs. Norman W. Tupper liebt Offizier Taylor. Man liebt eine bestimmte Person. Und diese Person liebt wieder die andere Person, denn jeder liebt irgendwen, aber Gott liebt alle. [U 463]

Doch Bloom sieht sich noch aus einem anderen Grund Schwierigkeiten ausgesetzt. Als er die Kneipe verläßt, um im Gericht nach Martin Cunningham zu suchen, sagt Lenehan, der Prinz der Schnorrer: »das Gericht war bloß vorgeschützt. Er hatte n paar Schilling auf *Flugblatt* gesetzt und ist jetzt hin, um die Silberlinge zu kassieren.« [U 465] Wir erinnern uns, daß Bloom Bantym Lyons völlig ohne Absicht *Flugblatt* als Tip für das Goldpokalrennen von Ascot mit auf den Weg gab, als er ihm versicherte, er könne die Zeitung behalten: »Ich wollte sie sowieso grade wegwerfen. (…) Weg wie der Wind. Sowieso bloß ein Flugblatt.« [U 120] Niemand zweifelt auch nur für eine Sekunde daran, daß dieser Mann, der selbst ein Riesenroß von einem Außenseiter und im Besitz des Zugangs zu geheimen Informationen (»Der einzige Mensch in ganz Dublin, der das hat« [U 465]) ist, einen ansehnlichen Gewinn gemacht hat: Es ist ganz klar seine Pflicht, sie freizuhalten. Doch als er zurückkommt, trifft er keine Anstalten, für alle eine Runde zu bestellen. Alles ist auf ein Pogrom vorbereitet, und der Bürger ist bereit, damit anzufangen. Der Erzähler faßt die allgemeine Haltung zusammen:

> Auf dem Gericht, meiner Seel, und dabei hängen dir die Taschen durch von Gold und Silber, Kerl. Schäbiger Lump. Laß wenigstens ne Runde springen. Aber nein, nicht die Bohne! Also das ist mir doch der typische Jid! Alles nur für den eigenen Wanst. So gerissen wie ne Scheißhausratte. Hundert für fünfe. [U 473]

Der Bürger sagt: »Keinem weitererzählen« [U 473], und Martin Cunningham – der das wahre Muster an Vernunft in diesem Buch ist – bringt Bloom aus der Schußlinie, da er die Schwierigkeiten kommen sieht. Der Bürger grölt: »Israel soll leben, dreimal hoch!« [U 475], und Bloom quittiert ihm das mutig:

> – Mendelssohn war Jude und Karl Marx und Mercadante und Spinoza. Und der Erlöser war Jude und sein Vater war Jude. (…) Ihr Gott war Jude. Christus war Jude wie ich. [U 475]

Dies führt zu einem der beiden einzigen Gewaltakte im kompletten *Ulysses,* wenn er auch schwach und folgenlos genug bleibt. Der Bürger – »Jesus (…), ich schlag dieser Judensau das Hirn raus, weil der Kerl den heiligen Namen gebraucht hat. Jesus, ich werd ihn kreuzigen, das werd ich, jawohl« [U 475 f.] – schleudert Bloom die Keksdose hinterher, aus der Garryowen Krümel gefressen hat. Die Sonne steht ihm in den Augen (d. h. er ist betrunken), und so verfehlt er wie Polyphem sein Ziel. Doch sogleich explodiert die Prosa größenwahnsinnig:

> Die Katastrophe war entsetzlich und von augenblicklicher Wirkung. Das Observatorium von Dunsink registrierte insgesamt elf Stöße, alle fünften Grades nach der Skala Mercallis, und ist keine ähnliche seismische Störung auf unserer Insel bezeugt seit dem Erdbeben von 1534, dem Jahre der Rebellion des Seidenen Thomas. Das Epizentrum (…) [U 477]

Und so weiter.

Was aus dieser brillanten und äußerst witzigen Serie von Parodien erwächst, ist ein Sinn für die Falschheit der Worte, die die Öffentlichkeit dem Individuum überzustülpen versucht. Joyce liefert uns Seitenhiebe auf alle Arten aufgeblähten Schreibens, von der provinziellen Zeitungsreportage bis zum pseudoarchaischen Englisch der Wardour Street, einschließlich technischen Jargons, monströser und doch leerer Aufzählungen, Ritualen, aus denen das Leben verschwunden ist, und der umständlich-langatmigen Ausweichmanöver parlamentarischer Antworten. Dies ist die Sprache, die der Staat benutzt, um sich dahinter zu verstecken, wenn er sich der Korruptheit seiner Verfügungen bewußt wird (die Politik, wir erinnern uns, ist die Pseudokunst, die dieses Kapitel regiert); dies ist außerdem die Sprache einer Romantik, die ranzig geworden und in Sentimentalität umgeschlagen ist – auf Gefühle Anspruch erhebend, wo Gefühle entflohen sind; dies sind die Posen kleiner Leute, die groß zu sein vorgeben. Die Kommunikationsmedien blasen die Sprache auf, weil sie es nicht wagen, ehrlich zu sein und das Kind beim Namen zu nennen; populäre historische Romane verfälschen die Vergangenheit und vereinfachen die Motive, aus denen geschichtlicher Wandel herrührt. Die Menschen werden von großen lauten leeren Worten beeinflußt, von Gerstenkörnern, die die Augenlider aufschwellen lassen und den Blick auf die Wahrheit trüben. So primitiv der geschwätzige Erzähler auch ist, können wir in ihm doch ein Wesen erkennen, das sich nicht wirklich von Humbug vereinnahmen läßt und vielleicht am Ende eher auf der Seite Blooms als auf der des Bürgers steht: Seine Rede läßt immer nur Luft ab.

Bloom persönlich ist völlig unbeeindruckt von dem Geschrei und Versprechen der Politiker. Wenn die Welt zu verbessern ist, so nur durch die Ausübung individueller Wohltätigkeit (er hat dieses Milieu überhaupt nur betreten, weil es ihn drängte, einen wohltätigen Akt zu vollbringen). Er gebraucht das Wort »Liebe« und wird dafür verhöhnt. Er wird auch dafür verhöhnt, daß er vermeintlich genau die Sprache der Aufgeblasenheit benutzt, die die Bäuche seiner Gegner anfüllt – Begriffe wie »Phänomen« [U 422] und »Hypothekengläubiger« [U 434]. Doch wenn Bloom ein Wort benutzt, benutzt er es normalerweise richtig. Er kommt Stephen nahe, wenn auch nicht in der Imaginationskraft oder der poetischen Gabe, so doch zumindest in seinem Drang, die Sprache zu beherrschen, sie der Wahrheit untertan zu machen und sich nicht von ihr beherrschen zu lassen. Er steht als David ebenso gegen die Philister wie gegen Goliath. Er ist der wahre Luftablasser.

Er setzt sich um manchen Preis durch. Wir begegnen ihm erst wieder, als fast schon die Nacht anbricht – um acht Uhr –, und da ist er passiv und auf dem Wege der Genesung, ruht sich alleine zwischen den Felsen am Strand von Sandymount aus. Die Begegnung mit der Gewalt hat diesen Mann des Friedens erschüttert. Doch eine unerwartete Belohnung wartet auf ihn. Er wird das Herz der Königstochter Nausicaa besitzen, und sie wird sich ihm – in der Imagination – hingeben. Eine direkte sexuelle Begegnung wäre vulgär, nur passend für Wüstlinge wie Boylan; was für Bloom vonnöten ist, ist die rituelle Würde, der Ritus Onans. Auf dem Wege einer feinen Ironie wird sein Glückszustand genau von jenen Kräften der Aufblähung umschlungen, die ihm im vorherigen Kapitel entgegengeschlagen sind, nur müssen wir die Aufblähung diesmal mit einem neuen Namen belegen – Anschwellung.

Nausicaa wird, per Metempsychose, in Gerty MacDowell verwandelt, ein süßliches hübsches Mädchen, das Träumereien und der Lektüre populären Schunds für Frauen verfallen ist. Die Begrifflichkeit des Schunds ist es, in der sie beschrieben wird:

> Die wächserne Blässe ihres Gesichts wirkte fast vergeistigt in ihrer elfenbeingleichen Reinheit, obschon ihr Rosenknospenmund ein rechter Amorsbogen war, griechisch vollkommen. Ihre Hände waren von fein geädertem Alabaster, mit schlank sich verjüngenden Fingern, und so weiß, wie Zitronensaft und allerbeste Salben sie nur machen konnten, obschon es nicht stimmte, daß sie im Bett Glacéhandschuhe trug oder Milchfußbäder nahm. Bertha Supple hatte das einst Edy Boardman erzählt, eine glatte Lüge, als sie bis aufs Messer verfeindet war mit Gerty (die Kameradinnen hatten natürlich von Zeit zu Zeit ihre kleinen Zänkereien, ganz wie die übrigen Sterblichen auch), und sie hatte ihr damals noch gesagt, sie dürfe unter gar keinen Umständen weitersagen, daß sie es gewesen wäre, die es ihr erzählt, oder sie würde nie wieder ein Wort mit ihr sprechen. [U 484]

Die Parallelisierung mit Homers Prinzessin (von der Samuel Butler glaubte, sie sei die Autorin der *Odyssee*) wird durch all das flache

Gespinne hindurch recht eng gewahrt. Nausicaas Volk war für seinen Kult sauberen Leinens bekannt, und wegen eines langen Waschtages ging sie zum Strand hinunter, wo Odysseus, den Blicken verborgen, sich die Müdigkeit seines langen Meeresgewirbels vom Leibe schlief. Gerty MacDowell wäscht jetzt keine Kleider, doch es werden Anspielungen auf ihr Entzücken an fleckenloser Unterwäsche und ihren Stolz auf ihre vielen Garnituren gemacht. Sie ist mit höchst unnymphenhaften Begleitnymphen gekommen – Cissy Caffrey und Edy Boardman, zusammen mit »dem Baby im Kinderwagen und Tommy und Jacky Caffrey, zwei kleine krausköpfige Jungen, die Matrosenanzüge trugen und passende Mützen dazu und auf die beiden gedruckt den Namen S. M. S. Belleisle« [U 481]. Nausicaa und ihre Begleiterinnen spielten nach dem Wäschewaschen mit einem Ball, und es war dieser Ball, der, zu weit geworfen, Odysseus weckte. Und also schießt hier »Master Jacky, der wirklich frech wie Oskar war, daran war nicht zu rütteln« [U 495], den Ball auf die Felsen zu, und Bloom, der dort liegt, wirft ihn zurück. Da geschieht es, daß Gerty unseren dunklen Helden bemerkt, reif, in Trauer, sein Gesicht fahl und plagenvoll, und sich stark angezogen fühlt:

Sie konnte sofort an seinen dunklen Augen und seinem bleichen geistvollen Gesicht erkennen, daß er ein Fremder war, das leibhaftige Ebenbild des Photos von Martin Harvey, das sie hatte, dem Matinée-Idol, bis auf den Schnurrbart was ihr aber sehr lieb war denn sie schwärmte durchaus nicht für die Bühne wie Winny Rippingham die unbedingt wollte daß sie sich beide immer gleichkleiden sollten wegen irgend so einem Stück, aber sie konnte nicht erkennen ob er eine Adlernase hatte oder eine leicht *retroussée* von da aus wo sie saß. [U 498]

Gerty ist jungfräulich, aber ganz Frau, wie »Maria, Stern des Meers« [U 481], deren Kirche am Strand von Sandymount einen Abendgottesdienst abhält (das »Kirchlein, dem von Zeit zu Zeit die Stimme des Gebets entströmte, hinaus in die Stille und hinauf zu ihr, die da ewig ist ein Leuchtfeuer in ihrem reinen Strahlenglanze dem sturmumtosten Menschenherzen« [U 481]). Sie sollte mehr verehrt als besessen werden, in ihrem reinen Glanz beäugt, doch sie weiß, daß das Auge – das, zusammen mit der Nase, das dominante Organ des Kapitels ist – das Fenster werden kann, das die Leidenschaften hereinwüten läßt. Als das Feuerwerk vom Mirus-Basar beginnt und ihre Gefährten davonstürzen, um es über den Dachfirsten zu sehen, bleibt sie am Strand und läßt Bloom sich weiden an einem Traum wohlgefüllter Strümpfe, ein üppigeres, geruhsameres Mahl als *sonnez la cloche*.

Wir wissen, was mit Bloom geschieht, weil das Feuerwerk es uns erzählt:

> Und dann sprang eine Rakete hoch und schoß peng blind und O! dann barst die Leuchtkugelröhre auseinander und es war wie ein seufzendes O! und alles schrie O! und O! in Verzückung und es ergoß sich daraus ein Strom goldregnender Haarfäden und sie schimmerten auseinander und ah! da warens auf einmal lauter grünliche tauige Sterne die niederfielen mit güldenen, O so lebendig! O so sanft, süß, sanft! [U 511]

Die Anschwellung hat ihre Grenze erreicht. Bloom, der am Morgen im Bad schließlich doch nicht masturbiert hat, erhält die Belohnung für seine Enthaltsamkeit. Die anschwellende Prosa kommt zu einem Ende, als Gerty davongeht »mit einer gewissen ruhigen Würde, die kennzeichnend für sie war, doch mit Achtsamkeit und sehr langsam, denn Gerty MacDowell ...« [U 513] Blooms innerer Monolog, der sogleich übernimmt, vollendet den Satz: »Zu enge Schuhe? Nein. Sie hinkt! Ach!« [U 513] Und nun beschwört eine lange Reihe abschwellender Abendträumereien die Nacht und den zähesten, allerdings auch zauberhaftesten Teil des Buches herauf.

Die Farben dieses Kapitels sind Blau (für die Gesegnete Jungfrau) und Grau (für die bitteren Wasser der See – dies, nicht zu vergessen, ist Stephens Territorium – und für den fallenden Tau). Die Kunst, die hier gestaltet ist, ist die Malerei, doch das kommt nicht so recht heraus. Die Joycesche Absicht ist es, das Auge (ausgelöscht im vorhergehenden Kapitel) sich an mehr als nur der Reizwäsche weiden zu lassen, doch er ist temperamentsbedingt unfähig, sich sonderlich für dies Organ zu interessieren. Kleine bildhafte Episoden folgen einander, wie Dias, in den romantischen Träumen von Gerty: Bilder sind ihr Ersatz für Gedanken. Bloom denkt an Farben (»hängen von dem Licht ab, in dem man sie sieht« [U 529]) und stellt in seiner Erinnerung die »Tableaux« von Festscharaden nach, doch mit seinem Herzen ist der Autor nicht dabei. Joyce ist mit dem anderen

Organ glücklicher, der Nase, und läßt Bloom in erinnerten Wohl-
gerüchen schwelgen, besonders den Gerüchen von Frauen. Doch
alle Frauen führen ihn heim zu einer einzigen – der ehebrecherischen Molly.

Ist Bloom hier am Strand von Sandymount selber untreu gewesen? Technisch gesehen nicht. Doch er hat einen sexuellen Sieg
erreicht, der befriedigender ist als irgendeiner, den er in einem fremden Bett erringen könnte – Vergnügen ohne gegenseitige Beschul-
digungen oder Bedauern, keine Angst vor einer Schwangerschaft,
keine Tränen, keine Abkehr beim Abschwellen von geschwollenen
Versprechungen. »Für die Erleichtrung Dank.« [U 520] (Wir entfernen uns nie weit von *Hamlet*.) Er hat sich heute besser gemacht als
Boylan – ein anbetungsvoller Brief und eine Art von Hingebung,
und beides von Jungfrauen. Und diese kurze autoerotische Sitzung
ist auch eine unvorbedachte Vorbereitung auf die Übernahme seiner
Verantwortlichkeiten später in der Nacht. Er wird Stephen in die
Nachtstadt folgen, doch da er seinen Samen schon verausgabt hat,
wird er nicht mehr über weiblichem Fleisch in Versuchung geraten:
Er wird den Prostituierten gegenüber unnachgiebig sein, unverführ-
bar. Odysseus wurde vor der Verwandlung in ein Schwein bewahrt,
weil er Merkurs Geschenk, die Blume Moly, bei sich trug. Bloom
trägt diese Blume in seiner Hose – »eine schlaffe flutende Blume«
[U 122], keine Rute, um ihn auf seine Knie zu prügeln, stammelnd
vor viehischer Begierde, im Haus der Circe.

Bloom schließt am Ende dieses Kapitels für einen Moment seine
Augen – »Bloß ein paar.« [U 535] Der innere Monolog stößt tiefer
hinab, als er es bei vollem Tageslicht jemals tat; er berührt die Grenzen des Traumes und antizipiert die Schlafsprache von *Finnegans
Wake*:

Ach du süßes Ding ich hab dein ganzes kleines Mädchenweiß rauf hab
ich sehn können hab den schmutzigen Stützgürtel hab ich hat mich lieben lassen klebrig wir zwei beiden bösen Grace Darling hat sie ihn für
halb nach vier wir für das Bett mit ihm zig Hosen Spitzenunterwäsche für
Raoul für was für ein Parfüm Deine Frau schwarzes Haar unter dem
schwellenden Señorita junge Augen Mulvey mollig die Jahre Träume
kehrn wieder jeden hinternletzten Agendath hat mir matt ihr mich ohn-
möchtich liebmich zeigte mir ihr nächstes Jahr in unter Höschen kehrn
wir der ihr nächst es nächts ihr näckst ihr. [U 535]

Man fühlt sich überredet, daß dies die Art und Weise ist, wie der Geist seine Bilder aufnimmt (kleine Schnappschüsse, alle voneinander getrennt, kein Verleimen der Ideen zu logischen Erklärungen), wenn er sich dem Schlaf nähert. Jeder Leser, dem diese Passage unvorbereitet vorgesetzt wird, wäre davon verwirrt. Wenn wir den *Ulysses* bis zu diesem Punkt gelesen haben, ohne etwas übersprungen zu haben, werden wir jedes einzelne Motiv wiedererkennen – Mollys Version von »Metempsychose« beispielsweise und den Schurken aus *Süße der Sünde*, Raoul, der mit Boylan identifiziert wird; Mollys ersten Liebhaber, Mulvey; das Stück Zeitungspapier (»Agendath Netaim«), das Bloom an diesem Morgen beim Schlachter auflas. Blooms eigenes sexuelles Sichgehenlassen von eben und seine kurze Sinnlichkeit auf der Straße vor dem Frühstück, Molly im Bett, den Brief ihres Liebhabers lesend, die Formulierung »ihr schwellend gewölbter Leib« [U 328] aus *Süße der Sünde* – all das verschmilzt zu einem einzigen Sinnbild der Begierde und ihrer Erfüllung. Es ist ein Wunder der Verdichtung.

Doch die Fledermäuse fliegen, ohne zu sehen, und Bloom wird sich der Tatsache seiner Hahnreischaft nicht Auge in Auge stellen. Es bleibt der Kuckucksuhr im Haus der Priester, wo, nach Beendigung des Abendgottesdienstes, Kanonikus O'Hanlon und Pater Conroy und Hochwürden John Hughes S.J. Hammelkoteletts mit Ketchup essen, überlassen, der Welt zu verkünden, was mit Bloom geschehen ist – *Kuckuck Kuckuck Kuckuck* [U 536], und weiter bis zum neunten Schlag. Die Nacht, in der er – ob ihm nun das Kuckucksei der Hahnreischaft ins Nest gelegt wurde oder nicht – einen Sohn zeugen und alle Freier bezwingen wird, bricht jetzt an.

9

Ochsenfreunde

Schiere Herzensgüte und eine Art von mitfühlendem Masochismus führen Bloom zu einer Stunde, da die Kneipen lustig und
die Theater im Gange sind, in das Entbindungskrankenhaus in der
Holles Street. Mrs. Purefoy müht sich, zu gebären, und sie tut sich,
wie Mrs. Breen Bloom um die Mittagszeit erzählte, schwer damit.
Bloom kennt sie gut und ist – mit seiner Befähigung zur imaginativen Einfühlung in das Leiden von Frauen – darum bemüht, zu erfahren, wie lange es noch dauert, bis sie entbunden wird. Dies ist der
Anlaß, um in Sir Andrew Hornes Haus der Mühen und der Freuden zu gehen, doch was bei dem Besuch herauskommt, ist das erste
fruchtbringende Zusammentreffen zwischen ihm und Stephen Dedalus. Es gab früher am Tag zwei fruchtlose Kontakte, doch nun werden Bloom und Stephen am selben Tisch sitzen. Zugegebener-
maßen wird es Ablenkung geben durch lärmende Gesellschaft,
Trunkenheit und Zoterei, denn Stephen zecht mit den Medizinstudenten in ihrem Gemeinschaftsraum, doch am Ende ist das Rapprochement zwischen Körper und Seele, gesundem Menschenverstand und Imaginationskraft zum Gebären bereit, und dieses Kapitel
ist ein bedeutsames. Typischerweise weigert sich Joyce, uns einen zu
klaren Blick auf das zu gewähren, was geschieht; er blitzt uns eine
fast unerträgliche technische Brillanz in die Augen, wenn dies auch
kein schierer Mutwille ist. Die Homerische Korrespondenz muß
aufrechterhalten, eine Kunst oder Wissenschaft gefeiert und eine
neue literarische Technik in Angriff genommen werden. Dies ist
freilich die am bewußtesten virtuose aller Episoden des *Ulysses,* und
bei manchem Leser wird Joyce den Eindruck hinterlassen, zu weit
gegangen zu sein.

Bevor ich, als Schuljunge, mein eigenes Exemplar des *Ulysses* nach

England hineinschmuggelte, lieh mir mein Geschichtslehrer die Ausgabe der Odyssey Press. Sie war zweibändig, und er gab mir den zweiten Band zuerst. Der zweite Band beginnt mit diesem Entbindungsstationskapitel, und ich wurde ohne Vorbereitung in den schwierigsten Teil des ganzen Buches hineingeworfen. Aber es schien doch ziemlich klar, was Joyce versuchte. Er beginnt mit drei rituellen Aussagen, jede dreimal intoniert. »Deshil Holles Eamus« [U 537] – gehen wir in die Denzille und die Holles Street. »Schick uns, du Heller, du Lichter, Horhorn, Leben und Leibesfrucht.« [U 537] Ich faßte dies als eine Anrufung der Hecate auf, der Göttin des Mondes und Schutzpatronin von Frauen in den Wehen, doch ich hätte bemerken sollen, daß der Mond gar nichts zu tun hat mit dem »Horhorn« – der phallischen Erektion, mit der die Zeugung beginnt. »Heller« ist die Sonne. Das »Horhorn« (ich konnte das nicht wissen, bevor ich das »Sirenen«-Kapitel las) geht zurück auf Boylan und die musikalisch-komödiantische Darbietung seiner Begierde, doch Sir Andrew Horne ist in dem Bild ebenfalls vorhanden. Schließlich hören wir die freudigen Schreie der Hebamme nach der Geburt eines Sohnes: »Hopsa, ein Jungeinjung, Hopsa!« [U 537] – dreimal natürlich. Dann purzelte ich in die wirklichen Schwierigkeiten hinein:

Auf der ganzen welt wird desjenigen menschen scharfsinn bezüglich aller von mit weisheit begabten sterblichen für höchst nützlich zu studieren gehaltenen gegenstände als sehr wenig durchdringend erachtet welcher dessen unwissend ist was in der wissenschaft gelehrtesten und gewiß um dieser hohen geisteszierde willen der verehrung würdigen Männer beständig versichern wenn sie unter allgemeiner zustimmung behaupten daß bei gleichheit aller andern umstände in keinem äußeren glanz die wohlfahrt einer nation sich wirksamer ausspreche als in dem maß in welchem sie sich die sorge um jene fruchtbare vermehrung habe angelegen sein lassen welcher fehlen der anfang aller übel wäre welche jedoch wenn glücklich vorhanden das sichere zeichen für der allvermögenden natur unverderbt wohltätiges wirken bildet. [U 537]

Kauderwelsch? Möglicherweise, aber lateinisches Kauderwelsch – ein Versuch, die englische Sprache in eine rumpelnde, humpelnde Travestie der lateinischen zu verwandeln. Warum? Die Antwort kam nach drei grauslichen Absätzen in diesem Stil, Bloom war zur Stelle:

Ein man aldo stant der ein farensman waz an des hvs tor da nacht nider nu kam. Von Jisraels volc diese man waz vn hæt gewandelet vil vnde gefaren vf erden. Rein mitebarmen waz aleine mit den menschen swaz ihn gebraht an dis hvs. [U 539]

Hier war kein Latein – tatsächlich nichts als Angelsächsisch. Die Joycesche Absicht wurde klar. Das Lateinische stand für das weibliche Element – hier formlos und unbefruchtet – in der englischen Sprache; das Angelsächsische repräsentierte das männliche. Das eine würde das andere befruchten müssen, bevor das Englische, wie wir es kennen, zur Welt kommen konnte. Von da an erklärte die Technik sich von selbst: Eine Art Geschichte englischer Prosa vom Angelsächsischen bis zum heutigen Tag schien Wachstum anzudeuten – doch sicher das Wachstum des Embryos im Mutterleib? Dann konnte die Sprache der Zukunft geboren werden – ein bastardischer Riese.

Als ich schließlich Stuart Gilberts Kommentar zum *Ulysses* las, entdeckte ich, daß ich nicht weit genug gegangen war. Nun weiß ich, daß es Bloom persönlich ist, der für das Fruchtbarkeitsprinzip steht: Er betritt, phallusähnlich, das Allfrauenhaus; sogar das Abnehmen seines Hutes hat eine sexuelle Bedeutung. Was die Serie literarischer Pastiches betrifft, die folgen: In sie sind auf listige Weise Anspielungen auf die Entwicklung des Embryos eingebettet – da kommt das Auge, da der Kiefer und so weiter. Das Wachstum des Embryos verläuft nicht einförmig; manche Teile hinken hinter anderen zurück. Joyce symbolisiert dies durch ein absichtliches Zurückgreifen auf ein früheres Stadium der Sprache, wenn es aus der Perspektive des historischen Fortschritts dafür gar keine Berechtigung zu geben scheint. So erscheint im Verlaufe einer elisabethanischen Pastiche plötzlich eine Passage im Angelsächsischen.

Genug der Komplikationen, doch wir haben uns auch noch mit den Homerischen Korrespondenzen herumzuschlagen. Wir bekommen gleich zu Beginn einen Hinweis darauf, welcher Teil der *Odyssee* hier ihre Entsprechung findet – »Schick uns, du Heller, du Lichter, Horhorn (...).« »Heller« ist die Sonne, oder vielmehr der Sonnengott, und »Horhorn« – eine Verdoppelungsform – verweist auf die doppelhörnigen Stiere des Sonnengottes. Odysseus und seine Männer landeten ausgehungert auf der dreieckigen Insel Sizilien, und die Seeleute schlachteten – obwohl sie wußten, daß dies eine blasphemische Handlung war – die heiligen Stiere, die dort von den Töchtern des Gottes gehütet wurden – von Phaethusa und Lampetie, die ihre Entsprechungen in den beiden Krankenschwestern der Entbindungsstation finden. Alles wird klar, wenn wir uns daran erinnern, daß die Sonnenrinder für die Fruchtbarkeit stehen und daß die Medizinstudenten in Hornes Haus blasphemische Reden dagegen führen, indem sie lauthals ihren Glauben an die Trennung von Geschlechtlichkeit und Zeugung zum Ausdruck bringen – »Kopulation ohne Population!« [U 595] Die Männer des Odysseus wurden vom Donner des Zeus niedergestreckt, und Stephens Gefährten werden vorübergehend vom Donner des Gottes der Katholiken eingeschüchtert.

Die Verweise auf Dreiecke in dieser Episode (beispielsweise das rote Dreieck auf dem Etikett einer Bass-Flasche) halten die Insel des Sonnengottes in unserem Hinterkopf, und es gibt umfängliche Verweise auf Stiere. Wir erinnern uns, daß Stephen ein »ochsenfreundlicher Barde« ist, doch für den Fall, daß wir das vergessen haben, kommt jemand mit einer Abendzeitung herein, in der Mr. Deasys Brief über die Maul- und Klauenseuche erscheint. Bloom ist insofern ein »Ochsenfreund«, als er auf der Seite der Fruchtbarkeit steht. Er ist schließlich ein Vater, und seiner schützenden Vaterrolle dem betrunkenen Stephen gegenüber wird in den Prosapastiches eines frommeren, gottes- und fruchtbarkeitszentrierten Zeitalters breiter Raum zu ihrem Ausdruck eingeräumt. Das Folgende ist im Stil von Malorys *Morte d'Arthur* geschrieben:

Aber Sir Leopold war arg duster nun ohngeacht seins wortes denn jmmer noch bewegt jn erbermen ob des erschreklich schryllen geschries der frauwen in jrn kints nöten vnd er gedaht an sein gut frauwe Marion die jm ein einzicht menlich kint geboren welchs war an seim eilfften lebens tag gestorben vnd kont nit gerett werden vonne keins menschenkunzt also dunckel ist das schicksal. Vnd sie ward wonderlich geschlagen vonn disem schlim zufall vnd da es begraben ward legt sie jm an ein gar fein kleit das war aus lambs wolle vnd vonn der blüdte der herde das es nit möchte gentzlich verderben vnd kalld ligen (denn es war da umb die mitte des windters) vnd nunn blikte Sir Leopold der seiner lenden kein menlich kint hatte zum erben auff jn seins freunts son vnd kumber versperrt jn ob seines da hingangen glükkes vnd so traurig er war das jm ein son fele vonn solch edelem mut (dann es achtten jn alle ob seiner natürlichen gaben) so bekümbret war er alsogleich auch in nit minderem mas vber jung Stephen umb des willen das diser lüderlich lebte in sauß vnde brauß mit dise tagdiep vnd verschlang sein gut mit hurn. [U 547 f.]

Stephen selbst besteht mit thomistischer Logik auf dem richtigen, wahrhaftigen Zweck der Geschlechtlichkeit:

Doch was, umbe himels willen, ist mitt jenen gottmüglichen selen welche allnächtlich wir unmüglich machen vnd zunichte, was da ist die sünnde wider den Heilingen Geist, den Waren Gott, den Herrn vnd Stiffter des Lebens? Denn warlich, herren, sprach er, kurtz nvr ist unser lust. Wir sind ein mittel nur zu jenen kleinen geschöpffen jn vns drinnen vnd ander zil vnd ende hat die natur denn wir. [U 546]

Bloom und Stephen stehen allerdings allein da in ihrer gemeinsamen Ehrerbietung den heiligen Stieren gegenüber.

Dieses Kapitel hat noch eine Funktion neben und über der stilistischen Darbietung, dem Symbolismus, dem gemächlichen Voranschieben der Geschichte. Joyce hat eine große Masse an Material aufgetürmt, das noch nicht erschlossen wurde, und nun ist es Zeit, die zu nutzen. Er ist hier in erster Linie mit Gestaltung, Form, Stil seines Schreibens befaßt, doch Form kann ohne Inhalt nicht existieren. Der Inhalt kann dann aber ebensogut von den Schnipseln und Überbleibseln kommen, den Schlagworten, den Liedern, den kleinen Obsessionen des Tages. So wird, wenn sich – in diesem historischen Abriß der englischen Prosa – die Notwendigkeit ergibt, den Stil der kanonisierten englischen Bibelübersetzung zu imitieren, der Gegenstandsbereich aus jenen Grübeleien Stephens am Strand bezogen – die Wildgänse, verbannte Künstler und Patrioten, die Irland vergessen hat:

Blike hin auß denn, mein volck, auff das lant der Verheißung, vom Horeb vnd vom Nebo vnd vom Pisga vnd von den hörnern von Hattin auff ein lant da milch vnd money fleußt. Doch du hast geseugd mich mit einer bittern milch: meinen Mont vnd meine Sonen hastu auff immer gelöschet. Vnd du hast mich all eyne gelaßen auff den dunckeln wegen meiner bitternuß: vnd mit einem kuß von asche hast du geküßt meinen munt. [U 552]

Stephens Gedanken über die verbundenen Nabelschnüre der ganzen Welt, die die Verbindung mit der entlegensten Fernvermittlungsstelle herstellen, finden einen Querverweis in einer Pastiche auf Sir Thomas Browne:

Vnd als denn kein mensch weiß die stette da ihm sein tumulus bereitt noch zu welchem furtgange der selb vns fuhret noch obe nach Tophet odder nach Edenville also ist vns auch alls verhalten so wir woltten ruckwertz schauwen in die fern von wannen das wasseyn vnsers werseyns sein woherseyn habe genomen. [U 553]

Sobald Joyce das Zeitalter der Romantik erreicht, wird er ehrgeiziger; er fertigt eine üppige De-Quincey-Vision aus einem Wort, an dem Bloom fast den ganzen Tag über herumgepuzzelt hat (»Parallax jagt sie und treibt sie an« [U 582]), dem Zeitungsstück aus dem Schlachterladen (»Agendath ist ein wüstes Land, Heimstatt der Schleiereule und der schwachsichtigen Upupa« [U 582]), Blooms Brieffreundin, Tochter und Frau (»Und siehe, Wunder der Metempsychose, sie ist es, die ewigwährende Braut (…) Martha, du Verlorne« – eine Anspielung auf »M'appari«, das Simon Dedalus am Nachmittag sang – »Millicent, die junge, die theure, die strahlende« [U 582]). Gleichzeitig behält Joyce sein Auge auf dem Fruchtbarkeitsthema in seiner Homerischen Gestalt – »Alpha, ein rubinen und dreieckig Zeichen auf der Stirne des Taurus« [U 583] (da haben wir unser Bass-Etikett) – und vergißt keineswegs die »ganze scharrende stöhnende Schar, Mörder der Sonne« [U 582]. Es ist eine Glanzvorstellung.

Doch die bloße Tatsache, daß Joyce *statisches* Material für seine literarischen Pastiches finden muß (Ideen, Bilder, Motive), um die neun Monate der Schwangerschaft und die neunhundert Jahre der Sprachgeschichte auszufüllen, läßt uns an der Gültigkeit seiner Technik zweifeln. Er scheint Bloom und Stephen zu vergessen; sie sind einer bloßen Ausbreitung der stilistischen Genialität untergeordnet worden – das ist es jedenfalls, was einzuwenden wir geneigt sind. Andererseits ist es richtig, daß wir sie beide unter so vielen sozialen und mythischen Aspekten wie irgend möglich betrachten müssen, und dies kann nur vermittels einer Art Metempsychose bewerkstelligt werden – Stephen und Bloom durch die Jahrhunderte, in ein ganzes Museum von Kleidern gewandet, die Ganzheit englischer Rede benutzend, wie eine Art Ochsenschwanzanthologie der englischen Prosa sie vorstellen könnte, verwandelt in die Helden jedes englischen Schriftstellers von Rang zwischen König Alfred und Carlyle. Und doch sind die Geister dieser Schriftsteller – wie sie in jenem trunkenen Gemeinschaftsraum beschworen werden – überhaupt nicht mit diesen Helden beschäftigt, lediglich mit dem Pfusch und Ausschuß ihrer Reden und Gedanken. Die Kleidung bleibt Verkleidung, die ganze Sache ist eine Festspielinszenierung. Joyce muß für den swiftianischen Höhepunkt des Kapitels zu seinen Bullen – dem taurischen, der päpstlichen, dem irischen – gehen und für den Rest meisterhafte Gerichte aus reinen Küchenabfällen anrichten. Als zu guter letzt Mrs. Purefoys Kind geboren wird (naturgemäß sind wir von bloßer Technik so lange geknüppelt worden, daß wir das völlig vergessen hatten), trifft Joyce eine wichtige Entscheidung, die in der allgemeinen Aufregung nur zu leicht zu übersehen ist:

> Beim Himmel, Theodore Purefoy, du hast eine tapfere Tat getan und keine Pfuscherarbeit! Du bist, das schwöre ich feierlich, der denkwürdigste Progenitor, keinen ausgenommen, in dieser geschwätzigen, allumfassenden, mischmaschigen Chronik. Erstaunlich! In ihr, deinem Weibe, lag eine Gottgeformte, Gottgegebene, vorgestaltete Möglichkeit, welche du befruchtet hast durch dein Weniges von Männerwerk. Hange nur treu an ihr! Diene! Mühe dich weiter, placke dich ab wie ein veritabler Kettenhund und laß die Gelehrsamkeit und alle Malthusiasten zum Henker gehen. Du bist ihrer aller Papa, Theodore. [U 595]

Die Sache mit der Fruchtbarkeit ist gut getroffen, doch Bloom ist wichtiger als Mr. Purefoy: *Er* wird als ihrer aller Vater aufgefaßt. Unter Schwierigkeiten folgen wir Stephen und den anderen Betrunkenen in einem Strohfeuer von Slang, Neologismen, ausländischen Lehnwörtern und Pidgin-Englisch (der Sprache der Zukunft) zu Burkes Kneipe, und wir folgen Bloom, der ihnen besorgt nachgeht. Dann meinen wir Stephens Stimme zu hören:

> Lynch! Hä? Du kommst doch mit mir. Denzille Lane, hier lang. Alle umsteigen nach Hurenhausen. Wir zwei beiden, sagte sie, besuchen jetzt die Puff-Marie. [U 602]

Und doch ist von all den Episoden des *Ulysses* diese diejenige, die ich am allerliebsten selbst geschrieben hätte, und es gibt viele Autoren, die darin mit mir übereinstimmen. Es ist ein Kapitel für Autoren, eine verwirrende und gebieterische Vorstellung dessen, was die englische Sprache zu leisten vermag. Mehr noch, es ist die Erfüllung des geltungsbedürftigen Verlangens eines jeden Autors, nicht nur der englischen Literatur etwas *hinzuzufügen,* sondern sich *einzuverleiben,* was schon da ist. Die Literaturgeschichte ist eine Linie; Joyce will sie als eine Abfolge konzentrischer Kreise ansehen, deren äußerster er selber ist. Noch einmal: Es ist ermutigend, daran erinnert zu werden, daß der literarische Schöpfungsakt – in welchem Jahrhundert auch immer – eine der Huldigungen an die Stiere der Fruchtbarkeit ist, daß Schriftsteller die bemerkenswertesten Erzeuger von ihnen allen sind. Und doch ist es ein Jammer, daß Stephen und Bloom im Prozeß der Verherrlichung einer Kunst verlorengehen müssen, von der man annimmt, sie sei ihrer beider Diener.

10

Männer zu Schweinen

Jenes »Sonnenrinder«-Kapitel feierte die Fruchtbarkeit, den Mutterleib, die nüchterne Kunst der Medizin. Nun wendet sich alles zum Schlechten. Anstelle eines Entbindungskrankenhauses ein Bordell; anstelle von Müttern Huren. Der lokomotorische Apparat – den die Syphilis durch Rückenmarkschwindsucht ruinieren kann – und die unberechenbare und gefährliche Kunst der Magie regieren im Reich der Circe. Im letzten Kapitel fiel Regen auf die Erde; nun ist alles Nebel, der das Reale ins Phantastische verdreht. Es ist Blooms befremdlichstes Territorium und keines, das er sich selbst aussuchen würde. Doch er, so erfahren wir, sieht es als seine väterliche Pflicht an, Stephens Nacht bis zu ihrem katzenjammrigen Ende mitzuverfolgen. Stephen und Lynch – der mitwandelnde Zuhörer des theoretisierenden Stephen in *Ein Porträt des Künstlers* – sind mit dem Zug von Westland Row aus in die Mabbot Street gekommen; alle anderen Freunde – insbesondere Mulligan und Haines, die bis zum Schluß Getränke schnorrten – haben den betrunkenen Dichter im Stich gelassen. Betrunkene Dichter machen sich gut in Bordellvierteln, doch Bloom fürchtet Unheil für den Sohn, den er adoptieren möchte. Er ist durchaus in der Lage, auf ihn aufzupassen, und ebenso auf sich selbst. Er hat bei Burke wenig getrunken. Er trägt die Blume Moly bei sich, ihn vor sinnlicher Verzauberung zu schützen – seine Ejakulation kürzlich auf dem Strand, die spirituelle Gegenwart seiner Frau (ihr Name ist beinahe »Moly«). Die Kartoffel, die er in seiner Tasche trägt, ein hausbackener Talisman zur Abwehr von Rheuma, wird ihm als äußerliches Zeichen dieser inwendigen Tugenden dienen: Sie ist nichts Romantisches, sie ist etwas, das mit seiner Aura des Häuslichen und Alltäglichen die Avancen einer Hure wohl abzuwehren vermag. Bloom hat auch noch seine Seife, den treuen Hintertaschengefährten der Wanderungen des Tages. Um seine Taschen noch weiter zu beschweren, kauft er sich eine Schweinsklaue und einen Schafsfuß. Auch das sind schützende Talismane, doch sie werden in die gewaltige Tiersymbolwelt von Circes Insel hineingezogen. Circe verwandelte Odysseus' Gefährten in Schweine. Hier haben wir eher einen Zoo als einen Bauernhof – jede Art von Tieren, besonders die niederen Arten, verschlingt die Seele eines Mannes. Wenn der Mann ein Mann bleibt, dann ein verdrehter, verkümmerter, sabbernder. Bloom allein bleibt ein Vorbild für die Tiere – Odysseus, der von keinem erniedrigenden Zauberstab angerührte.

Dieses Kapitel ist das längste im ganzen Buch – 142 Seiten in der Bodley-Head-Ausgabe von 1960. Strukturell ist es das bedeutsamste. Wir haben in der vorhergehenden Episode gesehen, wie nachhaltig Joyce die Notwendigkeit verspürt, seine Themen zu entwickeln. Unter den Stieren sind diese Themen mit einer Folge formaler Rahmen gehandhabt worden, die eine gigantische musikalische Suite andeuten. Man stelle sich eine Oper von Wagnerschem Ausmaß vor. Zwei Akte sind vergangen, und unzählige musikalische Themen – wenngleich manches davon vielleicht nur einen halben Takt lang ist – wurden präsentiert. Der dritte Akt verlangt nach einem Überblick über die musikalischen Formen vom schlichten Gesang bis zum postwebernschen Serialismus. Der Komponist wäre ein Narr, würde er neue Themen erfinden, wo er doch weiß, daß sein Publikum die existierenden noch nicht einmal verdaut hat. Und so müssen die letzteren in neuer Aufmachung erscheinen, zu neuen Verbindungen kombiniert. Nun angenommen, ein weiterer Akt müsse folgen. Das Publikum kann weder frische Themen noch formale Genialität aufnehmen. Alles, was es noch aufnehmen kann, ist eine freie Phantasie, die wiederum auf bestehenden Themen aufgebaut ist. Dies ist ziemlich genau die Lage in dieser Phase des *Ulysses*.

Vielleicht ist die Sonatenform eine bessere Analogie als die Oper. In dem expositorischen Abschnitt eines Satzes in der Sonatenform gibt es gewöhnlich zwei hauptsächliche, miteinander konstrastierende Gegenstände, um die herum sich Gruppen von Nebenthemen ballen. Im *Ulysses* haben wir die Äquivalente dazu in Bloom und Stephen, jeder mit seinen vielen Satelliten charakteristischer Vorlieben ausgestattet. Die Exposition ergibt erst einen Sinn, wenn ihr ein durchführender Abschnitt nachfolgt, in dem die Gegenstände kombiniert werden, sich gegenseitig ihre Nebenmotive ausborgen, in einer Sphäre traumartiger Phantasie umeinander herumwirbeln, betrunken miteinander kollidieren und nach der Aufdeckung zuvor unvermuteter Affinitäten miteinander verschmelzen. Nach all dem können sie – im rekapitulierenden Abschnitt – nüchtern und allein auftreten, ordentlich angezogen und gesäubert, doch sie können nicht mehr so sein, wie sie zuvor, in der Exposition, waren. Sie haben befremdliche Dinge über einander und über sich selbst gelernt, sie haben zusammen einen Abend außer Haus verbracht. Die Region der Träume hat die Wirklichkeit beeinflußt.

Die Technik dieses »Circe«-Kapitels ist weniger mit Träumen als mit Halluzinationen befaßt. Die Figuren werden uns direkt, in dramatischer Form, dargeboten, und sie begegnen ihren Phantasien direkt. Bloom wird zum Oberbürgermeister Dublins, gebiert eine Anzahl von Söhnen, erlebt die Errichtung des Neuen Bloomusalem, verwandelt sich in Ruby, den Stolz der Manege, wird Zeuge des Weltenendes. Wenn er diese Phantasien wirklich sieht, so steht er entweder unter Alkohol oder unter Drogen. Doch das tut er nicht; er ist völlig nüchtern. Erschöpft ist er, ja, doch nicht erschöpft genug, um solche Visionen heraufzubeschwören. Die Halluzinationen kommen folglich von außen, werden von des Autors eigener Magie heraufbeschworen. Diese Magie ist dazu imstande, die Erscheinung von Stephens toter Mutter eine Wendung gebrauchen zu lassen, die aus Martha Cliffords Brief an Bloom stammt, und Bloom und Stephen sehen in einem Spiegel dieselbe gehörnte Travestie von Shakespeare, wie er eine Zeile Goldsmith brabbelt. Wenn die Phantasmagorien subjektiv sind, so sind Bloom und Stephen ein und dieselbe Person. Leichter fällt der Schluß, dies sei eine von Grund auf freie Phantasie in der Art des durchführenden Abschnitts einer Sonate, das Rapprochement zwischen Stephen und Bloom sei etwas, was durch Magie dazu gebracht wird, sich äußerlich zu vollziehen, und diese gewaltige dramatische Übung sei kein bißchen dramatisch.

Nur ein realer – im Gegensatz zu den halluzinatorischen – Vorfall ist irgend von Bedeutung. Stephen wird von einem britischen Soldatenpaar am Ende des Abschnitts niedergeschlagen. Alle fliehen, außer Bloom, der dann die Verantwortung für ihn übernimmt. Dies hätte ebenso einfach im vorigen Kapitel draußen bei Burke passieren können, und Joyce hätte sich, im Interesse fiktionaler Ökonomie, einen Haufen Arbeit ersparen können. Doch es ist nun gefährlich, in solchen Kategorien zu denken. Nachdem wir einmal so weit mit Bloom mitgegangen sind (und dies ist in größerem Maße Blooms Kapitel als Stephens), müssen wir auch den ganzen Weg zurücklegen, jede wahrnehmbare Phantasie, deren Bloom fähig ist, aufdecken und ihn – wie den Weber Zettel – in einer Art von gräßlichem Märchenland erleben. Kein Kritiker hat meines Wissens bisher den *Sommernachtstraum* als eine klassische Quelle angeführt – der von Zauberei angerührte ungewöhnliche gewöhnliche Mensch. Der übliche Vergleich ist der mit der Walpurgisnachtszene in Goethes *Faust* und mit Flauberts *Versuchung*. Aber Shakespeare ist schließlich und endlich der wahre Schirmherr des *Ulysses*.

Shakespeares Feen haben komisch-phantastische Namen. Joyces drei Huren fassen die ganze physikalische Welt zusammen: Zoe steht für tierisches Leben, Florry für pflanzliches Leben und Kitty für das mineralische Reich. Die herrschende Zauberin, Circe höchstpersönlich, ist Bella Cohen, die Bordellmutter, die, im masochistischen Teil der Bloomschen Phantasie, zum Mann wird und ihren Namen in Bello ändert. Diese Charaktere sind, wie die brutalen britischen Soldaten, nur zu real, doch sie bewohnen dieselbe Welt wie die vielen toten, fiktionalen und zwar echten, aber abwesenden Personen, die herein- und gleich wieder herausflattern und -plappern, und sie sind denselben Gesetzen – oder Gesetzlosigkeiten – unterworfen. Die Vision, die in »Die Toten« nur gerade die Ränder von Gabriel Conroys Bewußtsein berührte, ist hier nicht nur spürbar, sondern ausgedehnter als das Leben: Es gibt nur eine Welt, und die gehört gleichermaßen Lebenden wie Toten, dem Tierischen, dem Pflanzlichen, dem Mineralischen und, was das anbetrifft, auch dem Abstrakten.

Die beiden Soldaten, Gemeiner Compton und Gemeiner Carr (ihre Namen stammen von persönlichen Feinden Joyces in Zürich), treten sehr früh auf; sie lassen »mit dem Mund eine Furzsalve los« [U 605] und rufen »Heda, Pfaffe!« [U 606], als sie den schwarzgewandeten Stephen sehen. Im wirbelnden Nebel sind die Gefährtinnen Gerty MacDowells – zusammen mit den sandburgenbauenden Zwillingen Tommy und Jacky Caffrey – zu sehen, erniedrigt und zu Tieren verwandelt. Dann hat Bloom seinen Auftritt; sein innerer Monolog ist nun ein hörbares Selbstgespräch. Sein Vater und seine

Mutter sprechen mit ihm, Rudolph Virag als komischer Bühnen-
jude (»Kaputt wer'n sie dich machen, Leopoldleben. Nimm dich in
acht vor den Kerlen« [U 612]) und Ellen Bloom als Pantomimen-
Mütterchen. Sie sind Halluzinationen aus dem Hirn des Autors,
nicht dem seines Helden, doch an ihnen ist nichts vage oder schat-
tenhaft. Die physische Gestalt all der Erscheinungen wird höchst
sorgsam beschrieben und ihre Kleidung genauestens aufgeführt. Der
arme selbstmörderische Virag wird folgendermaßen beschrieben:
»Ein gebeugter Mann mit Bart erscheint, mit dem langen Kaftan
eines Ältesten in Zion angetan und auf dem Kopf ein Hauskäppchen
mit magentaroten Quasten. Eine Hornbrille hängt ihm vorn auf den
Nasenflügeln. Gelbe Giftstreifen sind auf dem erschöpften Gesicht.«
[U 611] Ellen Bloom erscheint in einer »bebänderten Morgenhaube,
Krinoline und Turnüre (…), Bluse der Witwe Twankey mit hinten
zugeknöpften Hammelkeulenärmeln, graue Fausthandschuhe und
Kameenbrosche, das Haar in ein Lockennetz geflochten«. [U 612]
Unter ihrem »Rockreff« hat sie einen »gestreiften Ukeleien-Unter-
rock«, aus dem eine »Phiole, ein Agnus Dei, eine runzelige Kartoffel
und eine Zelluloidpuppe« herausfallen. [U 612 f.]
     Natürlich ist diese Detailgenauigkeit charakteristisch für eine be-
stimmte Art von Drogenhalluzinationen, doch Joyces Augenmerk
richtet sich auf die Symbolkraft von Kleidern im Kontext der Magie. Kleider sind das, was wir von einer Person normalerweise sehen,
doch sie lassen sich so leicht wechseln. Sie sind so etwas wie ein
Zweitkörper. Magie kann die äußere Gestalt eines Wesens auswech-
seln (Circe verwandelt Männer in Schweine), aber nicht den tieferen, gottgewollten Prozeß der Metempsychose anrühren. Bloom
wechselt ständig seinen Zweitkörper – seine Kostümwechsel sind
unzählbar –, doch er bleibt derselbe Bloom. Hier, als er seinem Vater und seiner Mutter begegnet, erscheint er in jugendlichen Kleidern, schmutzüberzogen vom Wettrennen mit den Geländeläufern:
»in jugendlich feschem blauem Oxford-Anzug mit weißem We-
steneinsatz, schmalschultrig, einen braunen Tirolerhut auf dem
Kopf, schwersilberne schlüssellose Waterbury-Herrenuhr und kurze
doppelte Panzerkette mit Petschaftanhänger, auf der einen Seite mit
langsam sich härtendem Schmutz bedeckt«. [U 612]
     Was das Motiv der Verwandlung in Tiere angeht, das wird mit tie-
rischer Bildlichkeit (Molly Bloom erscheint in orientalischer Ge-

wandung, mit einem Kamel, »plump wie eine genudelte Kröpfertaube« [U 614]; eine Hure quiekt, und dann »schwingt sie ihren Fledermausschal und entflieht« [U 615]) angespielt und außerdem auf kühnere Weise in Form tatsächlicher Verzauberung ausgedrückt. So erscheint der tote Paddy Dignam als Spürhund mit Dachshundfell, der sich durch einen Kohlenschacht wurmt; Tom Rochford, »mit rotkehlchenroter Brust«, vollführt einen »verwegenen Lachssprung durch die Luft«. [U 644] Der lokomotorische Apparat des Menschen selbst wird verzaubert.

Blooms viehische Vorstellungen werden öffentlich ans Licht gebracht – Frauen der Gesellschaft legen haarsträubendes Zeugnis ab und versprechen schlimme Strafen: »Drisch den Bastard, bis von seinem Leben nur noch ein Fünkchen übrig ist. Die neunschwänzige Katze. Kastrier ihn. Vivisezier ihn.« [U 640] Blooms Masochismus zeigt sich in freudiger, bebender Nacktheit, während ein Zeitungsjunge vorbeigeht: ›Bote vom Heiligen Herzen‹ und ›Evening Telegraph‹ mit St. Patricks-Tag-Beilage. Heute die neuen Adressen sämtlicher Hahnreie in Dublin!« [U 640] Doch Bloom wird nicht für unwürdig erklärt, als Leopold der Erste, »Seine Allerkatholischste Majestät« [U 656], gekrönt zu werden. Der Pöbel wendet sich gegen ihn, wie er sich gegen Parnell wandte, und trotz seiner Wundertaten (darunter die Mutterschaft über »acht männliche gelbweiße Kinder«, deren jedes »vorn auf dem Hemd seinen Namen« trägt, »in gut lesbaren Buchstaben aufgedruckt: Nasodoro, Goldfinger, Chrysostomos, Maindorée, Silversmile, Silberselber, Vifargent, Panargyros« [U 661]) wird er von der Dubliner Feuerwehr bei lebendigem Leibe verbrannt. Und während all dies und noch mehr passiert, wird er von Zoe zu Bella Cohens Bordell mitgenommen.

Stephen und Lynch sind da, und mit ihnen »zwei andere Huren«. [U 667] Florry hat, passenderweise, ein Gerstenkorn an ihrem Augenlid, und Stephen erklärt uns, wo wir uns befinden – in beduselter Gelehrsamkeit bezüglich des »Priestergehops um Davids das heißt Circes beziehungsweise was red ich denn da Ceres' Altar« [U 669]. Die Pervertierung des christlichen Ritus in einer abschließenden schwarzen Messe wird hier vorgezeichnet. Es gibt frische Erscheinungen, darunter eine ganz erstaunliche von Blooms Großvater – eine Art von fliegendem Wiesel, das zum Schornstein herunter kommt –, bevor Bella Cohen, die wuchtige Hurenmutter, auftritt. Beinahe sofort verwandelt sie sich in Bello, ganz der kräftige Supermann, und Bloom wird eine schaudernde Frau. Doch Frau oder nicht, er wird immer noch wegen seines Mangels an Männlichkeit verunglimpft:

> BELLO: (...) Kannst du überhaupt Männerarbeit verrichten?
> BLOOM: Eccles Street ...
> BELLO *(sarkastisch):* Ich will dir ja nicht zu nahe treten, um keinen Preis der Welt, aber der Mann, der da die erste Geige spielt, der hat Mumm in den Knochen. Das Blatt hat sich gewendet, mein fröhlicher junger Bursch! Der ist so etwas wie ein ausgewachsener Freiluft-Mann. Dein Glück, du Muffelkopf, wär's, wenn du dem seine Waffe hättest mit Knoten, Knubbeln und Warzen dran und drum. Wenn der seinen Bolzen abgeschossen hat, also ich sag dir! Fuß an Fuß, Knie an Knie, Bauch an Bauch, Busen an Brust! Der ist kein Eunuch. [U 703]

Blooms Demütigung kennt keine Grenzen, doch es ist eine Demütigung, nach der er sich heimlich – hier aber natürlich überhaupt nicht verheimlicht – sehnt. Bald schon versichert sich der praktische Mensch wieder seiner selbst, schüttelt die Halluzinationen ab und hindert Stephen daran, all sein Geld den Huren zu geben. Doch der Masochist kann sich nicht lange verbergen. Bloom, wie ein Bediensteter angezogen, ein Geweih als Hutablage auf seinem Kopf, willigt in sein Hahnreitum ein, indem er Boylan und Molly beim Akt zuschaut und sie zum Gelächter der Huren und zum Entzücken der beiden Sirenen aus dem Ormond anfeuert. Und dann:

> *(Stephen und Bloom starren in den Spiegel. Das Gesicht William Shakespeares, bartlos, erscheint darin, starr von Gesichtslähmung, gekrönt vom Widerbild des Rentiergeweihs vom Hutständer in der Halle.)*
> SHAKESPEARE *(in würdevollem Bauchrednerton):* Solch lautes leeres Lachen verrät den leeren Geist. *(Zu Bloom)* Du wähntest wohl, du wärest unsichtbar. Siehe! *(Er kräht ein grimmiges Kapaunengelächter)* Jagogo! Wie mein Oldfellow seine Donnersdämona erwürgte. Jagogogo! [U 722]

Diese Vision ist offensichtlich weder für Stephen noch für Bloom allein möglich – nur für beide zusammen.

Stephen »plappert, mit marionettenem Zucken« [U 724], in gebrochenem Englisch einen Werbeprospekt über die Freuden des Pariser

Nachtlebens herunter: »Hereinspaziert die Herren zum Positionen allersämtliche besichtigen im Spiegel Schwebereck und ganze Maschinerie mit außerdem auf Wunsch extraschweinisches Darbietung von Metzgerbursche was macht Pollution in Kalbsleber warme oder in Omelette auf Bauch *pièce de Shakespeare*.« [U 725] Stephens ganze Würde ist dahin, die intellektuelle Imaginationskraft ist durch einen grotesken Spannerblick ersetzt worden. Sowohl er als auch Bloom sind bis auf den Grund gesunken. Was nun nötig ist, ist der schreckliche Vollzug all dessen in einem Tanz des Todes. Das Pianola spielt »Mein Mädchen ist ein Yorkshire-Girl« [U 731], und lebende Wesen wirbeln mit toten herum, bis der Tanz schließlich endet in der plötzlichen entsetzenden Auferstehung von Stephens Mutter »in Lepragrau, mit einem Kranz verblaßter Orangeblüten und einem zerrissenen Brautschleier, das Gesicht zerfressen und nasenlos, grün von Grabesfäule. (…) Sie richtet ihre blaugeränderten hohlen Augenhöhlen auf Stephen und öffnet den zahnlosen Mund zu einem stillen Wort.« [U 732] Stimmlos singt ein Chor von Jungfrauen und Bekennern, während Buck Mulligan, im Narrenkleid auf der Spitze eines Turmes, geschmolzene Butter in ein aufgeschlitztes Stück Teegebäck weint. So grotesk diese Schrecknis auch ist, verlieren diese Halluzinationen doch dadurch, daß sie auf so viele andere folgen: Unsere Fähigkeit, uns martern zu lassen, ist zu dieser Zeit schon einigermaßen abgestumpft. Doch Stephens Mutter identifiziert sich, nachdem sie einige mit Bloom in Verbindung stehende Formulierungen – »Mehr Frauen als Männer auf der Welt« und »Ich bete für dich in meiner anderen Welt« [U 733] – benutzt hat, mit dem leidenden Christus und läßt, indem sie ausruft »Hüte dich! Gottes Hand!«, eine »grüne Krabbe mit bösartigen roten Augen« ihre Klauen in Stephens Herz schlagen [U 734]. Stephen kreischt sein *»Non serviam!«* [U 734], verwandelt sich in Siegfried, sein Eschenstock wird zum Schwert Nothung, und zerschmettert den Kandelaber im Salon des Bordells. Beim Versuch, den Schlachter Gott umzubringen, zerstört Stephen sowohl Zeit als auch Raum – der Albtraum der Geschichte und das Gebrüll auf den Gassen (zurück zum »Nestor«-Kapitel) werden in Glas und stürzendem Mauerwerk zerschmettert.

Stephen stürzt auf die Straße hinaus, um auf eine frische Mischung aus Gegenwärtigkeit und Phantasterei zu treffen, und Bloom folgt ihm rasch nach. Das Gebrüll, das Gott ist, ist nicht da, doch der britische Staat wartet in Gestalt der Gemeinen Carr und Compton. Die Soldaten sind außer sich und beschuldigen Stephen, ihre Freundin (die zufällig auch die Gerty MacDowells ist) beleidigt zu haben. Stephen predigt, wie Bloom, den Pazifismus, trotz der Stimmen, die nach Rache für das Irland zugefügte Unrecht schreien. Die Milchfrau aus dem ersten Kapitel des Buches erscheint als »alte Gummy Granny« [U 744], doch Stephen erkennt sie als »Die alte Sau, die ihre eigenen Ferkel frißt« [U 744]. Edward der Siebente predigt den Frieden auf groteskere und unaufrichtigere Weise als Stephen, in der Hand einen *Entente-cordiale*-Eimer mit der Aufschrift »*Défense d'uriner*«, freimaurerische Roben über einem weißen Jersey tragend, der mit einem Bild des Heiligen Herzen bestickt ist. [U 740] Der Bürger tritt Major Tweedy, Molly Blooms Vater, gegenüber; die Toten von Dublin erstehen auf; Hexen reiten in der Luft; Armageddon wird mit einer schwarzen Masse geheiligt. Dann zerbirst die Sprache zu gewalttätiger Obszönität:

> GEMEINER CARR *(in wilder Artikulation):* Ich schlag ihn zu Brei, so wahr mir mein kotzverdammter Erlöser helfe! Ich werd dem Scheißbastard die kotzverdammte scheißige Luft abdrehen! [U 748]

Der Beschwichtiger Bloom, der Mann des guten Willens und des ruhigen Verstandes, schafft es nicht, Carr davon abzuhalten, Stephen ins Gesicht zu schlagen. Stephen liegt besinnungslos da, die Menge zerstreut sich beim Auftauchen der Polizei, und Bloom übernimmt die Verantwortung für den weggetretenen Dichter. Der große Augenblick des Buches ist gekommen.

Stephen, schlimmer betrunken als verletzt, murmelt Worte aus dem Lied, das er für seine sterbende Mutter sang: »Wer ... mit Fergus fahren jetzt ... / Und dringen in ... gewobnen Schatten? ...« [U 745] Bloom versteht nicht: »Ferguson, soviel ich mitbekommen habe. Ein Mädchen. Irgendein Mädchen.« Dann murmelt auch er Worte von magischer Bedeutung: »... ich schwörs, stets will ich achten, mehren, und nie versehren, Art oder Arten, ihrer immer warten ... (...) in den rauhen Sanden der See ... eines Kabels Länge vom Strand ... wo die Gezeiten ebben ... und fluten unverwandt ...« [U 754] Der von der Zauberin auferlegte Bann hat sich gelöst. Das Stolpern und Plappern von Menschen, die in Tiere verwandelt wur-

205

den, ist vorbei; es herrscht eine große nächtliche Stille. Stephen und Bloom müssen, wenn sie einen Zauber wollen, ihren eigenen machen. Stephen ist ein Dichter, seine Kunst ist magisch. Bloom ist ein Freimaurer, Mitglied einer ehrenwerten und geheimen Zunft. Er steht bei Stephen Wache, »die Finger an den Lippen in der Haltung eines Geheimen Meisters« [U 754]. Sogleich nimmt, wie durch Beschwörung einer weißen und wohltätigen Zauberei, das letzte Bild der Nacht Gestalt an. Es ist das von Rudy, Blooms totem Sohn, wie er vielleicht geworden wäre, hätte er das elfte Jahr erlebt (genau so alt wäre er jetzt) und nicht nur den elften Tag. Bloom, wundersam gepackt, ruft unhörbar seinen Namen. Doch Rudy ist ein Elfenknabe, »ein Wechselbalg, ein Entführter« [U 755]; er liest etwas Hebräisches, küßt die Seite, lächelt, sieht nichts. Die Kräfte des Lebens warteten auf Stephens tote Mutter; die Fallen des Todes sind hier umgewandelt worden in das phantasievolle Gewand der Auferstehung – das Glas und die Bronze des kleinen Sarges sind zu »Glasschuhen und einem kleinen Bronzehelm« [U 755] geworden; die weiße Zudecke aus Lämmerwolle, die Molly fertigte, um ihren Sohn in seinem Sarg warm zu halten, hat sich in ein »weißes Lämmchen« [U 755] verwandelt, das ihm aus der Westentasche lugt; das tote zarte malvenfarbene Gesicht ist ein lebendiges zartes malvenfarbenes Gesicht. In seiner Etontracht, bezogen aus einer unmöglichen Zukunft, schwebt Rudy über dem dahingegossenen Stephen. Nur der hartherzigste von allen Lesern wird seine Tränen zurückhalten können.

11

Heim ist der Seefahrer

»Circe« beschliesst die eigentliche Odyssee; nun brauchen wir noch den »Nostos«, die Heimkehr. In gewissem Sinne ist dies weniger eine Rückkehr als vielmehr ein frischer Aufbruch, denn Bloom wird mit Stephen heimgehen, und drei Lebensläufe werden nun für immer verändert werden. Wir sehen nun einen weiteren Grund für die massive musikalische Entwicklung von Themen in den Halluzinationen des Bordellviertels: Joyce wollte sie »herausarbeiten«, und zwar in beiderlei Wortbedeutung – sie abführen durch Umwandlung in einen Zauber. Das Ausmaß, bis zu dem er dies getan hat, ist am augenfälligsten – oder ohrenfälligsten – in dem Stückchen Surrealismus, das die Pianolaversion von »Mein Mädchen ist ein Yorkshire-Girl« (Stephens »Totentanz« [U 731]) darstellt. Wir wollen ein bißchen zurückblicken.

In der »Irrfelsen«-Episode hört und sieht Dilly Dedalus, Stephens Schwester, den »Diener an der Tür von Dillons Auktionsräumen« [U 329] seine Handglocke schwingen: erst »Dädäng!« [U 329], dann »Däng!« [U 331], dann – nach einem schwachen Schwung in Reaktion auf Mr. Dedalus' Flucherei – wiederum ein lautes Bimmeln. In derselben Episode krückt sich ein einarmiger Seemann seinen Weg zur Eccles Street, singend, und erhält ein Almosen von Molly Bloom. Zur selben Zeit schloß Corny Kelleher »sein langes Journal und blickte mit seinem kraftlosen Auge auf einen tannenhölzernen Sargdeckel, der schildwachend in einer Ecke stand« [U 312]. Im »Aeolus«-Kapitel erzählte Stephen die Geschichte von den zwei »Frauenzimmern« (dieser Ausdruck führt uns außerdem zurück zur »Proteus«-Szene), die zur Spitze der Statue des »einhenkligen Ehebrechers« [U 206] hinaufsteigen und Pflaumensteine hinunterspucken. Bloom sah, nicht weit vom Beginn seiner Odyssee, das

Plakat eines Radrennens und darauf einen »Radfahrer, zusammengekrümmt wie ein Dorsch in der Dose« [U 121]. In der »Cyclopen«-Episode präsentiert eine der Parodien den Generalprofos, dem über einem schönen Mädchen die Tränen kommen, von dem sich ein zum Hängen bereiter Mann verabschiedet hat: »So ein Mist, ich fang noch glatt an zu flennen gleich, wahrhaft, das tu ich, wenn ich sie da so sehe und dabei an die olle Schlumpe denke, die zu Hause am Limehouse Way auf mich wartet.« [U 430] Man nehme noch Pater Conmee hinzu, Hochwürden Love (eine Nebenfigur der »Irrfelsen«), Stephens »Proteus«-Erinnerung an den verbannten Kevin Egan, wie er »Dynamit-Zigaretten« [U 61] ansteckt mit einem »blauen Zünder« [U 62], verquere Tierthemen, Trommelschläge und den Text von »Mein Mädchen ist ein Yorkshire-Girl«, so wird man bei folgendem landen:

(Däng neues Dädäng der Dienerglocke, Pferd, Klepper, Stier, Ferkel, Conmee auf Christus-Esel lahm Krücke und Bein Seemann in Jolle armverschränkt taupullend festmachend stampfen Hornpipe durch und durch, Bubumm! Auf Kleppern, Schweinen, Schellenpferden, Gergesener Säuen, Corny im Sarg. Stahl Hai steinern der einhenklige Nelson, zwei olle Zicken, pflaumenbedeckt, vom Kinderwagen fallend, jaulend. Kotz, er ist ein Champion. Zünderblauer spähn vom Faß Hochw. Abendlied Love auf Kutschfahrt Blazes blind dorschdosengekrümmt Radfahrer Dilly mit Schneekuchen keine seidenen Höschen. Dann in letztem Hickzuckruck aufplumpend und ab bumpst Schlumpe doch ein feines Vizekönig und Königin Mädel wie sonst schlumpplump Bumpshire-Röschen. Bubumm!) [U 731 f.]

Eine fundamentale Regel der Sonatenform ist diese: niemals eine Melodie oder ein Thema einführen, wie simpel oder fragmentarisch auch immer, wenn man nicht plant, es in einem späteren Stadium zu wiederholen – oder, noch besser, umzuformen, zu entwickeln, es mit anderem thematischen Material zu verbinden. Joyce hat diese Regel erfüllt, selbst bis hin zu jenem Punkt, wo er die komischen Möglichkeiten in bloßen Namen entdeckte – wie beispielsweise, als wir kurz vor der schwarzen Messe dem Bibliothekar aus »Scylla und Charybdis« auf solche Weise wiederbegegnen: »*Quäkerlyster bepflastert Blessuren.*« [U 747] Der *Ulysses* unterscheidet sich darin von anderen Romanen, daß er die Wichtigkeit musikalischer Muster unterstreicht. Wenn ich, in einer geradlinig erzählenden Prosa, meinen Helden im ersten Kapitel dabei zeige, wie er sich die Nase kratzt, dann ist das ein bloßes naturalistisches Detail. Für Joyce wäre das bedeutsam, nicht im Sinne eines Symbolismus, sondern im Sinne eines wachsenden Gobelins – eine kleine Figur, die, wenn sie in eine Ecke des Teppichs eingearbeitet wird, zum Wohl der formalen Ausgeglichenheit schließlich noch in einer anderen Ecke auftauchen muß. Die Musik ist eine Art Teppichknüpfarbeit, die sich im Medium der Zeit realisiert. Die Zeit ändert die Dinge; daher ist eine Ausgeglichenheit, die durch die identische Wiederholung desselben Motivs erreicht wird, fehl am Platze; es muß eine Umformung geben, wie gering auch immer. Eine andere Möglichkeit, diese technische Eigentümlichkeit des *Ulysses* zu betrachten, verlangt nach weitergehendem Symbolismus, nämlich nach jenem, der das ganze Buch umschließt. Während der gesamten Dauer der Odysseusschen Wanderungen hat Penelope tagsüber gewebt, nachts aufgeräufelt. Die Nachtstadt ist der Ort zum Aufräufeln: das komplexe Gewebe des Buches, wie es von der »Telemachie« bis zur »Sonnenrinder«-Episode gewebt wurde, wird von Magie zerstört, und wir sehen die bekannten Elemente des Musters sich auflösen. Sehr bald ist nichts mehr übrig. Penelopes Trick ist entdeckt worden. Die Essenz des »Nostos« ist eine Art Nacktheit – keine Kleider mehr, nur wenige Tricks, alle Verkleidungen nur provisorisch und leicht zu durchschauen.

Die Nacktheit dieser auf das Zuhause eingestimmten Trilogie nimmt ein Trio von Formen an. Zuerst gehen Stephen und Bloom zusammen für ein Brötchen und eine Tasse Kaffee zu einer Kutscherkneipe. Sie sind müde; sie sind ein Männerpaar – einer dicht an den mittleren Jahren, der andere sehr jung – mit wenig Belangvollem oder gar Interessantem, was sie miteinander zu bereden haben: Sie sind entkleidet zu einem bloßen Paradigma. Der Prosastil ist jenseits davon, virtuose Kunstgriffe auszuspielen; er ist schlaff und holperig, obwohl er glänzend zu sein vorgibt; gut ist er nur für eine Provinzzeitung oder für den Papierkorb. Unsere beiden »Nachtwandler« [U 772] (wie sie durchtriebenerweise genannt werden) gehen für weitere Gespräche und einen abstinenzlerischen Schlummertrunk zu Eccles Street Nummer 7; hier ist die Nacktheit von einer anderen Art – ein kahler skelettartiger Katechismus, in dem alles auf eine faktologische Statistik reduziert wird. Die letzte Entkleidungsprozedur wird angemessenerweise von Molly Bloom ausgeführt: keine zivilisierten Verkleidungen mehr, die Anmaßungen der Männer entlarvt. Alle Kleider abgelegt, unterwerfen wir uns dieser ewigen Frau, die gleichzeitig Mutter Erde ist. Die proteischen Formen, die das Leben annimmt, lösen sich restlos auf. Wir enden mit nur einem einzigen Wort: »Ja.« [U 1015]

Bei Joyce freilich muß jede direkte Aussage erst noch gewichtet werden, und die Metempsychose lehrt uns, daß sogar Nacktheit eine Verkleidung sein könnte. Wir werfen im »Nostos« soviel ab, doch wir verwerfen nicht das Gefühl eines komplexen Musters. Das Ende schaut auf den Anfang zurück, und die »Telemachie« und der »Nostos« wiegen einander genauestens auf. Das erste Kapitel im ersten Abschnitt war die Erzählung eines jungen Mannes, in dem nur eine Figur (die Milchfrau) alt war. Das erste Kapitel des letzten Abschnitts ist eine Erzählung, in der nur alte Männer und solche in mittleren Jahren auftreten, abgesehen von einer einzigen Figur – vom jungen Stephen. Das mittlere Kapitel der »Telemachie« war ein persönlicher Katechismus; das mittlere Kapitel des »Nostos« ist ein unpersönlicher. Das Schlußkapitel jedes Abschnittes ist ein langer Monolog: in der »Telemachie« war er männlich (Stephen am Strand); im »Nostos« ist er weiblich (Molly im Bett). Dann schließen wir mit dem Künstler, dem Former; sogar die Erdenmutter ist der göttlichen Imagination unterworfen. Oder? Penelope ist eine Weberin. Kunst mag eines der Spielzeuge sein, die die Erdenmutter ihren Kindern gibt, um sie ruhigzustellen – eine Art Parodie der Wirklichkeit.

Kehren wir zurück zum Anfang des »Nostos«. Die Homerische Entsprechung ist das Zusammentreffen von Odysseus und Telemach in der Hütte des Schweinehirten Eumaeus. Das Element der Täuschung, der Verkleidung ist fundamental, denn Odysseus darf von keinem der Freier erkannt werden, die zu bezwingen er nach Ithaka gekommen ist. Doch Joyce kann Bloom in dieser Atmosphäre der Beinahe-Nacktheit keine Täuschungen erlauben. Von Lügen, falschen Vorspiegelungen wimmelt es im »Eumaeus«-Kapitel, doch sie sind alle Gegenstände des Denkens und Redens, versteckte Motive, und wenn nicht, so werden sie von Figuren angewandt, die dem Zusammenkommen von Dichter und Anzeigenagent in die Quere kommen, statt es zu befördern. Und der Prosastil selbst, obwohl er so tut, als sei er vollkommen wach, ist platt, erschöpft – eine Ein-Uhr-nachts-Schreibe:

Mr. Bloom und Stephen betraten die Kutscherkneipe, ein anspruchsloses hölzernes Bauwerk, in dem er, zu früherer Zeit, gelegentlich, wenn überhaupt, zuvor schon gewesen war; der erstere hatte dem letzteren vorher ein paar Winke in Betreff des Inhabers zugeflüstert, von welchem die Rede ginge, er sei der einst berühmte Skin-the-Goat, Fitzharris, der Invincible, obschon er sich für den tatsächlichen Wahrheitsgehalt nicht verbürgen könne und die Möglichkeit offenlassen müsse, daß am Ende doch keine Spur Wahres daran sei. Ein paar spätere Augenblicke sahen unsere beiden Nachtwandler sicher in einer diskreten Ecke sitzen, gegrüßt nur vom Starren der entschieden gemischten Gesellschaft aus Strolchen und Vagabunden und anderen undefinierbaren Exemplaren der Gattung *homo,* welche dort, unter gelegentlichen Gesprächen, bereits mit Essen und Trinken beschäftigt waren und für die sie anscheinend einen Gegenstand ausgeprägter Neugierde bildeten. [U 772 f.]

Darin steckt eine schreckliche und fesselnde Anziehungskraft: Es hält uns mit seinem milchglasigen Auge bei der Stange. Die Muskelkraft der Imagination ist verbraucht, und nur die Nerven funktionieren nun noch (die Nerven sind das beherrschende Organ des Körpers). Und doch wird hier im stillen eine energische Kunst gefeiert – die der Navigation, passend zum Homerischen Thema des zurückgekehrten Weltenbummlers. Den ganzen Tag über sind wir uns in periodischen Abständen immer wieder eines Dreimastschoners namens *Rosevean* bewußt geworden, der aus Bridgewater kommend mit einer Ladung Ziegelsteine heimsegelte. Er liegt schließlich im sicheren Hafen, und einer von der Besatzung – W. B. Murphy – ist in der Kutscherkneipe, um Lügen über seine Reisen und Küstenabenteuer zu verbreiten (ungefähr so wie O'Caseys Pfau). Er hat ein Monopol auf die Energien, die für die Imagination gebraucht werden, und er hält das Kapitel zusammen. Er ist so etwas wie ein parodistischer Odysseus.

Der alte Matrose fesselt unsere Aufmerksamkeit, wie das jeder Langweiler oder Lügner tut, wenn wir zu erschöpft sind, um Widerstand zu leisten. Er sagt, daß er Stephens Vater kennt (»Das ist ein Ire (…) Durch und durch Ire.« Stephen sagt trocken: »Nur zu sehr Ire« [U 775]) und besteht darauf, ihn einmal in einem Zirkus in Stockholm gesehen zu haben, wie er über seine Schulter Eier von Flaschen herunterschoß – linkshändig auch noch. Diese Linkshändigkeit hat ihre eigene Bedeutung. Wir begegnen das ganze Kapitel hindurch immer wieder Hinweisen auf Linkshändigkeit, und Corley (einer der »Zwei Kavaliere« aus den *Dublinern*) scheint nur deshalb vorgestellt zu werden, weil er angeblich der linkshändige Abkömmling einer noblen Familie ist. Die linke Hand ist die böse Hand, buchstäblich linkisch und im übertragenen Sinne betrügerisch. Hochstapler und Aufschneider passen vortrefflich zu dem Thema der Heimkehr von langen Wanderungen, und sie sind ein wichtiger Bestandteil der Unterhaltungen. Ein Mann, seit langem für tot gehalten, kehrt zurück; wie können wir wissen, ob er ist, für wen er sich ausgibt? Und wenn (was, wie einer der Kutscher glaubt, nur zu gut möglich ist) Parnell nach Irland zurückkehren sollte, so hält zumindest Bloom dies für »ganz und gar unratsam« [U 814]:

> (…) was die Rückkehr betraf, so konnte man von Glück sagen, wenn sie nicht die Hunde auf einen ansetzten, sobald man zurück war. Dann folgte gewöhnlich ein endloses Hin und Her von fauler Druckserei. Tom dafür und Dick und Harry dagegen. Und dann, das vor allem, bekam man es mit dem Mann zu tun, der grad die erste Geige spielte, und mußte seine Legitimationen auf den Tisch legen, wie der Bursche im Fall Tichborne mit seinem Anspruch. [U 816]

Mehr noch, bei jeder Rückkehr nach langer Zeit liegt die Enttäuschung in der Luft – Orte ändern sich, man selber ändert sich, Rip van Winkle hätte lieber weiterschlafen sollen. Bloom, der Dubliner Odysseus, glaubt nicht an das Umherziehen. Schön zu Hause bleiben bei deiner Frau (er zeigt Stephen, was nicht ausbleiben kann, ein Photo seiner eigenen); zufrieden sein mit der gelegentlichen Urlaubsreise. Er bleibt »der Bedächtige« [U 412].

Doch er scheint keinen Zugang zu den Verrichtungen von Stephens eigensinnigerem, subtilerem Geist zu finden. Bloom wird als dämlicher hingestellt, als er wirklich ist (schieben wir das auf die Erschöpfung, die vorgerückte Stunde). Als Stephen, der den Ausdruck eines Scholastikers benutzt, die Seele als eine »einfache und daher unverwesliche Substanz« [U 790] definiert, sagt Bloom: »Einfach? Ich glaube nicht, daß dies die rechte Bezeichnung ist. Natürlich räume ich ein, um in einem Punkte ein Zugeständnis zu machen, daß einem eine einfache Seele alle Jubeljahre einmal über den Weg kommt.« [U 791] Stephen sagt, daß er nicht von Bedeutung sei, weil er zu Irland gehöre, sondern daß Irland von Bedeutung sei, weil es zu ihm gehört; Bloom antwortet: »Was gehört? (…) Verzeihen Sie. Leider habe ich den ersteren Teil nicht mitbekommen. Was haben Sie …?« [U 808] Stephen hat, natürlich, Italienisch studiert, doch zumindest zeigte Bloom früher am Tage, daß er den Text des *Don Giovanni* kennt. Nun liegt er völlig daneben mit seinem *»Bella Poetria!«* und *»Belladonna voglio«* [U 773]. Stephens musikalischer Geschmack ist ausgezeichnet, der Blooms auch nicht gar zu schlecht. Dennoch läßt er sich hier hinreißen, »die strenge klassische Schule wie etwa Mendelssohn« und »Meyerbeers *Sieben letzte Worte am Kreuz«* [U 833] zu preisen. Stephen spricht von den großen Elisabethanern – Dowland, Tomkins, John Bull –, und Bloom will wissen, ob der letztgenannte »die politische Berühmtheit desselben Namens« [U 834] sei. Die nahezu absurde Rolle Blooms wird von der Falschschreibung seines Namens im Bericht über das Dignamsche Begräbnis im ›Telemachie‹ (rosa Ausgabe, Extra-Sportbericht) aufs Korn genommen – »L. Boom« [U 812]. Doch wir, die Leser, können diesen Schlag für ihn abfedern. Stephens Name erscheint ebenfalls in der Liste der Trauernden, obwohl er, wie wir wissen, gar nicht da war. Schon alleine die Nähe zu »Stephen Dedalus, B. A.« [U 812] läßt Bloom mit einem *(Boom)* niederländischen Baum platzen.

Die beiden verlassen schließlich die Kutscherkneipe, Bloom väterlich, Stephen wie er ist. Bloom möchte, daß Stephen ein großer Sänger wird; Bloom lauscht auf seine »phänomenal schöne Tenorstimme« [U 836], die eine deutsche Ballade über die Sirenen zum Vortrag bringt, während sie durch die Stille der Nacht zur Eccles Street spazieren. Der letzte Vers geht *»Und alle Schiffe brücken«* [U 839], was gut zu der Vesteinerung paßt, die der Feind Aeolus Odysseus' eigenem Schiff bei seiner Landung am Gestade Ithakas zuteil werden ließ. Die Schiffe sind erledigt, die Reisen alle vorbei. Arm in Arm schreiten Odysseus und Telemach den Hallen Penelopes entgegen, beobachtet von einem Fahrer, einem Navigator der Straße:

> Der Fahrer sagte kein einziges Wort, weder ein gutes noch ein böses noch ein gleichgültiges. Er sah bloß einfach den beiden Gestalten nach, während er dasaß auf seinem niedrigen Wagen, beide schwarz – der eine voll, der andere schlank – wie sie auf die Eisenbahnbrücke zugingen (…). Während sie so dahinschritten, hielten sie zuzeiten an und schritten dann weiter und setzten ihr *tête-à-tête* fort (von dem er natürlich gänzlich aus-

geschlossen war), über Sirenen, Feindinnen der Menschenvernunft, vermischt mit einer Anzahl anderer Themen derselben Kategorie, Usurpatoren, historische Fälle der Art (…). [U 839]

Ein Katalog von Diskussionsthemen wird hier auf zurückhaltende Weise umrissen. In dem Moment, wo wir das nächste Kapitel erreichen (das häßliche Entlein des ganzen Buches und folglich Joyces eigene Lieblingsepisode), ist die Zurückhaltung dahin. Das sanfte Fleisch wird vom Skelett gerissen, und wie ein ewiger Gradgrind stellt die Stimme des Gottes der Statistik kalte Fragen und erwartet umfassendste Antworten:

> Worüber machte sich das Duumvirat während seiner Wanderung Gedanken? Über Musik, Literatur, Irland, Dublin, Paris, die Freundschaft, das Weib, die Prostitution, Diät, den Einfluß von Gaslicht oder des Lichtes von Bogen- und Glühlampen auf das Wachstum von in der Nähe befindlichen paraheliotropischen Bäumen, für den Notfall aufgestellte städtische Müllbehälter, die römisch-katholische Kirche, das geistliche Zölibat, die irische Nation, jesuitische Erziehung, Karrieren, das Studium der Medizin, den vergangenen Tag, den ungünstigen Einfluß des Vorsabbaths, Stephens Zusammenbruch. [U 840]

Unter den Fakten, die der unmenschliche Katechist ermitteln will, sind natürlich auch die gemeinsamen »Faktoren von Ähnlichkeit zwischen ihren beiderseitig gleichen und ungleichen Reaktionen auf Erfahrung?« [U 840]. Die Fakten sind, wie wir erwarten konnten, nicht alle derart aufschlußreich: Bloom und Stephen sind nicht von den entgegengesetzten Enden der Welt zusammengetrommelt worden, um sich in einem Begeisterungstaumel der Verwandtschaft zu treffen:

> Gab es einen Punkt, hinsichtlich dessen ihre Ansichten sowohl gleich als auch negativ waren?
> Hinsichtlich des Einflusses von Gaslicht oder elektrischem Licht auf das Wachstum von in der Nähe befindlichen paraheliotropischen Bäumen. [U 841 f.]

Doch das Rapprochement ist da, und als Bloom, der den Schlüssel vergessen hat, in sein eigenes Haus mit einer Kriegslist eindringt (er klettert über den Vorplatzzaun und öffnet die Vorplatztür) und es

Stephen ermöglicht, auf üblichere Weise einzutreten, können wir uns einer langen und irrelevanten Analyse von Rasse, Temperament, Ausbildung, Familie widmen – erschöpfend in beiderlei Wortbedeutung –, die zur Wahrheit parallel verläuft. Die Wahrheit, die mit Statistik nichts zu tun hat, ist, daß Bloom und Stephen miteinander reden und weiterkommen können, daß sie sich wieder treffen und das Leben des jeweils anderen verändern werden, daß Bloom aus seinem Kontakt mit der intellektuellen Imaginationskraft eine freierbezwingende Kraft beziehen wird, und daß Stephen eines Tages in der Lage sein wird, den *Ulysses* zu schreiben.

Die komische Aufdringlichkeit des Katechismus läßt sich am besten erkennen, als Bloom in der Küche den Wasserhahn aufdreht, um seinem Gast Kakao zu machen:

Kam er zum Fließen?

Ja. Aus dem Roundwood-Reservoir im County Wicklow mit seiner Kubikkapazität von 2400 Millionen Gallonen durchlief er einen zu einem ursprünglichen Fabrikpreis von £ 5 pro Langyard erbauten unterirdischen Aquädukt aus einfach und doppelt gelegten Filterleitungen durch den Dargle, Rathdown, Glen of the Downs und Callowhill bis zu dem 22 gesetzliche englische Meilen entfernten 26 Morgen großen Reservoir in Stillorgan und von dort durch ein System von Entlastungstanks vermittels eines Gefälles von 250 Fuß bis zur Stadtgrenze an der Eustace Bridge, Upper Leeson Street, obschon der Wasserspiegel aufgrund der ausgedehnten Sommerdürre und des täglichen Verbrauchs von 12½ Millionen Gallonen bereits bis unter die Schwelle des Überlaufwehrs gefallen war, aus welchem Grund der Bezirksinspektor und Ingenieur der Wasserwerke, Mr. Spencer Harty, C.E., auf Anweisung des Wasserversorgungsamtes die Verwendung von städtischem Wasser für alle Zwecke außerhalb des reinen Verbrauchs untersagt hatte (da man der Möglichkeit ins Auge sah, wieder zu dem untrinkbaren Wasser des Grand und des Royal Canal seine Zuflucht nehmen zu müssen wie im Jahre 1893), besonders nachdem die Süd-Dubliner Armenbehörde, ungeachtet ihrer durch eine 6-zöllige Leitung zugelieferten Ration von 15 Gallonen pro Tag und Almosenempfänger, durch Ablesen ihres Zählers nach Aussage des gesetzlichen Vertreters der Stadtverwaltung, Mr. Ignatius Rice, Rechtsanwalt, einer Vergeudung von 20000 Gallonen pro Nacht überführt worden war, wodurch sie zum Schaden eines anderen Teiles der Öffentlichkeit, nämlich der sich selbstversorgenden, zahlungsfähigen, gesunden Steuerzahler, gehandelt hatte. [U 847]

Das alles nur, um zwei Tassen Kakao zu bekommen.

Und doch erinnern uns die statistischen Daten an das unbewußte Tasten nacheinander, das Bloom und Stephen, für gewöhnlich unbedacht, in den Randzonen des Denkens, den ganzen Tag über gezeigt haben – die »Beispiele postexilischer Größe« [U 840] Moses von Ägypten und Moses Maimonides (Stephen hat über beide kurz nachgegrübelt), denen Bloom noch Moses Mendelssohn hinzufügt; das jüdische Vater-und-Tochter-Thema in der Nationalbibliothek, das Stephen veranlaßt, die antisemitische Ballade *Harry Hughes* zu singen (in einem Arrangement, das für Stephens Tenorstimme zu tief gesetzt ist. Warum das?); die Parallele zwischen den unterdrückten Juden und den unterdrückten Iren, die in der »Aeolus«-Szene rhetorisch entwickelt wurde. Doch all dies hat, alles in allem genommen, wenig mit Bloom und Stephen zu tun. Was schließlich aus den Wagenladungen abstrakter Fakten hervortritt, ist etwas Seltsames und Unerwartetes. Das Duumvirat scheint sich eine eigene Art von Abstraktion von dem skeletthaften Katechismus auszuborgen: Sie beide legen die eine Art von Substanz ab und erringen eine andere. Ihre Realität wird die von Mond und Sternen, deren Gewicht und chemischen Bestandteile, Temperatur und Kanäle und Berge bekannt sein mögen, aber nur von ferne. Stephen und Bloom werden zu Himmelskörpern, und uns fällt auf, daß Joyce »Kometen« zum speziellen Symbol dieses Kapitels gemacht hat. Es ist nicht das Übermaß an faktischer Materie, das die Metamorphose bewirkt hat; es ist der Mangel an menschlichen Bezügen, das Aussaugen des Blutes aus dem Menschlichen. Stephen und Bloom erheben sich über die Welt der Sinne und nehmen ihren Platz unter den Sternbildern ein, dem »Himmelsbaum der Sterne, behangen mit feuchter nachtblauer Frucht« [U 885].

Bloom lädt Stephen ein, die Nacht in seinem Haus zu verbringen, doch Stephen lehnt ab. Das ist aber alles andere als ein Abschied: Die beiden werden sich für weitere Unterhaltungen wieder treffen; es gibt da außerdem noch die Frage von Stephens Stimme und Stephens Italienisch und Molly Bloom. Sie nehmen sich vor, einen »vorher festgelegten Italienisch-Kurs ins Leben zu rufen, Ort die Wohnung der Unterrichteten« [U 881] (das wird Mollys »*voglio*« in Ordnung bringen: Bloom war mit ihrer Aussprache dieses Wortes nie ganz glücklich gewesen); einen »Gesangs-Kurs ins Leben zu rufen, Ort die Wohnung der Unterrichtenden« [U 881]. Und so geht

Stephen davon – wohin wissen wir nicht –, über ihm »die unend-
liche lattiginöse funkelnde unkondensierte Milchstraße« und »Orion
mit Gürtel und sechsfachem Sonnentheta und Nebelfleck, in dem
100 unserer Solarsysteme Platz finden konnten« [U 885]. Bloom
bleibt allein zurück inmitten umgestellter Möbel im Wohnzimmer
(Marotte der Gattin) und stiller Meditationen, die ihm friedvollen
Schlaf eingeben mögen. Wir stehen ihm zum letzten Mal von
Angesicht zu Angesicht gegenüber, und so müssen wir uns mit
einem katechistischen Quantum seines Bodensatzes an Gedanken,
Träumen, Hoffnungen für die Zukunft sättigen. Und auch sein Haus
(immerhin ist dies Ithaka) wird nicht verschmäht: Die Inhalte von
Schubläden und Bücherregalen werden vollständig aufgeführt, und
es gibt ein Inventarsverzeichnis der Gedanken und Gefühlsregungen,
die durch solche Gegenstände aufgerufen werden wie eine »un-
scharfe Daguerreotypie« von »Rudolph Bloom (geb. Virag)« [U 919],
und den Brief von Martha Clifford, den er seinen geheimen Schät-
zen einverleibt. Doch Bloom wird müde wie wir. Ausgezogen geht
er ins Schlafzimmer, wo Molly wachliegt. Er betrachtet das ehe-
brecherische Bett mit Gleichmut; er beantwortet Mollys Fragen
nach dem langen Tag mit ziemlicher Offenheit, wenn er auch bestimmte Vorfälle fortläßt, die sie vielleicht nicht verstehen und auch
nicht gutheißen würde. Doch sie merkt auf bei der Erwähnung
von Stephen Dedalus, »Professor und Schriftsteller« [U 936] – Sohn,
Liebhaber, Messias –, und wird ihn schon bald in ihre Vorschlaf-
meditationen einweben. Bloom, selbstsicherer als seit Jahren, bittet
darum, sein Frühstück ans Bett zu bekommen. Es besteht kein
Zweifel, daß er es kriegen wird.

Er liegt, wie Joyce selbst zu liegen pflegte – mit den Füßen am Kopf-
ende des Bettes, »ganz auf der Seite, der linken, das rechte wie linke
Bein gebeugt, Zeigefinger und Daumen der rechten Hand auf dem
Nasenrücken (...), der Kindmann müde, das Mannkind im Mutterschoß« [U 938]. Der Fragesteller will auch jetzt noch nicht aufgeben:

Mutterschoß? Müde?
Er ruht. Er ist gereist.

Mit?
Sindbad dem Seefahrer und Tindbad dem Teefahrer und Findbad dem
Feefahrer und Rindbad dem Rehfahrer und Windbad dem Wehfahrer

und Klindbad dem Kleefahrer und Flindbad dem Flehfahrer und Drind-
bad dem Drehfahrer und Schnindbad dem Schneefahrer und Gindbad
dem Gehfahrer und Stindbad dem Stehfahrer und Zindbad dem Zehfah-
rer und Xindbad dem Ehfahrer und Yindbad dem Sehfahrer und Blind-
bad dem Phthefahrer. [U 938]

Die Rhythmen dieser Namen sind die Rhythmen stetigen Atems.
Wenn der Fragesteller eine weitere Antwort will, so muß er auf eine
unsinnige gefaßt sein. Schließlich wird er überhaupt keine Antwort
mehr kriegen.

Wann?
Es begab sich zu finsterem Bette ein vierschrötig rundes Sinnbad des Seh-
fragers Rock Alkes Ei in der Nacht des Bettes der Alke aller der Rocke
von Finstbatt dem Helltagler.
Wohin? [U 938 f.]

Bloom ist eingeschlafen.
Molly Bloom ist es nicht, noch nicht. Penelope muß sich als, trotz
allem, grundsätzlich treu erweisen, und Blooms Sieg über die Freier –
wiederum trotz allem – muß mit widerstrebender, wenn auch nie
ausgesprochener Bewunderung gefeiert werden. Mehr als das: Wir
haben für Hunderte von Seiten in einer Männerstadt gelebt, und die
Frau hatte sehr wenig zu sagen. Den Artefakten des Mannes liegt die
ewige, unwandelbare Frau, die Spenderin des Lebens, die Quelle des
echten schöpferischen Dranges zugrunde. Die Frau ist die Erde;
Molly liegt »in der Haltung der Gea-Tellus, erfüllt, entspannt, von
Samen strotzend voll« [U 938]. Sie hat ihre eigenen Gesetze, die nicht
die des Mannes sind; die Rhythmen ihrer Meditation ignorieren die
Dämme und Zäune des Mannes:

Ja weil er sowas doch noch nie gemacht hat bis jetzt daß er sein Frühstück
ans Bett haben will mit zwei Eiern seit dem *City Arms* Hotel wo er immer so tat wie wenn er wegen seiner kranken Stimme das Bett hüten
müßte und den feinen Lackaffen spielte alles bloß um sich bei der alten
Ziege interessant zu machen Mrs Riordan von der er dachte er hätte einen
dicken Stein im Brett bei ihr und dabei hat sie uns keinen roten Heller

hinterlassen alles für Messen weg für sie selber und ihre blöde Seele also sowas von Geizkragen das gibts nicht nochmal wieder wie die sich gesträubt hat die lumpigen 4d für ihren Brennspiritus rauszurücken und dann all ihre Wehwehchen die sie hatte und das ganze Gequatsche über Politik und Erdbeben und das Ende der Welt also erstmal wolln wir uns doch noch ein bißchen amüsieren guter Gott wenn alle Frauen derart rot sähen bei Badeanzügen und ausgeschnittenen Kleidern von ihr hat ja schließlich keiner verlangt daß sie sowas trägt ich nehme an sie war fromm weil die garantiert kein Mann ein zweitesmal anguckt (...) [U 940]

Und so weiter und so weiter und so weiter: siebenundzwanzigtausend Wörter (ein Drittel eines Romans von durchschnittlicher Länge) ohne irgendwelche Satzzeichen. Die Nacktheit ist total, und in der französischen Version des *Ulysses* nimmt Molly sogar ihre Akzente heraus, wie so viele Haarnadeln. Dies ist die letzte und in vielerlei Hinsicht die erstaunlichste *Tour de force* des Buches.

Und doch ist es weniger eine Vorstellung der Kunst als eine Offenbarung von Einsichten. Joyce hat es gewagt, sich in den Kopf einer Frau hineinzudenken: Es wäre gefährlich, zu gestalten, die List des Künstlers zu benutzen: Es ist sicherer, die Schleusentore offen und dem dunklen, aufgeschwollenen Fließen seinen Willen zu lassen; andernfalls könnte der Bannspruch gebrochen werden. Und so hören wir auf einen unglaublichen Sturzbach der Erinnerungen, ein großer Teil davon erotisch, aus dem wir uns ein Porträt Leopold Blooms aus der Sicht seiner Frau herauspflücken müssen. Seiner Fehler sind viele – er widerspricht; er pflegt familiären Umgang mit Bediensteten; er behauptet, Unser Herr sei ein Zimmermann und der erste Sozialist gewesen; er tut so, als müsse er sterben, wenn er sich seinen Zeh mit einem Rasiermesser aufgeschnitten hat; er ist eine Plage im Haushalt; er treibt sie, seine Frau, durch seine eigene Fahrlässigkeit in die Sünde der Ehebrecherei; und so weiter. Er ist so unbefriedigend, daß sie gerne daran denkt, sie könne vielleicht bald imstande sein, ihn durch Stephen zu ersetzen, den Künstler-Sohn-Liebhaber. Doch wenn sie ihn mit Boylan und anderen Dubliner Trinker-Lüstlingen vergleicht, ist sie darauf gefaßt, ihm gute Vorzüge zuzugestehen. Er kann liebenswürdig sein, seine Manieren sind gut, er läßt sich nicht von männlichen Busenfreunden auf Abwege bringen, er hat etwas vom Künstler an sich, er kann eine Frau verstehen und weiß ihr Freude zu machen. Es gab eine Zeit, da er bewies, mehr Zunder als die andern zu haben, einen kräftigen Pfeil abschießen zu können. Zumindest läßt er sich gut ertragen, sogar in Schutz nehmen. Boylan, der ihr an diesem Nachmittag eine Löwenlatte hinlegte, ist verglichen damit grobschlächtig: Sein Stößelende ist noch nicht die ganze Männlichkeit. Letztendlich spürt Molly, daß sie alle Männer, die sie jemals kannte, umschließt – eine tolerante Mutter. Doch ihren Ehemann betreffend bleiben da noch gewisse Unwägbarkeiten; sie kann sich seiner nicht allzu sicher sein; er ist immer fähig, das Unerwartete zu tun. Boylan mag Wein und Pfirsiche mitgebracht haben und eine starke Bereitschaft, es zu tun, doch Leopold, Poldy, Don Poldo de la Flora, hat einen vaterlosen und mutterlosen Dichter mitgebracht und sich als Rückerstattung nur ein Frühstück im Bett erbeten (zwei Eier – die stattliche Rückkehr seiner Männlichkeit). Bloom wird sich sehr gut machen; auf seine passive Art (aber ist denn nicht Passivität eine List?) hat er alle Freier getötet.

Da haben wir also Penelope. Doch sie ist auch Gea-Tellus, Kybele, unsere große Erdenmutter. Daß sie selbst eine Mutter gehabt haben könnte, erscheint lächerlich; wir können Lunita Laredo – die spanisch-jüdische Braut von Major Brian Cooper Tweedy – nicht so ganz ernstnehmen: Schließlich bedeutet »Lunita« ja »kleiner Mond«, und kleine Monde bringen keine eigenen Planeten hervor. Molly ist die ewige Erde, die sich schlaflos in ihrem quietschenden Bett herumwälzt. Dreck gehört zu ihrem Wesen: Sie mag schmutzige Bücher; sie wird nicht in Verlegenheit gebracht durch das Gerede der Eckensteher über das, was »nur natürlich« ist. Sie ist sich ihres Alters unsicher, doch sie erinnert sich an Epochen ihrer langen geologischen Geschichte – ihr inwendiges Feuer quillt hervor; es gab einen fürchterlich kalten Eiszeitwinter, als sie mit kleinen Puppen spielte, den ersten Menschen; sie liebt die Morgenstunden, wenn die Welt verlassen daliegt, abgesehen von den tauübersäten Blumen und Gemüsen auf den Marktständen. Sie schwärmt leidenschaftlich für Blumen, hätte gerne das ganze Haus von ihnen voll; für sie gibt es nichts, was der Natur gleichkäme.

Doch sie ist ebenso reizend wie furchtbar. Ihr gesunder Menschenverstand einer Frau läßt den ihres Ehemannes wie höhere Mathematik aussehen. Sie ist ganz und gar für das Leben, verabscheut Kriege und die Männer, die welche führen, ist voller Zorn angesichts der Verwüstung schöner Körper auf dem Schlachtfeld, um irgend-einem unechten Ideal zu dienen. Sie liebt die Liebe. Sie liebt Gott, doch ihr Gott ist nicht der komisch-grausame Schlachter aus Stephens verquälten Grübeleien:

> (…) Gott im Himmel es geht doch nichts über die Natur die wilden Berge dann das Meer und die Wellen wie sie am rauschen sind und das schöne Land mit Hafer und Weizenfeldern und allen möglichen Sachen und das ganze schöne Vieh am weiden das täte einem so richtig gut mal wieder Flüsse zu sehen und Seen und Blumen alle möglichen Formen und Düfte und Farben sogar in den Gräben sprießen die überall Schlüsselblumen und Veilchen das ist die Natur und wenn die sagen es gibt keinen Gott dann kann ich bloß sagen ich pfeif auf ihre ganze Gelehrsamkeit wieso gehn sie nicht hin und schaffen selber mal was hab ich ihn oft schon gefragt diese Atheisten oder wie die sich nennen solln doch erstmal vor ihrer eigenen Haustür kehren (…) [U 1013]

Ihr Gott ist der Schöpfer; der Gott von Stephens Mutter ist der Zerstörer. Bei ihr wird der ganze Komplex der Reue, des »gewizzede biz«, der Sinn für die Blasphemie gegen die *amor matris* (die am Ende vielleicht das Wichtigste im Leben ist) weggespült und abgeführt im Konzept einer Mutterschaft, die nicht gemein und nörglerisch und tränenreich und selbstmitleidig ist, sondern humorvoll, lichtgetränkt, sonnengeboren.

Vor dem Einschlafen gibt Molly ihre Zusicherung ab, sagt »ja« zum Leben, in einer prachtvollen Phantasie, die Gott, Blooms Küsse und Versprechungen – »morgen früh die Sonne die scheint für dich allein« [U 1014] – auf dem Howth und ihre Mädchenzeit und die erste Liebe in Gibraltar, als sie »eine Blume des Berges« [U 1015] war, vereinigt. Gibraltar paßt zu ihr – der Zugang zum Mittelmeer der Sonne und des Weines, der ewige blumenbedeckte Felsen. Ihre letzte Erinnerung wird schließlich, nach den langen Jahren der bitteren Zensur und Unterdrückung, in Anthologien abgedruckt und auswendig gelernt, ein klassisches Zitat, aber nicht in Gefahr, durch Wiederholung abgenutzt oder schal zu werden:

> (…) ja wie ich mir die Rose ins Haar gesteckt hab wie die andalusischen Mädchen immer machten oder soll ich eine rote tragen ja und wie er mich

geküßt hat unter der maurischen Mauer und ich hab gedacht na schön er so gut wie jeder andere und hab ihn mit den Augen gebeten er soll doch nochmal fragen ja und dann hat er mich gefragt ob ich will ja sag ja meine Bergblume und ich hab ihm zuerst die Arme um den Hals gelegt und ihn zu mir niedergezogen daß er meine Brüste fühlen konnte wie sie dufteten ja und das Herz ging ihm wie verrückt und ich hab ja gesagt ja ich will Ja. [U 1015]

In der ganzen Literatur gibt es nichts Freudvolleres. Das Buch ist beendet, und doch werden wir, nach seinem letzten Punkt, auf die Erinnerung einer erschöpfenden Odyssee zurückverwiesen, die diese Bloomsche, die Verbannung und die Wanderungen des Künstlers und die langen Jahre der Plackerei und der Ignoranz umschließt:

Triest–Zürich–Paris, 1914–1921 [U 1015]

Es bleiben noch weitere zwanzig Jahre des Herumziehens – strebend, kämpfend, sich nicht fügen wollend. Man mag in Ithaka schlafen können, aber sterben tut man dort nicht.

12

Das Nachttischlabyrinth

DER *ULYSSES* IST EIN BUCH, DAS MAN BESITZEN, EIN BUCH, MIT DEM man leben muß. Ihn sich auszuleihen ist wahrscheinlich schlimmer als zwecklos, denn das Gefühl des Gehetztseins, das von einer zeitlichen Begrenzung der Lektüre heraufbeschworen wird, verträgt sich nicht mit der langsamen Gangart des Buches selbst, einer gemächlichen Musik, die ein ungehetztes Ohr braucht und dem flüchtigen, zeitungserzogenen Ohr wenig abwirft. Der größte Teil unserer Lektüre ist in der Tat reine Augenlektüre – das Verschlingen des Klischees am Stück, das Überspringen des scheinbar Unwichtigen, das Herauszerren des Sinnes aus der Form. Der *Ulysses* ist, wie *Das verlorene Paradies,* ein Hörwerk, und die Töne tragen den Sinn. Ebenso trägt die Form den Sinn, und wenn wir die Wortspielereien, die Parodien und die Pastiches ignorieren, um herauszufinden, was als nächstes geschieht, verurteilen wir uns zur Enttäuschung. Der *Ulysses* ist kein spannungsgeladener Thriller. Er wird sich aber einer Leseweise öffnen, bei der sich die Herangehensweise des durchschnittlichen Romanlesers mit dem mehr verfeinerten Lyrikschmecker verbindet. Als ich den *Ulysses* im Alter von sechzehn Jahren zum erstenmal las, versuchte ich, ihn hinunterzuschlingen, und scheiterte, doch immerhin brachte ich es doch fertig, ein vergleichsweise hastiges Mahl daraus anzurichten – vier volle Tage in den Schulferien. Las ich denn damals jedes Wort, oder übersprang ich etwas? Ich übersprang ein bißchen, vor allem in der »Sonnenrinder«-Episode und in Molly Blooms abschließendem Monolog. Ich war ungeduldig mit einigen von Blooms inneren Grübeleien und schwach irritiert von der »Sirenen«-Episode. Doch am Ende meiner vier Tage wußte ich, worum es in dem Buch ging. In den gut dreißig Jahren seit jener ersten Lektüre – einer Erfahrung, die meine Prüfungsleseliste ein bißchen blaß aussehen ließ – habe ich das Buch nur zweimal wieder zusammenhängend durchgelesen, vom stattlichen und feisten Buck Mulligan bis zum abschließenden »ja«. Ich habe es vorgezogen, es in Kapiteln zu mir zu nehmen, wobei ich jeweils dasjenige aussuchte, auf das ich zu einer bestimmten Zeit gerade Lust hatte, manche als Lieblingskapitel erkannte – üblicherweise die Episoden, die ich am wenigsten mochte, als ich den *Ulysses* zuerst kennenlernte – und mich innerhalb dieser Lieblingskapitel bestimmten Passagen immer wieder zuwandte.

Der *Ulysses* (und sogar noch mehr *Finnegans Wake,* wie wir sehen werden) lädt zu einer solchen Vorgehensweise ein – ungefähr so wie die Bibel. Er ist in mancherlei Hinsicht ein Vorläufer der neuen Welle im Roman, die durchaus dazu in der Lage ist, uns abzuverlangen, daß wir einen literarischen Text wie ein Lexikon oder eine Enzyklopädie behandeln – als etwas, das wir nach Belieben an jedem Punkt betreten, hinten anfangen und vorne beenden, teilweise oder komplett lesen können, eher ein räumliches Feld für freies Herumschweifen als eine Rolltreppe in der Zeit. Die »Irrfelsen«-Episode des *Ulysses* erinnert daran, daß das ganze Buch ein räumliches Schema besitzt, in dem die Zeit ihrer schikanierenden Marsch-Marsch-Authorität entkleidet worden ist, und dies wird untermauert, wenn wir wissen, daß das letztgültige Bild das des menschlichen Körpers ist, der häppchenweise mit seinen verschiedenen Organen vorgestellt wird. Die Zeit ist der große Feind, und Bücher wie der *Ulysses* und *Finnegans Wake* versetzen ihr einen triumphierenden Tritt. Die Zeit muß auf ihren Platz im Raum verwiesen werden.

Der *Ulysses* ist also ein Labyrinth, das wir an jedem beliebigen Punkt betreten können, sobald wir uns einmal mit seiner grundlegenden Anlage und seinen Absichten vertraut gemacht haben. Er ist eines der wenigen Bücher der Welt, zu denen man zu jeder Zeit greifen kann, die uns jeden beliebigen Augenblick bereichern können, und er ist kein Wälzer, mit dem wir uns angestrengt an einem Bibliothekstisch beschäftigen müssen, sondern ein Buch für den Nachttisch. Wenn man sagt, man müsse mit ihm leben, so äußert man nicht einen voreingenommenen, parteilichen Anspruch, sondern man stellt ganz objektiv fest, daß es darin genug Fleisch gibt, um ein Leben lang zu reichen. Seine Bandbreite ist willentlich enzyklopädisch, und seine Subtilitäten und Geduldsspiele verlangen nach einer Art zurückgezogener Muße, um herausgearbeitet zu werden. Man kann nie *irgendein* Buch vollkommen verstehen (nicht einmal sein eigenes), vor allem, weil Wörter autonom sind und eine endlose Spanne möglicher Bedeutungen besitzen und weil die Zeit selbst, der Fluß, dem der Autor eine Falle stellen will, die Gewohnheit hat, einem Buch neue Bedeutungen zu verleihen, Akzente zu verschieben, Themen neu zu aktualisieren, frische Beziehungsmuster zum Rest der nachwachsenden Literatur nahezulegen. Das Paradoxe am *Ulysses* ist, daß er zu jeder beliebigen Zeit unmittelbar verständlicher bleibt als Bücher, die eine größere Luzidität versuchen: Er entringt seine Bedeutung nicht dem Hier und Jetzt, er teilt gegen die Zeit aus, statt sich von ihr mitreißen zu lassen. Gleichzeitig lädt er zu weiterer Erforschung und Entdeckung – nicht von Antworten auf Rätselfragen, sondern eines größeren Reichtums im Verständnis dessen, was bereits gut genug verstanden wurde – ein.

Reihen wir ihn in die Nachttischbibliothek ein, zusammen mit dem anderen großen Joyceschen Buch, Shakespeare, der Bibel, Boswell, der *Anatomie der Melancholie,* Rabelais, Nabokovs *Fahlem Feuer,* dem *Tristram Shandy* und anderen Werken, die sich mehr mit festen Gegenständen im Raum beschäftigen als mit dem illusorischen Strom der bloßen Zeit. Und nun will ich versuchen, seine Qualitäten zusammenzufassen. Ich bin mir auf erbärmliche und hilflose Weise meiner Unfähigkeit bewußt, sie in dem knappen Überblick, den ich gerade abgeschlossen habe, zu würdigen. Es besteht die fürchterliche Gefahr eines Zeremoniells, das Leser ebenso wie Schriftsteller in gräusliche Eulen verwandelt. Joyce schrieb den *Ulysses,* um zu unterhalten, das Leben zu erheben, Freude zu spenden. Es ist allzu einfach, das beflügelte Leben zu zerstören, nicht so sehr, indem man es in Fesseln legt, sondern indem man darüber brütet.

Als erstes also ist der *Ulysses* ein großer komischer Roman. Er ist eines der wenigen Bücher, die einen dazu bringen können, lauthals aufzulachen. Sein Humor ist von immenser Vielfalt und reicht vom bühnenirischen Radau bis zum verfeinertsten Esprit. Die humoristische Tradition in der englischen Literatur ist – seit die Puritaner 1642 die Türen der Theater zuknallten – einigermaßen begrenzt gewesen, und das typisch komische englische Buch der Periode, auf die Joyce folgte, bezog seine Effekte daraus, daß es Farcen und Sentimentalitäten zu Butterstullen aufeinanderpappte. Jerome K. Jerome ist typischer als Lewis Carroll, und der Humor, der der englischen

Sprache als solcher innewohnt – einer Sprache mit zwei widerstreitenden Elementen –, ist nie sonderlich ausgeschlachtet worden. An Joyce ist bemerkenswert, daß in seinen Büchern durchgängig die *vis comica* am Werke ist und daß selbst das Schockierende und das Pathetische in Gestalt komischer Plattheiten dargebracht werden: Die beiden Erscheinungen der »Circe«-Episode, die Geister von Stephens Mutter und von Blooms Sohn, verdanken ihre ganze Wirkung der Anwendung einer Technik, die traditionellerweise mit Lachen in Verbindung gebracht wird. Bierernst ist immer untersagt, und sogar die Verzückungen der Geschlechtlichkeit (die übermäßig ernstzunehmen Lawrence uns beibrachte) werden zum beinahe Grotesken hin ausgehöhlt. Das Gelächter von Jonathan Swift wandelt sich allzu leicht zu einem Knurren oder Heulen, doch die *saeva indignatio* hat keinen Platz im *Ulysses,* ebensowenig wie jene schreckensstarre Fasziniertheit durch die niederen Körperfunktionen, die Swifts Schwachsinn bestätigt. Joyce wird wie ganz Irland vom Golfstrom gewaschen; Swift reinigte sich mit »orientalischer Skrupulosität« (Dr. Johnsons Ausdruck). Es ist gesünder, ein bißchen Schmutz hinzunehmen – manch einer würde sagen, es gibt im *Ulysses* mehr als nur ein bißchen –, als die vergeblichen Mühen der Reinwaschung von der Erbsünde zu durchlaufen. Und daher ist ein Teil der Befriedigung, die wir aus den gröberen Witzen des *Ulysses* beziehen, keineswegs ein Aspekt der »Kloakenbesessenheit« [U 184], die Professor MacHugh dem Englischen attestiert: Es handelt sich um den Bestandteil eines totalen, kosmischen Gelächters, das Gosse, Liebe, Politik und die unsterblichen Götter einschließt und sich keiner Sache schuldig fühlt.

Einer der Joyceschen unsterblichen Götter ist die Sprache, und es ist angemessen, daß er in ihr eine inhärente Komik auffand. Das Englische hebt sich dadurch von den übrigen Sprachen der Welt ab, daß seine beiden Grundelemente – das Lateinische und das Angelsächsische – trotz ihrer gemeinsamen Herleitung aus dem Indogermanischen von ihrem Wesen her grundverschieden sind und in entgegengesetzte Richtungen ziehen. Das Angelsächsische bevorzugt kurze Wörter und erdige Bezeichnungen; das Lateinische ist würdevoller, eine intellektuelle Sprache, am glücklichsten bei Vollmundigkeiten und Abstraktionen. Joyce versucht keineswegs einen leichtverdaulichen Cocktail aus beiden Elementen anzurichten; vielmehr neigt er dazu, ein jedes an seine Grenzen zu treiben. Bei Gerard Manley Hopkins haben wir eine Überbetonung des Angelsächsischen im Englischen, bei John Milton eine solche des Lateinischen, und das Ziel von beiden war äußerst ernsthaft. Joyce macht das, was beide machten, doch er weiß, daß beide Prozesse einem komischen Zweck am besten dienen. Und so wird Stephens schlechtes Gewissen dadurch in eine komisch-ironische Region hinaufbefördert, daß es als »Dere gewizzede biz« [U 24] bezeichnet wird, und die »Unausweichliche Modalität des Sichtbaren« [U 53] – besonders, weil es unmittelbar auf »warf durchs Fachwerk der Blätter die Sonne flitterndes Gold, tanzende Münzen« [U 52] folgt – warnt uns, den tiefsinnigen jungen Stephen nicht allzu ernst zu nehmen. Wenn Parodien auftreten, sind sie gewöhnlich Parodien auf dämlich-pompöse latinisierte Prosa, doch das Angelsächsische kann weit genug getrieben werden, um selbst noch der blutgefrierendsten Beschreibung die Kanten der Ernsthaftigkeit herunterzuschlagen: »Starr und steif über den Dollbord gezogen, atmet er aus und empor den Stank seines grünen Grabs, schnarcht sein lepröses Nasloch hinan zur Sonne.« [U 72]

Nach dem Humor, und mit ihm verwandt, die Humanität. Der *Ulysses* ist einer der humansten Romane, die jemals geschrieben wurden. Es gibt keine Grausamkeit an irgendeinem Tier (nicht einmal an Hunden, die Joyce fürchtete), und es gibt keine nennenswerten Akte von Gewalttätigkeit. Der Bürger schleudert Bloom eine Keksdose nach, verfehlt ihn aber: Selbst wenn er ihn getroffen hätte, wäre kein großer Schaden angerichtet worden. Ein sensationslüsterner Schriftsteller wäre froh gewesen, Bloom das Geleit zu geben und ihn echte Wunden lecken zu lassen. Doch die Gewalt ist hier symbolisch, wie sie es in der »Circe«-Episode ist, als die Soldaten Stephen niederschlagen. Stephen ist mehr betrunken als verletzt, und sogar die geäußerte Gewaltbereitschaft schon beschwört die schwarze Messe und Armageddon herauf, als könnte das normale Gefüge der Dinge diese Bereitschaft kaum aushalten. Der Croppy Boy wird in Gesang und Halluzination gehenkt, und die Technik des Hängens im allgemeinen wird diskutiert, doch das wird alles zum Komödiantischen hin reingewaschen. Der *Ulysses* mag der Sprache Gewalt antun, aber niemals den Menschen.

Es gibt eine Menge Haß in dem Buch, wie es darin ein Menge

verhaßte Gestalten gibt, doch die Joycesche Doktrin der Stasis insistiert auf der kunstvollen Abführung starker Gefühle. Die Einstellung der Sinn Fein dem englischen Unterdrücker gegenüber ist eine Konvention, ebenso wie die Legende vom armen leidenden Irland, von Deirdre of the Sorrows, Kathleen ni Houlihan, der Shan van Vocht. Sie ist, besonders im »Cyclopen«-Kapitel, zu einem Höchstmaß an Absurdität aufgeblasen worden, so daß der unterdrückerische englische Leser sogar am Haß Gefallen finden kann. Was die verhaßten Gestalten betrifft, bei ihnen handelt es sich, beinahe per Definition, um jene Figuren, die Stephen und Bloom feindlich gegenüberstehen, und die einzige Rache ihres Autors an ihnen besteht darin, sie auf sanfte Weise lächerlich zu machen. Die Joycesche Absicht scheint es gewesen zu sein, daß der Leser Buck Mulligan bei jedem Auftreten zusehends abscheulicher findet, doch das geschieht nie: Wegen seines Witzes ist er stets willkommen. Was den anderen Antinous betrifft, Blazes Boylan, der ist von Anbeginn seiner ehebrecherischen Ausfahrt in die Eccles Street zur Lächerlichkeit verurteilt, und am Ende bemitleiden wir ihn eher, als daß wir ihn hassen. Wenn wir wirklich begierig darauf sind, im *Ulysses* jemanden zu finden, den wir nicht leiden können, so sollten wir lieber in die Richtung seines zweiten Helden blicken, auf Stephen Dedalus – zahlungsunfähig, anmaßend, voller intellektuellem Stolz und gottloser Bigotterie, betrunken, ein Möchtegernlüstling, ein Poseur. Aber natürlich brauchen wir seine Schwäche, wie wir Blooms Stärke brauchen, und ohne einen unvollkommenen Stephen hätte das Buch weder Plan noch Rahmen gehabt. Zu unserer Überraschung stellen wir am Ende fest, daß wir das Gute in jedem suchen und die Fehler (es gibt nichts, was böse genannt werden könnte) als mannige Schatten abtun.

Joyce ist kein wellsianischer Optimist – er glaubt nicht an die Fähigkeit des Menschen zur Vervollkommnung –, doch er akzeptiert die Welt, wie sie ist, und labt sich an den Schöpfungen des Menschen (warum sollte er sonst in jedem Kapitel mit Ausnahme des letzten eine Kunst oder Wissenschaft glorifizieren?). Die größte aller menschlichen Errungenschaften nach der Sprache ist das Gemeinwesen, und das Joycesche Dublin steht für jeden Stadtstaat, der jemals existierte. Der unpersönliche Ballungsraum, das, was Auden den »abstrakten städtischen Raum, den Feldern auferlegt« nennt, hat in seinem Konzept keinen Platz. Für Joyce besteht ein Gemeinwesen aus Menschen, die zusammentreffen, trinken, diskutieren, einander auf der Straße erkennen, und eine seiner spezifischen Wundertaten besteht darin, daß er ein reales historisches Dublin (das blühende Dublin aus dem Sommer 1904) zu einem ewigen Muster der menschlichen Gesellschaft machte. Alle Menschen beziehen Kraft und sogar eine gewisse Würde daraus, ihm anzugehören, und Bloom und Stephen sind gleichermaßen Bürger einer gesegneten unvollkommenen Stadt, ihrem periodischen Empfinden einer inneren Verbannung zum Trotz. Sie sind zunächst Dubliner und alles weitere erst in zweiter Linie.

Doch jenseits der Stadt liegt das Ganze der westlichen Zivilisation, und erst in Beziehung zu ihm kann Blooms Stärke angemessen herausgestellt werden. Es durchschreitet das Buch in vielen seiner Aspekte – Wirtschaft, Politik, Literatur, Architektur, Musik und alles weitere – und versucht, Bloom kleinzukriegen, niederzuschreien, einzuschüchtern. Doch er geht unversehrt aus all dem hervor als ein von den Handlungen ungewöhnlicher Menschen ungerührter gewöhnlicher Mensch. Mehr als das zeigt die »Laestrygonen«-Episode sein Bewußtsein (wie die »Nestor«-Episode das Stephens zeigt) für die wahre Natur des Zeitprozesses, den alle Menschen ertragen müssen, damit die Zivilisation (die *nicht* dasselbe ist wie die Geschichte) erreicht wird. Die Geschichte ist ein Schlamassel, eine den Lebenden von den Toten aufgedrückte Last, ein Albtraum, aus dem man immer zu erwachen versucht (*Finnegans Wake* wird demonstrieren, daß die Geschichte ein Schwindel ist); Kunst und Wissenschaft und das Wunder des menschlichen Gemeinwesens werden nichtsdestotrotz aus der Geschichte herausdestilliert. Es ist die alte Geschichte mit dem Gegensatz von Zeit und Raum. Im *Ulysses* füllt die Zivilisation wie städtische Standbilder und ein Opernhaus eine räumliche Stadt aus; die Zeit wird auf ein Minimum zusammengestrichen – über neunhundert Seiten und weit weniger als vierundzwanzig Stunden. Das nächste Vorhaben (reserviert für *Finnegans Wake*) wird es sein, die Zeit ganz und gar loszuwerden.

Die räumliche Darstellung des Ganzen der westlichen Kultur – ein heldenhafter Hintergrund für einen Anzeigenakquisiteur, der gleichzeitig ein Hahnrei ist – ruft nach umfangreichen Sprachressourcen und rechtfertigt die Ausdehnung der englischen Sprache bis an ihre Grenzen, die Erschaffung neuer Wörter und die Auferstehung alter. Das Bedürfnis, die Wahrheit über die täglichen Gedanken des Menschen zu erzählen, erzwingt das Aufbrechen der Syntax, die Verschmelzung und Verstümmelung von Wörtern, die phonetische Transkription von Vokabeln, die überhaupt keine richtigen Wörter sind. Kein Leser wird diese sprachliche Vorstellung ganz und gar mutwillig finden, wenn er Joyces tiefere Absichten kennt. Doch er hat allen Grund dazu, angesichts des nächsten Joyceschen Buches Bedenken zu bekommen. Nach der Erforschung des vorsprachlichen Bewußtseins und sogar dem verqueren Ausflug an die Grenzen des Schlafes – was kann Joyce da als nächstes machen? Er kann nur noch direkt in das Unbewußte hineintauchen und zu dem Zweck, es zu beschreiben, so etwas wie eine neue Sprache erschaffen. Wir müssen tief Atem holen, bevor wir mit ihm hineintauchen. Doch wo immer wir uns auch bewegen und was immer wir hören, wir werden immer noch in Dublin sein und den Reden von Dublinern zuhören, die Familie und das städtische Gemeinwesen glorifizieren und den Abenteuern eines Vaters, eines Verbannten, eines unheldischen Helden nachspüren.

TEIL DREI

DER BERG VON MENSCHENHAND

I

Große Nachtmusik

Steine wurden auf Stephanus, den Erstlings-Märtyrer, geworfen. Durch ein Wunder entkam er verletzt, behielt die Steine und
benutzte sie, um ein Labyrinth zu erbauen. Dann, als unzufriedener
Daedalus, zerstörte er jenen allzu übermenschlichen Bau und ver-
schmolz die Steine zum allerersten künstlichen Berg. Der Künstler
war nur ein metaphorischer Gottvater gewesen; die Zeit war für
ihn gekommen, im wirklichen Wortsinn mit dem Urschöpfer in
Konkurrenz zu treten, indem er etwas schuf, dessen Majestät und
Schrecknis alle Menschen wahrnehmen würden, doch das zu deuten
sie ihr ganzes Leben zubringen müßten. *Finnegans Wake* ist einem
Werk der Natur so nahe, wie jemals irgendein Künstler gekommen
ist – massiv, vertrackt, nur sich selbst dienend, eine Bedeutung
andeutend, ohne doch jemals mehr als nur einen Bruchteil davon
preiszugeben, und bei alledem (wie ein Baum) ungeheuer einfach.
Gedichte werden von Narren wie Blake gefertigt, doch nur Joyce
kann ein *Wake* fertigen.

Er brauchte siebzehn Jahre, es zusammenzufügen, beginnend
nach dem Stapellauf des *Ulysses* und zum Abschluß kommend kurz
vor dem Ausbruch des Zweiten Weltkriegs. *Finnegans Wake* sah
aus wie eine Warnung vor dem bevorstehenden Chaos; tatsächlich,
so fanden die Interpreten heraus, war es aber die Heilung aller Bitterkeit der vergangenen Zeiten, der wieder zusammengesetzte
Humpty Dumpty, ein geheimer Führer zur Rekonstituierung eines
Kosmos aus jedem beliebigen Chaos. Nichts von alledem war
während der langen Spanne der Schwangerschaft klar: Diejenigen,
von denen Joyce während der Entstehung des *Ulysses* größten Beistand erhalten hatte, waren geneigt, ihn im Stich zu lassen als einen
Mann, der weiter ging, als es der geistigen Zurechnungsfähigkeit

233

einerseits und der Schicklichkeit andererseits entsprach. Doch die Bruchstücke, die in der Zeitschrift *transition* erschienen, und die schmalen Bändchen, die während der dreißiger Jahre bei Faber herauskamen – *Anna Livia Plurabelle, Haveth Childers Everywhere, Tales Told of Shem and Shaun* –, schienen uns Primanern schlichtweg bezaubernd:

O
erzähl mir alles von
Anna Livia! Ich will alles hören
von Anna Livia. Ach, du kennst Anna Livia? Ja doch, klar, wir alle kennen Anna Livia. Erzähl mir alles. Erzähl's mir jetzt. Dich trifft der Schlag, wenn du's hörst. Also, du weißt doch, wie der alte Sack futtsch ging und tat, was du weißt. Ja, ich weiß, mach weiter. Wasch nur flott und laß das Gedabble. Stock auf die Ärmel und lockre die Stimmstrippen. Und bocks mich nicht – aua! – wenn du dich bückst. Also was denn auch ilmer sie ausdrifteln wollten, daß er's bezwockt hätt im Faunix-Park (...).
[FWD 198, HW]

Jedermann wußte, daß dies substantielle Vorveröffentlichungen eines dicken in Arbeit befindlichen Buches waren, das, da der geheimnistuerische Autor seinen endgültigen Titel nicht preisgeben wollte, *Work in Progress* – also *Werk im Entstehen* – genannt wurde. Etwas von dem ganzen ehrgeizigen Vorhaben wurde in einem Essayband namens *Our Exagmination round His Factification for Incamination of Work in Progress* enthüllt, doch es schien möglich, den sprachlichen Spaß von *Anna Livia* nicht allzu ernst zu nehmen, insbesondere, wo doch Joyce persönlich folgendermaßen Reklame dafür gemacht hatte:

Habt dies Buch, braun gebunden,
Ihr bei Faber gefunden,
So seht, wie Ann' Liffey tripptuppt um die Runden.
Siebensündig im Singsack,
Plurabelle in der Pros',
Muschickert sie seeisch, worinnernd sie floß. [GG 193]

Was war das alles anderes als ein anspruchsvollerer »Jabberwocky«? Die Abkunft von *Alice* wurde durch die Gleichsetzung des Helden von *Haveth Childers Everywhere* mit Humpty Dumpty höchstpersönlich – wenn auch ohne sein Talent zur semantischen Exegese – angezeigt:

Hampeldumm Dublin kwiekt durch die Näs',
Hampeldumm Dublin kwattscht gräßlichen Käs',
Und sein Gähnichs-Inglisch
Plus sein irrisch Gemanx
Mach'n ihn zum Schlitzohr par exzellanx. [GG 195]

Es bewegte sich in einer ehrwürdigen englischen Tradition –
Kalauer, Schachtelwörter, fopperische Mystifikationen –, doch es
gab Zeiten, da es zu weit zu gehen schien. Was war das mit all diesen Namen von Flüssen, die fischflink durch die Prosa von der
blabbernden, blubbernden, befluthernden, schwindelschlingern-
den, großmuttrigen, weitschwätzigen Anna Livia, Wasser und Weib,
flutschen?

Erzeil mir's so fort, während ich Denis Florence MacCarthy die Höll-
dendaten aus ihren Höschen klupfe. [FWD 203, HW]

Gibt es nicht irrndeinen Gutsherrn oder gutbeikasselten Landritters-
mann (...)? [FWD 203, HW]

(...) zapft diesem die Flank und zupft jenem die Mol', bahr jeder Pietat,
so tucht sich's leicht, gepaullt und gepötchert, herreuß und herrhein, und
gleitsam vorbay auf dem Ostweyg. [FWD 204, HW]

Nicht wo der Finn in die Mourne stößt, nicht wo die Nore den Bloem
verläßt, nicht wo die Braye den Farer drengelt, nicht wo die Moye sich
wählerisch schlengelt zwischen Cullin und Conn z'waschen Cunn unde
Collin? [FWD 205 f., HW]

Mehr noch, die Schachtelwörter von »Jabberwocky« spielen fair.
Formen wie »Verdaustig« und »glasse« lassen sich auf eine einfache
Grundsprache zurückführen, doch Joyce kennt mehr Sprachen als
Alice (deren Traumgedicht »Jabberwocky« schließlich ist), und seine
Kalauer und Schachtelwörter scheinen das schmale Ende eines Keils
zu sein, der die englische Sprache, wenn er in sie hineingetrieben
wird, zum Bersten und Zusammenbrechen bringen wird, so daß sie
sich lediglich unter den Auspizien der UNO wieder zusammensetzen lassen kann. Die Joycesche Sprache ist eine schräge Art Paneuropäisch, Eurisch (ich danke Michael Frayn für diesen Ausdruck) mit

zugesetzten asiatischen Lehnwörtern. Ein Kalauropäisch eher. Wenn man viele ausländische Sprachen gut kennt, dann ist es schwierig, sie aus der Kalauermischmaschine herauszuhalten. Nicht, daß ein durchschnittlicher Leser an »Silvamondsee« [FWD 205, HW] herumnörgeln würde, wo »Silva« nicht nur »Silber« ist, sondern ein römischer Wald. Doch man braucht einen gewissen Schliff im Slavischen, um es mit Anna Livias besänftigenden Worten für ihren Sohn (kurz vor dem Ende von *Finnegans Wake*) aufzunehmen: »moin mählankühlki Mäulskink!« [FWD 565] Dies ist offensichtlich eine schläfrige Deformierung von »mein kaltes und melancholisches Mäuschen«, aber gleichzeitig das russische »moiy malyenki malchik« – »mein kleiner Junge«.

Wie weit kann Wortspielerei legitimerweise gehen? Die Fremdsprache, die ich am besten kenne, ist Malaiisch, und wenn ich *Finnegans Wake* neu schriebe, könnte ich versucht sein, einen Satz wie »Lanky Suky! Sieht leer! Biermaß Stout rein!« hervorzubringen. Man hat die Traumwahrnehmung eines glasäugigen Schwarzen oder Schotten, der nichts mehr zu trinken hat und seine Frau oder seinen Diener um Nachschub ruft, doch gleichzeitig zeigt der Rufer an, daß er sich nun gründlich in Malaya angesiedelt hat (*Langkasuka* – der alte indische Name für das Land; »Sieht leer« spricht sich aus wie »Siedler«; *bermastautin* – malaiisch für einen Siedler). Wäre Joyce davon angetan? Vielleicht nicht von der Ungelenkheit, aber er würde den Versuch anerkennen, die der kalauernden Technik zur Verfügung stehenden sprachlichen Ressourcen auszuweiten. Sein Ziel ist, wie wir sehen werden, die Erschaffung eines universellen Mythos, für den alle Kulturen und Sprachen von Bedeutung sind (das Chinesische allerdings müßte mit schwachem Anschlag gespielt werden, da diese Sprache nicht in der Lage ist, Kalauer zuzulassen). Wenn wir nicht alle Anspielungen mitbekommen, auch nicht beim zwanzigsten Lesen, so macht das nichts: Die Anspielungen sind da und warten auf den Zeitpunkt, an dem wir sie verstehen werden. *Finnegans Wake* ist, wie Eliots *Das wüste Land,* eine Endstation für den Autor – alle Züge seines Wissens enden hier –, doch es ist auch ein Ausgangspunkt für den Leser: Nehmen Sie diesen Personenzug in das Upanischaden-Land; dieser Schnellzug fährt die deutsche Metaphysik an; der Sonderzug zum *Buch von Kells* hat Einfahrt. Wir müssen nicht danach streben, alles sofort zu verstehen: Dieser Weg führt in den Wahnsinn. Doch *Finnegans Wake* versteckt in seinen Wortspielereien ein großes Aufgebot der Weltkultur und ebenso Dubliner Straßengeschrei; Music-Hall-Lieder, Kalbsfußsülze, Humbug und Bestseller, und es wartet darauf, daß wir ebenso belesen werden wie Joyce selbst.

Ich darf keineswegs, nirgendwo in diesem Teil meines Buches, den Eindruck erwecken, *Finnegans Wake* sei ein mit Gelehrsamkeit gespicktes und lediglich mit ein paar Kalauern gewürztes humorloses Ungeheuer. Es ist stets witzig, wo es nicht ergreifend und inspirierend ist, und es provoziert lautes Lachen ebenso wie der *Ulysses* (Nora Joyce hörte das Gelächter ständig aus dem Werkentstehungszimmer ihres fast erblindeten schwerarbeitenden Mannes). Das Buch hat die Sprache bereits für uns wiederbelebt, so daß wir alle »klappaudieren« [FWD 47] und die »Abnihilisation des Ätöms« [FW 353] (was optimistischerweise die Wiedererschaffung von Bedeutung aus dem Nichts bedeutet), »Im Namen des Erstern und des Letztern und ihres Holocausts. Allmänn« [FWD 261] und eine Unmenge anderer Volltreffer akzeptieren. Das Spiel geht über bloße Wörter hinaus und umschließt die Musik: A. D. und B. C. – die Zeitrechnungen, die die komplette Geschichte umfassen – werden auf eine klingelnde Melodie reduziert; Shaun, einer von Anna Livias Söhnen, hat eine GBD-Pfeife in seinem FACE, also seinem Gesicht, und verwandelt sich so in ein Diskant-Notenliniensystem. Eine grausliche Abfolge der Weltgeschichte endet mit einer Randzeichnung trockener Knochen und einer Nase, aus der Finger eine lange drehen. Der Anfangsbuchstabe des Helden Earwicker fällt auf seinen Rücken oder krallt sich mit seinen drei Füßen in die Erde. Anna Livia Plurabelle wird in die ALP verwandelt. Die Phantasie kennt keine Grenzen.

Ein Riese belustigt sich an allem Wissen und aller Sprache, ein schrecklich respektloser Riese. Doch kein Mensch schreibt ein Buch von sechshundertachtundzwanzig Seiten (erst recht kein Mensch mit dem Joyceschen Mangel an Augenlicht, Einkommen und Ermutigung) zum Zwecke bloßer Spielerei und reiner Respektlosigkeit. Die Technik steht im Dienst von irgendetwas Wichtigem, und wir müssen nun darüber nachdenken, was dies Wichtige ist. Wieder gibt uns *Alice* unseren ersten Anhaltspunkt. Ihre zwei Bücher gingen ganz über die Träume, und so auch *Finnegans Wake* – oder vielmehr es bildet einen großen Traum ab, den Traum, der das Leben ist (»Eingewiegt am Ufersaum – / Leis auf der Fahrt im goldnen Strom – / Leben: bist du nicht nur Traum?«: Lewis Carrolls Epilog ist gleichzeitig ein Epigraph). In Träumen werden wir aus den Begrenzungen der raumzeitlichen Welt entlassen. Die Welt besteht darauf, daß ein Geschehnis einem anderen nachfolgt und daß Identitäten unterschieden bleiben, so daß A nicht dasselbe Fleckchen Zeit-Raum einnehmen kann wie B; ebensowenig kann A jemals zu B werden. Doch ein Traum erlaubt es Jonathan Swift, gleichzeitig jener Tristan zu sein, der sich in Isolde verliebte, und im selben Augenblick Parnell. Ein Traum erlaubt der eigenen Frau, mit der eigenen Tochter verwechselt zu werden. In einem Traum kann Napoleon Wellington schlagen, und dann gleich noch im Jahre 1132 n. Chr. Die Träume bilden, wie verschwommen auch immer, die Welt ab, nach der wir uns alle sehnen, eine Welt unendlicher Formbarkeit.

Um einen Traum überzeugend abzubilden, braucht man eine formbare Sprache, eine Sprache, in der zwei Gegenstände oder Personen in ein und demselben Wort vorhanden sein können. Mehr als das, man benötigt eine Technik, um das zeitliche Element zu töten, das aller Sprache innewohnt. Ich sage in der Sprache des Wachseins »Mein toter Körper wird schließlich die Erde fruchtbar machen und den Körnern beim Wachsen helfen«, und dieser räumliche Prozeß verliert sein Wesen des Wunderbaren (aus Tod entsteht Leben), weil er durch die Zeitgebundenheit von Verb und Adverb verwässert wird. Joyce wirft den ganzen Satzbau über Bord und benutzt eine simple Kontamination: aus »Körper« und »Körner« wird »Körnper« [FW 55]. Könnte irgend etwas schöner oder gerechtfertigter sein? Bei alledem darf ein Traum nicht in erster Linie als Enthüller von Identitäten, die die Raum-Zeit-Welt (jene Welt der Phänomene, nicht der letzten Wahrheiten) vor uns zu verbergen trachtet, aufgefaßt werden. Wir leben zuvorderst in einer Welt des Wachseins, und wir können nicht erwarten, alles zu verstehen, was in der Welt des Traumes stattfindet. Folglich muß eine Traumsprache uns oftmals willentlich Dinge verheimlichen: Sie muß uns fremdartig, beinahe wie Kauderwelsch gegenübertreten – ein unaufhörliches Gebrabbel, das nur hin und wieder Bilder aus der nichtzeitlichen, nichträumlichen Welt heraufwirft. Bei der Lektüre von *Finnegans Wake* fühlen wir uns manchmal durch das plötzliche Auftauchen von Sachen getroffen, die wie wacher Verstand aussehen, so etwa in einigen der Fußnoten zu dem langen

Kapitel, das akademische Gelehrsamkeit zu verspotten scheint: »Alle Welt liebt ein großes glänzendes Gelee« [FW 274] – das wäre als Werbeslogan im Fernsehen nicht schlecht; »Wirkliches Leben hinter den Scheinwerfern wie von den besten Exponenten einer königlichen Scheidung gezeigt.« [FW 260] Es bedeutet eine Erleichterung, festzustellen, daß die Traumlogik den wachen Verstand abtötet: Wir werden auf die Wörter des Textes verwiesen, den diese Fußnoten zu kommentieren scheinen, und wir finden nichts als Nonsense. Das Wort »Brandneuburger« im Text wird in den Fußnoten definiert als »Ein noch heute im Summerhill-Distrikt benutzter mundartlicher Wikingerausdruck für einen bibitragenden Mann von vierzig der zwei Finger in seinen kochenden Suppenteller tunkt und sie ableckt um herauszufinden ob da Pilzketchup genug in der Hammelbrühe ist« [FW 265]. Wir hätten hier gerne mehr Wortspielerei, mehr vom Aussehen des Nonsense. Wir gewöhnen uns an das verrückte Idiom, wie wir uns an die Dunkelheit gewöhnen – entweder im Schlaf oder im Kino –, und es ist einigermaßen schmerzhaft, plötzlich mit den Augen in das grelle Licht eines Satzes hineinzublinzeln, der sich einer orthodoxen grammatischen Analyse (selbst wenn der Gesamtsinn wenig mit der wirklichen Welt zu tun hat) unterziehen läßt. Wir wollen mehr von »Tomley. der erwachende Mann. Ein Schlachter szewcpfte ihm Bloß und Bannklatter. Tut mir chorichtig leidend. P. Sturor zuer blicken« [FW 265].

Joyce aber, als er sein Werk plante, tat vieles davon im Licht. Es ist ernüchternd, zu sehen, wieviel an den frühen Entwürfen von *Work in Progress* einen anspruchslosen Sinn macht. Hier ist die erste Fassung eines Teils des Kapitels *Anna Livia Plurabelle*, wie es 1925 in *Navire d'Argent* veröffentlicht wurde:

Erzähl mir, erzähl mir, wie konnte sie überhaupt klarcam' mit all ihren Kerls, die Teufelskerlin? Umwindet den einen und nockt sich den nächsten, gepullt und gepötert, herreuß und herrhein, und gleitsam vorbay auf dem Ostweyg. Wer waren die ersten, die hurtig barsten? Einer ja war's, wer immer ihr seid. Sinker, Sämer, Krieger, Krämer, Paul Pry oder Polierzist. Das ist's, was ich immer schon fragen wollte.

Zwei Jahre später, in *transition*, war daraus dies geworden:

Erzähl mir, erzähl mir, wie konnte sie überhaupt klarcam' mit all ihren Kerls, so'n Neckärschchen, wie sie war, die Devolin? Umwindet den einen und nockt sich den nächsten, zapft diesem die Flanke und zupft jenem die Mole, so tucht sich's leicht, gepaullt und gepötchert, herreuß und herrhein, und gleitsam vorbay auf dem Ostweyg. Wai-whierr warrn die ersten, die hurtiglich barsten? Einer ja wahr's, wer immer sie wehrn, in taktischer Attacke oder im Zweikampf. Sinker, Sämer, Krieger, Krämer, Paul Pry oder Polierzist. Das ist's, was ich immer schon fragen wollte.

Im folgenden Jahr hatte es sich verdichtet zu:

Erzähl mir, erzähl mir, wie cam's überhaupt, daß sie klargecomm' ist mit all ihren Kerls, so'n Neckärschchen, wie sie war, die Devolin? Umwindet den einen und nockt sich den näcksten, zapft diesem die Flank und zuppft jenem die Mol', bahr jeder Pietat, so tucht sich's leicht, gepaullt und gepötchert, herreuß und herrhein, und gleitsam vorbay auf dem Ostweyg. Waiwhierr warrn die ärschten, die thurtiglich bärsch'ten? Einer ja wahr's, werra immer sie wehrn, in taktischen Attacken oder im Zweikampf. Dünker, Dämler, Kriegcher, Krämler, Passer Peace oder Polistamann. Das ist's, was ich immer schon fragen wollte.

In der endgültigen Version ist die Verdichtung noch weiter fortgeschritten und, da Joyce es nicht mehr erlebte, eine revidierte Ausgabe vorbereiten zu können, am weitesten gegangen:

Erzähl mir, erzähl mir, wie cam's überhaupt, daß sie klargecomm' ist mit all ihren Kerls, so'n Neckärschchen, wie sie war, die Devolin? Werft' ihre Pärlein vor unsere Schäuern, von Fonte-in-Monte bis Tidingtown und von Tidingtown til havet. Umwindet den einen und nockt sich den näcksten, zapft diesem die Flank und zupft jenem die Mol', bahr jeder Pietat, so tucht sich's leicht, gepaullt und gepötchert, herreuß und herrhein, und gleitsam vorbay auf dem Ostweyg. Waiwhierr warrn die ärschten, die thurtiglich bärsch'ten? Einer ja wahr's, werra immer sie wehrn, in taktischen Attacken oder im Zweikampf. Dünker, Dämler, Kriegcher, Krämler, Passer Peace oder Polistamann. Das isses, was immir schon fregen ich wollte. [FWD 204 f., HW]

Dieser letzte Satz, da wird man mir zustimmen, ist ein großer Fortschritt gegenüber dem ersten Entwurf (der, wie man bemerken wird, in den nächsten beiden Versionen beibehalten wurde), doch ich kann mich des Gefühls nicht erwehren, daß Joyce vielleicht glücklicher gewesen wäre, hätte er das »in taktischen Attacken oder im Zweikampf« – schmerzlich nackt! – noch revidieren können zu irgendetwas in der Art von »in takstöckscher Tattacke oder im Schweinkrampf«.

Wir akzeptieren also die Sprache des Traumes und das Auflegen immer dickerer Zudecken aus Dunklem (mit Löchern darin, um ein bißchen Licht hereinzulassen) durch den Autor, doch wir müssen nun danach fragen, worum der Traum sich dreht. Das Leben, ja, aber wessen Leben? Die Antwort lautet: das Leben der ganzen menschlichen Rasse – mit einem Wort: Geschichte. Stephen Dedalus wurde, wie auch Bloom, unterdrückt von jenem Albtraum, aus dem er zu erwachen versuchte: Unterwirft er sich jetzt dem Albtraum, richtet sich in einem langen Schlaf ein, um sich desto besser daran zu entsetzen? Nein, weil er Mr. Deasys Vision von der Geschichte als einer langen Linie von Geschehnissen, die zum Hervortreten Gottes führen, zurückgewiesen hat. Die Zeit bleibt der Feind; die Geschichte muß verräumlicht werden. Wie? Indem man sie als einen Kreislauf ansieht, ein Rad, das sich unaufhörlich dreht, so daß dieselben Ereignisse immer wiederkehren. In jener »Nestor«-Episode des *Ulysses* gibt es einen Verweis auf die Vico Road in Dalkey, und es ist der italienische Geschichtsschreiber Giovanni Battista Vico (1668–1744), der uns den Weg zum Rad weist.

Joyce fand Gefallen an dem »rundköpfigen Neapolitaner« und war besonders an der Tatsache interessiert, daß er anscheinend Angst vor Gewittern hatte, ebenso wie er selbst. »Bei den Italienern, die ich kennengelernt habe, gibt es sie fast gar nicht«, schrieb er. Der Donner spielt eine große Rolle in dem Geschichtsschema, das in der *Scienza Nuova* vorgestellt wird: Er eröffnet, als schreckliche Stimme Gottes, jeden der vier Abschnitte, in die Vico seinen Kreislauf zerlegt – das theokratische Zeitalter, das aristokratische Zeitalter, das demokratische Zeitalter, das *Ricorso* oder die Rückkehr wieder zum Anfang. Es ist der Donner, der die Menschen dazu bringt, ihre gesellschaftlichen Organisationsformen zu verändern (sie rennen, um ihm zu entkommen, in Zufluchtsstätten, die den Aufbau von Gemeinwesen befördern). Die Sprache ist ein Versuch, in menschlichen Vokabeln den Lärm nachzubilden, den der Donner macht. Donner – der im *Ulysses* wie Gott nur als Lärm von den Gassen zu hören ist – wird ein Teil des Gewebes jenes Klangstromes selbst, der *Finnegans Wake* ist.

Joyce macht nicht durchweg und konsequent Anleihen bei Vicos Theorie. Sie nährte das Feuer seiner Imaginationskraft; besonders mochte er Vicos Insistieren auf der Wichtigkeit von Mythologie und Etymologie bei der Interpretation der Geschichte und die Zuweisung einer sekundären Rolle an bloße Ereignisse. Doch er faßte die zyklische Theorie nicht als chronologisch wahr auf: Vielmehr war es das Gebiet der menschlichen Psyche, auf dem sich das Bewußtsein für Wiederholung und Wiederkehr am besten verwerten ließ. Joyces pseudoviconianisches Muster setzt mit dem Kult des Riesen ein, des kolossalen Helden, der zu groß ist, um wahr zu sein. Als er stirbt, kann er nur zu leicht wiedererweckt werden, doch er muß im Schlaf gehalten werden, so daß der wahre menschliche Herrscher seines Weges kommen kann – die Vaterfigur, die eine Frau hat und Söhne und Töchter zeugt. Ein Sohn wird die Doktrinen des Vaters herunterkommen lassen, indem er einen sogenannten Staat des Volkes führt, der die Grundzüge des Verfalls in sich trägt, weil die altüberlieferten Gesetze, die für Stabilität sorgen, in schlechter Erinnerung behalten oder falsch interpretiert worden sind. Es muß ein *Ricorso* geben – eine Wiederkehr der Herrschaft des riesenhaften Helden, und der Kreislauf beginnt wieder von neuem, auf immer und ewig, allmänn. Bei Joyce ist der Donner nicht so sehr die Stimme Gottes wie der Lärm von einem Fall – dem Fall des Urhelden, dem Sündenfall der Menschen –, und seine Dynamik setzt das Rad unter Strom und bringt es zum Drehen. Die ganze Geschichte (zumindest so, wie sie im Traum erscheint) ist eine Geschichte des Fallens und – vermittels der Kraft des Falles, die das Rad sich drehen läßt – der Wiederkehr. Die Zeit, wie wir sie aus den Kalendern und den Geschichtsbüchern kennen, hat hier keinen Platz. Wenn wir eine immerwährende geduldige Strömung haben wollen, die all dem dumpfen Gefalle und den schmerzhaften Wiederauferstehungen des Menschen zugrundeliegt, so sollten wir danach am besten bei der Frau Ausschau halten, die die Sünde in sich trägt (Eva) und doch nicht selbst sündigt (die Jungfrau Maria), die räumlich und fest ist, aber auch flüssig, die sich erneuert, wie sich ein Fluß erneuert, und nicht durch die donnerhaften Dynamismen des Fallens. Was die Daten in unserer Traumhistorie betrifft, denen sollten wir keine große chronologische Bedeutung einräumen. Das große Jahr von *Finnegans Wake* ist 1132. Fallende Körper (jetzt sind wir wieder bei Leopold Bloom) stürzen mit einer Beschleunigung von 32 Fuß pro Quadratsekunde; 11 ist die Zahl der Wiederkehr – wir sind mit dem Zählen an unseren zehn Fingern zu Ende und müssen von neuem beginnen. 32 steht für Adam und Parnell und Humpty Dumpty. 11 steht für die Praktizierung dessen, was des Königs Pferde und Männer nicht tun konnten, was das irische Volk nicht zu tun wünschte und was Christus allein zu tun in der Lage war. Doch in einem Traum, wo sich Christus unter die anderen toten und wiederauferstandenen Götter einreiht, bleibt es der Frau vorbehalten, die zerborstenen Bruchstücke des Eies zusammenzusammeln und sie, »die Sonnenseite sorgfältig nach oben« [FW 12], an die nächste Generation weiterzureichen, um es dem alten Parhumptyadam – mein Schachtelwort, nicht das von Joyce – zu ermöglichen, durch mit ihm zig Hosen im Fleisch und Geist anderer fortzuleben.

Bald müssen wir mit großem Tee-oder-Whiskey-oder-Guinness-getränktem Mut in diesen Traum der Geschichte hineintauchen. Doch eine sehr dringliche Frage an dieser Stelle lautet: Wer in *Finnegans Wake* träumt den Traum? Die offensichtliche Antwort heißt: Joyce selber, denn nur Joyce weiß alles, was Joyce weiß. Ebenso werden jene kürzeren Sommer- und Winterträume von Lewis Carroll geträumt. Doch Carroll hat seine Alice als Träumerin-im-Traume, während er auf der Außenseite träumt. Joyce muß ebenfalls seinen Träumer haben. Nun hört *Finnegans Wake* auf, lediglich die auf einem Rad eine mit Schachtelwörtern gepflasterte Straße hinunterkutschierte Geschichte zu sein; es wird zu einem Roman.

Der Joycesche Held ist ein gewöhnlicher Mensch wie Bloom. Er ist Gastwirt in Chapelizod, einem Vorort Dublins, und sein Name ist Humphrey Chimpden Earwicker. Dies ist kein sehr irischer Name, und wir erfahren duch die verschleiernden Nebel der Traumsprache, daß Earwicker in der Tat Ausländer ist, wie Bloom. Doch er ist kein Jude: Seine Abstammung ist skandinavisch und seine Religion protestantisch christlich. Somit gehört er dem Stamm der eroberischen Teutonen – Dänen, Engländer – an, der Dublin an sich riß und dem Dublin das gerne übelnimmt. Weil er ein Ausländer ist, wird er – von einer böswilligen fremdenfeindlichen Bürgerschaft – in den Ausländer schlechthin verwandelt; als Gastwirt einer Schenke ist er gleichzeitig der unbehagliche Gast einer Stadt. Er hat eine Frau, Anna, und drei Kinder – Isabel (oder Issy oder Izzy) und Zwillingssöhne, deren wirkliche Namen nie ganz aufgeklärt werden (am Ende des Buches treten sie als Kevin und Jerry auf, doch in Hauptrollen brillieren sie den ganzen Traum hindurch hauptsächlich als Shem und Shaun).

Der Träumer Joyce träumt von einer Samstagnacht, in der – zwischen randalemäßigem Gezeche und Sabbathfrieden – Earwicker in seinem Bett träumt, seine Frau neben sich. Das Gefünft der Familie muß im Traum das Ganze der menschlichen Geschichte aufführen, und dies ist eine schwierige Aufgabe, die ein großes Maß an Verdoppelung, Verdreifachung und so weiter bis zur Zahl *n* nötig macht. Doch Unterstützung ist bei den Ausschankhilfen und der Putzfrau zu finden, und sogar ein Bild an der Wand – der Erzengel Michael, wie er Satan bezwingt – wird der Mythologie assistieren. Die vier Ecken des Bettes könnten Matthäus, Markus, Lukas und Johannes (verschmolzen zu Mamalujo) sein, und ein Kalender könnte Urheber sein für die sieben Regenbogenmädchen, die achtundzwanzig Mädchen, die Issy folgen, und die schwerfälligen Zwölf, die (wie die zwölf Beiträger von *Our Exagmination round His Factification for Incamination of Work in Progress*) ihre Urteile in -ation-endenden vielsilbigen Begriffen abgeben. Und natürlich könnten diese Figuren ihren Ursprung in manchem der Kneipengäste finden. Menschliche Geschichte, dies Bett ist dein Zentrum, diese Mauern sind deine Sphäre.

Alice ist das Zentrum ihrer Träume, doch sie bringt nichts von dem Geschehen hervor: Sie ist die Getriebene, nicht die Treibende. Earwicker muß über ein tiefes unbewußtes Motiv verfügen, um den fortwährenden Fall und die Wiederauferstehung des Menschen neu auf die Bühne zu bringen – eine eingebaute Schuld, die die Geschichte auf den Weg bringt und das Rad am Laufen hält. Nach dieser Schuld muß nie lange gesucht werden bei einem Mann, der, selbst in die Jahre gekommen, eine in die Jahre gekommene Frau und eine heiratsfähige Tochter hat. Er sucht seine Jugend wieder und hält Ausschau nach der Frau, der er einst den Hof machte. Ein inzestuöses Verlangen nach seiner Tochter ist eine pathetische Bemühung, der eigenen Frau treu zu bleiben, während man der letzten kräftigen Regung des Begehrens nach einem Körper, der so anmutig und süß wie Zimt ist, freien Lauf läßt. Dieses Verlangen ist zu schrecklich, um in Träumen nackt enthüllt zu werden: Es wird zu einer Sünde, die so vage ist wie die Adams – etwas, das in einem Park ausgeführt wurde und dessen Schuld HCE (die Initialen sind wichtiger als der Name) veranlaßt, freudianischer Selbstverteidigung anheimzufallen, üblicherweise stotternd. Es identifiziert ihn mit allen schuldigen Liebhabern von Tristan bis zu Parnell und sogar mit dem großen Gottriesen Finnegan, dessen vorgeschichtlicher Fall immer noch die ganze Welt (Dublin heißt das) rumpeln läßt. Es ist Zeit für uns, Finnegan kennenzulernen. Schließlich ist dies seine Wacht.

2

Bygmester Finnegan

Eine grosse Zahl der literarisch Gebildeten – Kritiker und Literaturgeschichtler eingeschlossen – besteht darauf, Joyces Titel für ihn zu interpungieren – im Glauben, er habe (aus Unachtsamkeit oder Ignoranz) in *Finnegans* ein Apostroph ausgelassen. Ihre Pedanterie zerstört eine prägnante Zweideutigkeit. *Finnegans Wake* verschmilzt zwei gegensätzliche Vorstellungen – *Wake* oder die Totenwacht von Finnegan; das Aufwachen aller Finnegans. Im Namen Finnegan selbst wird das komplette Vicosche *Ricorso* zusammengefaßt: Wir kommen ans Ende (*fin, fine, finish*, Finne), und es kann wieder von vorne losegehn oder losgehen.

Es gibt allerdings ein Stück folkloristischer Literatur namens »Finnegan's Wake«, dem das Apostroph nicht fehlt, – ein komisches irisch-amerikanisches Lied, das folgendermaßen geht:

> Tim Finnegan wohnt in Walkin Street,
> > Ein irischer Herr ganz sonderbar.
> Er hatte eine Zunge so reich und süß,
> > Wollt' hoch hinaus und schleppt' drum den Speis,
> Nun hatte aber Tim einen Hang zum Suff,
> > Mit der Liebe zum Schnaps ward er gebor'n,
> Und damit er jeden Tag an die Arbeit kam,
> > Nahm er morgens schon 'nen kräftigen Schluck.

> *Refrain:*
> Heisa juchhu, tanz zu dei'm Partner,
> > Walk die Diel', die Latschen schwenk,
> Ist es denn nicht wahr, ja wahr,
> > Soviel Spaß bei Finnegan's Wake?

> Eines Morgens Tim war ziemlich voll,
> > Sein Kopf war schwer und er schwankte sehr,

Er fiel von der Leiter und brach sein Genick,
　　So trugen sie'n heim zu bewachen die Leich'.
Sie hüllten ihn ein in ein Tuch fein glatt
　　Und legten zurecht ihn auf sein Bett,
Mit 'ner Pulle Whisky bei seinem Fuß
　　Und 'nem Fäßchen Bier an seinen Kopf.

Die Freunde kamen zur letzten Ehr,
　　Und Mrs. Finnegan rief zum Schmaus,
Erst da gab es Kuchen und Tee,
　　Dann Pfeifen, Tabak und Whiskypunch.
Miss Biddy O'Brien, die schluchzte sehr:
　　»Habt so 'ne hübsche Leich' ihr je gesehn,
Weh! Ach! Tim Bester, warum bis du tot?«
　　»Nun halt den Rand«, sagte Paddy McGee.

Dann Biddy O'Connor fing wieder an:
　　»Biddy«, sagt sie, »du irrst, das ist klar.«
Doch Biddy haut ihr eins aufs Maul,
　　Und streckt sie flach am Boden hin.
Oh, da entbrannte bald der Kampf,
　　's war Weib gegen Weib und Mann gegen Mann,
Vom Faustrecht machten sie Gebrauch,
　　Und Zeter und Mordio bald begann.

Drauf Micky Maloney hob den Kopf,
　　Und ein Krug voller Whisky flog nach ihm.
Er fehlt' und fiel drum auf das Bett,
　　Der Schnaps bespritzt den ganzen Tim.
Herrje, er wird wach! Seht doch, er setzt sich!
　　Und Timothy steigt von seinem Bett,
Sagt: »Spritzt den Schnaps herum so hitzig,
　　Verdammte Brut, bin ich denn verreckt?«

Refrain:
Heisa juchhu, tanz zu dei'm Partner,
　　Walk die Diel', die Latschen schwenk,
Ist es denn nicht wahr, ja wahr,
　　Soviel Spaß bei Finnegan's Wake.

Joyce, der eines der schwierigsten Bücher aller Zeiten schrieb, baut
es auf sehr primitivem Material auf. Er übernimmt sein Thema
von Tod und Wiederauferstehung aus einem Tingeltangel-Lied und

macht, als er das Thema ausarbeitet, mehr Anspielungen auf die populären Künste als auf das beste, was jemals gedacht und gesagt wurde. Dies entspricht der Technik des Traumerbauers, der seine elaborierten Strukturen aus Flicken und Fetzen fertigte (wer hätte sich jemals durch auch nur eine einzige Seite der *Kritik der reinen Vernunft* hindurchgeträumt?), doch es ist auch die Erfüllung jener schicksalhaften Kakaositzung in Eccles Street Nummer 7. Joyce hat sich der Erhebung des gewöhnlichen Menschen verschrieben, dessen zeitlose Saga *Finnegans Wake* ist. Unsterbliche Helden und wiederauferstandene Götter treiben zu den Melodien von Straßenliedern, viertklassigen Gebetsparodien, Skandalhäppchen aus den Sonntagszeitungen durch das Buch. Was immer *Finnegans Wake* auch sein mag, es ist kein intellektuelles Buch. Oder vielmehr treiben seine intellektuellen Bestandteile an der Oberfläche wie Teeblätter: Das Gebräu ist es, was zählt.

Schon allein der Ausdruck »Wacht« ist für einen wortverliebten Künstler ein suggestiver, da er die gegensätzlichen Konzepte von Tod und Leben enthält. Im Kern geht es in *Finnegans Wake* durchgängig um das, was passiert, während Finnegan leblos auf dem Bett liegt, die zwölf Trauernden alle um ihn herum. In dem großen Traum wird er unvermeidlich von einem simplen betrunkenen Maurer in einen archetypischen Erbauer aller Zivilisationen umgewandelt, dessen Fall so laut ist, daß er zu Vicos Donnerschlag (stets leicht erkennbar als Wort von genau einhundert Buchstaben) wird, der mit Ibsens Baumeister (*Bygmester* im Dänisch-Norwegischen) Solneß, mit dem legendären irischen Riesen Finn MacCool, der fünfzehn Ellen groß war, und mit Joyces eigenem mythischen Helden HCE zu identifizieren ist. Diese letztgenannte Identifizierung mag verwirrend erscheinen: Immerhin ist Earwicker dazu ausersehen, Finnegan als ein neuer Heldentypus zu ersetzen – der Familienvater als Gegensatz zum fabulösen Riesen. Doch wir müssen uns immer daran erinnern, wie klein unsere Besetzungsliste ist, und Earwicker als Vater der Schauspieltruppe muß alle gewichtigen Rollen übernehmen.

Finnegans Fall, von HCE gespielt, eröffnet das Buch, doch erst, nachdem Joyce kurzgefaßt die Hauptthemen und -symbole der Erzählung vorgestellt hat (so, wie er im *Ulysses* all die musikalischen Gegenstände der »Sirenen«-Episode vorstellte, bevor er tatsächlich seine Fuge anstimmte). Schlucken wir all unsere Vorahnungen hinunter und steigen wir in die Flut dieser Eröffnung hinein:

Flußgefließe, schleunigst Ev' und Adam passiert, vom Strandgestreun zum Buchtgebeug, führt uns im commundiösen Wickelwirken des Rezirkulierens zurück zur Burg von Howth con Entourage.

Sir Tristram, Widerholer d'amoore, von jenseits der Kurzsee, war passimkorps aus Nordarmorika rückgelangt an diese Seite den rauhen Isthmus von Kleineuropa um seinen penisolieren Krieg zu fehderführen: noch hatten Topsawyers Felsen am Oconeelauf einanders aufgeworfen zu Laurensbezirksgeäugiern während sie die ganze Zeit ihre Unzoll verdopplinten: noch neStimmede aus deFeuerne michsiemaschsie blaßgebalgt um Dubistpaetrick taufzutaufen: noch nicht, obwohl hirschnell danach, hatte ein Knirpskniff einen dünkelnobelalten Isaak butterseicht bedickerendet: noch nicht, obwohl man's ja mag vannerstdie Eiteln kleiden, zürnten sosie Schwesthern zweinem Nathaundjoe. Nücht einen Viertelscheffel von Pas Malz hatte Jhem oder Shen bis zum Boginnlicht gebraut und rötaurig Ende zum Gegenbrauen war allherund zu sehen auf der Aquafratz. [FWD 44]

Schwierig? O ja, schwierig. Doch eine gewisse Schwierigkeit ist der geringe Preis, den wir für Aufregung, Reichtum, Originalität zahlen müssen. Und wir müssen lernen, zu schmunzeln und nicht die Stirn zu runzeln: Dies ist die Welt von »Jabberwocky«. Doch der Traum ist nicht der von Alice. Wir träumen einen reifen Traum, erinnern uns an die Vergangenheit des Menschengeschlechts und an die Erbsünde, die die Geschichte verbirgt und doch enthüllt. Freilich ist der Traum ein Witz – wie vielleicht das Leben selbst.

Der erste Satz ist der einzige im ganzen Buch, der im Originaltext ohne einen Großbuchstaben anfängt. Den Grund nennt uns Joyce in dem Wort »Wickelwirken« (Anspielung auf Vico) und auch in »des Rezirkulierens« mit. Wir fangen nicht an; wir machen weiter. Die Geschichte ist ein Kreislauf, wie Vico lehrte, und wir sind mitten in einem Satz eingetreten. Wenn wir den Anfang jenes Satzes haben wollen, müssen wir uns die letzte Zeile des Buches anschauen, wo wir dies finden: »Ein Weg ein samer ein letzter ein liebster entlang der« [FWD 275] – kein Punkt. Idealerweise müssen wir also, wenn wir das Buch beendet haben, wieder zur ersten Seite zurückkehren und ein weiteres Mal mit dem Rad fahren. Die Zeit mag stehenbleiben, doch das kreisförmige Rad der Geschicht ist in unablässiger Bewegung.

Joyce läßt seine Bücher in Dublin spielen. »Ev' und Adam« bezieht sich in erster Linie auf die Kirche Adam and Eve's, doch es impliziert auch den mythischen Anfang des menschlichen Lebens: Wir befinden uns im Riesenzeitalter der Fabel. Der fließende Fluß ist die Liffey – Anna Livia –, aber auch, wie wir erfahren werden, die ewige Frau. »Howth con Entourage« ist das erste Anschlagen des HCE-Akkords, der uns in vielen Transformationen das ganze Buch hindurch an unseren Helden binden wird. Die Burg auf dem Vorgebirge von Howth wurde von einem Sir Almeric Tristram (nicht dem Tristan der Artussage, wenngleich wir eine Traumidentifikation der beiden akzeptieren müssen) erbaut: Sie steht auf einer Landzunge, wie Finn MacCool auf einer stand, und trotzt vergeblich der Invasion. HCE ist gleichzeitig Festung und Invasor (so, wie der wahre Dubliner gleichzeitig Kelte und Teutone ist).

Dann treffen wir auf unseren doppelten Tristram, wenn auch hier unter dem Gesichtspunkt der schuldigen Liebe. »Widerholer d'amoore« meint sowohl das Musikinstrument namens Viola d'amore (Minnesang und edle Liebe andeutend) als auch den wiederholten Widerstreit von Liebe und Vertrauen: Tristan kam nach Irland, um Isolde als Braut für seinen Onkel König Marke nach Cornwall zu holen, doch er verliebt sich selber in sie: Uns sind in fünf Zeilen bereits zwei Schuldmythen an die Hand gegeben worden – Adam und Tristan, die beide durch Sünde zu Fall kamen. Das »von jenseits« ist eine verkürzte Form für »von der anderen Seite«, doch es deutet auch »ins Jenseits« an. Das »passimkorps« fängt an wie »Passagier« und enthält ein »im Korb«, wenngleich die Hauptbedeutung (das französische *pas encore*) »noch nicht« ist. Das »rückgelangt« bedeutet, was es ausspricht: Diese Geschehnisse kehren – wie alle Geschehnisse der Geschichte – regelmäßig wieder. »Nordarmorika« ist die Nordbretagne, aber auch Nordamerika: Die alte und die neue Welt existieren in der Joyceschen Mythologie Seite an Seite, und am Lauf des Flusses Oconee im Laurens-Bezirk in Georgia gibt es (man möge dies in irgendeinem Ortslexikon nachprüfen) noch eine Stadt namens Dublin. Wie der Viconianische Kreis sich dreht und dreht und dabei die ausschlaggebenden Impulse der Geschichte als immer wieder dieselben erweist, so muß jedwede neue Welt die Geschichte der alten nachspielen. Tatsächlich *ist* die neue Welt die alte, denn der Lawrence-Bezirk ist das alte Dublin kraft des Namens von dessen Bischof – Lawrence O'Toole – zur Zeit der englischen Invasion Heinrichs II. und ebenso kraft der Namensänderung von Lawrence, die Tristram (der Burgbaumeister, nicht der Liebhaber Isoldes) bewirkte, als er sich in Dublin ansiedelte. »Topsawyers« verweist uns auf Mark Twain – einen zweiten König Marke, berühmt in der neuen Welt – und ebenso auf Tom Sawyer und Huckleberry Finn (ein brüderliches Paar). Man beachte die Joycesche Schreibung von »Georgia« als »Geäugiern« – »Augengier«, ja, und auch »augmentieren«, ein aus dem Lateinischen stammendes Wort für »vermehren« (das erste Dublin um ein zweites jenseits der Meere vermehrt), aber auch des Autors eigener Sohn Giorgio (obgleich er sich heute George nennt). Joyce kann die Familie nie herauslassen, und warum sollte er auch? Die Weltgeschichte ist Familiengeschichte, geträumt in einem Schlafzimmer. Traf er Nora Barnacle nicht zum erstenmal, als sie ein Zimmermädchen in Finn's Hotel war? Ist HCE nicht eine Art John Joyce, dröhnender Vater? Sind Shem und Shaun (James und John) nicht wirklich die beiden antithetischen Brüder James (der »sonnige Jim«) und Stanislaus (der »Bruder John«) Joyce?

Wie auch immer, in »während sie die ganze Zeit ihre Unzoll verdopplinten« erkennen wir den Geist des Wachstums, das unaufhörliche Erbauen neuer Dublins. Das »fehderführen« ist das Ausführen einer Fehde in der Schlacht, aber auch das Führen einer Feder. Welche Art von Fehde also? Beim »penisolieren Krieg« kann es sich um einen handeln, der sich mit dem Penis (der ausgesprochen lüsterne Bruder vom Typus Shaun) ausfechten läßt oder auch penibel mit dem *Pen* – der Schreibfeder – in der Isolation (das paßt auf Shem, den einsamen Künstler); außerdem kann es sich auf den Peninsularkrieg beziehen, also den Halbinselkrieg und den Widerstand Wellingtons (des irischen Generals) gegenüber Napoleon (dem Ausländer, Möchtegerninvasor, einer Art HCE). Doch wir wollen nicht vergessen, daß wir es mit der Frühgeschichte zu tun haben: »ne-Stimmede aus deFeuerne michsiemaschsie blaßgebalgt um Dubistpaetrick taufzutaufen«. Diese Stimme ist die Gottes, der zweimal auf altgälisch »ich bin« sagt – sie ist gleichzeitig die heilige Bridget mit ihrem Ausspruch »ich bin eine Christin«; der heilige Patrick ist Irland selbst mit seinem Pathetik-Tick; der heilige Germanicus, der

Lehrer des heiligen Patrick, sagt angemessenerweise in germanischer Mundart »taufzutaufen«. Bald werden wir zur Bibel geführt. Es hat »ein Knirpskniff einen dünkelnobelalten Isaak butterseicht bedickerendet«. Wir sollten nun allmählich den Trick erlernt haben, solche Traumverdichtung in geradlinige Erzählung auszudehnen. Jakob (dessen Name an James oder Shem denken läßt) zeigte die List eines Künstlers, indem er sich, den Jüngeren und gleichzeitig Verkniffeneren, vermittels eines knirpswüchsigen Fells als sein älterer Bruder Esau verkleidete und so seinen von Blindheit umdunkelten alten Vater Isaak dazu übertölpelte, ihm seinen Segen zu geben. (Hier können wir außerdem, wenn wir ihn haben wollen, auf Isaac Butt stoßen, den Parnell trickreich aus der irischen Führerschaft verdrängte.) Die zürnenden »sosie Schwesthern« sind nährungsweise eine Verkleidung für Susanna, Esther und Ruth – alle von älteren Männern geliebt, wie HCE Issy liebt –, doch sie bringen auch einen Verweis auf Swifts Liebe für Stella und Vanessa (eingeführt durch »obwohl man's ja«, weiterentwickelt in »vannerstdie«) hinein. HCE ist Swift, der Vatertypus, der den Tochtertypus begehrt und ein Zürnen erntet. Swift persönlich steckt hinter »zweinem Nathaundjoe« – Nathan und Joseph (unnachgiebig gegenüber geschlechtlichen Zudringlichkeiten unrechtmäßiger Natur) in einem, ein anagrammatisierter Jonathan. Wir schließen mit Shem und Shaun, den ewigen Brüdern, denen wir später *in extenso* begegnen werden und die jetzt zu einem Trio geworden sind – Jhem und Shen: Sem, Ham und Japhet –, an die Stelle ihres Vaters Noah treten und unter der Verheißung – dem »Gegenbrauen« oder Regenbogen – brauen. Das teutonische Motiv, dem skandinavischen Invasor HCE angemessen, ist da – im »regginbrow« des Joyceschen Originals – und auch in »allherund« – im Original »ringsome«, der Kreislauf von Gottes Verheißung, der dem Kreislauf seines Donners zur Seite tritt.

Die Verdichtung ist extrem in diesen Eingangsabsätzen, doch wir würden einen Fehler machen, wenn wir alles auf der Stelle entwirren wollten. Die tieferen Anspielungen sind vorhanden, wenn wir sie wollen, doch das allgemeine Thema des Buches treibt in so etwas wie Sonnenschein auf der Oberfläche der »Aquafratz«. Wir sind mit dem Kreislauf der Geschichte – den Dingen, die geschehen sind und zugleich noch nicht geschehen sind – und mit einem Dublin, das jederort ist, befaßt. In diesem Dublin, demjenigen in Amerika wie demjenigen in Irland, gibt es einen Vater, der ein ewiger Fels mit einer Burg darauf ist, zu einem schuldhaften Fall getrieben durch die unrechtmäßige Liebe einer jüngeren Frau, eines Mädchens, einer Tochter. In ihm gibt es zwei gegensätzliche Elemente, seine Söhne. Wie die Dualität von Gottvater und Gott dem Sohne ein drittes Element ins Leben ruft, um eine Dreifaltigkeit zu ergeben, so können auch diese beiden Söhne als ein Trio auftreten. Die Frau erscheint unter zwei Gesichtspunkten – Mutter Eva und Tochter Isolde oder Stella oder Vanessa oder Ruth oder Susanna oder Esther (Stellas wahrer Name war Esther Johnson; Vanessas wahrer Name war Esther Vanhomrigh – man halte auch Ausschau nach dem letztgenannten Nachnamen). Die beiden Gesichtspunkte werden in das Bild eines Flusses verschmolzen, der, abgenutzt von den Ablagerungen des Lebens einer Großstadt, stirbt, indem er sich mit dem Meer vermischt; Wolken des Meeres treiben landeinwärts zur Quelle des Flusses, so daß der Tod eine Art Erneuerung des Lebens ist: Das Fallen des Regens ist der Sündenfall der Frau, das Lebenspenden. Was den Sündenfall des Mannes angeht, Finnegans Fall, dieser Donner bringt keinen Regen.

Da die Zeit nichts bedeutet in Joyces universeller Dublin-zentrierter Chronik, brauchen wir nicht verwirrt zu sein, wenn wir im Bericht von Finnegans Fall, der nun folgt, einen großen Teil der Erzählung von HCE vorweggenommen sehen. Der Fall selbst ist alles Fallen, und sein Donner erschallt in vielen Sprachen. Er ist mythisch (Finnegan hat ein »humptyhügelhaupt« [FWD 27, HB]), und er ist von gestern (in »wallstraiten« [FWD 27, HB] erhalten wir das Echo eines Börsenkrachs der dreißiger Jahre). Was den Fall verursachte, können wir nicht genau sagen, doch im Lied ließ das Trinken Tim Finnegan herunterkommen, und der Joycesche Finnegan ist ein Art Weingott: »Kommtag morgen und, O, sind vein! Sendtag abend und, ah, sie sind exsig!« [FWD 29, HB] Eine geschlechtliche Sünde wird ihm von HCE höchstpersönlich aufgeladen (»Harun Childerich Eggeburt« [FWD 28, HB]), und er hat HCEs eigenes schuldiges Stottern (»Großbaumeister Finnegan, freier maurer von der Stottrigen Hand (...) Oftmalz balbulös [FWD 28, HB] –, es war Balbus, dessen Name »Stotterer« bedeutet, der immer eine Mauer baute). Der Fall findet vorgeschichtlich statt, aber auch zu der Zeit, als der Papst, der Engländer Nicholas Breakspear, Heinrich II. die Herrschaft über Irland verlieh. Deswegen heißt es von Finnegans Bau: »klaurence o'toolers klittert hinauf, tom der eimer klattert herunter« [FWD 28, HB] – Lawrence O'Toole, ein aufsteigender Prälat; Thomas à Becket, ein fallender.

Der tote Finnegan, in Wirklichkeit der schlafende Finnegan, wird von zwölf Bürgern betrauert, doch das Fest soll nicht nur eine Sache von Fisch, Bier und Brot sein, obwohl all dies auf dem Tisch ausgebreitet ist: Es ist das Fleisch des Gottes selbst, das sakramental verzehrt werden soll. Doch bevor dies geschehen kann, bekommen wir den Körper Finnegans als Teil der irischen Landschaft ausgewiesen. Er ist der schlafende Riese Finn MacCool. Sein Kopf ist der Hügel Howth, seine Füße sind unweit von Earwickers Kneipe in Chapelizod (oder Isoldes Kapelle). Sein Fall, so hören wir, hat in Dublins Phoenix-Park stattgefunden – einer Art Garten Eden, wo ein berüchtigter politischer Mord Irlands Wiederauferstehung als Phönix heraufbeschwören sollte. Doch derselbe Park erlebte den Fall von HCE, dessen schemenhafte Sünde zwei Mädchen (seine Frau und Tochter in Verkleidung) einbezog und von drei Soldaten (seinen beiden Söhnen als Ham-Sem-Japhet-Trio) beobachtet wurde. Doch die Erwähnung von Soldaten führt uns zum Thema des Konfliktes. Die blutigen Krawalle, die Tim Finnegan wecken sollten, sind zu einem Panorama des Krieges im allgemeinen aufgeschwollen. Wir gehen zum Wellington-Ehrenmal im Phoenix-Park und werden dort von einer alten Frau (der ewigen alternden Ehefrau, die Bruchstücke der Vergangenheit aufbewahrt, während sie zur Übermittlung in die Zukunft die zerschmetterten Stückchen des Körpers ihres toten Gebieters Humpty Dumpty einsammelt) herumgeführt. Der Ire »Wollgetan« [FWD 32, HB], die Schlacht von Waterloo, ein paar Kavalleriestuten, die sich in Marketenderinnen verwandeln, und die beiden Mädchen im Park – sie alle symbolisieren den Konflikt in HCEs sündigender Seele, doch sie deuten auch an, wie Kriege nichts anderes als eine gigantische Projektion von Familienkonflikten sind. Der Vater, der sich seiner versagenden sexuellen Kräfte bewußt ist, wird jüngere Männer umbringen wollen; die jüngeren Männer streiten untereinander. In HCEs Schlafzimmer zurück bringt uns das Geräusch »Tip« – ein Zweig, der an das Fenster tappt. Die Historie ist hier und jetzt.

Wir verlassen das Museum, und wieder zurück an der frischen Luft sehen wir, wie die alte Frau, die ewige Witwe, in einen Vogel

umgewandelt wurde, der Bruchstücke der Vergangenheit (insbesondere von dem zerschmetterten Körper des toten Helden) aufpickt,
um uns in der Zukunft zu füttern:

> Wie haufwerksam und gemahlheitstreu von ihr, wenn's strärgstens
> vorbitten, unsere historischen Präsentse von den vorgangpassierten Post-
> prophetischen zu stehlen so daß ob machen uns werden alle zu
> Oherrbeerbammeistern und Odamenbügelmeisjen einer hübschönen
> Früchtchenbescherung zu machen. [FW 11]

Doch wir sind mit Dublin befaßt – »Dubsdrin?« (Ja, bin ich. Dies ist
jedermanns ewige Stadt.) »Horch! Cave! Echoland!« (Da ist er wieder – HCE.) Was wir brauchen, ist ein Führer, und wir finden einen,
geschrieben von »Mammon Lujius« – Mamalujo – Matthäus, Markus, Lukas und Johannes, Chronisten der Vergangenheit, vier Bettpfosten, die hineinblicken zum Schlaf der Geschichte, nicht hinaus
zur aufsteigenden Zukunft. »Vier Dinge (...) warde nahmals versagen«, so sagen sie, »bis von Heidenrauch und Wolkenkraut Eires Ei-
land bahr warde.« Diese vier Dinge sind ein buckliger alter Mann
(Humphrey Chimpden Earwicker), ein »Schuh an einem arrminn
altinn Wabbelinn« (Anna Livia Plurabelle, ALP, Fluß, alternde Ehefrau), ein »kastanienbraunes Möchdchen, vom Brack 'ne Braut, zum
varlassen« (ihre Tochter) und ein »Penn nichts gwichtsiger noch ein
Pfahlposten« (die beiden Söhne – Shem mit seinem Schreibstift und
Shaun, der kein wahres Wort schreiben, es aber zumindest wie ein
Postbote zustellen kann) [FW 13]. Diese vier Ewiglichen (Shem und
Shaun sind eins, Zwillingsdotter aus dem Vaterei) werden dann betrachtet, wie sie in verschiedenen Phasen einer komischen Historie
hervortreten: Das Jahr 1132 n. Chr. erzeugte den Vater; 566 n. Chr.
die Mutter (eine Frau ist ein halber Mann). Es gibt eine Pause, und
dann dreht sich die Geschichte wieder, nur rückwärts (die Geschichte ist nur ein Rad): 566 n. Chr. erschien die Tochter und 1132
n. Chr. erschienen die beiden Söhne Primas und Caddy – der Mann
der Tat (»Primas war ein Schildpostan und schrie alle schicklichen
Leute an«) und der Dichter (»Caddy ging in's Weinhaus und schrieb
von Frühdenn Farce«). [FW 14]
    Wir blicken vom Buch auf und wieder auf das Land, und hier ist
das vorgeschichtliche Dublin. Die beiden Brüder scheinen in einem

Paar komischer primitiver Menschen aufzugehen, der eine der eingeborene Kelte Mutt und der andere der skandinavische Invasor Jute. Es ist augenscheinlich, daß sich in den letztgenannten ein gutes Stück vom stotternden HCE hineinmengt: »Was für eine schaurhaurhaurhaurbarre Sache, Urrsach zu seihen!« [FW 16] Doch einige Spielerei wird mit dem Wort »Bedenken« getrieben, und wir bemerken eine Anspielung auf jene gefälschten Briefe, mit denen Pigott Parnell zu belasten vesuchte (Pigott buchstabierte das genannte Wort als »Bedänken« und ging so selbst in die Falle). »Bedänkin?« [FW 16] sagt Mutt und außerdem, um uns an eine von Parnells Reinkarnationen zu erinnern, »härnach, cühl bei Ebbe« (HCE) [FW 17]. Jute aber sagt »Bädenkän« [FW 16]. Selbst in Irlands Vorgeschichte schon werden die Samen von Irlands späteren Sorgen (Invasor, Verrat am Erlöser) gesät.

Doch es gibt noch ein anderes Thema von Verrat zu benennen und zu entwickeln. Joyce nimmt sich die historische Figur der Grace O'Malley, die in der Burg von Howth um ein Nachtlager bat und der, da die Familie beim Abendessen war, der Eintritt verwehrt wurde. Aus Rache entführte sie den Sohn des Grafen von Howth und hielt ihn fest, bis der Graf versprach, nie wieder während der Mahlzeiten die Tore der Burg zu schließen. Joyce macht den Grafen zu einem Skandinavier – »Jarl van Hoother«, eine Art HCE – und gibt ihm zwei Söhne, Tristopher und Hilary, die vorgestellt werden, wie sie »ihren Schnuller auf dem Wachstuchflursboden trittelhackten seines Hoimreighs, Castells und Erdenhauses« [FW 21] (HCE, außerdem der Vater von Swifts Vanessa). Der Schnuller scheint ihre Schwester zu sein, verbotene Frucht, die der Traum formlos und anonym beläßt, insbesondere als wir (»Wage! O wage dich!«) die »jiminigen Stoppferdrehs und den Schnuller (…) liebergestreckt auf dem Wassertuch« erblicken, »küssend und spückend, und gockend und bockhuend, wie Nervparktrüg und Naivbräut und in ihrer zweiten Säuglinkszeit« [FW 22]. Grace O'Malley, die »die Possenkönergin« [FW 22] genannt wird, wird zweimal »ein Potz Pörtnerpirsich« [FW 21] verwehrt, und aus Rache entführt sie nacheinander beide Söhne, wobei sie den »jiminigen« oder Tristopher-Zwilling in einen Schurken verwandelt und Hilary in einen Cromwellianer. Als sie zum dritten Male kommt, wird ihr die Tür mit einem donnernden Hundertbuchstabenwort vor der Nase zugeschlagen. Das ist eine Allegorie auf HCEs Unfähigkeit, die Geschicke seiner Kinder zu kontrollieren, auf seine Machtlosigkeit im Angesicht eines ersehnten, aber verbotenen Verhältnisses. Der Donner ist das Geräusch der Schuld.

Doch, so sagt Joyce, »O foenix culprit!« [FW 23], indem er des heiligen Augustinus »O felix culpa« parodiert – glücklich jene Sünde Adams, die uns einen Erlöser bringen sollte. Das schemenhafte Verbrechen im Phoenix-Park führt uns zurück zum Körper des Riesen Finnegan. Eine Stimme ruft: *»Usqueadbaugham!«,* was neben anderen Dingen »Whiskey« bedeutet, und der große Gott erwacht mit einem »Trankt ihr mich mause?« Doch er wird angewiesen, sich wieder hinzulegen – »Nun gangs ruchig, guter Mr. Finnimore, Sir. Und genießen Sie Ihre Pennschon wie ein Gott inner Rente und rennen Sie nicht übersee.« [FW 24] Das Leben läuft ohne Finnegan gut genug. Außerdem ist da »bereits ein großer rutriger rammer Kerl am Randem auf dem Grund und Bogen raus seiner Schlangte von den hungert Schluckchten, wir mir erzählt wird« [FW 28 f.]:

> (…) behumphend seinen Antail der Schuldhörn auf ihn senken tut er's ein solcher Prachtfaltkerl, mit einer Tatschenbesser im Gepickel die eine Wurmglühende ist und drei kletten neinen Klinkern, zwei Zwillingskäfern und einer zuwergigen Pucelle. (…) Humme der Chnäppchner, Esc., übersehn wie wir ihn glaubten, doch ein Würdiger des Nayimens, an diesem altfärbbürdigen Ort kam wo wir zur einen oder andern Tide in unserem paroqialen Fermament leben, mit einer Reißschmisse in einem Heilentempboot (…). [FW 29]

Der skandinavische Nachfolger des heimischen Finnegan ist auf dem Wasserwege angekommen, und von Stund an ist die Erzählung ganz die seine. So »humil, commun und ensektuös von Natur aus« ist, ist er es, »der bis ultimendo veranwurflich ist für das Knuddelmuddel, das in Edenborough angerichtet wurde« [FW 29]. Auf seine verschmitzte Weise sagt uns das Wort »ensektuös« eine ganze Menge. Wann ist ein Mann ein Earwicker oder Ohrwürmler? Wenn er ein Insekt ist. Wann ist er ein Insekt? Wenn sein Traum sich weigert, das Wort »Inzest« auszusprechen.

3

Hier Chauffiert Einjeder

Wir wollen nicht zu sehr versucht sein, den großen Traum ans Licht
heraufzuzerren: Schattigkeit, Konfusion, das Verschmelzen von einer
Person in eine andere, von Jugend in Alter, Freund in Feind – all dies
gehört zur Essenz des Traumes. So können wir, wenn wir Humphrey Chimpden Earwicker begegnen, nicht sicher sein, ob wir auf
eine wirkliche historische Figur blicken (eine, die in Chapelizod
eine Kneipe betrieb) oder auf eine Art Paradigma der Menschheit.
Ebensowenig können wir sicher sein, ob wir ihm zuerst als Kind begegnen oder als Adam, dem erwachsenen Gärtner. Sein Name ist
vielleicht Humphrey oder vielleicht auch Harold; es mag sogar am
besten sein, ihn Haromphreyde zu nennen. Wo bekam er seinen
Beinamen her? Die Anekdote über den Matrosenkönig, der »eines
hitzigen Sabbartnachmittags« [FWD 45] mit unserem hummer-
fangenden ehrlichen und ungeschliffenen Helden sprach, verfügt
über die ungeheure Leere aller Traumgeschichten. Wir können uns
vorstellen, wie wir herzhaft über HCEs »ich kriegse jussogut
zerschnappen mit diehier dammertäten Ohrwrigglern« [FWD 46]
lachen und uns dann, nach dem Aufwachen, ziemlich dämlich
deswegen vorkommen. Wie auch immer, bald erhebt sich da eine
schemenhafte nordische Vaterfigur – ein »Volksvorvather die ganze
Zeit (...), die Gänze des Hauses um sich herum, mit dem unverän-
derten weitgespannten Halstuch seinen ganzen Nacken, Genick und
Schulterblätter kühlend« [FWD 48], und dann müssen wir, mit einer
gewissen Dringlichkeit, das Wesen seiner ursprünglichen Adams-
sünde in Augenschein nehmen. Alles ist Hörensagen, eine Sache von
Märchen und Gerüchten, wie die komplette Frühgeschichte; tatsächlich ist der Erzähler dieses Teils des Traumes im Zweifel, ob da
überhaupt eine Sünde gewesen ist:

Einem jeden der die Christgleichheit des großen reinsinnigen Riesen H. C. Earwicker seine exzellenslichlange vielzekönighlichte Existenz hindurch kannte und liebte klingt schon der leiseste Hinweis auf ihn als Lüsteschnüffel der in Plumpsfallen nach Unruh rumspürt aufs gröbste grotesk. [FWD 48]

Nichtsdestotrotz legt die Erzählung Earwicker zur Last, »sich gegenüber von einem Pärchen verwöhnerischer Dienstmägdchen mit anerinhofften Unanstehen aufgeführt zu haben im Gewöllde der huschigen Mullde an welchen Ort (…) Mutter Natur sie beide in aller Unschuld unwillkürlich und um die selbe Zeit der Abendstund geschickt hatte« [FWD 49]. Worum immer es bei dem »anerinhofften Unanstehen« gegangen sein mag, drei Soldaten haben es gesehen.

Der Ärger beginnt, als Earwicker »ewig und Keiten nach dem vorgeblichen Delikte« einen »Kerl mit Pfeifenrohr« trifft. [FWD 50] Das Wort »Pfeifenrohr« scheint eine musikalische Konnotation nahezulegen: der »Kerl« ist im Original ein »cad« und CAD eine musikalische Phrase; später wird Shaun eine GBD-Pfeife in seinem FACE haben. Der Kerl fragt Earwicker nach der Uhrzeit. Earwicker läßt völlig unnötigerweise eine stotternde Widerlegung der vorgeblichen Anschuldigungen gegen ihn vom Stapel: Da sei »nicht ein Flünckchen Wahrheit, man erlaube daß ichs aussprech, in diesem allerreinsten aller lücklück Lügengemärchte« [FWD 52]. Der Kerl geht nach Haus, sinnt über das alles nach, erzählt seiner Frau davon, und »Unsers Kerlchens häusliches Streitelchen« erzählt »mit einem Blitzgehör für Spücknäpfe« [FWD 53] einem Priester – »ihrem besonderen Hochwürden« [FWD 54] –, daß mit HCE irgendetwas faul ist. Und so beginnt das Gift sich zu verbreiten, trotz des Priesters Versprechung, daß »das so in sein Epistolohr ausgelieferte Geprede (…) nicht über sein Jesuitentuch hinausgelangen würde« [FWD 54]. Diese Stelle ist es, an der Joyce die Namen der Dubliner Verleger Browne und Nolan einführt. Es sind nützliche Namen, denn »Browne« kann zu »Bruno« italienisiert werden, und der Philosoph Bruno kam aus Nola (sehr früh in seiner schriftstellerischen Karriere nannte Joyce ihn den »Nolaner«). Bruno lehrte, daß in einem gottgeführten Universum alle Gegensätze am Ende verschmelzen müssen. Auf diese Weise gab er Joyce eine metaphysische Rechtfertigung an die Hand, um gegensätzliche Charaktere in einer einzigen Person zu vereinen, so wie Shem und Shaun, die sich bekriegenden Brüder, im Vater HCE ausgesöhnt werden. Der märchenerzählende Priester wird »Mr. Browne« genannt; »in seiner zweiten Personalität als ein Nolaner« [FWD 54] verschafft er unserem Helden schnell üble Nachreden, die unter den Dubliner Stadtstreichern, unter besonderer Berücksichtigung von Peter Cloran, Hosty (»ein vom Unglück verfolgter Sonnenbader« [FWD 56] oder mittelloser Hersteller skurriler Balladen) und O'Mara, »eines exprivaten Sekretärs ohne festen Wohnsitz (stadtbekannt als Mildreus Lisa)« [FWD 56], zirkulieren. Man beachte dieses parenthetische »Mildreus Lisa«, denn dahinter verbirgt sich die wahre Natur von HCEs Schuld. Es ist eine Deformation des deutschen »Mild und leise«, der einleitenden Worte der Liebestod-Arie, die Isolde in Wagners Oper über dem toten Tristan singt.

Der Skandal kulminiert in der »Ballade von Persse O'Reilly«, welche – nach einem Schuld und Fall symbolisierenden Hundertbuchstabenwort – von Hosty zu einer Melodie gesungen wird, die uns Joyce freundlicherweise mitteilt – als Notation, unverzerrt, in A-Dur. »Persse O'Reilly« ist eine volkstümliche Version des französischen *perce-oreille,* das einen Ohrwurm bezeichnet. Wie Bloom ist HCE ein Ausländer – irgendein Ausländer, alle Ausländer – mit den Lastern eines Ausländers. Das Lied ist entzückend:

Er war einmal der König im Schlosse
Nun stößt man ihn 'rum wie 'ne modrige Altbirn'
Von der Greenstraß' schickt man ihn auf Order Seiner Hochwür'n
In die Sträflingshaft von Mountjoy
(Refrain) In die Haft von Mountjoy!
Setzt ihn, ahoi. [FWD 61]

Darin wird HCE mit dem fallenden Humpty Dumpty gleichgesetzt, mit »Lord Olofa Krumpel« [FWD 61] verglichen, einer Anzahl bizarrer Verbrechen beschuldigt, als Schwarzgelber und als tapfrer »Sohn Skandinasführiens« [FWD 63] verflucht und mit Hinrichtung und Begräbnis bedroht:

Und nicht all die Königsmänner noch seine Pferde
Schaffen ihn wieder auf die Erde

Denn niemandes Hexmacht in Höll' oder Connacht
(bis) Ist kapabel zu erwecken einen Kain. [FWD 63]

Und so kommen wir zum dritten und vierten Kapitel und zur Erfüllung der Drohung. Als erstes aber müssen wir die Form einer Gerichtsverhandlung erdulden. Das Trio Hosty, O'Hara oder O'Mara
und Cloran-Horan-Moran (wie sich die Namen verschmelzen und
vertauschen, traumartig) ist nicht mehr, und was das Sammeln von
Beweisen angeht, müssen wir uns hauptsächlich auf den Priester Pater San Browne oder Padre Don Bruno verlassen. Doch Gegensätze
(Browne und Nolan) verschmelzen miteinander, nichts ist gewiß,
weiträumige Zeitspannen haben den Sachverhalt verwirrt: Alles, was
aus dem Gemurmel und Gerufe ersteht, ist die Tatsache von HCEs
Schuld. Aber immer noch hat er auch seine Verteidiger:

> (…) drei Tommix, Soldaten frei, Gockellauch und Kapperpienkel, von
> der Kaltstrom. Garde spazierten, in (…) der Montgomery Street. (…) Es
> war die erste Frau, sagten sie, suppte ihn ein, an jenem fatalen Mildwoch,
> Lili Coninghams, indem sie ihm vorschlug auf ein Feld zu gehen. Erzür-
> nen mod Eldfar, Erruthen rött Stielstand, Verzornen berzwackte Erzür-
> nen, gestand Gemeiner Pat Marschison *retro*. [FW 58]

Die wahren Umstände von HCEs geschlechtlicher Schuld streben
danach, die Oberfläche zu erreichen, doch das Mädchen, nach dem
er sich sehnt, ist selbst eine Versucherin, eine Art Possenkönergin. So
gab Adam Eva die Schuld. Doch vor Eva gab es Lilith: Das verführ-
bare Mädchen wird in die verführende ältere Frau verwandelt.

Viele Stimmen geben wie in einer Serie von Fernsehinterviews ihre
Meinungen ab und fällen Urteile. Wir sind es selbst, so beginnen wir
zu erkennen, die bald vor Gericht stehen werden: HCE bedeutet »Hier
Chauffiert Einjeder«. Handgreifliches schält sich heraus – ein Brief, ge-
schrieben von HCEs eigener Frau (zumindest ist er unterzeichnet mit
»Alleinige Lachhafte Partei« [FW 66] – ALP – Anna Livia Plurabelle),
und ein Sarg. Der Sarg ist »entfernt worden vom Eisenwarenlager von
Oetzmann und Neffe, einem angesehenen Hause der westlichst
Draufgegangensten, welches beim natürlichen Gang aller Dinge wei-
terhin Bestattungszubehör jeder nötigen Ausführung liefern wird«
[FW 66]. Der Sarg ist für HCE bestimmt: Er muß tief in der Erde be-

graben werden, damit er sich nicht wieder erheben kann. Finnegan war ein unmoralischer Riese, doch Earwicker ist ein Mensch, und der Mensch muß für seine Ursünde in die bodenlose Tiefe geworfen werden. Es gibt nach derzeitigem Stand keinen Erlöser.

Und damit zur Gerichtsverhandlung. Long Lally Tobkids, »der Spezielle« [FW 67], macht eine Zeugenaussage, in der HCE als eine Art betrunkener Schlachter auftritt (er liefert »Muttwarzt und Hammeljutlett« – wir sind wieder bei Mutt und Jute, dem ausländerhassenden Eingeborenen und dem invasorischen Teutonen). Doch ein gewisser MackPartland verteidigt HCE: »da Her werden die Camelrückigen Exzesse als von einer oder irgendeiner der verursachenden Ursachen von allem, diesen binsigen hohlen Heldinnen in Hemdsärmeln, angestachelt angesehen«. [FW 67] Und, so fügt er hinzu, »ist nicht eher Pressung seit der Zeiten denen die Feen inne waren, und Fassegevallen für wilde Irdenblüthin ein impressiv Privatreputation für flüsterte Sünden gefolgt?« [FW 69] HCE leidet wie Parnell für seine Größe. Was den Angeklagten selbst angeht, er hat sich mit seiner swiftianischen Schuld vor allem verschlossen: »Und sollen die Aja gute Gaggalaja sein und Isther Estarrn Yysther Asterrn spielen« [FW 69] – da ist Esther; da ist (»Asterrn«) Stella. Doch er hat einen ungebetenen Besucher – »Davy oder Titus, auf einem Bürglist-Clan-Marsch aus dem Mittelwesten, ein unmärschig exzellenter grober Mann über die Straße der seine Bullfüßter Berge kannte wie'n Starnsargler«. [FW 70] Die neue Welt Amerika muß zu Worte kommen –

> (…) wetternd gegen ihn in gemauchsten Metaphern von elf dreißig bis zwo am Nachmittag ohne auch nur ein Imbißchenpäuschen zum House, Clodseinsohn, herauszukommen, zur Exekution, du Judenbettler, Amen. [FW 70]

(Man beachte die signifikante Zeitspanne – von 11.30 bis 2.00, was sich zu dem einzigen realen Datum des ganzen Buches ineinanderschieben läßt: 1132.)

Der arme Earwicker hat eine lange Liste »aller beleidigenden Namen, bei denen er gerufen wurde« [FW 71], zusammengestellt. Einige sind Traumunsinn; andere machen nur zu sehr Sinn – *Der Heimischen Protestantischen Religion Unwürdig, Ich Lasse Mich Scheiden Gatte, Bebürder von des Herrn Heiligem Platz, Dreck, Stibitzerpappa,*

Mehrschweinchereienbastard [FW 71], und so weiter. Die Leute sind gegen ihn, obgleich der Prozeß zu seinen Gunsten ausging. Und so, »auf dem geringsten Umwand seiner Mannscherzters Stimme spielend, das erste heldische Verspaar aus der Fugalle Tropicalle, Opus elev, Zuwehunddreizehig: *Mein Sinnen auf das Schwebverfallen Für dieses Mal gehorchmuß knallen*« (wieder 1132), geht er davon zu den »tumben und stauben Institutionen«, und wir sagen ihm »Aduyö!« [FW 73] Er wird noch nicht sterben, aber er wird sich von allem Verkehr mit den Menschen abschließen: »Humph ist in seinem Schlimmbar. Wörter wiegen für ihn nicht mehr als Regentröpfeln für Rothfarnihm.« [FW 74] Sein Tod und seine Wiederauferstehung sind für Joyces nächstes Kapitel reserviert.

Dieser *»Mann Bar der Allgemeinellren Eigenschaften einer Irischen Natur«* [FW 74] entsinnt sich in seiner Einkerkerung (wie »der Löwe in unserm Zährgarten«, der sich »der Nupharen seines Niles entsinnt« [FW 75]) jener zwei »Lililithien«, die ihn ruinierten, wie sie sich in eine »korngoldene Ysolld« [FW 75], die begehrte Tochter, zusammenschließen. Doch die Zeit ist gekommen für ein entrüstetes Volk, ihn mit Schuld und allem in jenen gestohlenen Teakholzsarg zu stecken und ihn dann tief im Lough Neagh beizusetzen. Die Errichtung dieses »solltgewesenseinen Untergrundhimmels, oder Molwurfsparadieses das möglicherweise auch eine Inversion eines Phallopharos war, dazu gedacht, den Weizenanbau aufzuforsten und das Touristengewerbe anzukurbeln« [FW 76], ist ein großes zivilisatorisches Vorhaben, das Sprengarbeiten mit T. N. T. einschließt, doch HCE bleibt ein primitiver Held, dessen beerdigter Leichnam – trotz des Fehlens eines Erlösers – eine potentielle Quelle neuen Lebens ist: »steht Zeitzens Dienstanbrufung durch, Aufstehen nacherfall.« [FW 78] Selbst noch in der Erde (oder vielmehr in seinem wässrigen Grab) scheint HCE Stöße chaotischer Energie auszusenden – es wimmelt von Blitzschlägen und Flutwellen. Er wird ebenso legendär wie der schlafende Finnegan, »diese ganze Zeit der Totalität heimlich und durch Hinunterlutschung sich an seinem eigenen verlegten Fett nährend« [FW 79]. Und auch die Zeiten, das sehen wir, sind legendäre – »diese heidnischen vereisenten Zeiten der ersten Stadt (benannt nach der häßlichsten Danadüne)« [FW 79].

Auf daß wir all dies aber nicht als irgendein entlegenes Feenmärchen auffassen, werden wir zum Earwickerschen Schlafzimmer zurückgezerrt und hören das Tappen des toten Zweiges an der Fensterscheibe: »Tip! (…) Tiptip! (…) Tiptiptip!« Der schlafende Geist greift nach Kate, der Putzfrau der Earwickers, um die Rolle der ewigen Witwe, der Sammlerin der zerschmetterten Bruchstücke ihres toten Gebieters, zu besetzen und ein Gemälde für uns zu malen, »vor einem trübtraratraumschen Hintergrund, strahlend und sehr viduell, vom alten Dummplan wie sie's riechtig konnte« [FW 79]. Wir sehen, daß sie ein sehr alter Aspekt von ALP ist, so wie Issy oder Isolde ein sehr junger ist. Sie denkt an die mythische Vergangenheit zurück, und sie schließt, wie alle immer schließen müssen, im Park mit HCEs Fall.

Wir müßten uns eigentlich wirklich noch einmal mit jener Sünde, dem Prozeß, der Einkerkerung und dem Begräbnis beschäftigen, doch unser Sünder-Opfer ist lange tot. Alles, was wir tun können, ist, seine beiden Söhne Shem und Shaun dazu anzuhalten, die ganze Affäre noch einmal aufzuführen. Shaun spielt eine Figur namens Festy König – »aus einer lange und ehrenwert mit der Teer- und Federfabrikation in Verbindung gebrachten Familie« [FW 85]. Doch obwohl er es ist, der wegen verschiedener Anschuldigungen vor Gericht gestellt wird, gibt es eine ganze Menge Konfusion, die von dem Umstand herrührt, daß der Hauptzeuge der Anklage sein Zwillingsbruder Shem ist. Der Urteilsspruch der vier Richter (Mamalujo; die vier alten Männer, die die Vergangenheit rühmen; die vier Bettpfosten) lautet »Nolans Brumanns« [FW 93]. Dieser Spruch (Bruno der Nolaner mit seiner Doktrin der Identität von Gegensätzen ist hinter dem parodistischen Latein verborgen) kapselt die Verteidigung von Shaun (»Schau an den Posierten« [FW 92]) ein. Die Zwillinge sind –

> (…) Gleichheiten von Gegensätzen, hervorgegangen aus einer einsgleichsamen Macht der Natur oder des Geistes, *iste,* als das alleinige Bedingende und Mittel seiner hihmundhihren Manifestation und polarisiert für die Wiedervereinigung durch die Symphysis ihrer Antipathien. Unverkennbar verschieden waren ihre Beidbestimmungen. [FW 92]

Shaun ist ein bloßer Schatten seines Vaters HCE. Er ist unfähig zur Schuld, und er schwelgt in der Bewunderung durch die »Mädies von der Gerichtsbarkeit« [FW 92], die achtundzwanzig Mädchen, die ihn umstreichen und umschmeicheln. Es gibt ein neunundzwanzigstes Mädchen, für das Schaltjahr (»ein schönliebeschauendes Schaltmädchen« [FW 92]), das offensichtlich eine Manifestation von Issy ist: auch sie himmelt ihn an. Er ist für den sexuellen Erfolg geschaffen, dieser unwürdige demagogische Nachfolger seines Vaters, obwohl seine Zeit noch nicht gekommen ist. Was Shem (»Scheuen den Pfuienmann!« [FW 93]) angeht, er wird als Feind aufgefaßt, als der wahre Verräter des Vaters, der, totgeglaubt und mythisch geworden, nicht länger ein Sünder ist, sondern ein Heiliger. Harte Worte werden Shem gesagt: »Du und deine Gabe des Gebabbels des Geftgabelns übah unsern Farrverg! und gewinngridanndo: Hon! Verg! Nau! Putor! Skam! Schams! Shames!« [FW 93] Der Künstler und Wahrheitssucher wird immer geschmäht.

Die vier alten Männer, Richter, Bettpfosten, Evangelisten, Provinzen Irlands ereifern sich untereinander weiter über die glorreiche Vergangenheit. Doch die Wahrheit ist mit Sicherheit nicht im Gegeifer alter Männer zu finden, sondern in jenem Brief von ALP, von dem wir zuvor alle gehört haben. Was passierte denn nun überhaupt mit HCE? Bisher wurde er uns (neben vielen anderen Dingen) als John Peel vorgestellt, der Jäger, komplett mit seinem Horn am Morgen, doch nun scheint es, daß er hin und her rennt wie ein Fuchs, ein Opfer der Meute wie Parnell (»Doch der Zusammbruch der Bedenklichen, der Zauberspruch der Bedänken« [FW 97]). Oder sonst hat er »gewaltsame Hand an sich gelegt (...), niedergelegt, rein alles, rausgelaugt, mit gleichphallends melancholischem Tode« [FW 97]. Am besten ist, wir nehmen an, er sei dahin, sein Nachfolger erwählt, ein neuer Papst (»der Gefangene jenes heiligen Gemäuers« [FW 100]). Wir müssen uns nun seiner Witwe zuwenden, ALP, der tapferen kleinen Frau, Reinigerin des Rufes ihres toten Gebieters, immer bereit, »den Kopf des Klatschengewürms zu zertreten« [FW 102]. Sie ist der Fluß, an dem wir seinen Tod betrauern, das Wasser, das ihn bis in den Heiligenstand reinwaschen wird:

(...) Denn wir, wir haben unser Laken auf ihre Steine gebracht wo wir unsere Herzen in ihre Bäume hängten; und wir seufzen, wie sie uns säuftst, an den Wassern zu Babbelang. [FW 103]

Die nächsten paar Kapitel von *Finnegans Wake* werden ganz von Anna Livia handeln.

4

ALP und ihr Brief

ICH WERDE NUN VERSUCHEN, ETWAS BRAUCHBARES ÜBER DIE NÄCH-
sten vier Kapitel von *Finnegans Wake* zu sagen. Wir befinden uns
immer noch im ersten großen Abschnitt des Buches, der sich
hauptsächlich mit dem Heraufkommen des archetypischen Familien-
vaters nach dem Fall des primitiven Gott-Riesen beschäftigt, und
dieser Abschnitt teilt sich ungefähr gleichmäßig in den Bericht von
Earwickers Fall, Prozeß, Tod und Beisetzung (obgleich seine Substanz wie ein großes ausgelaufenes Ei über die ganze Welt verteilt
wird) und das Leben seiner Frau Anna samt ihrem Brief – jenem verborgenen Brief, der die Wahrheit über HCE mitteilt und so auf kryp-
tische Weise das Universum erklärt. Insgesamt sind es acht Kapitel für
den Frau-Fluß. Nun also kommen wir zu Anna Livia Plurabelle –
dem Fluß Anna Liffey, einer Pluralität von Weiblichkeit und Schönheit. Sie wird zu Beginn hymnisch gepriesen, als wäre sie Gottvater:

> Im Namen Annahs, der Allverwirrchtigen, der Ewiglebichten, der Spen-
> derin von Plurabilitäten, gehellicht werde ihr Avend, ihr Reigen gesunge,
> ihr Rinnend gieß Seen, unaufherdlich wie auch nimmerhindert. [FW 104]

Doch sie spiegelt natürlich den ewigen Vater, sie gebar seine Kinder,
sie ist die Treuhänderin der Wahrheit über ihn. Sie verdient göttliche
Ehren. Als erstes jedoch sind wir mit ihrem berühmten Brief befaßt.
»Ihr titelloses Mamafest« [FW 104] hat viele Namen getragen
(Joyce gibt uns derer drei ganze Seiten, von *Das Augustasche Angu-
stissimeist für des Alten Seebiestius Errettung* [FW 104] bis *Erster und
Letzter Einziger Wahrer Bericht über alles den Ehrenbewehrten Mirsu Earwicker, L.S.D., und die Schlange (Klumpatsch!) betreffend von einem Weib
von Welt welches nur die Nackte Wahrheit Erzählen kann über einen Lie-*

ben Mann und all seine Verschwörer wie sie alle Versuchten ihn zu Fällen indem sie es alles in ganz Lucalizod Herumsprachen über Untenoffzierde Earwicker und ein Paar Nasse Nutten freiweg die ganze Unaussprechlichkeit Zeigend widerrechtlich zu Beschuldigen wegen der Regenröcke). [FW 107] Hier ist ein bewanderter Gelehrter am Werke, der uns, bevor er in die Tiefen eines Vortrags über den Brief eintaucht, anweist (und dies ist gleichzeitig auch eine Anweisung von Joyce): »Nun, Geduld; und denken Sie daran, Geduld ist die große Sache, und mehr als all anderen Sachen müssen wir alles solches wie die Geduld vermissen zu lassen oder zu verlieren vermeiden.« [FW 108] Wir brauchen Geduld, während wir durch abstrakte Theorie waten, bevor wir irgend etwas über die Herkunft des Briefes erfahren. Zu guter Letzt wird uns berichtet, wie eine kluge kleine Henne namens Belinda ein »gutergroßformatiges Blatt Briefpapier das per Abhüft aus Boston (Mass.) herrührte« [FW 111] aus einem nach Orangenschalenstückchen schmeckenden Misthaufen aufscharrte. Der Brief erwähnt Hochzeitskuchen und die große »Beischerzjung des armen Pater Michael« [FW 111] (Michael Finnegan?) und sendet liebe Grüße an die Zwillinge. Er ist teebefleckt und nicht unterschrieben. (Man denke an die Bostoner Tea-Party, die Befreiung aus alter Knechtschaft und den Beginn einer neuen Epoche der Geschichte. Heirat und Familienleben haben den alten theokratischen und doch fruchtlosen Paternalismus ersetzt. Und die Orangisten werden zerfallen, sagt die Shan van Vocht.) Was die Deutung dieses alten Blattes Familienklatsch angeht, so ergibt sich nicht eindeutig daraus, daß ALP nicht bei HCE einen großen Fehler ausmacht: »Tanzereien (schweibzie) waren seine einzzuge Schwächliche. Mit Apfelhurchen«? [FW 113]

Dem Brief (in diesem Kapitel ist das Element der Parodie auf Pedanterie sehr stark ausgebildet) wird die Ehrerbietung gewährt, die dem *Buch von Kells* (jenem altirischen Psalter mit prächtigen Illuminationen, das beerdigt wurde, um es vor den eindringenden Dänen zu schützen) entgegengebracht wird. In der Tat wird rundheraus mitgeteilt, daß der Brief »die dusterliche *Tunc*-Seite« des Buches von Kells [FW 122] offenkundig inspiriert habe – jene Seite, auf der in einer Anhäufung prächtiger Illuminationen die Worte *»Tunc crucifixerunt XPI cum eo duos latrones«* geschrieben stehen – »Dann kreuzigten sie Christus und mit ihm zwei Diebe«, wobei »XPI« (die ersten drei Buchstaben des griechischen Wortes *Christos*) eine Interpolation ist. Das befleckte alte huhnaufgescharrte Geschreibsel wird bestaunt; Randporträts gewahrt man darin; die Feinheiten der Zeichensetzung werden tiefschürfend diskutiert. Doch unter der Traumsatire liegt eine Ernsthaftigkeit von traumartigem Wesen, da die Prinzipien der Familie – die in einem halbliterarischen Quentchen Plauderei ihren Ausdruck finden – aller Zivilisation unterliegen. Die Archetypen des gekreuzigten Triumvirats (der Sohn, der auch der Vater ist, in der Mitte; die Diebe seiner Substanz zu beiden Seiten) sind in HCE und den Zwillingen auszumachen.

Wir haben also den Brief, aber können nicht sicher sein, daß es wirklich der Brief ist, den ALP schrieb? Natürlich nicht: Träume bringen ihre verborgenen Wahrheiten nicht so einfach ans Licht. Doch dieses Sendschreiben aus Boston kann vielleicht als ein palimpsesthafter Digest von *Finnegans Wake* selbst aufgefaßt werden, und was im nächsten Kapitel folgt, ist eine recht vollständige Vorstellung seiner Hauptfiguren (die alle in dem Brief vorgeblich erwähnt werden) durch das Medium einer irrwitzigen Quizsendung. Diese wird augenscheinlich durch die schrecklichen Vier – »alter Jeremusalaim, alter Eiphesuph, alter Antikochs, alter Altekaxantromm« [FW 124] – geleitet, und sie beginnt mit einer einfältig scheinenden Begrüßung: »Who geht es neinen heutnah, lazy and gentleman?« [FWD 73, IH] Der *lazy* – also der Faule – ist vermutlich Shem und der *gentleman* zweifellos Shaun, das Quiz-Preis-Kind, das »ein hunzert und dünn per storehundert« erriet »bei diesem nächtlichen quisquiquock der zwölf apostrophen, gesetzt von Jockit Mic Ereweak« [FWD 73, IH]. Wer ist »Jockit« – Shaun (John, Jack, Jock) oder Shem (Jakob)? Die Verwirrung ist, wie stets, beabsichtigt.

Die »zwölf apostrophen« beginnen mit einer gigantischen Frage (dreizehn Seiten lang), in der der »maximeiste brückenmacher« [FWD 73, IH] gesucht wird, der »stottert vor dem fall und wird völlig verrückt wenn er aufgeweckt wird; ist Timb dem perlenden morgen und Tomb der trauernden nacht;« [FWD 86, IH] und so weiter. Die Antwort lautet »Finn MacCool!« [FWD 86, IH] – eine der Manifestationen von Finnegan-HCE. Die nächste Frage, »Kennt dein gemutter dein mickiphon?« [FWD 86, IH], richtet sich offenbar an Shaun, denn der erscheint später als Mike oder Mick oder der Erzengel Michael, Möchtegernzerstörer des teuflischen Nick oder Shem. »Ann alive, das lisp von ihr« [FWD 86, IH] ist Teil der Antwort. Bis jetzt also haben wir den Vater und die Mutter. Dann kommt eine Traumversion des Mottos auf dem Wappen der Stadt Dublin: »Deine obesität, O civiliste, trifft die felizitude unseres orbs!« [FWD 87, IH] (Das Motto der Stadt Dublin lautet *Obedientia civium urbis felicitas*.) Dies steht über dem kleinen Orb – der Kugel oder Welt – eines fetten und fröhlichen Zuhauses. Doch dieses Zuhause ist nur ein Teil von ganz Irland, und die nächste Frage betrifft Irlands vier wichtigste Städte (von besonderem Interesse für die vier alten Männer, die die vier Provinzen repräsentieren, deren Hauptstädte diese Städte sind). Die Antworten sind angemessen verkleidet: Delfas; Dorhqk; Nublid; Dalway. Ich brauche nicht zu übersetzen. Die Fragen 5 und 6 beziehen sich auf Earwickers Barkellner, »Pore ole Joe!« [FWD 88, IH], und die Putzfrau (»Jesamt Im Hausreinweib Dinah« [FW 141] – eine Deformation eines Liedes aus dem *Ulysses* – »Da ist wer im Haus bei Dina« [U 617]). Die alte Frau selbst wird gehört, wie sie grummelt: »(…) wer bruk das wiegesel und wer gesehen das schwarze siebriesl jam für Tomorrha's großes pickgenick Ich hoffe 's fürd gießen«. [FWD 88, IH]

Die Zwölf werden nun erwähnt. Sie stehen für die gesamte menschliche Gesellschaft, und sie haben niedere und gleichzeitig bizarre Berufe – »der doorboy, der reinmacher, der sojdat, der schieber, der drücker, der lungerer, der curmane, der rumtoureiber, der massrumschnüffler, der trüblasblaue tramp, der juxpulpherkomplottheur, der christymansboxer« [FWD 89, IH]. Wir bekommen ihre Namen und Geburtsorte genannt und sogar eine Probe ihrer charakteristischen Redeweise mitgeteilt:

(…) porter von passionen sind kraft retroratiozination, und, im kontributtieren ihrer konflingenten kontroversien der differentiation, ihre voxen unifizieren in einem votum der vatizination, die die comforts krusten kauen dank deprädation, die matten der misere met einem zug drainieren für den zuzug von intoxikation, jedes übel kondonieren durch praktische justifikation und jedwedes gut kondamieren zu dessen eigener gratifikation (…) [FWD 89, IH]

Doch auf die Frage, wer sie in Wirklichkeit sind, sagt der Antwortende: »Die Morphios!« [FWD 89, IH] Die zwölf Bürger sind Schläfer, die das Leben in hochtrabend vielsilbigen Wörtern ventilieren, aber dieses Leben an sich vorübergehen lassen – so, wie es tatsächlich an den vier alten Männern, den Fragestellern, vorübergegangen ist.

Als nächstes kommen die »maggies« [FWD 89, IH], die Mädchen im Park, die verschmelzen zu einem Mädchen, einer Tochter, einer Versucherin (»kommeth jadoch ensprungen jahr, kutsche und viergespann, Sweet Peck-at-my-Heart pickt sich den nächsten mann« [FWD 89, IH]). Danach kommt, als Nummer 9, eine Beschreibung des großen Traumes selbst und eben dieses Buches, das ihn verwahrt – »Ein kollidoueskap« [FWD 90, IH] (wunderschönes und genaues Wort). Frage 10 ist bedeutsam, denn – »Was bitter's lieb außer sehnmannsgurn, was' aure liebes eh außer ein brefes burn, bis zieh die ziehet tutde schmöke retourne?« [FWD 90, IH] – sie läutet eine Antwort der Urversucherin, Issy oder Isolde, selbst ein, ganz in swiftianischer »kleiner Sprache«, keusches Mädelwedelgerede, haarsträubend, aber faszinierend:

> (…) Jetzt öffne, pet, deine lippen, pepette, wie Ich gewöhnlich meinen süßen geparteten lippenabuss mit Dan Holohan fazetigen angedenkens mir beigebracht nach dem flanelltanz, mit der liebesprobe, Smock Alley aufwärts die erste nacht als er puder rock und Ich kolorierte mich hinter meinem fächer, *pipetta mia,* als du mich lerntest den linguo zu schmelzen. [FWD 94 f., IH]

Sie ist ganz Frau, doch nicht im ALPschen Sinne (reife Mutter, Überbringerin von Leben und des guten Namens ihres toten Herrn): schöne Augen machend, Leidenschaft entflammend, doch ihr die Befriedigung vorenthaltend, liebt sie ihren Spiegel am meisten und liefert eine weitere Erklärung für ihr Auftreten als Duo im sündigen Park. »Mit meiner weißheit frei Ich dich«, sagt sie, »und bind meiner seidenbrusth band Ich dich! Allezeit, Amory, amor andmore! In allezeit, du liebest!« [FWD 96, IH] Sie ist, natürlich, ziemlich unwiderstehlich.

Die vorletzte Frage ruft nach einer Zwanzigseitenantwort. Sie richtet sich an Shaun, dessen Name für diesen Anlaß zu Jones geändert wurde und der reichlich reizbare professorale Eigenschaften annimmt, und sie betrifft brüderliche Nächstenliebe. Der Rhythmus der Frage leitet sich von Thomas Moores Gedicht über die Verbannung Erins her, und sie pulst höchst pathetisch, wenn man sie als Gedicht hinsetzt:

> Angenommen, du träfst auf der sauftour einen armen äugsillanden aus Ailing,
>> wenn der ton seines zitterns schimmig schüttelte schien,
> während sein countrahent ragete im schwachen seines querailing,
>> gleich einem rugilant pugilant Lyon O'Lynn;
> wenn er maulaffte in seiner mieslichkeit, seine klaglage klärend, oder,
>> spielte fuchsen und lausen, zähnenspitzend und droplend hernieden,
> oder seine handschellen wringend um frieden, der blinde schwärenoter,
>> Dieuf und Domb Nostrums betend um irdenkheim ednuas zum ieden;
> wenn er tränentrüpfte während er hüpfte, und kellächerte quit gequinsel,
>> kaltblütig blau mundy machte und keine boines ohne flèchen,
> kuß, kuchen oder kick entgegennehmend mit schmatzen, seufzen oder
>> gegrinsel,
>> ein diffel zu larnen und ein dibbel zu lèchen;
> wenn der faine schiender dich anpflöckte seine immartiale,
>> whinsyke kundgemusterte schäle zu erblößen mit seinem pleiten uuh,
>> huuduuduu!
> makelnden atemwind auf daß zu weiles, wehmädisündt er wäre partiale,
>> wir denken nicht, Jones, daß wir uns darum kümmern würden um diesen abend, oder würdest du? [FWD 96, IH]

Der betrunkene, kränkelnde, augenwehleidige Verbannte ist natürlich Joyce selbst, der arme Künstler, der bei einem bessergestellten Bruder (oder Buck Mulligan, mit dem in Form seiner realweltlichen Entsprechung Oliver St. John Gogarty Shaun gelegentlich identifiziert wird) Entsatz und Seelenerrettung suchte. Shaun wird keine Hilfe gewähren, doch nach seinem »Nein, ich beblanke mich!« [FWD 96, IH] hält er es für nötig, sich auf langatmige Erläuterungen seiner Einstellung einzulassen. Er strebt nach einer »konklusiven konfutation dieser in keinem interesse sich bittenden fragestehung« [FWD 96, IH] (ihm ist freilich unbehaglich dabei: Er sagt »zu bedänken« [FW 149]), indem er des »dime-cash problems« [FWD 96, IH] Erwähnung tut und über »talis qualis« [FWD 97, IH] schwadroniert.

Doch Shaun-Jones findet, der einzige Weg, sein Publikum wachzuhalten, bestehe darin, ihm zwei Fabeln vorzusetzen, deren beide das Thema der Bruder-Opposition herausarbeiten. Bruno Nolan wird angewiesen, seine Zunge aus dem Titenfaß zu nehmen, und dann übersetzt der Professor aus dem Javanischen die Geschichte vom Mauchs und dem Traufen, wobei er formell beginnt: »Herden und Damänmein, Apostrovieh und Semikoloniale, Bestarte und Schlammerte!« [FWD 124] Die Erzählung kombiniert Aesops Fuchs und Trauben mit Lewis Carrolls Mock Turtle und Griffon, doch schon bald wird klar, daß der Mauchs der englische Papst Hadrian (»Bragspear« = »Frechspeer« [FWD 124]) ist und der Traufen das irische Volk und die altirische Kirche des *Buches von Kells* (eher byzantinisch als römisch). Die Bulle *Laudabiliter* wird in die Drohungen des Mauchs eingearbeitet – »Das ist gerade ungefähr was auf *meinen* Missionen mit *meinen* Intentionen *lautibiliter* mit *dir* einzurichten ich gekommen bin, Barbaroscher« [FWD 126] –, und wir erinnern uns, daß es die Segnung jener Bulle war, mit der Heinrich II. Irland annektierte und es auf diese Weise in den römischen Schoß sowie unter die englische Krone brachte. Mit britischer Frechheit und »Poposität« trampelt der Mauchs auf seinem Gegner (»Armer kleiner saugesiebter unterquetschter Traufen!« [FWD 127]) herum, und den streitenden Söhnen der einen Mutterkirche (Anna Livia wird in »*Amnis Limina Permanent*« [FWD 124] subtil angerufen) entgeht es, daß von den »Bannerstellarden« [FWD 129] ein kleines Mädchen auf sie herniedersieht. Das ist Nuvoletta, die kleine Wolke, die sowohl Issy-Isolde als auch ALP in ihrer Ursprungseigenschaft ist. Der dumme Streit verblendet den Mauchs und den Traufen, so daß sie den dauerhaften Umstand ihrer einen Fluß-Mutter (die während dieser ganzen Zeit still dahinfließt) nicht zur Kenntnis nehmen; den kämpfenden Brüdern (»Bullenfaulei erwiderte Volleypullve« [FWD 129]) entgeht die ihnen dargebotene Schönheit »der Tochter der Königin des Kaiserunsers von Irlande« [FWD 130]. Zwei Frauen – Walküren oder Todesfeen – lesen den Mauchs und den Traufen jeden für sich am Flußufer auf, und nichts bleibt zurück außer einer Ulme und einem Stein. Das große Thema der Shem-Shaun-Antipathie ist entwickelt worden. »Nolan Browne, du darfst den klassenraum jetzt verlassen.« [FWD 106, IH]

Doch Professor Jones hat eine weitere, weniger offenkundige Geschichte zu erzählen. Sie betrifft Caeseous und Burrus (Cassius und Brutus, aber auch Käse und Butter). Sie kommen beide von der selben Muttermilch, und in Burrus erblicken wir Shaun (»ein genuiner primaklassiger, die reale wahl, fuller natürlicher grassie« [FWD 108, IH]) und in Caeseous (»eine höhle oder zwei, die highstinks im forgefildt und jedengangs tugendbolzene wurms« [FWD 110, IH]) Shems weniger sonnige Besitztümer. Wir werden gebeten, »Burrus und Caeseous für ein oder zwei rungen auf ihrem isozelaren biangel weiterzuverfolgen« [FWD 122, IH], und in dieser Figur erblicken wir ALP (Joyces Symbol für sie ist tatsächlich ein gleichschenkliges Dreieck). Die ganze Tragödie von Shem und Shaun – welche Gestalt oder Maskenverkleidung sie auch immer anlegen mögen – liegt in ihrer Zwillingschaft. Der Nachfolger von HCE sollte »ein genuiner primaklassiger« sein, der Erstgeborene, und es gibt keinen Erstgeborenen. Wenn Shaun Papis Liebling ist, muß Shem Mamis sein, doch eine natürliche Hinterlassenschaft an den Lieblingssohn des Vaters ist nicht nur das Recht der Herrschaft, sondern auch das Monopol auf die Mutter. Die sexuellen Streitereien zwischen Shem und Shaun geraten ironischerweise der sexuellen Eroberung in die Quere. In der jetzt vorliegenden Fabel lieben sowohl Burrus als auch Caeseous Margareen (»*Ich schäum vor dir, Süßmargareen*« [FW 164]), doch sie, die ewige Frau, will keinen von beiden:

Als eine kleopatrizierin nach eigenem recht kompliziert sie die position während Burrus und Caeseus um ihr missterium kontendieren auf einmal durch implizierung ihrer selbst mit einem elusiven Antonius, einem italienischen immigranten der ein personales interesse an raffinierter käsie aller chaddierungen im arm zu haben apparieren möchte zur gleichen zeit wie er mit einer antominischen art burisch rüden wesens wedelt. [FWD 114, IH]

Wann immer die Brüder streiten und kämpfen, scheinen sie eine dritte Person (den dritten Soldaten?) ins Leben zu rufen wie diesen Antonius, der, als italienischer Immigrant, möglicherweise Antonius mit seinem Eiswagen, auch des Träumers eigenes provisorisches Bild seiner selbst ist. Margareen, oder wie immer ihr Name lautet, ist gleichermaßen die begehrte inzestuöse Braut des Vaters und die der Söhne.

Die Schlußfolgerung aus Shaun-Jones' langem Vortrag ist unzweideutig. Wenn »ein stolzer börsengebrochener ranger« [FWD 115, IH] wie dieser zu ihm käme, »um einen bissen zu erflehen in unserer barke *Noisdanger*« [FWD 115, IH], so hätte er – »wären wir gewickelt

im einzigen bett und gebissen vom einzigen floh« [FWD 115, IH] –
keine Bedenken, ihm einen Tritt hinaus zu verpassen. Die letzte
aller Fragen lautet »*Sacer esto?*« [FWD 115, IH], worin das lateinische
sacer sowohl »gesegnet« als auch »verflucht« bedeutet – hier unzweifel-
haft das letztere: »Wirst du verflucht sein?« Die Antwort kommt von
Shem: »*Semus sumus!*« [FWD 115, IH] – »Shem sind wir!« Und nun –
»Shem ist so schnell für Shemus, wie Jem juxig für Jakob«
[FWD 132, KH] – sind wir bereit für ein sehr unterhaltsames und doch
schockierendes Kapitel, in dem das Muttersöhnchen Shem nur zu
freimütig als James Joyce (»Schäms' Treues«) entschleiert wird – der
Künstler in der Verbannung, von den Scheinheiligen geschmäht, seine
Erlösung in seiner Rolle als Abwasserkanal findend (zurück zum
»Heiligen Offizium«), pervers, »ein Shelm und ein schäbiger Shelm«
[FWD 133, KH], doch dabei immer noch der Schreiber, der den Brief
seiner Mutter aufsetzte, ein verhaßtes, aber gefürchtetes Exemplar
eines »griechherzigen Yud« [FWD 133] wie Bloom höchstpersönlich.

Dieses Kapitel ist ein rabelaisscher Triumph, obwohl es – in wahrer Joycescher Manier – das Gelächter zu einem bitteren Zweck ein-
setzt. Shems »Schäbigkeit« [FWD 133, KH] wird so gründlich zele-
briert, daß sie eine Art Erhabenheit annimmt. Sie äußert sich als
erstes in seiner Zurückweisung guten schlichten Essens (jenes Essens,
von dem sich die irische literarische Renaissance nährte):

> So schäbig war er, daß er Gibsenn's Ahmbrotlachskonserven, so feil wie
> geil, lieber mochte als den feistesten Laichlax oder den frischleichsten
> Salm oder das Zweisommerlachsforellchen, das je zwischen Leixlip und
> Heringsdorf gegafft ward, und viele Male geschah's, daß er in seinem Bo-
> tulismus wiederholte, kein dschungelgewachsner Peinappel schmecke je
> so wie die Schlotzen geschlenzt aus Ananias' Gebüchs, Findlater und
> Gladstone, Findspäter und Glattstein, Corner Hause, Englend. Nixda von
> euren zolldicken blaublütigen Balaclava Autodafilets oder Saftsülzhaxen
> von Grex'hirdischem Hammel oder fettfleckige Ferkelfoten oder
> Scheibe nach Schlag von opulentester Gänsebrust mit Trumm und Tran
> von Plummpuddingfüllsel, alles ersoffen in einem Sumpf von Biographt-
> brüh (…). [FWD 133, KH]

Der zurückgewiesene irische Lachs ist der von Finn MacCool gekochte Lachs der Weisheit; er wird nicht der eingeborenen »Grex«
oder Herde angehören. Seine Kunst wird von Gift (»seinem Botu-

lismus«) genährt. Wer das Gute und Gesunde will, muß zu seinem Bruder Shaun gehen: »Johns ist eine andere Schlachterei. (…) Fühll seine Lämmer. Ex! Fühll wie büllig! Exex! Auch seine Leber ist ihr Geld wert, eine Spatialität! Exexex! COMMUNIZIERT.« [FWD 135, KH] Shaun wird als der Raum-Mann enthüllt, als der Herr der festen Gegenstände, und gleichzeitig als der heilige Mann, der den schäbigen Künstler exkommuniziert. Shems Aufgabe ist es, den Rhythmus der Zeit einzufangen, Inspiration aus dem kreativen Mutter-Fluß zu beziehen.

Als ein mieser Satan, im Schmutz gewälzt, stinkend, blasphemisch, hat er das fürchterliche Verbrechen begangen, den *Ulysses* zu schreiben, den nicht einmal er selbst verstehen kann: »der mitten im eingedickten Schlick seiner glaukösen Höhle vorgab, sein überfulyssiges unloesbares Blaubuch von Eccles zu lesen, *édition de ténèbres*« [FWD 143, KH]. Er ist wie der Jude aus der Eccles Street ein Perverser, der eine dreckige »FEHLGEBURTSANZEIGE« [FWD 145, KH] rausbringt – »Jymes wünscht Bekanntschaft mit Trägerinnen verworfener Damenkostüme (…) zwecks gemeinsamen Stadtlebens. Da sitzt er nun, Jymes der arm'Autor, und schreibt so klug als nie zuvor.« [FWD 145, KH] Sein Haus – »O'Shea oder O'Scham« [FWD 146, KH] – wird das spukichte Tintenfaß genannt, ein »stinksamer Tintenstink« [FWD 146, KH], und dort macht er Tinte aus den ekelhaften Ausscheidungen seines eigenen Körpers (da dies zu schrecklich fürs Englische ist, wird es in gutes sauberes Latein gebracht) und benutzt jenen Körper als Papier (er ist die Spinne aus Swifts *Bücherschlacht*). Die Verunglimpfung ist nur zu zitierfähig. Hier haben wir die Schmähschrift, die allen Schmähschriften ein Ende setzt. Es gibt nichts dergleichen in der ganzen Literatur. Und doch ist dieser »Aasschnüffler, voreiliger Totengräber, Sucher des Sündenhorsts am Busen eines guten Wortes« [FWD 153, KH], seiner Mutter ALP lieb und teuer. Warum? Es kommt daher, daß er die Barmherzigkeit verkörpert, während sein Bruder nur für Gerechtigkeit steht. In seiner Selbstgerechtigkeit weiß JUSTIUS nur, wie man hohnlächelt und droht: »ich werd den Balzhahn bräunen oder der Dicken Berta ist die Büchse verbogen. Ich bin der Bursch, der bläut und brät.« [FWD 151, KH] MERCIUS, der »von seinselbst« [FWD 157, KH] spricht, ist voller »gewizzede biz« über »Mein Fehl, sein Fehl, ein Königreich durch ein Fehl« [FWD 157, KH]. Sich der Sünden seiner selbst bewußt, ist er nicht in der Position, andere zu verdammen. Nachdem er auf den tiefsten Grund der Erbärmlichkeit gesunken ist, wird ihm als Entschädigung eine Gabe verliehen, die Gabe des Künstlers: »Er hebt den Lebensstab und die Stummen sprechen.« [FWD 158, KH] Seine Mutter ist der schöpferische Strom, der die feste, unter Shems Leitung stehende Stadt durchfließt. Sie kommt nun:

> (...) kleine altmodische Mummy, kleine wundervolle Mummy, die sich unter Brücken duckt, über Wehre ausrufert, an nem bißchen Sumpf vorbeiweicht, um die Biegung stromschnellschießt, bei den grünen Hügeln von Tallaght und dem Pfuhl des Phooka und einem Ort, er wird Blessington genannt, und an Sallynoggin vorbeischlüpft, so fröhlich wie der Tag feucht ist, blabbernd, blubbernd, quatschend mit sich selbst, die Felder, die auf ihre Ellbogen gestützt, befluthert mit ihrer schlendernden Schleife, schwindelschlingernde, großmuttige, weitschwätzige Anna Livia. [FWD 158, KH]

Und nun also zum Schlußkapitel dieses ersten Abschnittes des Buches. Die beiden Todesfeen, die den Mauchs und den Traufen hinwegnahmen, sind zu Waschfrauen geworden, die sich am Ufer der Liffey abrackern, und in einer Prosa, die von Flußnamen überläuft, feiern sie auf Traumdublinerisch die Wasser-Mutter, die uns sanft zu unserer nächsten Epoche der viconianischen Geschichte voranträgt. Die Geschichte, die sie aufsagen, ist die von Annas Heirat mit HCE (Huges Cappes Eiligvögler [FWD 199, HW] – eine Fusion des Frankenkönigs Hugo Capet und des Tiroler Minnesängers Heinrich der Vogler). Sie haben wenig Zeit für ihn – »Also was denn auch ilmer sie ausdrifteln wollten, daß er's bezwockt hätt im Faunix-Park, – er ist ein greißlicher alter Wüstling (...) Und wie lang saß er hinter Schloch und Neaghel?« [FWD 198, HW] –, doch Anna Livia selbst haben sie sich für einigen Tadel vorgenommen: »Weisdu daß sie ihm Backwassernickslein herbeirief von überallher, nyumba noo, chamba choo, daß sie ein zu ihm gingen, ihres Ehringels Häubling und Chef-Chelif, ihm seinen nöckischen Pontificks zu kickseln?« [FWD 200, HW]

Anna Livia ist immerhin ein Fluß – nachgeblich, von vielen ein Einstippen erduldend, selbst besitzlos, häufig selbst besessen. Sie hat viele Erfahrungen gesammelt, seit sie »bloß ein jung dünn bleich

weich scheu schlank Schlüppchen von einem Dink« [FWD 205, HW]
war; sie hat eine lange Zeit dafür gebraucht, nach Dublin und zu
HCE zu kommen:

> Zeissalter hernach war's, da Nullahs warn nirrgentz, im Wickenlow-
> Lande, im Garten Erin, eh' immensiee träumt', sie würd Kilbride lerwas-
> sern und schaumend gehn unter Horsepass Bridge, indessen der grauße
> Südwestern windsturmend um ihre Trassen fuhr und den Mittlenden
> Granwüster ihr scharf auf die Spur, zu wenden die Wege ihr nachennach,
> jebecca oder schlechta, zu trudeln, zu mahlen, zu schwabbern, zu knüp-
> peln, als ging's um ihr ganzes güldnes Libbieleben in den Gerstenfeldern
> und Pennylotten von Humphreys FortvonHürdelstadt, um schließlich
> 'nem Landstricher beizuliegen, old Wellington, willnssiezusträucheln.
> [FWD 205, HW]

(»FortvonHürdelstadt« = Bailé átha Cliath = Dublin.) Aber unser
Hauptaugenmerk liegt auf ihrem Witwenaspekt, ihrem Durchkreu-
zen der Verleumdungskampagne, die HCE hinter Schloch und
Neaghel setzen und die Herrschaft der Welt seinen Söhnen überlassen sollte, den Hälften seiner selbst. »Auf Kräutzstyx's neyn
Schlynglungen schwor sie, daß immer noch auf sie's nähm mit den
sämtlichen Stümpfern.« [FWD 209, HW] Sie besorgte sich »'nen
Rucksack, 'nen Postzack aus zähmisch Leder (...) von einem ihrer
Schwippsöhne, dem Postler Shaun« [FWD 209, HW], sie kleidete sich
königlich, »Annushka Lutetiawitsch Pufflovah« [FWD 210, HW],
und dann »trat vor aus dem Becken, den Mêlesack über die Schul-
ter geslängelt, sie: Anna Livia, Austernface« [FWD 210, HW]. In dem
Sack befanden sich Bruchstücke der lebendigen Substanz ihres toten
Herrn – »ein Weihnachtsgeschenk dabei für jeetzwetters ihrer
Kinner« [FWD 213, HW]. Ihrer Kinner sind einhundertundelf an der
Zahl (111 ist das Symbol der vollkommenen Fülle), und ihre Namen
und die Geschenke, die sie ihnen gab, füllen zweieinhalb Seiten. Sie
sind natürlich traumphantastisch – »eine *Missa pro Messa* für Taff de
Taff; Jill, das Wichtlein von Maid, für Jack, die Wucht von 'nem
Mann« [FWD 214 f., HW] und so weiter –, doch unser endgültiger
Eindruck von überwältigendem Reichtum hätte von keiner anderen
Methode erzielt werden können als der der Rabelaisschen Aufzäh-
lung. Die Waschfrauen fragten sich, was mit den Kindern geschah,

doch sie befinden sich selbst an entgegengesetzten Ufern von Anna Livia persönlich, und der Fluß weitet sich: Es ist schwer zu hören. »Kaum hör' ch mehr beim graulen Gemausel, all die liffeygen Wasser der.« [FWD 219, HW] Von »All Livias Töchtersöhn'« [FWD 219, HW] bleiben nur die Namen Shems und Shauns bestehen. Heiser krächzend rufen die Stimmen nach einer Mär »von Stamm und Stoan« [FWD 219, HW]. Wir erinnern uns, daß es dies ist, wozu der Mauchs und der Traufen wurden – eine Ulme und ein Stein am Fluß. Wir beenden das Kapitel mit diesen beiden Bildern – dem Baum für Veränderung und Leben und Schöpfung; dem Stein für Dauer, die Leblosigkeit des Gesetzes. Wir sind bereit – »Zuseiten der flüssernden Wassern der, lispelndundwispernden Wassern der. Nacht!« [FWD 219, HW] – für die nächste Epoche des Kreislaufs, die Welt der Söhne. Doch Anna Livia hat uns bis zu dieser Phase geführt und das Gerücht von der Schande ihres toten Ehemanns getilgt mit der Pluralität der Gabe seiner aufgesammelten Substanz, damit diese durch die »Zwillinge seines Busens« [FWD 219, HW] ge- oder mißbraucht werden kann.

Wenn wir im Zweifel über den Wert von *Finnegans Wake* sind – und die Zweifel überkommen uns bisweilen, wenn wir uns seinen Schwierigkeiten aussetzen, der irrwitzigen Kalkulation seiner Experimente mit der Sprache und der Zeit, dem gewaltigen unerklimmbaren Riesendamm aus vielfältiger Mythologie –, dann müssen wir nur an dieses wundervolle Schlußkapitel des ersten Buches denken, damit sich die Zweifel zerstreuen. Es bleibt eines der erstaunlichsten Stücke von Tollkühnheit in der ganzen Weltliteratur, und die Tollkühnheit kommt herüber. Die Sprache ist kosmisch, und doch ist es die heimische Sprache gewöhnlicher Leute. Wir meinen eine Frau zu erblicken, die gleichzeitig ein Fluß ist, und einen Mann, der gleichzeitig eine Stadt ist. Die Zeit löst sich auf; wir werfen einen flüchtigen Blick auf die Ewigkeit. Und gemacht wird die Ewigkeitsvision aus schmutzigem Wasser, alten Sprichwörtern, halberinnerten Music-Hall-Liedern, Gerüchten und den Flecken auf einem Paar Unterhosen. Das Herz unterwirft sich.

5

Bruderhaß

WIR BEFINDEN UNS IN ERSTER LINIE IN EINEM BETT ÜBER EINER BAR IN Chapelizod in Dublin in einer Samstagnacht, mit einem trockenen Zweig, der an das Fenster tappt oder tippt, und wir müssen Sorge tragen, daß wir das nie vergessen. Im letzten Abschnitt von *Finnegans Wake* wird uns nicht gestattet, es zu vergessen. Die Tatsache, daß wir dicht am Ende des Buches nachsehen müssen, um herauszufinden, wo der Träumer träumt, impliziert nicht, daß die ganze Sache schlecht gemacht ist oder daß Joyce uns etwas vorenthält. *Finnegans Wake* ist kreisförmig angelegt wie ein Flußgefließe, und wir können in den Fluß einsteigen, wo immer wir das wollen. Ich habe das bereits getan, um Anfängern zu helfen, die – geschult an normalen Büchern, in denen man auf Seite eins anfängt und geradewegs weitermacht bis zum Schluß – es für Mogelei halten, *Finnegans Wake* anders zu behandeln. Es ist keine Mogelei, und wir sollten uns der inneren Bewegung des Musters bewußt sein. Im ersten Abschnitt waren wir in Dublin, am Hügel Howth und an der Liffey, im Phoenix-Park – meistens im Freien. Im zweiten Abschnitt kommen wir zum Earwickerschen Heim, um etwas über das Spiel und die Erziehung der Kinder zu erfahren und ebenso Zeugen vom Niedergang des Vaters in seiner eigenen Bar zu werden. Wir sind weit entfernt von der großen zeitlosen Landschaft, die dem Mythos angemessen ist; wir sind hier und jetzt, in einem Zeitalter, das vom Demagogen dominiert wird.

Wir brauchen uns nicht übermäßig über den Umstand zu verwundern, daß Earwicker im ersten Abschnitt unter den Lough Neagh abgeschoben wurde und nun wieder am Leben erblickt wird; am Leben, aber in Zerfall. Dies ist Traumzeug, und die einfache Wiederauferstehung (vom Begräbnis des eigenen Vaters heimkehren, um ihn als Herrscher über den kalten Schinken und whiskey-fizierten Tee vorzufinden) ist ein langweiliger Gemeinplatz in Träumen. Nebenbei brauchen die Zwillinge – beim Spielen und bei den Hausaufgaben – einen familiären Hintergrund, in dem der Vater nicht länger ein burgbekrönter Felsen ist und die Mutter ein Fluß.

Das Stück des ersten Kapitels im zweiten Buch ist ein echtes Stück, aufgeführt »Jeden Abend scharf um Straßenlaternenanschalt-Uhr und bis auf Widerruf im Löhnnichts-Schauspielhaus. (Bar und Toiletten ständig geöffnet, Schwindelverein unzträn.)« [FW 219] Es heißt *Der Mimus von Mick, Nick und den Maggies* [FW 219], und wenn man einmal darüber nachdenkt, ist es tatsächlich ein Stück in einem Stück. Earwickers Zwillingssöhne (deren wache Namen Jerry und Kevin sind, allerdings, wie wir sehen werden, nur dann, wenn HCEs wacher Name Mr. Potter ist) spielen Shem und Shaun im Traum; im Traumstück spielt Mr. Seumas McQuillad Glugg, und Mr. Sean O'Mailey spielt Chuff. Diese Nachnamen sind natürlich Spitznamen oder Gewerbenamen, die ein bißchen so tun, als seien sie Patronymika – Shem ist der Kerl des *Quill* oder Federkiels; Shaun stellt die *Mail* oder Post zu: Der eine schreibt das Wort, und der andere stellt es lediglich zu. Die anderen Darsteller sind uns keine Fremdlinge. Izod wird von Miss Butys Pott gespielt, der selbstverliebten Issy, »eine bestrickende Blondine die sich wunderbar wellt und der an Lieblichkeit nur noch ihre dankbare Schwesterreflexion in einem Spiegel nahekommt« [FW 220]. Sie wird unterstützt durch Die Floras, »ein Monatssträußchen hübscher Mädels« [FW 220] aus St. Brides (St. Bridgets) Heinrichtungs-Institut. Der Monat Februar ist der Joycesche Geburtsmonat, und es mag dieser Umstand sein, der ihn veranlaßte, sein »Monatssträußchen« auf achtundzwanzig – mit der ungreifbaren Issy als Schaltjahrmädchen – zu begrenzen. Der Part der Ann (Miss Corrie Corriendo – Flußfließerin) wird, sozusagen, von ihr selbst gespielt, wie der Part des Hump (Mr. Machall Davon – Allesschöpfer, der stirbt) von Hump Earwicker gespielt wird. Die St.-Bride-Mädchen werden mehr oder weniger aufgewogen durch die Ex-Schüler von St. Patricius' Akademie für Erwachsene Gentlemen – die zwölf Kunden der Kneipe. Kate ist da (»Köckin-und-Geschirrschleppsche« [FW 221]), und der Name der Schankhilfe wird als Saunderson entschleiert – »Scherbenscheinfer und Spielku-rat« [FW 221].

Worum geht es in dem Stück? Es ist eine Version eines Spiels aus Joyces eigener Kindheit, bei dem Engel gegen Teufel kämpfen. Glugg (Shem) ist Old Nick, der arg mitgenommene junge Satan, »der kühne krumme schwache Junge der Geschichtenbücher« [FW 219], und Chuff (Shem) ist Mick oder der Erzengel Michael, »der beste blendende blondhaarige Bursche der Büchermärchen« [FW 220]:

Chuffy war damals ei Nengel und sein Schwirrt fleischte leicht Licht Litzblichgleich. Ob unkt! Singte, sagte, mögelieb los, defendier nunzhier von Proletrumsteher. Mach ein Scheinechen dem Krätzers. Emen. [FW 222]

Michael ist, wie das am Ende der Messe gesprochene Gebet uns in Erinnerung ruft, der Verteidiger der Kirche in den Tagen der Schlacht. Dies schließt sich kurz mit Shaun als Mauchs, Oberhaupt der Kirche und Überstülper der römischen Herrschaft über das Buch-von-Kelly (hat irgendwer hier gesehen?) Irland. Glugg-Shem ist kein sonderlich furchterregender Teufel, aber schließlich ist er auch nur ein Kind:

(...) das Däuvelin schwelst war in Glugger, so'n Wissehnsverfallner. Punct. Er sbuffelte und sputtete, tusselte wie nur Watschen, hauelte seine Äugsvollt und knitschte mit seinen Zitzen über die Krütze vom Darbseins und die undrannen Luibbücker des Lebens. [FW 222]

Er wird, wie wir erfahren, von keinem der Monatsmädchen geliebt, und Izod, die jetzt von Chuff fatal fasziniert ist, hat ihm den Laufpaß gegeben. Doch Glugg will Liebe, und nicht einmal ALP mag ihm mehr als nur Mitleid gewähren: »Dieser arme Glugg! Das war so Traurede über ihn ungefähr von seiner alten Klaulmaultter. Wahrhaftig beplurnaswelt!« [FW 224] Die Mädchen hänseln ihn; er jagt sie, kann aber keine fangen. »Nicht Rose, Sevilla noch Citronelle; nicht Esmeralde, Pervica noch Indra; nicht einmal Viola noch sie alle vier Durchklänge lang.« [FW 223] Die Monatsmädchen sind zu Regenbogenmädchen geworden (vier Tage = eine Farbe).
    Sie führen eine Art phonetischen Mimus einer Farbe auf und hal-

ten Glugg dazu an, zu raten, welche Farbe es ist (»Stramm hinauf ganz vorne« – *heli;* »runter wieder alles los« – *o;* »trim und trommelnd auf ihrem Rücken« – *tr;* »und ein Puff aus ihrer Pfeife« – *op*). [FW 223] Glugg bittet die vier Elemente (die vier alten Männer) um eine Antwort, doch sie können ihm nicht helfen. Um seine Verlegenheit noch zu erhöhen, scheint er Wasser lassen zu wollen, und die Regenbogenmädchen, »sich bei den Nachsinn fassend«, geben zu verstehen, »er mache es Frieden in seinen Hosiannen und spiele mit Imbrunst« [FW 225]. Diese kichernden Mädchen tanzen um Chuff herum, »denn sie sind ein Engelsgirland«, doch ihr »reigeregts rum in Rottung« [FW 226] buchstabiert sich R-E-G-N-B-O-G-N. Dieser Akt des Buchstabierens (ein in der Zeit vollführter Akt) stößt sie in die Zukunft, und wir erblicken sie, wie sie sein werden – gereifte gewöhnliche Frauen, über die das Alter kommt. Sie tanzen gegenläufig – N-G-O-B-N-G-E-R, und sie sind aufs neue »alle Blumen des Ankehrlsgartens« [FW 227].

Glugg ist außer sich vor Wut. Er flucht, lästert, schwört, daß er ihnen allen seinen Rücken zukehren wird. Er wird sich in eine Art James Joyce verwandeln, komplettiert durch »karrbeerliche Zürichtreibung« [FW 228] (Verbannung), »Maul steht für 'still Maxime« [FW 228] (Schweigen) und »handgewandte Konterbannte« [FW 229] (List). Er wird sich um »die Bleischriftelei in der Gesättigtschafft der Arthuren« [FW 229] bemühen und sogar den *Ulysses* schreiben. Einige der Episoden des *Ulysses* werden nun – in angemessener Traumgestalt – erwähnt: »Ukalepe. Lotter läßt es. Hatt' es. Nemo in Patria. Eßt Ransgehend. Skönner und Kehrübtisch. Ein Wirrender Fetzen. Aus der Nixentaverne. Bullyfamos. Naunsinnkälba. Mutter der Misere. Walpurg als Nackt.« [FW 229] Doch nach seinem Wutausbruch und den Drohungen, selbst sein eigenes Scheunenzuhause bloßzustellen, beruhigt er sich: »Er warfte seine Fäusse hoch bis an seine Lauftscher, rollte seine poligonen Augen, schniefte aus seiner Nase und persaunte den Blas aus heraus seiner Hornigpfeife.« [FW 231] Als scheinbare Belohnung für seine Rückkehr zur guten – wenn auch diabolischen – Laune bekommt er einen Brief von Wirwissenschonwem ausgehändigt: »Hör ab, mein Kümmerchen, und sitz in meinem Schoße nett, Pepette.« [FW 232] Es gibt ein neues Rätsel für ihn: »Finde das Französüße für Fracken und übordürsitze es in Schocken von solcher wie tollcher mit schauhin und solchem.« [FW 233] Er kann es nicht lösen, und so wird er angewiesen: »Auf!« [FW 233]

> Und er machte sich ein Auf, ihr Ärganais, und seinen Haarken wegschleichen, Alegäre komm Alaguere, wie ein Tschimista Inschamiesas, den der Harrikana hetzet und heißt Füßt, zingo, zango, segur. [FW 233]

Er liegt im Dreck, während die Blumenmädchen ihren engelsgleichen Chuff umtanzen und Loblieder aus parodierten Gebeten anstimmen. Doch Glugg kehrt zurück, »erbebend, mit seinen mitspeiteklegenden Augen und seiner schlämmerschlückchen Schtimme« [FW 240], und sagt, er wolle nie wieder sündigen. Doch die Sünden, die er nun beichtet, sind nicht seine eigenen, sondern die seines Vaters und auch die »seiner höllfrischen Pfotenmutter, laotzeig, taotzeig, Frau die's tat« [FW 242].

Der Mond geht auf, es wird finster, wir sind »circumwallet von Dunkelhalten« [FW 244]. Die Tiere bereiten sich auf den Schlaf vor. »Hexer, ist die Nacht dir behüt?« [FW 245] Wiederum triumphiert die Joycesche Nachtprosa: »Dunkelnparks Eckgurren mit saugend Lieben.« [FW 245] Doch auf der Vico Road, wo »vamp, vamp, vamp, die Mädchen marktschieren« [FW 246], steht der Kampf zwischen Glugg und Chuff unmittelbar bevor. Und in der Tat tut Glugg einen fürchterlichen Vorstoß gegen seinen Widersacher. Als ein dem Sieger angebotener Preis erscheint Issy-Isolde: »Wink'st das gewinnende Wort.« [FW 249] Und natürlich ist sie für Chuff, wie das alle Mädchen sind. Sie alle neunundzwanzig stehen gegen Glugg auf, verhöhnend, verspottend. Da hört er auf, komisch zu sein; er wird jetzt mit dem Meuchelmörder Macbeth identifiziert:

> Denn ein brennamd Wollt ist angerückt zum Tanz gemain. Glimmer murrdätsch Love und hierum muß Calldurh nicht schlüpfen mehr. Weg Bris nicht schlüpfen mehr. [FW 250]

Als lebendiges Übel muß er auf seiner eigenen bösartigen Seite der Straße bleiben:

> Wenn du diese Kreuzung rüberquerst wie du am Rand rumgangst bin ich besegnet aber du würds't ihm fühlen eine verfluchende Rute. Hin-

terweg, mir, freihebeln von Bösengerüchen! Verdammnis stinkt vor uns.
[FW 250]

Das bedeutet nicht, daß der Chuff-Glugg-Streit beendet ist. Glugg ist als der Feind etabliert worden, doch aufgrund des Brunoschen Gesetzes der verschmelzenden Gegensätze kommt ein Augenblick, da wir nicht ganz sicher sein können, welcher Zwilling welcher ist: »(...) Trumpferten in Duelle verwechselt sind und hier'st B. Rohan trifft N. Ohlan zum Preis eines Duzen.« [FW 251] Die Mädchen »sind in solcher Transfusion nur um zu wissen zwitschen zwimmerschig Zwomeis, um du meiner Güte willen, wer artdudux ist von wersen heterotropisch« [FW 252]. Doch Glugg ist geschlagen. »Glaublos, klonlos hängt sein Hochmüd. Da sünden keine roten Teufel merr im Weiß seines Auges.« [FW 252]

Und doch soll der Widerstreit dieser Gegensätze uns an jene große Persönlichkeit erinnern, in der These und Antithese nicht im Kampf, sondern in Harmonie vorgestellt werden, komponiert zu einer Synthese – der Allvater, »ein isaaker jacqueminer mauromormoer Milesier« [FW 252]. Er ist »Hocus Crocus, Esquilocus«, aber auch »Finnfinn der Faineant« [FW 254]. Er schläft jetzt, er kann nicht wiederauferweckt werden. Er wird wieder erwachen, aber nicht gleich jetzt. Was das Schlafen betrifft, für die Kinder ist es Zeit, heim und zu Bett zu gehen. »Das Stück, das du schauburgst, Spiel, jetzo endet. Der Vorhang fällt auf tiefes Gesuch.« [FW 259] Doch die Kinder sind immer noch laut und streitsüchtig. Erst als ihr Vater donnernd die Tür zuknallt und sie an die Stimme Gottes erinnert werden, wenden sie sich ihren Nachtgebeten zu:

O Hart, höre das wirzig von dierenzig erflehen von jedem von diesen deinen Ungelüttenen! Gewähr Schlaf zu stunderer Zeit, O Hart!
Daß die nicht Röteln kriegen sollen. Daß sie kein Merden mingen. Daß seine nicht Gehtzubruch begegnen wollen.
Hart, lad Mistlad auf uns doch mache Künste beherzend einige Scherze lachten! [FW 259]

Man hat von keinem besseren Gebet gehört.

Das nächste Kapitel ist der Arbeit gewidmet, nicht dem Spiel. Die Kinder müssen sich darauf vorbereiten, die Welt ihres Vaters zu übernehmen. Sie müssen das große Buch des Lebens »von tomtittot bis teetootomtotalitarium« [FW 260] studieren – die Ursprünge von Gott und Menschheit, der Künste und Wissenschaften. Joyce überreicht uns eine Traumversion des allumfassenden Elementarbuchs. Es gibt darin verrückte Fußnoten, die das Werk des unehrerbietigen Shem zu sein scheinen und die kaum jemals auch nur über eine entlegenste Verbindung zu den korrespondierenden Teilen des Textes zu verfügen scheinen. Am rechten Rand hat Shaun sehr ernsthafte, sehr anspruchsvolle, sehr gelehrte Wegzeichen zum Gegenstand, stets in Blockbuchstaben. Am linken Rand hat Shem grobe, irrelevante, aufrührerische oder unsinnige Kommentare in Kursivschrift. Ungefähr auf halbem Wege hindurch wechseln die Zwillinge, die sich an Browne und Nolan erinnern, die Seiten. Ein gutes Beispiel für ihre jeweiligen Einstellungen zur Gelehrsamkeit ist gleich auf der ersten Seite zu sehen. Shaun hat »UNDE ET UBI« und »SIC« und »REALISIERBARE REISEROUTE DURCH DAS SPEZIELLE UNIVERSUM.« [FW 260] Shem hat *»Mit seinem Gesicht behaart und kantig, für Irland wahrhaft schandig«* (vermutlich meint er Gott), *»Vormännlich übers Faulige«* und *»Da rück Mett fett Salz laß dick torkeln (und aus).«* [FW 260] Die Fußnoten auf der ersten Seite lauten folgendermaßen:

[1] Rohmett, mantschie mit ihrer kmädloch Tseaunge. Wenn der alte Herod mit dem Cormwall-Eckzem meinetwegen hergehen wollte wie er's Snufflern tut wasauchimmer vonwegen seiner blauen Kanarien ich würd's neun Monate für seinen Biberbart machen.

[2] Mater Mary Mercerycordial von den Tripfelnden Nippeln, Milch ist eine komischliche Vorkehrung.

[3] Wirkliches Leben hinter den Scheinwerfern wie von den besten Exponenten einer königlichen Scheidung gezeigt. [FW 260]

Natürlich neigt unsere anfängliche Was-für-ein-Unsinn-Reaktion sowohl auf die Fußnoten als auch auf die Shem-Randkommentare dazu, nach vielmaligem Lesen modifiziert zu werden. Diese drei Fußnoten beispielsweise erstellen eine Art Modell von Vaterschaft und Mutterschaft, aufgedeckt zunächst in ihren göttlichen Aspekten und dann auf die Erde heruntergebracht zu HCE und ALP (*Eine königliche Scheidung* ist Earwickers bevorzugte dramatische Unterhaltung). Was Shauns Randkommentare angeht, auch sie, herrjemine, machen nur zu sehr Sinn: Sie sind gerade die Stimme des Studenten, der sich große Dinge in der Welt vornimmt. Die Ameise rechter Hand plackt sich davon, der Grashüpfer linker Hand zirpt wie verrückt.

Dem Text mit seinem dreiseitigen Rahmen ist schwer zu folgen, doch das liegt vor allem daran, daß er unter seiner Oberfläche des geträumten Dubliner Geschwätzes die strengen Doktrinen der alten Kabbala verbirgt. Daher rührt viel von der mystischen Signifikanz von Zahlen. So wird der Schöpfer – »Ainsoph« [FW 261] in der Kabbala – durch die Zahl 1 dargestellt. Seine himmlische Gemahlin ist 0 (Joyce nennt sie »Zeroine« [FW 261]). Als er sich ihr nähert, entstehen die Zahlen 2 bis 9, und wenn sie die Vereinigung erreichen, kommt die große 10 hervor. Das erste, was die Zwillinge lernen müssen, ist die Immanenz dieser göttlichen kreativen Kraft in den unzähligen Formen des Universums. Hinter allen Arten von Wissen, von der Geschichte bis zur Musik, liegt das letztgültige Wissen der einen Eins. Die Joycesche Leistung bei der Zurschaustellung all dieser Zusammenhänge liegt – wie durchgängig in *Finnegans Wake* – darin, das Abstrakte nicht bloß konkret zu machen, sondern zu lokalisieren, und es nicht nur zu lokalisieren, sondern in Komik zu überführen. *Unde?* – woher kommen wir? *Ubi?* – wo sind wir? Unsere »realisierbare Reiseroute durch das spezielle Universum« ist der Weg, den wir einschlagen, um das herauszufinden:

Eilmahlzeit zu unserer Linken, Radlauf, wodraufzu. Lange Livius Lane, mitt Mezzofanti Mall, den Lasswassery Square diagonalisiert, Tycho Brache Crescent, Berkeley Alley geschultert, Gainsborough Carreefax quergefixt, unter Guido d'Arezzos Torweg, durch Neue Livius Lane bis wo wir weilten während wir wohinten. Alter Vico-Rundpunkt. [FW 260]

Diese großen Namen repräsentieren die sieben Hauptzweige des Wissens, beginnend mit dem Historiker Livius und mit ihm endend, und der alte Vico ist da, um uns an die zyklische Natur unseres Fortschritts zu erinnern: Die Geschichte führt nicht, wie Mr. Deasy dachte, zur Manifestation Gottes; Gott steht hinter allem, ungesehen, unwißbar:

286

Ainsoph, dieser Aufrechte, mit jener Nichtsigen an seiner Seuftze Zero-ine. In seiner Horrorsupp zu sehen er ist mehrkurios als Salts von Schwefel. Grauen des Mondschlags am Tage, Kryptogam jeder nächtlichen Bräutlichten. Doch, um gebrochen Himmelsred zu sprechen, ist er? Wer ist er? Wes ist er? Warum ist er? Wieviele ist er? Welcher ist er? Wann ist er? Wie ist er? [FW 261]

Shems Randkommentare über Gott gleichen sehr stark denen von Stephen Dedalus: »*Sweiney Todd du Daimonsbarbar! Vergrab ihn im Rüpschlick! Gottloser alter Ardrich, Cronwall den Bauchstuhl bienwachsend.*« [FW 261]
Doch es ist nicht der Gott der irischen Katholiken, der Schlachter, der uns umbringt wie Schweine (*Sweiney Todd* = Schweinstod), der zur Diskussion steht. Wir sind mit dem kabbalistischen Eins und Null befaßt, der Erschaffung der Welt der Vielfalt, die wir, ebensogut wie anderswo, in HCEs Kneipe und Haushalt erblicken können (diese berühmten Initialen bleiben nicht länger aus dem Text heraus. – »*Haud certo ergo*« [FW 263] beispielsweise; ALP wird dreifach gefeiert in »Apis amat aram. Luna legit librum. Pulla petit pascua« [FW 262]). Das Earwickersche Zuhause ist eine Miniaturabbildung des Kosmos. Sobald wir allerdings diese Abbildung untersuchen, verlassen wir die Fragen der Theologie und vertiefen uns in die Errichtung menschlicher Gesellschaften. Wir betreten HCEs Haus, steigen »vom Dust der Mythelierten« [FW 266] zur Zivilisation, dargestellt durch »Haringtons Erfindung« [FW 266], das WC, und besuchen »die Klarrianz des Kindlichtes im Studioriaum treppauaf« [FW 266]. Die Zwillinge in ihrem Kinderzimmer werden die »Dränge und Widerdränge« [FW 267] des primitiven Menschen aufführen. Sie werden sogar um ein Mädchen kämpfen, während sie »mit ihrem Tutbittepö von Jemenfichue auf einem Solfasofa sitzen und stricksen wird.« [FW 268] Die Fußnote lautet: »Laß mich erröten wenn ich an all diese halbverstrackten Pullievaber denke.« [FW 268] Im Kinderzimmer werden, wie in der größeren Welt, die beiden großen treibenden Kräfte der Lüsternheit und Begehrlichkeit am Werk sein – »frühe Auffassungen erworbener Rechte« [FW 268] und die »Jagd auf die panhysterische Frau« [FW 266]. Gleichzeitig schreitet der Prozeß der Wissensübertragung von einem Zeitalter zum nächsten voran: Die alte Oma belehrt die kleine Issy über

den Mann und Gewinner und die Frau und Verliererin und hält sie an, »die Ehrenwerten Irischen Notleidenden Damen und die Fröhlichen Pfundskerl-Schaumschläger der Humphreystown-Vereinigungen« [FW 270] zu beachten.

Der rechte Rand präsentiert nun die neun Prinzipien jener größeren menschlichen Geschichte, die im Kinderzimmer skizziert wird: »KONKOMITANZ VON KOURAGE, KUNDIGKEIT UND KONSTANZ. ORDINATION VON OMEN, ONUS UND OBIT. BEWERKSTELLIGUNG VON BEDROHUNG, BELANGUNG UND BESTIMMUNG. POLARE PRINZIPIEN.« [FW 270f.] Das scheint sich zu K. O. B. zu summieren – Kasse bei Ordnungsgemäßer Belieferung, eine typische Shaunsche Aufrechnung: Wir erwarten die Güter des Lebens und werden sie, wenn wir sie erhalten, mit den stoischen Tugenden bezahlen. Wenn wir zu Nummer 10 kommen – der Hochzeit von König Eins und Königin Null –, sehen wir, daß das ganze Leben auf dem polaren Prinzip der Geschlechtlichkeit basiert. Können wir unter diesen Umständen wirklich viel aus der Geschichte lernen? (Die Noten BC und AD werden am linken Rand gespielt.) »Bitte hör auf falls du ein B. C. echtes Fräuleinchen bist, bitte tu's. Doch solltest du A. D. vorziehen blabbitte.« [FW 272] Die abgeschlossenen Viconianischen Zeitalter – das theokratische und das aristokratische – können dem heraufkommenden demokratischen Zeitalter nichts beibringen. Mit Helden wie Humpty ist es aus (»An Altgrummeldummwänden« [FW 273]); der Regenbogen der Zukunft breitet sich aus (»Heiel heptarchadische Spanne Friedens!« – die Fußnote lautet: »Ich bin selig wenn ich's sehe« [FW 273]), und nun werden wir die »Verlierung des Bolkes von dem Pulke für das Gwolke« [FW 275] haben. Oder sehen wir es uns andersherum an: Die speziellen Dinge, nach denen in der Vergangenheit zu suchen uns gelehrt wurde, sind überhaupt nicht in der Vergangenheit; sie sind hier, in der Gegenwart: »Elfte Streife West Nummer Zweiunddreißig sieht auf jenen (mögen alle im Zukommenden des everwährenden Spirls damit flinken!) doloriferösen Dattumsbaum« [FW 274] der vergangenen Zeiten: 1132 ist hier und jetzt.

Hier scheint aber ein großes philosophisches Paradoxon vorzuliegen. Gegenwart und Vergangenheit mögen aufgrund wiederkehrender Archetypen zusammengebracht werden können, doch wir können nicht daran zweifeln, daß die *individuellen* Formen eines Zeitalters nie eine exakte Reproduktion korrespondierender Formen in einem anderen Zeitalter sind. Wir akzeptieren die Vorstellung von neuen Arten – »eine Welt bergend an einer andern (...) Standfest, unser topiokischer Sagonheld, oder irgendein onthurer Macottherr, voll glich auf des Bauchegütts Bastillberücken« [FW 275] – und die Tatsache, daß die ältere Welt zuunterst der neuen Welt liegt: »DER BASTARD UNTER DEM MISTHAUFEN. SIGNIFIKANZ DER INFRALIMINALEN INTELLIGENZ.« [FW 276] Im Dunkel des Unbewußten ist es, wo der alte Held Finnegan fortbesteht:

Irgendwas Dunkels fleug ne Duskeit. Fleder maust? Da pipistrullend. Bei Brannans auf dem Moor. Bei Tam Fanagans Weicht dach erst imnocht stak am wergen. Und immernoch gibt's hier Noctulen und können uns Dinge erzählen wo wollkommen mit jenem fussligen Fühlen. [FW 276]

»OPFERN« [FW 276] lautet die Randnotiz, und im Text steht »Hunde verspern« [FW 276]. Es kann sein, daß wir, wenn wir den Gott der Himmel versöhnlich stimmen, auch unseren tieferen, primitiveren Naturen Opfer bringen müssen. »Haltet den Hund fern«, so sagt T. S. Eliot – jene animalischen Kräfte in uns, vor denen wir uns so sehr fürchten. Vielleicht sollten wir regelmäßig vor jenem Hund auf die Knie gehen.

Und nun »INCIPIT INTERMISSIO« [FW 278]. Wir ruhen ein wenig von unseren Studien aus, und die Versucherin Issy, die bereits ihre Nase in die Fußnoten gesteckt hat (»Pipette. Ich kann die Süße beinahe auf meine Flüstlippen füttern« [FW 276]), füllt drei Viertel einer Seite mit einem Fußnotenbrief, der uns zu einer Stimmung der zeitweiligen Mattigkeit verführt. Wir haben noch nicht viel über Sex gelernt. Issy verwandelt sich in eine Liebesgöttin:

War er nicht einfach begöttelisch jener Dogg eines Dags in Skokholm als ich ritschlicks aupum ihrem Dreuwiden-Altar saß, so kühledas wie Gurkelwass, meine Schieren schlagend bis zum Schrägruinnen, Postillion, Postalljung, eine Schaukill eine Schaukerl, und du mir Wolken von Würgrauch bietend und siehier Hornistern tittatterbsessen aufm Angerrasen! [FW 279]

Städte fallen, vom Krieg zerstört, doch immer noch bleiben die Blumen bestehen, frisch und lächelnd wie in den Tagen alter Schlachten (Joyce erzählt uns dies nicht in seinen eigenen Traumworten, sondern im unversehrten Französisch Edgar Quinets). Blumen der Liebe nicken ihnen zu, doch die Jungen, »Bruto und Cassio«, sind »totients quotients« [FW 281] mehr mit der männlicheren Angelegenheit ihrer ewigen Opposition beschäftigt. Dann machen sie sich daran, ihre Rechenaufgaben zu lösen, indem sie als erstes an den Kopf ihres Papiers »Tat Matur ihm täglich glorisam« [FW 282] (das jesuitische *Ad Maiorem Dei Gloriam*) schreiben. Jedes Thema des Buches erscheint dunkel als ein mathematisches Problem, und wir werden uns bewußt, welch große Rolle Zahlen bisher darin gespielt haben. Die Namen der Jungen werden jetzt als Dolph (Shem) und Kev (Shaun) angegeben – »Einzelgefüllige Namen für doppelparallelige Zwischezwillinge« [FW 286] –, und es ist Kev, der bei seinem Bruder um Hilfe nachsucht. Das Problem, das sie lösen wollen, ist offensichtlich bedeutsam – »Konsterniere ein gleichwinktiges Trillerdreck« [FW 286] –, denn Joyce lädt auf Lateinisch die Seelen der Toten ein, herbeizukommen und zuzuschauen: *»venite, preteriti«.* [FW 287] Augenscheinlich hat aber der junge Dolph-Shem irgendeine obszöne Absicht im Hinterkopf, denn wir bekommen – während beide Spalten mit Randkommentaren verschwinden – ein umfängliches Stück konfusen Moralisierens, das viel auf die Tristan-Isolde-Legende anspielt und, indem es die beiden Liebenden mit ihren irischen Namen – Diarmaid und Grania, verzerrt zu »teuermirt und grandirös« [FW 291 f.] – anspricht, formuliert: »wenn's das ist worauf Lamoor (...) zuzukreisen scheint äußerst drübenher (...) der Himmel helfe seinem Hinterletzten.« [FW 292] Als die Randkommentare wieder aufgenommen werden, merken wir, daß Shaun seine gravitätischen Kommentare in Kursivschrift auf der linken Seite hat und Shems Unehrerbietigkeiten mit der Würde von Großbuchstaben auf der rechten Seite stehen.

Die Buchstaben ALP sind nun als Punkte des gleichschenkligen Dreiecks (des fruchtbaren *delta*) zu erblicken, das Anna Livias persönliches Zeichen ist. In einem Diagramm, das aus zwei sich überschneidenden Kreisen und zwei gleichschenkligen Dreiecken mit einer gemeinsamen Basis (ALP und *alpha lambda pi*) besteht, findet Shem seinen Lehrsatz, eine verdunkelt obszöne Darstellung seiner

eigenen sexuellen Wißbegierde, während Kev-Shaun am Rande gelehrte, aber einfältige Kommentare abgibt:

> Äußere Umschlänge gleitbleichend, lupfen wir vorsichtig, wenn sie ge-
> plättet, ihren Hemdsäum und Jabot an der spidsersten ihrer Trikkokante
> (wie tausende zuvorgetan seit Füllins kalperten. Okonen! Okonen!) die
> Jungfernschürze unseres A. L. P., fürchterlich! bis sein niederster Nadir vor-
> tikal da ist wo (erlaube mir Einrecht auf zwei spritzige Zwinkler) sein Na-
> velapex dann sein wird'sbald. Du must mähr nährkommen denn 'sitzt
> dunkel. Lobbe. Und mech bald Lichte mit deiner Streichschacht. Gesto!
> [FW 297]

Der ganze Prozeß des Lernens, der wissenschaftlichen Erforschung
und des Festhaltens an geheimem Wissen wird als bloße Wißbegierde über das, was oberhalb des Rockzipfels unserer Mutter liegt,
entschleiert. Kev-Shaun erkennt zuerst nicht die Triebfeder seines
Bruders, doch als er es tut, wendet er sich gegen ihn, und das brüderliche Gefecht wird wieder aufgenommen – Michael gegen Old
Nick, den Teufel. In der Fußnote heißt es: »Wieder Red aufpickend
Nickerchen, Piekser Mickser?« [FW 300] Der Erzengel nennt Satan »des Tauchels eigner patenter Gobald, dir versilbst aequalität
und jedwinklem undern wangleich, das bist du, Foppung! Du weißt,
du wirst verdämmpft sein, das wirst du, an einem dieser Fröllengs-
tage (…).« [FW 300] Der springende Punkt ist, so glaube ich, daß Shem mit seinem
ganzen Hang, die Gelehrsamkeit ins Spielerische zu ziehen, mehr
Verständnis für die mystische Bedeutung von Zeichen und Buchstaben hat (immerhin ist er ein Künstler) als sein Zwilling, trotz
der Ernsthaftigkeit von dessen Eifer. Beide Jungen sind, da sie den
zweigeteilten Vater darstellen, in sich unvollständig, und es gibt
Momente, wo sie dies erkennen und sich deshalb im Zorn gegen-
einander wenden. Im Augenblick ist das eine Sache von »Christs
Kürche universus Böllial!« [FW 301] Doch der Erzähler (der selbst ein
Künstler ist und folglich auf der Seite von Dolph-Shem-Glugg-
Nick) feiert die irische Literatur als eine Art göttlichen Körper – Organe am Rand aufgelistet, Namen in den Text einfrisiert: »Dies ist
Staehl, dies ist Borke, dies ist Stiern, dies ist Schweibt, dies ist Feilt,
dies ist Schofl, dies ist Dobbllinnbbayyates.« [FW 303] Das hält Shaun
nicht davon ab, Shems sterblichem Körper einen Schlag zu ver-

setzen – »Entst ist anei einzog! Ripp!« (Fußnote: »Ein Byebye Bim-bamsel Burschen! Wir seihen uns Nußknackersonntag!« [FW 303 f.]

Doch erstaunlicherweise, wenn wir bedenken, daß Shem der Teu-fel ist, oder auch nicht erstaunlicherweise, wenn wir daran denken, daß er gleichzeitig Stephen Dedalus ist, gibt es keine Vergeltung. In seinem Gehirn muß er siegen. Er sagt: »Schunden Dank, Puinkt-harrweg! (…) Ich sehe Richtgebocknen rund mich rum. (…) Bei Sachso Chromaticus, du tatst das prima für mich!« [FW 304] Er ruft nach seiner Kleinwolkenschwester um Bestätigung für die Ge-schicklichkeit und Kraft von Shauns Hieb. Bevor sie in die große Welt hinausgehen, wird Shem als der Monopolist geistiger Kräfte enthüllt, sein Bruder als extrovertierter Politiker-Kämpfer. »Und jene salubrierte Ungläuschtrittf von Tier hat meine ganze Betänz-lichkrallt teesträubt«, sagt Shem zu Shaun. »Ich bin nur los um über die Gehabe deines Schlundwegs in deine Bedänkerlichgerichtheit zu zelebrücken. Du bist zu hunderttausend Malen willkommen, alter Wörtsampler, obhöll du gerad so ziemlich so schondich bist wie mein schuhdrichtes Mörterchen wäre.« [FW 305] Wir entsinnen uns der doppelten Signifikanz von »Bedänken / Bedenken«. Die Schuld von HCE, Parnell und Piggot steckt in beiden Söhnen, erkennbar gleichermaßen an Shauns eifersüchtigem Hieb und an Shems Un-vermögen, zurückzuschlagen. Die Shem-Randspalte ist voller HCE-Gestotter.

Frieden nun also – das dreimal wiederholte Sanskritwort dafür, das Eliots *Das wüste Land* beschließt: »Shantih«, verzerrt zu »slanty skanty shanty« [FW 305]. Das Ende des Lernens und der Beginn der Zeit für Taten. Shauns Randspalte faßt in großen Namen von Cato bis Darius die Spannweite ihrer Studien zusammen; der Text gibt mit einer Rabelaisschen Aufzählung die Gegenstände ihrer Aufsätze an. »*Castor, Pollux*« in der Randspalte bezieht sich auf »Vergleiche die Faustkampfstile von Jimmy Wilde und Jack Sharkey« [FW 307] im Text; »*Julius Caesar*« führt uns zu »Eine Erfolgreiche Karriere im Verwaltungsdienst« (Fußnote: »R. K., ungebunden, guter Charakter, würde helfen, kein Gehalt«) [FW 306]. In Shems Randspalte heißt es: »MAHMAH, LUG SCHON, DEINE RIIINDSBUJONG ZISCHT ÜBER!« [FW 308], und wir wissen, daß es Essenszeit ist. Die mystischen Zahlen der Kabbala – der Summe allen Wissens – werden aufgereiht von »Aun Do Tri« bis zum abschließenden »Geg«

[FW 308]. Bei der Zahl fünf oder »Kusch« [FW 308] – halben Wegs die Zahlenleiter hinab – findet die Aufspaltung der Schöpfung in ihre beiden widerstreitenden Bruderelemente statt. Die Fußnote lautet: »Kish ist für Anticheirst, und hier hat er aus meiner Freihinhand!« [FW 308], und am Rand sieht man, wie eine lange Nase gedreht wird. »Antcheirst« kombiniert »Antichrist« und »Anticheiros« – »Gegenhand«, »Hinterhand«: Sowohl Shem als auch Shaun widersetzen sich dem Christus-Element, wie es sich im jeweils anderen manifestiert. Die andere Zeichnung – die von gekreuzten Knochen – faßt alles zusammen: den Kuß der Liebe, die Kreuzigung, Liebe-durch-Tod, Tod-durch-Liebe, die ganze mörderische Geschichte, die Eingliederung in ein System des Toten und Trockenen – das Wissen selbst. »Ihre Fütterung beginnt« [FW 308], heißt es im Text. Sie essen die Substanz ihres Vaters. Dann machen sie sich davon in die Neue Welt und schicken einen »NACHTBRIEF« [FW 308]:

Mit unseren besten Adieuwärtsgrüßen an Peppe und Memmy und alle Altgehörigen zuhüber und darunter, wünschen ihnen allen sehrsehr fröhliche Inkarnationen in diesem Land der Livveydenn und vieleviele Wohlstandfestigkeiten durch ihrsda kommenden neuen Jankse. [FW 308]

Der Tag der Brüder ist gekommen; der Tag ihres Vaters ist – wie wir in den verbleibenden zwei Büchern dieses Abschnitts des Buches sehen werden – beendet.

6

Zernagung des Wirtes

Von Sindbad dem Seemann zu Nindbad dem Nähmann war es ein Schritt auf Leopold Blooms Weg hinab in den Schlaf. Earwickers Weg hinab ins Elend und in ein Gefühl der Nutzlosigkeit greift auf dasselbe Wortspiel zurück, doch die Wörter seines Traumes sind dessen Substanz selbst, nicht nur seine Gewandung. HCE ist in der komplexesten und dichtestgestrickten Phase seines Traums, eines Traums, den wir selber – zusammen mit Joyce – träumen. Der Stoff des Traums ist so dicht und verwirrt, daß HCE eine Inszenierung von großer Vertrautheit zu benötigen scheint, um den Traum im Griff zu behalten (so, wie ein einfacher *Cantus firmus* oder sogar ein unveränderter Pedalanschlag einer hochverwickelten Kontrapunktik als starke Baßlinie dient). HCE träumt, daß er, bevor er sich zum Träumen ins Bett begibt, über seiner Taverne präsidiert, und dessen lärmige Stammgäste – die Vier, die Zwölf und andere – reduzieren ihren Wirtsmann vom Helden zum Gespött und ebenso vom Helden zum Schurken; sie verwandeln den Lieferanten von Herzensnahrung in den Kadaver des Schlachters selbst, der unter Geknurr verschlungen werden muß, nehmen den Seemann auf den Haken und verwandeln ihn in einen Nähmann und dann direkt in seinen Kleiderstoff, der – als äußere Zurschaustellung von Stolz und Würde – zu Fetzen und Atomen zerrissen werden wird. Dies muß getan werden, damit die Welt der Brüder ins Leben gerufen werden und Shaun, mit seinem Vater vollgefuttert, »Adieuwärtsgrüße« mit den Konstituenten einer gemeinen Demokratie austauschen kann, die einst das Königreich des Helden war. Es ist die Verspeisung des Wirtes – Gott erschuf den Menschen, der Mensch erschuf den Brotlaib –, durch die das Leben kleiner Kreaturen erhalten wird. So werden wir, wie durch alles Traurige in diesem Buch, an die Würde der Opferung und ebenso an die Freude der Wiederauferstehung erinnert. Man zerstoße HCE zu Atomen, und diese Atome werden sich als neue Adams erweisen: Der große Kreislauf der Schöpfung wird sich weiterwälzen.

Dieser Teil von *Finnegans Wake* läßt sich einen Teufel zusammenfassen: Das ist so, als wenn man angeben will, wovon Bachs *Kunst der Fuge* handelt, *Takt um Takt*. Doch wir dürfen (und dies sollte oft gesagt werden) nie etwas erwarten, das sich dem wachen Sinn annähert. Die verwirrte Dichte der Erzählung ist teils durch die Scham ihres Helden verursacht und teils durch seine Zerrissenheit, die Zerteilung seiner Substanz. Der Sinn dessen, was im Traum geschieht und was als im Traum geschehend vorgestellt wird, wird vernebelt vom Lärm der Trunkenheit und der Schmäherei, von vielen Dialekten, die von weit herumkommenden Seemännern heimgebracht werden, und die ganze Mixtur wird durch das Gebell von Fernseher und Radio noch weiter verdickt. Wir beginnen mit einer Mär über ein »Norweegers Kaperdehn« [FW 311], eine Figur nach der Art des Fliegenden Holländers. Er ist HCE, wie er war, ein alter nordischer Herumtreiber-Invasor, und er repräsentiert HCEs vergangene Sünden, die in der Gegenwart nachgespielt werden. Der gegenwärtige HCE wird auf einen bloßen »Mann fürs Schiff« [FW 311] reduziert, einen Diener der Seeleute, gefoppt von einem halunkischen Matrosen, und das Unrecht, das ihm angetan wird, wird zum Gegenstand einer neuen Art von Erniedrigung. Der Kapitän (wir wollen wache Sprache benutzen) läßt den Mann fürs Schiff die Anfertigung eines Anzugs regeln, und als der Anzug fertig ist, will der Kapitän ihn nicht bezahlen. Ein junger Mann namens Kersse (*Kersey* ist ein Hosenstoff) unterstreicht das Schneidermotiv. Er macht sich anheischig, den Kapitän zu verfolgen, als dieser höhnend wieder in See sticht. Er ist eine Art Emanation Earwickers in seiner »Persse-O'Reilly«-Version (man erinnere sich an Hostys skurrile Ballade), wobei k das irische Äquivalent zum brythonischen (walisischen oder bretonischen) p ist (z. B. walisisch *pa* – was = irisch *ca*). So ist Kersse, der für eine Schneiderfirma arbeitet, die Seite HCEs, die ihn auflösen, ihn auftrennen wird, und zwar in seinen beiden Formen – als alternder (Ehe-)Mann (fürs Schiff oder sonstwen) und als sich aus dem Staub machender gaunerischer Seemann. Auf diese Mär folgen gemeinsame Erinnerungen an einen großen Fall, und das Gespräch der Kundschaft wendet sich der Tochter des Mannes fürs

Schiff zu. Sie verliebte sich in den Kapitän: »Es gab keine Erdnasse in ihrer Famalgia also kein Wundsel daß sie reinpurzelte auf seine famasen könnerglichen Schreitunken« [FW 311f.] (*Eine königliche Scheidung* — Earwickers Lieblingsstück). Wiederum doppelte Schande für HCE.

Der nächste Auftritt des Halunken-Herumtreibers wird vom Mann fürs Schiff sehr nordisch begrüßt: »Er machte das Zeichen des Hammers« [FW 316], Thors Zeichen:

Gottes Dürrhaftigkrallt, sprichtete er, nach ein paar Darbgen, an all jene Bliakönge denkend, wie das Leifpen vornübersteht! Hier bist du wieder in deinem Hawkin, von Blasil dem Bregnichten an unser povotogesusses Portokrall, die Fort an der statt der Hördies, Sklav des Handels, Bötel der Würzen und ein Lederechsenpfeil-Markt, und sei Steinbutt, schlingersten Streifen, als wärst du vollgelaufen mirschien aus lauter Makrelerei. Öllternfölltern! sprichtete er. Ein Kumpelhavon ihm auf Eißlangt! Hier hast offne Handlängs für einen alten Vollkerl vom hauselbem Stammel hier in deinsein Bud. [FW 316]

Da ist keine Erbitterung, weil HCE und der Kapitän ja ein und derselbe Kerl sind. Mehr noch, diese Besuche des Seemanns sind rein rituell wie jene früheren Besuche der Grace O'Malley: sie sind Märchenzeug. Diesmal bestellt der Kapitän zu essen und zu trinken, doch er macht sich, wie zuvor, ohne Bezahlung davon. Die Prosa ist angedickt mit Schneiderausdrücken (denn Nahrung und Anzug sind identisch), und wir hören sogar die Stimmen dreier Schneider, die die drei Parzen zu repräsentieren scheinen. Als der Kapitän zum drittenmal in die Taverne kommt, folgt ihm Kersse, der alle fröhlich begrüßt: »Peiwei toptip, Nankingbangklarer. Gibt Feinmagtag. Schiebzigarr. Cheevio!« [FW 321] Er ist offensichtlich beim Pferderennen gewesen, denn er wird gefragt: »Und, haikon oder hörlen, was machtest du beim Doyle dennhoyt, mein Hürdenpfürdengürtelman.« [FW 322] Pidgin-Englisch vermengt sich mit den Zungen der Nordländer, und durch einen Mief von Lärm und Gezeche hören wir eine Schmähstimme sich erheben gegen »den sehrräuderischen Wanderteckeln (...), den kotzhaarigen Sehgewiesagtelagterer (...), den bloedaxtigen blutschwurxigen Baltxebec, der in unsere kaunabelig ängelutschte Märrede einkreucht durch das Lumbusmal seines Ankerschlauchs« [FW 323]. Der Schurke ist offensichtlich HCE, der Ausländer, Invasor, Betrüger, Wüstling.

Und nun, nach einer Wettervorhersage im Radio, hören wir eine Geschichte von der Ergreifung und Zähmung des Herumtreibers. »Vogelflüge«, so versichert uns das Radio, »bekräftigen zuvorstehende Hochzueit« [FW 324 f.]. Der Matrose wird dazu gebracht werden, die Tochter des Mannes fürs Schiff zu heiraten, eine Vermengung von Issy und ALP; »komm Bastabasco und Hüftychüpp-Eier« (HCE) »sie wird ein suomeasiges Paar und Einzidecke machen, Reithoslüttchen und nähmannslos, eine Kopenerskrippvoll, Blatt, Knosp und Beere, des Deuvlins eigne kleine Mimmykennpussi, (hip, hip, horatia!) für meinen alten kommrhaden Saltzymar hier (...).« [FW 329] Das »suomeasige Paar« sind offensichtlich die Zwillinge, und die »Einzidecke« ist die Tochter. Eine irische Heirat wird den Herumstreifenden zur Ruhe bringen, seine Tricks beenden. Sehr bald ist er »Gefarrfangen. Eingespurrsperrt« [FW 329]. Es gibt große Feierlichkeiten, irgendwer singt sogar ein Negerspiritual: »Er herd ein Gbertt. Und sie harrt eine Kocherei. Und wellse ginste Mundtum herrtzen ehegemäliegt.« [FW 330] Die Ehe wird vollzogen (»wenn hec nicht die alpie liebt dann, Lümmel, sind's zum heulen« [FW 332]), und da in all dem ein Element inzestuöser Schuld steckt, hören wir den Hundertbuchstabendonner, das Fall-Wort in der Version »Pappappapparrassannuaragheallachnatullaghmonganmacmacmacwhäckfälltiherdebbelnaufndubblundaddygedudel« [FW 332]. Die Zähmung des ungestümen Herumtreibers wird zusammengefaßt in »seine Hörschifft wurde umgewandelt in eine Hartschuft« [FW 332].

Doch wir können nicht von jener ursprünglichen schuldigen Handlung im Park loskommen, und da wir uns einem Meereskontext anvertraut haben, wird der Park ganz naturgemäß zum Meer. Wir sind sogar weiter zurückgegangen als zum Garten Eden und sehen den Menschen selbst sich aus einem nassen Element erheben. Das Thema der Schuld wird nicht entwickelt, sondern nur erwähnt, denn wir haben jetzt eine »Enterbrechung« [FW 332]. Daß diese einen kräftigen slawischen Beigeschmack haben wird, wird vorausgedeutet in »Scheck oder schlag weg Kirsche. Dverschon« [FW 332]. Die Putzfrau Kate wird mit tschechoslowakischen Präpositionen (die, wie die russischen, aus einzelnen Buchstaben bestehen – *v, s* und so weiter) vorgestellt. Die Kinder schlafen, sagt sie, und die Dame des Hauses liegt im Bett. Wenn Earwicker »whunschtvoll ist ihren Caudal zu licktorieren« [FW 333], kann er sich ihr hinzugesellen. Die Erwähnung des Schlafzimmers bringt das Geräusch des Zweiges hinein, der an das Fenster tappt – »Dip« [FW 333]. Kate ist da in ihrer Aufmachung als Wächterin des Wellington-Museums im Phoenix-Park, und dies, weit davon entfernt, HCE dazu zu veranlassen, sich seiner Dame in ihrer Ruhe hinzuzugesellen, eröffnet erneut die alte Welt des imperialistischen Krieges. Eine Abbildung an der Wand der Bar zeigt die Kusch der Leichten Brigade, mit Obertönen der Jagd (Pferde, HCE als John Peel, der Klang des Horns), und Earwicker ist traumgetrieben, eine Geschichte über »Arthurduke« [FW 335] zu erzählen. Unvermeidlicherweise ist diese voll von HCEs eigener Schuld – »es war von ihm, meine Frau und ich denkt, zu jedem der jungenden Früchtchen zu fühlen, fairzärtelt wie ein atalantischer Brustschwällt oder (…) eine wuchtige bestraffte Bucht schimmerschüttelnd für das Reich seines Angepflügtes. Und wo die Pflückkarpdüllies an seinen Fäustendstreffungen seinsolln so leichte liebend gleichbehockt taubkleckricht die Kandidatie, mein Nervaug undicht sinkt, seines weichgekochten Busens sollte selbst unsern Analvorboten von Nullatinentitäten heinleuchtend sein.« [FW 336] Da wären wir wieder mal – die beiden sahnigen Röschen im Park, die Hummer oder Rotröcke, die stotternde Schuld:

> Denk dir twei twahnige Wosen. Stwell dir vor du kriegst einen schönen Gedanken und nähmst sie Sylvias sub Silentium. Dann drindenngdir 'nen Stotterrer. Schwell ihn dir vor als gehabt einen Bauchermeisten Omnibil. Dann lustvöllig (…) tank dir bis zu drei hingehaltend hinterhälternde Hummherrn. (…) Wie denn so, schönste Schmätzchend? So äpfreut dieserwegs auf euch zu stößeln, trein und einfach, frein und flink! Schönebüsch Ihren ung, Malster Faunagon, und hopfs Ihre Hahititahiti mag die Schlaffennüsse lecken! [FW 337]

Das Zurücktreiben der Schuld bis an den Anfang, zum Riesen Finnegan, der im Unbewußten ruht, wird nicht gestattet. Die Kundschaft ruft nach einer Fernseh-Show, die von Butt und Taff (Shem und Shaun, als kreuzfeuerquatschende Komiker verkleidet) präsentiert wird, und man ist begierig darauf, daß sie die alte Geschichte von

Buckley und dem russischen General (»Wie Burghley den rauschmischen Germanon entschote« [FW 338]) nachspielen. Es existiert in der Tat eine apokryphe Geschichte über einen irischen Soldaten, Buckley, der im Einsatz für die Briten im Krimkrieg die Möglichkeit hatte, einen russischen General zu erschießen, als letzterer seine Hosen heruntergelassen hatte, um seinen Darm zu entleeren. Doch die Menschlichkeit und ein Gefühl für menschliche Würde gewannen die Oberhand; Buckley feuerte nicht ab. So ging die Geschichte (es war, um die gebotene Quellenangabe nachzuschieben, John Joyces Geschichte). Nun wird sie abgewandelt, um zum Traum und zur ultimativen Erniedrigung des Ingenieurs Earwicker zu passen.

Die Episode um Butt und Taff wird in dramatischer Form präsentiert, Bühnenanweisungen eingeschlossen. Dies läßt das schlachtenlärmerfüllte, von Schuld nachhallende Mischmasch luzider erscheinen, als es in Wirklichkeit ist. Die drei rotröckigen Zeugen von Earwickers ungenanntem Verbrechen (das nun Darmentleerung und unzählige sexuelle Perversionen einzuschließen scheint) bilden eine Verbindung zwischen dem Park und dem Schlachtfeld. Butt ist einer der Soldaten; er verwandelt sich rasch in Buckley und macht so beide Geschichten zu einer einzigen. Das Kreuzfeuergerede wird für die Reportage eines Pferderennens unterbrochen, doch selbst die ist mit der HCE-Schauermär angedickt:

Emanzipator, der Kremjäger (Major Hermyn C. Entwhistle) zeigt mit dramatischem Effekt, der die Gestalt gerühmter Zeuger auf den Szenen der Früheren Triumphe reproduziert, den Adlersweg zu Mr. Whaysshaytts drei brauchen Wallachen Ausgemännschte Tinte, Bailey Blinklicht und Ratatuohy während Ferstin II und das Andere Mädel (Mrs. ›Boss‹ Wasser, Liftybrink) zwei frühe Linkstüppfler, ein saubres Paarhüffe zeigten dem Immensipater. [FW 342]

Es sind natürlich die Pferde, die die Themen der Schlacht, der Jagd und des Rennens verknüpfen. Als wir die Buckley-Geschichte wieder aufnehmen, bringen die Hexenmeister Browne und Nolan (darauf müssen wir stets gefaßt sein) Butt und Taff durcheinander zu Tuff und Batt, doch die allgemeine Richtung bleibt klar. HCE, Urvieh, Kriegshetzer, Imperialist, wird mit dem russischen General identifiziert, und in dieser Fassung der Buckley-Geschichte wird er erschossen, obwohl seine Hosen unten sind. »Ich versetzte einen

Dobbelnotsch und ich hoch mit meiner Ambrumm stapp. Mirrdo! Mit meim Pfahl an d' wogleich und schmißt Wehbein Pfeil kockschock Ragrucken. Schpattscho!« [FW 353]

Um es mit dem Chaos des soldatischen Fausthiebes im *Ulysses* aufnehmen zu können, muß Joyce uns jetzt die Annihilation der Atome bieten, doch selbst darin pflanzt er noch die Hoffnung auf die Wiederauferstehung ein: »Die Abnihilisation des Ätöms.« [FW 353] Aus dem Nichts – *ab nihilo* – wird sich das Etymon, die Wurzel der Wahrheit und aller Sprachen, erheben. Und nun, wo die Mär beendet ist, verschmelzen Butt und Taff zu einer Person und ziehen eine moralische und prophetische Schlußfolgerung (diese Erschießung des russischen Generals durch Buckley wird wieder geschehen, sich in einem Kreislauf wiederholen, solange die »samurachischten Zwielingte« [FW 354] ein Prinzip des Lebens sind – Shem gegen Shaun, die gespaltene Persönlichkeit HCEs, die im inneren Kriege tobt. »Allso bis Biederwenn buttlich thon erstehenden Germinal erschießt laß bottlich das Fätt seines Ärgers schkauren und bittlich byesehn das Mühchen seiner Tubbe« [FW 354]).

Doch Earwicker begeht den Fehler, mit dem russischen General zu sympathisieren, während die Kunden gutheißen, was Butt-Buckley tat. HCE sagt, daß jene Geschichte die Geschichte aller großen Männer sei, die fallen; in der Tat ist es jedermanns Geschichte: »Und das ist äußerst undverzweifelthaft ein Niedergestürzt von inkerwem und jedermann von uns, überzeuge ich mich, vor Kodder, meine Herren, so wahr wie dies sind mein Kopfinpott rutschlinks auf diesen ist meinen Bürgtenschuldtern.« [FW 356] Ein Held ist ruiniert, weil die Natur ihn dazu verführte, sein unteres Ende zu entblößen. HCE, genau dieser Held, ist einen Moment lang in seinem edelsten Aspekt zu erblicken, als Krieger des Meeres, der anlandet, »Fliehgend die Perseoroyal« [FW 358]. Und nun folgt die Zermalmung unseres Helden, die Zernagung des Wirtes. Dies ist ein so gewaltiges Unterfangen, daß wir uns darauf irgendwie entrückt vorbereiten müssen, indem wir es in ein Ritual umwandeln. Das Radio kündigt, nachdem es mit den Stimmen der drei Soldaten zur Ordnung gerufen hat (»Achtung! Stillgestanden!! Rühren!!!« [FW 359]), den doppelten Gesang der Nachtigallen (der beiden Mädchen) an, und die Blätter der Bäume selbst singen davon, wie »der Durchkreuzer der Kreuzfideligkeiten und der Jangsderrüpfer aller Jokolarinen«

[FW 361] zerstört wurde. Die Kunden sagen seine Sünden auf (»Sind's sehr verböst wortbann? Garwichts hart« [FW 363]). Doch der alte Adam erhebt sich in seinem eigenen Namen, räumt seine Schuld ein, aber zieht seine Ankläger mit hinein: »Schuldig doch füllicks Kumpals!« [FW 363] Er ist mißverstanden oder »misswernstanten« [FW 363] worden, sagt er. Sein Vergehen war nur ein geringes. Seine swiftianischen kleinen Liebschaften, »meine Liebsten, die Estellen«, verschmelzen zu einer, werden dann wieder zu zweien, und alles, was er tat, war dies: »mein Handtellergebreitling gab ganz einen Petersilgeschößling, den lockigsten wittigen alten Ozean lecket herum«. [FW 365] Die Zeugen haben nicht Cricket gespielt: »Vorargspähler, ich appelliere gegen das Lichte!« [FW 366] Nun rückt er mit allem heraus, in einer vollständigen Beichte: »die Lilieten oft ich fieldte, und, wenn bruschbratschige Brutalos und Garstigusse nur auf die irkfricken Ferkeln im Humanden zielen«, dann soll er ruhig, wie Caesar, umgebracht werden: »ditt Diden oders Märsen macht nem guten Taigl aus um beschlottzend zu werden. Fall stoff.« [FW 366] Falle, Stab, falle, Soldatenstecken, mit ihm ist's aus. »Hier endet Chinchinatibus.« [FW 367]

Nun äußern die vier alten Männer ihre Meinung. Sie sind die vier Evangelisten, die vier irischen Provinzen, die vier Viconianischen Phasen. Sie sind Rußland (Gregorovitsch), Griechenland (Leonocopolos), Italien (Tarpinacci) und Irland (Duggelduggel). Ihre Worte haben Gewicht. Sie geben an, was Männer nicht tun sollten; und das, was Männer nicht tun sollten, besteht aus dem, was getan zu haben schon von HCE angenommen wird, und dazu zählt, russische Generäle zu erschießen (nicht ganz fair) und zu den »Perpedestrastrolies« [FW 368] zu gehören. Dann werden sie in eine Omar-Chajjam-Stanze verpackt: »Und so im heimlichen Tavernentrug Die Weitgeheißten kostend ihren Zug Versetzen wie der G'rechte sie geheißt Ihren quaramen Schlag dem Wahrheitskrug.« [FW 368] Sechs der zwölf (Mr. G. B. W. Ashburner, Mr. Faixgood, Mr. I. I. Chattaway, Mr. Q. P. Dieudonney, Mr. T. T. Erchdeakin und Mr. W. K. Ferris-Fender) fügen ein Wort oder so an: »Sie hatten gehört oder hatten sagen gehört oder hatten geschrieben sagen gehört.« [FW 369] Doch wer ist in der Lage, anzuklagen oder zu richten? »Ihr wart von euernselbst im selben Boote auch, Gehtsobottoff oder Draumpfreiderein.« [FW 370]

Aus der Ferne hören wir den Klang einer Ballade. Hosty ist wieder zugange (»Ostia, lupf ihn! Lupf daran, Ostia!« [FW 371]):

Dürr Duschi war ein Sieguldsohn.
Er täubte laut war nicht noch jung.
Er hagt schlecht Rab noch war er gräu
Wie Wässer schieden von der Säi. [FW 371]

Es wird Zeit, die Kundschaft hinauszusetzen und die Tür abzuschließen. »Das Gesumme, es will kumme. Einswärts ausschwärmts.« HCE ruft in gutem nordischen Englisch:»Tids, Mannharren, böte.« [FW 371] Draußen füllen sich die Straßen, der Pöbel marschiert, Glocken klirren hinaus. Der Gesang kommt näher:

Sein Knüppel broch, sein Trommel kputten.
Den Hut er trug gebn wir den Lutten
Und rolln sein' Schlüssel platt im Kläi
Beim Wässer schieden von der Säi. [FW 372]

Es wird eine »Lynchpartir« [FW 372] geben. Noch immer sind die Türen verschlossen, und nur die »vier Soalten« [FW 372] weigern sich, sich hinaussetzen zu lassen. Doch HCE kann nicht seine Ohren vor den Stimmen draußen verschließen, die der Welt seine Schuld verkünden. Seine Sünden kennen kein Ende. Manche sind phantastisch, aber eine oder zwei sehr intim:»Eine Ehefrau zu zeugen die seine Nichte vorde indem er ihre Jungdingel in Hautenkel goß« [FW 373]; »Man kann keine Limousinendame aus einem Hillmannminx machen«; »Für einen fleckchensprosselten frischgewangeten süßwortigen Lupfcoucher.« [FW 376] Wir hören gefährliche Geräusche: BENK und BINK und BUNK und BANK und BONK [FW 379] – Fallgeräusche, Schlaggeräusche. HCEs Schicksalsstündchen ist nahe.

Doch dies alles ist eine Geschichte in einer Geschichte in einem Traum. Es wird keine Gewalt geben. Alles, was wir gehört haben, ist ein Teil der Erzählung, die die Kinder nacherzählen. Earwicker beschließt seinen Abend nicht tot, sondern schwermütig. Er geht um den Biertresen herum und schleckt alle Hinterlassenschaften auf – »wasimmer an überschüssigem Zuselfeugs, kumma viel, zurückge-

lassen wurde von den faulen Läusigen von Malzrittern und Bier-
knausern« [FW 381] –, und dann bricht er, in einer Kneipe, die
gleichzeitig ein Schiff ist, zusammen. Er ist völlig hinüber. »Farvel,
Farerne, Gute Bark, gute Fahrt!« [FW 382] Er segelt in das nächste
Kapitel.

Das nächste Kapitel ist das letzte Kapitel in Buch II von *Finnegans
Wake,* ein trauriger kleiner Nachgesang. In seinem trunkenen Traum
sagt HCE der Jugend Lebwohl, doch ihrer Herankunft in dem ima-
ginierten Fleisch eines Sohnes aus seinem Körper Willkommen. Die
vier alten Männer verwandeln sich in Seemöwen, »Hochoverhoven,
schrillfreudkreischend« [FWD 220], kreisend über dem Schiff, das das
Brautbett von Tristan und Isolde (*Iseult-la-belle,* Isobel, Earwickers
eigene Tochter) ist. Sie verspotten den alten König Marke:

> – *Drei Quarks für Muster Mark!*
> *Natürlich ist er im Kläffen nicht stark*
> *Und wasimmer er hat ist hier natürlich nicht gefragt.*
> *(…)*
> *Hohohoho, Mausermark!*
> *Du bist der drollste alte Gockel der je aus Noahs Arch gestakt*
> *Und du meinst du seist Hahn im Hag.*
> *Hühner, auf! Tristy ist der flinke junge Funken*
> *Der sie erregen und belegen und verfegen und bewegen mag*
> *Ohne einmal mit dem Schwanz einer Feder zu prunken*
> *Und das ist's wie der Kerl sich Namen machen wird und Mark!* [FWD 220]

Marke, dessen vorbestimmte Braut Isolde ist, liegt da auf dem Boden, ein schnarchender Sack, erledigt, jenseits der Verfügungsgewalt
über die Herrlichkeit jungen Fleisches. Sein Sohn, Shaun, hat ihn
beerbt (aber natürlich nicht, daß der Traum Shaun ein inzestuöses
Begehren unterstellt; Issy spielt darin jedes junge Mädchen, das ganz
Geschlechtlichkeit ist).

Der Anblick der jungen Liebenden bringt den zuschauenden Vie-
ren die liebliche kuschelige Vergangenheit zurück. Johnny MacDougal erinnert sich als erster, und unter den Dingen, deren er sich entsinnt, ist befremdlicherweise »der arme Merkin Cornyngwham, der
Beamte auf Rente aus dem Schloß heraus, als er vollständig ertrank
vor Erins Eilanden herunter« [FWD 224]. Dies ist natürlich Martin

Cunningham aus dem *Ulysses,* aber wir sind überrascht, ihn verwandelt in eine Version des Ertrunkenen in *Das wüste Land* anzutreffen. Marcus Lyons erinnert sich an das Jahr 1132, den Anfang der Geschichte, als die flämische Armada gescheitert war »vor der Küste Kommindheims und Sankt Patrick, der Wiedertäufer, und Sankt Kevin, der Seeische, (…) und Lapoleon, der Reiter, auf seinem waußen Haungst von Hunnover« [FWD 225]. Lucas Tarpey ist ungenauer in bezug auf Daten – war es 1132 oder 1169 oder 1768, »als Carpfery von den Gooldfinnen im Königtum von Poolland war«? [FWD 227 f.] Aber das waren die feinen alten Edentage, als die Liebe begann und noch niemand gefallen war. Schließlich erscheint Matt Gregory vor uns, hochgradiges Symbol der toten Zeiten, die nun »hinweggerafft von der Gesöffzgebung des Barlallmanns, laudabiliter« [FWD 229] sind (wieder jene Bulle, die Irland den Engländern übereignete). In ihrer impotenten Ohnmacht blicken sie auf die Liebenden, geifernd, erinnernd:

> Das also war das Ende. Und es ist nicht zu ändern. Ah, Gott sei uns gut! Armer Andrew Martin Cunningham! Hol Atem! Aye! Aye! [FWD 230]

Wir sehen den Akt des Vollzugs – »Amorikas Champius, mit einem erruckanten Sturchß, die Breitschaft vom Manhauftunsieg flttdrch die beiden Reihen von Stürmern (Eburnea fällt, Jungs!) gradklingbumsschoß in das Tor ihrer Gurgel« [FWD 233] treibend –, und der Mythos wird von seinen romantischen Einkleidungen reingewaschen. Was ist Isolde? Sie ist nur

> eine strapsende moderne alte vergangene irische Prüdzessin, so und soviel Handbreit hoch, solch und solches Sattelplatzgewicht, in ihrem Madapolamkittel, nichts unter ihrem Hut als rotes Haar und massives Elfenbein (…) und ein erstklassiges Paar von Schlafzimmeraugen, von höchst unheimigem Blau, (wie schwach wir sind, alle miteinander!) der Zauber von der Gunst vernarrtem Einverständnis! [FWD 233]

Die Liebe des fabulösen Opernpaares wird gefeiert – »Hör, O hör, Iseult la belle! Tristan, trauriger Held, hör!« [FWD 233] – in einem entzückenden Lied in freien Versen, das das Bardische mit dem Bordellischen verknüpft:

Es war auch von einem karen Freitag sie mich eisern plättete und, wie ich nun zu verstehen nehme, sie war immer verrückt nach mir.

Große Gänsegrütze hatten wir vollständig gefolgt von einem ganznächtigen Eiderdaunenbettpicknicken.

Beim Kreuz von Cong, sagt sie, als sie sich am Sonnabend von unter mir erhebt, Mick, Nick die Made oder wasimmer dein Name ist, du bist der angenehmoseste Kerl der bisher von der Baronie von Bohermore meines Wegs gekommen ist. [FWD 236]

Und so sehen die Seemöwen, die schließlich davonkreischen – »Mattiehäh, Markiehäh, Lukiehäh, Johiehähiehäh!« [FWD 237] –, dem Boot zu, wie es in die Zukunft hineinsegelt (»Der Weg ist frei. Ihr Los gezogen« [FWD 237]). Der arme Martin Cunningham, der irgend etwas im Dubliner Schloß war, ertrinkt zusammen mit den guten vergangenen Tagen. Auf dem Fußboden-Deck schnarcht der ruinierte Held. Doch in seinem Traum ist es, wo die Herrschaft Shauns sich manifestieren wird.

7

Von Shaun zu Jaun zu Yawn

Beim Aufstieg, wie wir ihn jetzt in Buch III von *Finnegans Wake* durchführen, hinauf in das Schlafzimmer HCEs, um von der Zukunft seiner Söhne zu träumen, verlassen wir die Traumwelt nicht, um sie nur gleich wieder zu betreten. Es gibt Augenblicke, in denen der dicke Nebel sich aufklärt, in denen wir uns den Rändern des Wachseins nähern, in denen wir sogar mit Earwicker und seiner Frau schlaftrunken aus dem Bett aufstehen, doch nicht ein einziges Mal finden wir uns wirklich in dem sonnenerleuchteten Land wieder, wo wir uns kneifen können, um uns zu versichern, daß das Träumen vorbei ist. Des Autors Traum umschließt den Schlaf, den Halbschlaf und das Morgengähnen seines Helden; die Laken des Traumes sind fest eingeschlagen. Der Autor hat geträumt, daß HCE geträumt hat, daß er aus seiner trunkenen Betäubung aufgewacht ist, um hinauf ins Bett zu gehen, um einen neuen Traum zu beginnen. Dieser neue Traum handelt von der Zukunft, der Herrschaft des herrschenden Sohnes, doch alles wird vom Vater kontrolliert. Dies ist immer noch das Buch Earwickers.

Im ersten der drei Kapitel, die hauptsächlich Shaun und seiner Demagogie gewidmet sind, beginnen wir mit dem Klang von Nachtglocken, die eine Stunde irgendwelcher Art einläuten, eine universelle Stunde aus vermischten Sprachen. Fremdartige Gestalten aus der historischen Vergangenheit erscheinen im erträumten Schlafzimmer, und dann ruft eine Stimme: »Shaun! Shaun! Die Post zur Post!« [FW 404] Und Shaun persönlich erscheint, »gekleidet wie ein Graf in gerade der korrekten Mode«, R. M. D. (Royal Mail, Dublin) aufgestickt auf sein »sternenbannernes Zephyrtrikot mit einer (…) Schlänglitüttelvorderseite« [FW 404] (er steht für die Neue Welt). Er ist der echte Politiker, die populistische Stimme, Überbringer der Welt, aber nicht ihr Urheber. Wer betrachtet dies alles, wer erzählt die Geschichte? Nicht einer der »konkordanten Weisköpfe« [FW 405], der vier alten Männer, sondern ihr Esel. Wir haben schon zuvor vage von diesem Esel gehört und seine Bedeutung bemerkt – die vier Füße ein bescheideneres Abbild von Irlands vier Provinzen, aber mit seinen palmigen Assoziationen vielleicht der große Eselsreiter Christus persönlich. Nun übernimmt der Esel die Bühne, der Vikar des Wieherns.

Shaun hat in einem »Porterhaus« [FW 405] namens Sankt Lawzenge von Toole (zurück zur britischen Eroberung Irlands) gespeist, und seine gewaltigen Mahlzeiten – »Dreipartite Hauptpranzeiten *plus* eine Kollation« [FW 405] – werden komplett aufgelistet. Alle Mahlzeiten in *Finnegans Wake* sind erstaunlich appetitanregend, und diese lange verschmelzende Serie von Speisenfolgen ist keine Ausnahme, von der »Hälfte eines Pintes Schincken mit neugelten Gaggaien und einem Segment Reiselbirgpflaumding« [FW 405] bis zum »Paar Koteletts und reingeklotzt vom silbern Gitter (...) und Gauluschsoße und Pumpernickel zum Aufwolpen und eines Völlerers knolligen Zwiebel« und noch mehr, viel mehr, mit »dem Besten vom Wein *avec*« [FW 408]. Er verspeist, natürlich, seinen Vater, führt dessen Substanz wie ein Sakrament zu sich, bevor er sein Amt übernimmt. Gesättigt ist er dann bereit, das Volk anzureden (»die Stimman Shauns, Stimmfang der Iren« [FW 407]), obwohl er auch von der schläfrigen Fütterung gähnt: »Allo, alaß, aladdin, amobus!« [FW 407]

Er spricht bescheiden, bekennt seine Unwürdigkeit, »dieses postzuviele Sendschreiben in seiner Majestät Diensten« [FW 409] zu tragen. Es hätte sein Bruder gewesen sein soll, »denn er ist der Kopf und ich bin ein stetsergebender Freund von ihm« [FW 409], doch Shaun selbst ist »das Herz davon« [FW 409]. Sein Publikum stellt milde Zwischenfragen, wobei es ihn »lieber Shaun« [FW 409] nennt und sich erkundigt, »wer gab dir aus lauter Symphonie die Erlaubnis« [FW 409], den Brief oder das Manifest der Herrschaft zu tragen. Shaun ist stets vage in seinen Antworten, doch er verfügt über eine Reihe von eingängigen Slogans, die seine praktische Weisheit aufzeigen:

Stärke nie einer Frau die du verteidigst den Rücken, werd nie mit einem Freund von dem du abhängst quitt, schneid nie einem Feind Fratzen bis er reif und hänge nie an eines anderen Mannes Pfeif. Amen; ptah! Sein hungernd geschehn wird! Auf dem Kontinent wie auch in Eironesien. Doch glaubet mir in meiner Einfalt bin ich furchtbar gut, glaub ich, das bin ich, an der Wurzel meiner selbst, gepriesen sei rechte Wange Disziplin! (...) Nieder mit der Herzsaft des Saozenachten! (...) Wie der richtiggehende Rotschenkel bin ich. Fruchtlos zu bestürmen wie der Maulesel höchstpersönlich. [FW 411]

»Wie mielodorös ist dein bel Gsang, O Singvogel« [FW 412], sagen seine Zuhörer, und sie bitten ihn – nach einem Abschnitt über sein Geld (woher bekam er es? Was tat er damit?) und seine Liebesaffären (viel swiftianische oder HCEsche Schuld darin) – sogar, ihnen ein Lied zu singen. Er sagt, er würde ihnen lieber eine Fabel »aozspinnen« [FWD 256]. Doch bevor er mit der Fabel vom Aumvaisen und dem Gnadshoffer anfangen kann, hustet er (»Hustenhastencaffincoffintussemtossemdamandamnacosaghcusaghhobixhatouxpeswchbechoskaschelkarkarkarakt« [FWD 256] – das Wort für »Husten« in vielen Sprachen tritt hier auf), und wir erkennen den Hundertbuchstabenschlag, der den Fall nachhallen läßt. Einiges von seiner eigenen sexuellen Schuld ist vom träumenden HCE auf seinen Lieblingssohn übergegangen und wurde schon zuvor angedeutet in Anspielungen auf Swifts väterlich-liebhaberliche Liebe für seine beiden Esthern (oder »Zwei Venusstas« [FW 413], wie Shauns Publikum sie nennt). Sexuelle Schuld, die der Künstler abführen kann, ist das Los so vieler Führer gewesen.

Die Fabel, die folgt, ist entzückend. Der Gnadshoffer ist »ständig beim kantigen Hupfauf, hopffend seiner joychzenden Freud wegen« [FWD 256], und drängt Floh und Lus und Bienie und Vespatilla (Floh und Laus und Biene und Wespe) ständig, mit ihm »Inzeksten zu beginnen« [FWD 256] (ah!). Er ist der verantwortungslose Künstler, der Werke wie *Hoh, Zim Zeitzugähn, erwacht!* [FWD 257] schreibt, während der Aumvaise, »gar nicht sommerfaugl« [FWD 257], mehr mit der Errichtung eines Finanzimperiums befaßt ist: »So weit wie Beppis Reich wird blühen meine Herrschaft wird erblühen!« [FWD 257] Der Gnadshoffer trifft, nachdem er »durch einen Wirrbel von Lieben und Schuld« geschwirrt ist, »hürend nach Lüsterkäferchin« [FWD 258], den Aumvaisen, »hingestreckt auf seinen prospranstwierenden Dhron, in seinen papylonischen Babotschen, eine Spatzialmischung von Hosiannazigaden rauchend (...) so suf-

frieden wie ein Honigrüßler oder ein Sonnenbard am Libido«
[FWD 259]. Mehr noch, es ist der Aumvaise, der nun mit Floh und
Lus und Bienie und Vespatilla herumspielt und sich erfreut an der
»Melodie die die Moneten münzt. *Ad majorem l. s. d.*« [FWD 260] Der
Gnadshoffer vergibt es dem Aumvaisen, daß er über seine eigene
Künstlerarmut und Kränkelei und Niedergeschlagenheit gelacht hat:

Lehr Floh und Lus Polkas, zeig Bienie die Süß'
Und sieh drauf daß Vespatilla die Fetten sirrdrüst.
Ich zählt' einst als Zecher nun zahl ich das Kont'
So saaktaich Moimhaimmlet und aharbam doim Mont!
(…)
(Mögen die Gnadsien auf die ich hoffte deiner Aumschaft Sangsinne bsingen!),
Dein Genus ist weltweit, deine Späcies erhaben!
Doch, Heiler Saltmartin, warum kannst du den Zeitakt nicht schlagen?
[FWD 260 f.]

Er ist in der Lage, zu verzeihen, weil er nicht wirklich in der Lage
ist, zu beneiden. Dem Aumvaisen wird sein Reichtum gegönnt,
denn des Gnadshoffers Temperament lehnt jene Art Leben ab, die
nötig ist, um ihn zu erlangen. Was macht der Aumvaise anderes, als
daß er den Raum mit Besitztümern anfüllt? Er kann nicht wie der
Künstler die Zeit erobern, das einzige, was zu tun sich lohnt.

Es ist von Bedeutung, daß Shaun den springenden Punkt in der
Shemschen Lebensweise erkennt (schließlich ist er es, der die Fabel
formte). Er ist sich dessen bewußt, was in seinem eigenen Temperament fehlt, das Wesen der Spaltung, die jeden der Brüder nur zur
Hälfte den Mann sein läßt, der sein Vater war. Nun, nachdem man
ihm den »Brief, getragen von Shaun, Sohn von Hek, geschrieben
von Shem, Bruder von Shaun, geäußert für Alp, Mutter von Shem,
für Hek, Vater von Shaun« [FW 420], ausgehändigt und ihn gefragt
hat, ob er ihn lesen kann, denunziert er ihn als Schmutz und Schund,
als eine Schmähschrift gegen seinen Vater (»Wie sie zwei Wirrchen
auf dem Laßwasser karren. Und warum da Dreikerler in den Vor-
spähten waren« [FW 420] – die Sünde im Park). Doch, so fragt das
Publikum ruhig, hat nicht Shaun selbst »einen Zungenslang aufge-
bracht tonnmal als Wörter als die Bleistumpenmarkierungen wo
im Sündskript eingebraucht mit solcher Bedenklichkeit durch
deinen gefeierten Bruder«? [FW 421] Shaun greift sofort das Wort

»Bedenklichkeit« auf und macht daraus »HedänkliChkEit« – eine Anspielung auf HCEs schuldiges Gestotter. »Eure Worte kratzt an meinen Ahren« [FW 421], sagt er. Und dann zieht er gegen den abwesenden Shem vom Leder, indem er zornig darauf beharrt, daß es nicht Shem war, der den Brief über »die Liliens auf dem Veldt, Nancy Nickies und Folletta Lajambe« [FW 422], schrieb: Er notierte lediglich, was hinauszuzetern seine Mutter nicht nachließ, der »Kribbensäugzer« [FW 423], wobei er aus sich einen Swift zu machen versuchte –

(...) aspirierend wie des Dekans, feste geschlaffend im Imgange seines Pulthronstuhls mit seinem sechsten Finger zwischen seinem Katzenauge und seinem Zeiger, die Pillgrimmfaß des Junkers Horrid ausführend, grausmächtig rausfetigend auf seinem Ganterkeil was ein Idioglossar er erfunden unter weiseim Ysopenwedel. Wackhock! Yckick gabihm jens bauch, Imitator! Und es hat vollkommen jener Fettstgesandte zu verantworten. [FW 423]

Shem ist schrecklich, unversöhnlich – »unheimlich, sag ich euch, und mittägübel bis zu seiner vegetabilen Seele hinab. (...) Das ist's warum ihm Zumaten verboten und er vor der Rinnbohne des Gebetands gewarmt wurde, unter dem Hilfelos-Cörpers-Erlaß.« [FW 423] Doch was der wahre Grund für Shauns Haß auf seinen Bruder ist, will das Publikum wissen. Shaun antwortet: »Wegen seiner wurzligen Sprache, wenn ihr mich Warumsen fragt.« [FW 424] Und dann hören wir überraschenderweise ein Donnerwort, das aus alten mythologischen Namen zusammengesetzt ist – »Ullhodturdenweirmutgaardgringnirurdrmolnirfenrirgluekilokibaugimandodrrerinsurtkrinmgernrackinarockar! Thor ist's für yoich!« [FW 424] Wir erinnern uns, daß Vico lehrte, die Sprache sei ein Versuch, Bedeutung aus Gottes Donner zu machen. Shem besitzt die Gabe der Sprache: Er kann erklären, was der Donner sagte. Doch der politische Führer gedeiht auf vager Rede, der Antithese zur Wahrheit und Klarheit. Der Künstler ist des Demagogen echter Feind; die Wahrheit ließ viele große Männer zu Fall kommen. Das Publikum erkennt das Donnerwort: »Der hundertbuchstabige Name wieder, letztes Wort der perfekten Sprache. Doch du könntest nahe darankommen, nehmen wir an, starker Shaun O', vornahmen wir an. Wie?« [FW 424]

Shaun prahlt: Er ist ein besserer Wortmann als sein Bruder, und eines Tages wird er es zeigen, aber die ganze Sache ist den Ärger nicht wirklich wert, und diese Sache, wie Shem sie schreibt, ist widerwärtig: »ich werde den Flammen üverantworten jeden Brandstift werauchimmer oder Ahrinmann wienochschlimmer der es unternehmen wollte jedemals irgend annema ronere Muttander von mir in Brand zu stecken.« [FW 426] Er geifert urplötzlich vor Mutterliebe: Shems Brief had Schand über sie gebracht.

Und nun schmilzt Shaun aus dem Traum heraus: Da »entschwankt und vanesschwund er spurlösend, wie ein Popo einen Papa hinab, vom zirkulärn Zirkulatio. Ah, g'mein!« [FW 427] Er ist hinweg, und sein Volk vermißt ihn und häuft Segnungen auf sein Angedenken:

Und möge das Moos des Wohlstands sich deinem Rollen dem Heim entgegen ansetzen! Mögen dunstige Tautröpfel deine Reifringe diamantisieren! Möge der Feuerlöschhydrant der Verwandtkommenschaft dein Spundloch rückversichern! Möge der Gerstenwind dahinter deinen Schönbeinern Glück glühen! [FW 428]

Bis er zurückkehrt, »mögen die Grasbüschel schnell unter deinen Tramptickichten wachsen und die Gänseblümel leichthin über deine Hunnenfäuste trippeln« [FW 428]. Doch dieser verschwindende Shaun hat etwas Befremdliches an sich. Hat er nicht wirklich aufgehört, ein Mann zu sein, und sich in eine Tonne verwandelt? Er hat mit Sicherheit genug gegessen.

Doch als wir ihn das nächstemal wiedertreffen, im folgenden Kapitel, hat er sich »angemessen abgewandelt zum Glänzendren hin« [FW 429] und sogar seinen Namen zu Jaun verändert, was gallige Obertöne eines großen Liebhabers aufweist. Er befindet sich auf seinen Reisen, auf denen er dem Volke das Wort bringt, doch er hat für eine Verschnaufpause »am Wehr bei Lazar's Walk« [FW 429] haltgemacht. Auf dem »Randspondy« [FW 430] haben sich die neunundzwanzig Mädchen aus St. Brides oder St. Bridgets oder »Benent Sankt Bercheds nationaler Nachtschule« [FW 430] niedergelassen, und Jaun entbietet ihnen seinen Gruß, wobei er sich gleichzeitig in einen Priester verwandelt, dessen Hände hastig von den Mädchen geküßt werden, »überall herumkitternd, stürmend und ein kolossales Mädelgetue machend über ihn durcheinmannder, ihr *jeune pre-*

mier und sein rosigposiges Lächeln, verwuselnd sein kräusliges Haar und die negerpüppligen Locken von ihm« [FW 430]. Unter den Mädchen bemerkt er (wir haben immer noch Schaltjahr) seine eigene Schwester, die hier Izzy genannt wird, und es ist evident, daß seine Einstellung ihr gegenüber zweideutig ist, doch der ehrliche Jaun ist »bruderbeiseitig ihr benediktiner Patenonkel« [FW 431], und die Liebe bedeutet ihm nicht ganz dasselbe, was sie seinem sündigen Vater, dem Stotterer im Park, bedeutete.

Er spricht sie zärtlich an und läßt dann eine Predigt an alle Mädchen vom Stapel: »Worte entrissen im Triumphe, meine süße Schwerstheerschar, der zuverelenden Feder unseres jokosussigen inkermannischen Militinten von dem Rohr hinter dem Ohr.« [FW 433] Er hat Shems Schreiberei geschmäht, doch das ist alles, was er in der Art der Heiligen Schrift zu bieten hat. Die Predigt selbst ist schockierend, voll vom verschlagenen Wissen der Welt, das sich als Destillierung der Heiligkeit maskiert: »Niemals verliert euer Herz hinweg bevor ihr seinen Diamanten zurückgewinnt. (...) Zulust, ihr sollt nicht Flehegottch bedrehen. Hüftumringer helfen Reue. Parkt nie eure Kurzaufenthalte in den Herrentoiletten. (...) Stoßt mit dem Mann zusammen, steckt mit den Moneten zusammen. Wo ihr euch anzurrt seid umschaulich und seht hin bevor ihr hinleckt, ihr Lieben. (...) Wo's edler ist im Gebrüh zu erstullden als die Pfühl und Buben von des Wüterers Geschicktheit. Gebt zurück jene gestohlenen Küsse; restauriert jene rundregelmäßig gewobenen Hütl. (...) Bein-vor-Tor-Wütchter beinah-hinter-Wand wo da Mr. Whicker einen groß Fall whackte. (...) Genähtecht Ruträucht steifstopfft eure Hostrümpf und Herzelein voller Zerrtlichkeit. (...) Schlüpft euer Oval außer Greifweite und laßt das Paravis euer Zieltor sein. Auf Leder, Prunella, wende dein Versauche an! (...) Kleidet die Pussi für ihr Nächtli und folgt ihrn Schweinelschwänzeln ihrn Weg hinauf zum Zwinkiland. (...) Liebet durch die üblichen Kanälle, zisternbrüderlich (...). Handelt mit Natur der großen Gemüseverkäuferin und zahlt regelmäßig die Monatliche.« [FW 433–437] Und so weiter und so weiter und so weiter bis zur letzten Warnung: »Wenn ich euch jemals dabei erwische, merket, seid ihr's die's mittrischen! Ich werd euch kürzeln um zu fühlen ob ihr'n paar Teufel in euch habt. Heiliges Kanonenrohr, ich werd's euch geben, heiß, hoch und hart bevor ihr sedro sagen könnt!« [FW 439] Alles, was der

Sohn geworden ist, ist, so scheint es, eine artikuliertere und bei weitem heuchlerischere Kopie des Vaters als schmutziger alter Mann. Es ist die Tragik der Unzulänglichkeit – die Hälfte eines Eies, nicht die Hälfte eines doppelten Dotters.

Unter dem Deckmantel einer Fortsetzung der Predigt spricht Jaun seine Schwester allein an und sagt ihr, welche Männer und, was das angeht, welche Bücher zu vermeiden sind, wobei er zweideutig die »*Wöchentliche Standerte*, unser veriles Organ von dem das ganze Presstum rethelredet« [FW 439f.], empfiehlt und Werke wie »*Durch die Hölle mit den Pappsen* (meistens Jungens) von dem divinen Komödianten Denti Alligator (euern Index exskulpierend) und findet einen Lacher in jeder Lage wo arisusset amries vom Bastardtitel zum Vaterjohnson« [FW 440]. Shaun wird – mit einer gewissen Habgier – ihre Tugend für sie bewachen. Wenn irgendwer Izzy halunkische Avancen macht, »werden wir ihm stumm sehr bald vorspielen welcherart der Shauneweg ist wie wir einen langen unschönen Weg gehen werden auf das Brechen seines Außenseitergesichts für ihn zu« [FW 442]. Er muß nun fortgehen, das Wort zu verbreiten, doch er wird zurückkommen, um zu »bedecken die zwei reinen Bocken deines ausgesuchten Flaumkuckelns mit Zuccheriküssungen, hong, kong, und so weiter dong« [FW 446].

Doch als er zu seiner allgemeinen Predigerei zurückkehrt, ist bereits eine gewisse Zuversicht aus Shaun gewichen:

Wißt ihr was, lüttel Mäddels? Eines Tages werde ich angewiesen von dem lächelnden Stimmenfänger der nun lauend schnarcht das Rumstreifen definitiv ein für allemal abzustreichen wie ich vrdmmg wohl vrdmmt sollte bis zu solchem Themspus wo eine Stimmung erfolgt unter geheimgesiegelter Order mir einen Zuwachs an Automobeulen und Schuhwerk zu verschaffen für diese armseligen Barfüßigen und eine Bourse vom bon Irrgendwind für eine Kur in Badanuwehr (obwohl wo es diesmal herkommen soll) wie ich jetzt gewißlich sehr turnnehme, ehrlich auf John, für ein Einkommensscheuern daß es das ist ungefähr um die sanguinische verkante Grenze. Amein. [FW 448]

Viele von ihnen wollen, daß er sich mit einer Pension zur Ruhe setzt, doch woher soll das Geld kommen? Er wäre hinlänglich bereit, sich vom Ruhme abzuwenden, wenn er nur das Mädchen seines Herzens finden könnte, ein Teehausfräulein, »meine Leonenlady« [FW 449], das sich um ihn kümmert. Doch sein Traum von der Teebüchsenhäuslichkeit, beschützt vom Schirmheiligen James Hanway aus der großen Welt, ist durchschossen mit Swiftscher Schuld – »Eitelvas ganz Vanissei (...) Pipütt! Pipütt!« [FW 449] (Swifts kleine Sprache: ppt). Seine grandiosen Träume nehmen eine neue Gestalt an. Wenn er Geld hätte, würde er es investieren »in Vestmenten subdominalen Schwarzbrinanz bei erstklassigen Kosten« [FW 451]; er ist, sagt er, »der Gehkarrtier der's sich auszahlen machen würd wie Registrierkassen so sicher wie da ein Pott auf'm Pfahlposten ist« [FW 451]. Wäre er reich, würde er Izzy »auf die elektrische Ottomane im Schoße des Leckschuß, einfaltlich stichlos vor Berwunderung, unter die phantostelheldischst möblierten Abteilwänds« [FW 451] pflanzen.

Dieser odiöse junge Mann ist ganz Wind, ein lautes Maul, das innere Zweifel verschweigt. Diese viconianische Phase funktioniert überhaupt nicht. Bevor er zu einer Mission aufbricht, die er als christusgleich hinstellt, malt er ein kitschiges Nachleben aus, »wenn das Königliche Schießeisen dieses realen Globoes regalistisch sein *mio colpo* abfeuern läßt um die Weihmannpandämome die übergeben und die Harlekinade zu starten richtiggehend SPQuiekeRnd Mark Kländers Feinister Ulk. Packend Allraum in eine Nichtsschalle.« [FW 455] Schnell wird er, keineswegs überraschend, Christus höchstpersönlich und haut ein vulgäres letztes Abendmahl weg, wobei die Kaubewegungen nur zu deutlich zu sehen sind. Steak und Erbsen und Schinken werden zu »Kates und Seuber und Nischenk« [FW 456], und (x = Konsonant; o = Vokal) Kohl und gekochte Protestanten (Kartoffeln – im Jahr der irischen Kartoffelhungersnot machten protestantische Evangelisten Konvertiten durch Bestechung mit Kartoffelsuppe; daher nennt man Kartoffeln seitdem »Protestanten«) werden zerstampft und zerknirscht zu einem schleimigen fleischextraktartigen Klumpen: »xoxx und xoxoxxxo xxoxoxxoxxox«. [FW 456] Er ist bereit zum Abgang: »Mir Hunger ist gewichtet.« [FW 457] Er bittet Izzy, ihm zu schreiben, und sie antwortet in der auf faszinierende Weise fürchterlichen kleinen Sprache, die wir so nachhaltig kennengelernt haben: »meine Saphirokränze von Ringelrosen ganz werd ich für dich sagen an den Allmichael und lösove qui pu während die Taubtauben meine Mundknospen pflücken (...) mit Pflegerin Madge, meinem Springelklassmädel, sie ist'n Scheusal, arme alte Holländsche, in ihrem Schlafverhandeln wenn ich ihr die Masern aufmale und Hauerhärte um sie zum Mann zu machen.« [FW 459] (Sie muß immer ihren Spiegel haben, um sich in die beiden Versucherinnen im Park zu verwandeln.) Die Episode verdickt sich mit Swift-Stella-Anspielungen. Jaun hebt seinen Kelch und sagt: »Esterelles, sei nicht auf deinem weinenden Was obwohl Shaunathaun in seinis Faillen ist!« [FW 462] Der heilige Krug ist gleichzeitig ein »Vergalopbungskrug« [FW 462], gefüllt mit Champagner, der von der Begrifflichkeit der Begehrlichkeit perlt. »Allso argios, meine arme Isley!« [FW 462]

Issy-Izzy-Isolde ist die Kirche, die er hinter sich läßt und die »Dave der Danzkerl« [FW 462] anschließend tröstet, der »beiräuflich im Brechen einer Krustie eintreffen« [FW 462] wird. Der Paraklet und die Eucharistie erscheinen in einem einzigen Bild. Issys Name wird abgeändert zu Julia Bride (Christi Braut, die Kirche), und Dave, der Heilige Geist, wird ihr vorgestellt. Doch wenn wir überschüssige Figuren mit Occams Klinge wegschneiden sollen, so muß dieser Paraklet Shem sein, und tatsächlich vernehmen wir: »Er ist der mächtigste Alpenschirm auf dem ich jemals hunter dem Halpschatten eines Pfostens erblühte!« [FW 462] Es ist richtig, daß Shem, der Künstler, die Arche der Inspiration, die hinabsteigende Taube spielt. Doch Jaun-Christus hat mit den Impulsen einer alten Feindschaft zu kämpfen – »Wir sind so dick und dünn jetzt wie zwei röhrenfürmige Zobeljuckbäll. Ich hasse ihn über seine patente Hänessie, plashst es, doch bin ich Amorist. Ich liebe ihn. Ich liebe seine alte Portugallernase« [FW 463] –, und es überrascht uns nicht, später zu erfahren, daß Jaun ein nörglerisches Programm des Verunglimpfens startet. Es beginnt mit einer Diskussion über Kirchenmusik und Shems Stimmgabe: »er könnte einem Oberstkern nah sein mit einer solchen Stimme.« [FW 466] Shem wird zu Stephen Dedalus/Joyce und Jaun zu Buck Mulligan/Gogarty: »Die miseren Billigboots pflegte ich ihm auszuborgen bevor wir uns entzweiten« [FW 467] (wir sind wieder im Martello-Turm). Die letztere Identifikation ist eine bedeutungsschwangere, wenn wir uns an Mulligans Verspottung der Messe erinnern und seine Ballade über den Juxer Jesus. Was den realen Joyce hinter diesen Traummasken betrifft, er ist da in der »Bauerlitzchenschoele« (seine erste Anstellung in der Verbannung war die als Lehrer an der Berlitz-Schule), placiert »den Ozean zwischen seins und unsers« und versucht, »ebenso heimlig gauche wie beschwiftigt« [FW 467] zu sein. Die geweihte Seele (Heiliger Geist) wird reduziert (»heimlig gauche«) zu einem spöttelnden, ziemlich unfähigen satirischen Feixer. Doch – »mein definitiv Letztes auf jeglicher Bühne« – Jaun ist fertig mit Reden: »'s ist Zeit aufgescheucht und am Schleudern zu sein.« [FW 468]

Er wird, so groß er auch ist, verschwommen und bedauernswert. Er ist »Jaun der Protzler« [FW 469], doch die neunundzwanzig Mädchen von St. Bride sind bereit, ihm das Lebewohl eines Helden zu gewähren. Mehr noch, sie werden dieses groteske Windfaß lobpreisen wie den Gott Osiris, wie einen fruchtbaren Baum oder eine Quelle in der Wüste.

Oasie, zederös eßaltarsheimend Leibblattnun!

Oisis, kühlpressuns an Montanzerrung!

(…) Pipetto, Pipetta hat Misere unbemerkt! [FW 470]

Issy-Izzy-Isolde ist da, die swiftianische kleine Sprache und alles, nun verwandelt in Isis, die Schwester-Gemahlin des Gottes. Von dannen, betrauert, geht er den Fluß hinunter, »mit einer Rotte gerüttelter Taschenbrecher an seiner Windseite wie Seraphims Einherrufungen an der Luft (…) entlang der Überhauptstraße der Nation, Verräters Pfad« [FW 471], armseliger Kram im Vergleich zu seinem Vater. Doch scheint er nicht in der Entfernung die Wundereigenschaften eines Gottes anzunehmen, eines Befruchters und nicht bloßen Dreckes? Sein Name wird zu Haun.

Der stumme Hahn wird schließlich krähen. Der Westen wird den Osten wachrütteln. Wandelt dieweil ihr die Nacht habt zum Sorgen Lichtfrühstracksbringer, woraufhin jedes Gewesene schwill in Schlaf vollen soll. Ehmann. [FW 473]

Der Schlaf freilich ist von Stund an Shauns Lohn. Im nächsten Kapitel, seinem eigenen letzten, ist er zu Yawn – also dem Gähnen – geworden, zu einem großen geschwollenen Rumpf, zu einem erstarrten Riesen, der auf einem Hügel liegt, zu einer erbärmlichen Parodie auf Finnegan. Zu ihm kommen die ewigen Vier – »Shanator Gregory (…), Shanator Lyons (…), seine Recorderschaft,

Dr. Shunadure Tarpey (...), der alte Shunny MacShunny, MacDougal der Rumstreifer, im Heckrund von ihnen auf und davon« [FW 475] (Johnny MacDougal, der letzte Evangelist, repräsentiert auch Ulster, das den anderen irischen Provinzen nachsteht, wenn es darum geht, Freiheit von der britischen Herrschaft zu erlangen), und bei sich haben sie ihren Esel, den »himmelsgrauen Globetrotter« [FW 475]. Sie befragen Yawn, fest davon überzeugt, daß er nicht tot ist, sondern schläft, und eine Art Bauchrednerstimme brummelt zur Antwort von der darniederliegenden Riesengestalt zu ihnen empor. Was die Vier in Erfahrung zu bringen wünschen, sind Yawns »historische Grünne« [FW 477]: immerhin ist er als ihr Führer eingesetzt worden. Die Stimme Yawns verweist sie zurück auf das »prähistorische Hünengrab (...), die Orangerie« [FW 477] – mit anderen Worten: den Haufen aus Dreck und Apfelsinenschalen, wo die Henne den Brief aufscharrte. Die Befragenden sagen, daß sie von ihrem Esel gehört haben, in Yawn stecke nicht der Weg zum besseren Leben, seinem großen protzigen königlichen Wortschatz zum Trotz: »keinen Moorhennensschrei oder Mondners Brückenlandung (...) um uns nachm Hoffenhaven zu führen.« [FW 478] Yawn antwortet ausweichend und auf Französisch: »*Moy jay trouvay la clee dang les champs.*« [FW 478] Er fand wie St. Patrick den Schlüssel auf dem Felde, den Shamrock-Klee, der ein Symbol der Heiligen Dreifaltigkeit ist. Doch sein Versuch, sich mit dem Heiligen zu identifizieren, wird von den Tönen schuldiger Liebe verwirrt (Swift war Dekan der Kirche St. Patrick in Dublin): »Trinathan Partnick dieudonnay. Habt ihr sie gesehen? Typette, meine Taktile O!« [FW 478] Gottgegeben (»dieudonnay«) spielt er gleichwohl »Partnick« (den Part des Teufels und gleichzeitig den Part seines Bruders): Ihm fehlt die Stabilität, die zuversichtliche Ganzheit (aller Schuld zum Trotz) von HCE.

Die nachfolgenden Fragen streben danach, an die alte Stabilität heranzukommen, die irgendwo unter diesem weichen, klumpigen, verfallenden Riesen liegt. Was weiß Yawn von dem »ochsäugigen Mann«, der von »Dänenland« gesegelt kam? [FW 480] Die Initialen, die wir so viele Seiten lang vermißt haben, erscheinen wieder, und zwar mit höchst heldenhaften Beiklängen: »Ecce Hagios Chrismann!« (sehet, welch ein heiliger Christenmann), »Hunkalus Chinderierter Easterheld« (Osterheld); »Hügelwolk einchließe uns«. [FW 480] Yawn will nicht gleich zugeben, daß HCE sein wahrer Vater war, weil er keinen Anteil an dessen Schuld auf sich nehmen mag, doch bald äußert er eine nordische Rune, die aus den großen Initialen gebildet ist:

> *– Heil ihm Heide, heilt ihn Heiligstein!*
> *Cursierer, Recursierer, Wechselbalg ......?*
> *Elt wie endall, Erd ......?* [FW 481]

Und dann nimmt Yawn die Erbsünde an, die bei seinem Vater entspringt: »Durch ihn wurd es getan Bapka, durch mich wurd es gegangen ins (...).« [FW 481] Und er gibt HCEs Namen an, wie er in Hostys Ballade erschien: »Mir das hat ore Oreils. Piercie, piercie, piercie, piercie!« [FW 482] Doch da ist auch noch etwas anderes: »Midas hat (goldene) Ohren – Eselsohren«: War dies nicht auch ein Geheimnis über einen anderen großen Mann, das sich schon bald – durch das Geflüster der Schilfrohre – weit verbreitete? HCE kann alltägliche Dinge in Gold umwandeln, der Allvater, doch er ist auch zu einem Teil ein Tier (Eselsohren). Aber zur vollen Drehung kommt das heroische Rad erst, wenn wir uns erinnern, daß in *Finnegans Wake* Christus mit dem Esel identifiziert wird, auf dem er ritt.

Nach dem Vater die Zwillinge. Die Vier vermuten, daß Shaun, obwohl er sich selbst als Urheber des Wortes ebenso wie als dessen Überbringer darstellt, die Wahrheit verbirgt – die Tatsache, daß es Shem war, der den Brief fand, als die Henne ihn aufscharrte: »Die Giste ist die Giste von Shaum doch die Hand ist die Hand von Sameas« [FW 483] (ein Echo auf Isaaks Worte). Yawn wird gefragt, ob er denke, Shem sei ein »falschgemünzter Kevin« (es war St. Kevin, von dem man glaubte, er sei der weiseste aller irischen Heiligen): »hast du begründete Bedenken gegen ihn in deinem Sinn«? [FW 483] Shaun-Yawns Verwirrung zieht seine Sprache in Mitleidenschaft, verwandelt sie in Kauderwelsch, ein makaronisches Dialektgemisch, läßt sie als Pidgin enden: »Ich nicht elzülnt mo, mich splichich Gellmanns Lingas« [FW 485] und so weiter. »Höllenkonfuzion und die Elemente!« [FW 485] schreien die Vier. »Thots ist niemals der Postpope, kümmernd um Kinnkinnagekeif mit Nipponnippes!« [FW 485 f.] Und zur Rede gestellt, ob er wirklich St. Patrick ist, will Yawn keine direkte Antwort geben, nur das verrätselte »*Quatrige mein Jochs. Trippel mein Tryst. Tandem mein Ahnherr*« [FW 486], worin

sich das Datum von Patricks Ankunft in Irland versteckt: 432 *(»Quad
… tripel … tandem«).* Schließlich scheint es so, als stelle sich in Wirklichkeit für Yawn gar nicht die Frage, eine Identität aufzubauen, und
ebensowenig für seinen Bruder. Shem und Shaun sind »allionola egal
und oppositzlich brunoipso, *id est,* ewiglich hrausfordernd alio op-
positz egaliglich als wie herausgefordert als wie Bruno als beim ewiglich von Nola opponiert sein. Pover Omnibuchs, sinkalan singe-
learum (…).« [FW 488] Bruno der Nolaner ist einmal mehr
aufgefordert worden, zu zeigen, wie sich Gegensätze unter Gott ver-
söhnen. Doch das Problem ist hier, daß es da keinen Gott gibt: Dies
ist eine Geschichtsphase ohne Glauben. Die Brüder verschmelzen
nicht zu ihrem großen positiven Vater; sie heben sich nur gegenseitig auf. Alles, was sie in ihrem pathetischen Bemühen, sich der Identität zu versichern, tun können, ist, sich etwas von ihrem Vater auszuborgen, und alles, was sie sich ausborgen können, ist die im Park
begangene Sünde. Ist das demnach also das einzig wahre Wesen:
HCE? Nein, wir dürfen nicht die geschlechtliche Polarität vergessen, eine positive Sache, anders als die Bruderpolarität, die negativ
ist. Wir kommen nun einmal mehr zu ALP.

Aber ALP ist nicht in erster Linie damit befaßt, über sich zu re-
den. Ihre Stimme kommt aus der Tiefe und sagt noch ein weiteres
Mal die Geschichte des Skandals auf. HCE wurde Unrecht angetan.
Er wurde erpreßt:

Der besagte Sully, ein mit Kesselflickern in Beziehung gebrachter Kaser-
nenkerl, der Schwarzhandige, Schaufellöfflerschwengel, Schreubter von
unschönimosnen Briefen und zkurzriller Balletten in Parsee Franchösch
der Magraths Schläger ist und verfallen nach Powers Spirituellem reicht,
wie ein Tiefseeteuchler, und er ist nicht fähig genug, einem Bären Kut-
teln hinunterzuwerfen. [FW 495]

Magrath (der Kerl mit der Pfeife?) ist der Feind. Doch obwohl ALP
als »Dein Weib. Amn. Anm. Amm. Ann« [FW 495] HCEs Verteidi-
gerin ist, bleibt sie gleichzeitig ein Aspekt jener Frauen, denen er ein
Unrecht zugefügt haben soll, und wir dürfen nicht überrascht sein,
Obertöne des Klagens von ihr zu vernehmen. Sie besteht aus vielen
Stimmen, der Frauenfluß in vielen Nebenarmen, doch sie endet als
die loyale ALP, die wir kennen: Niemand »auf der ganzkerlen fest-

ständrigen Oberflechte der Wellt würde ihm nach oder nahe kommen, Mr. Egelwhipper, Laich- und Aufzuchtmann« [FW 496].

Wir wollen weitere Informationen über HCE. Wir vernehmen den Titel selbst jenes Buches über *Work in Progress,* das von Joyces Zwölfen geschrieben wurde: »Eure Exagmination rund um seine Faktifikation für die Inkamination von 'nem verwerfenden Prozeß. Deklamiert!« [FW 497] Wir wissen, daß die ewigen Zwölf da sind, aber worum handelt es sich bei diesem »verwerfenden Prozeß«? Es ist ein Bild zweier gegensätzlicher Sachverhalte – ein Aufbauen (Verweben) und ein Zusammenbrechen (sich aus der Form winden) –, und wir sind nicht überrascht, das Imperium von HCE mit »Dunkers Durbar« [FW 497] geehrt zu sehen und dann, »nach seinem übrigwährenden Leben, (…) reduziert auf nichts« [FW 499]. Und was ist *Work in Progress?* Es ist ein anderer Name für *Finnegans Wake.* Hier also liegt er, der große Mann auf seiner Bahre. »Doch«, so schreien die Stimmen, »da ist so Feuersprangs in Freudikerz' Wachs. Das Kündigen ging vorbei. Lunge lüpfe der Keynig im Schlüsse. (…) Gott schütze dich König. Muster des Verborgnen Lebens!« [FW 499] Es ist freilich eine Vision. Wir haben das unsterbliche Herz von HCE noch nicht erreicht.

Mit dem Meister, der irgendwo unter dem gewaltigen schlaffen Körper Yawns verborgen ist, in Verbindung zu treten erfordert viel an Vorbereitung. Zuerst müssen wir befremdliche Stimmen aus der Vergangenheit hören, Stimmen von Krieg und Liebe – »Slog Slagt und Sluächterei! Schändet die Töchterei! Packt den Papst! (…) Pipette Liebstes! Uns! Uns! Mir! Mir! (…) O! Mutter meiner Tränen! Glaube für mich! Falt deinen Sohn!« [FW 500] –, und vermengt mit diesen altertümlichen Stimmen ist das metallische »Zin« oder »Zinzin« [FW 500], das vielleicht das Tappen eines trockenen Zweiges (»Tip« [FW 500]) ist, dem wieder Leben eingeflossen ist. Die Fragesteller schreien aufgeregt: »Nun kriegen wir's rin. Schalltet an und kriegt die auswändischen Grafschaften rein! Hallo!« [FW 500] Doch fast augenblicklich ist da nichts außer STILLE [FW 501]. Aber immer noch scheint die begrabene Gegenwart von HCE Schläge von Leben und Gewalt auszusenden, und wir halten es für gerechtfertigt, schließlich die Bühne für seinen Auftritt zu bereiten: »Szene Grund. Auf Empfang! Scheuklappen! Vorhang hoch. Saft bitte! Trampelig!« [FW 501] Doch wir kriegen immer noch nichts anderes als Stimmen.

Nach einer Weile allerdings beschreibt eine Stimme zwei Gegenstände, die wir bereits gesehen haben, früher, in Anna Livia Plurabelles eigenem Kapitel:

> – Die Steinplatte. Von Grüfton, tief und herrisch. Zum unverhänglichen Gedenken an. Frieder den Grabstein.
> (...)
> – Da pflegte sich ein Baum hochzurecken? Ein überhörender Äschenbaum?
> – Pflegte da, sicher, klar. An der Seit der Annar. Am Furts vom Slivenamond. Eichon Ashes Ulme. [FW 503]

Der Stein und die Ulme waren, das wissen wir noch, die Manifestationen Shauns mit seinem toten Gesetz und Shems mit seiner lebendigen Inspiration. Doch die Söhne sind zum Vater verschmolzen, und der Baum des Lebens – um den herum ein ganzes Universum sprießt und spielt – ist das Symbol der Vereinigung von HCE und ALP. Wir halten in dem dichten Text Ausschau nach Yggdrasil, dem Weltbaum der Nordmänner, und natürlich ist er da, in passender Verkleidung: »Gockel Robinson vielemehr die meisten aus seinen mißverzweigten Eigelbdrasseln für ihn herausbrütend.« [FW 504] Der »Steyne des Gesetzes« ist der »Tud«, der Baum hingegen vereinigt »Die Form maskulin. Das Genus feminin« [FW 505]. Wir kommen dem großen Zeuger und Familienvater näher.

Doch für den gewaltigen Fisch braucht es erkleckliche Fangkünste:

> – Da ist ein alter psalmseufzender Salmolachser Huckeburgen Herrin Plunderhause.
> Der flundern ging mit seinen Bootsladungen spritzig herumspermend.
> Sehnig sprüngend nach allen Langtommen und Feuchtlissen zwischen Howth und Humbermünd.
> Unser Humaner Capitaler Egelaal! [FW 525]

Reminiszenzen an die Sünde im Park, Erörterungen darüber, ob es wirklich eine Sünde war, und wenn es eine Sünde war, ob es dann nicht ein Übel, das Gutes hervorbringt, gewesen sein könnte (O Foenix Culprit!), führen schließlich zu Issy-Izzy-Isolde als Urversucherin in doppelter Ausfertigung. Sie spricht mit ihrem Spiegelbild, und sie erzählt uns freiweg, was der Träumer mit seinem Traum getan hat:

Es sind hauchselbicht wir zweie, hauchselbigs Lidol. Natürlich war es un-
zweifelthaft fähr ruchlos von ihm, wirbelklich mich verkleidet zu treffen
(…). Wie mir anbetet aßander ganz einfach (Mon Isserbeau! Ma Reine-
gebellige!), in seinem Sturmkragen, wie gestramt von seinen schnorkel-
beehrten Lappen herfür, sogar mein kleiner Pommel wurde ganz aufgeregt, als ich seinen Kopf auf die selbige Büste wandt und ihn mehr küßte.
[FW 527]

Die vier alten Männer – die in dieser Szene mit der ihnen größt-
möglichen Intelligenz und Würde aufgetreten sind – können nicht
mehr viel tun. Die Aufgabe des Befragens muß jüngeren Männern
übergeben werden – »Wir prächtigen jungen Burschen vom brand-
neuen Braintrust« [FW 529] –, deren Methoden beweglicher sind.
Nach einer knappen Befragung Kates, die zu sagen scheint, daß
HCE ausgelassen genug für die Sünde gewesen sei (»Suffiel Spaß wegen Füllekanns Sach!« [FW 531]), bitten die Jungs vom Braintrust den
begrabenen Sünder-Helden, zu erscheinen: »Fa Fe Fi Fo Fumm! Ho,
Crotzer, Ebeltüter! Aufgestanden, Sir Geistus!« [FW 532] Und
schließlich lauschen wir der echten Stimme von HCE:

– Amtsadam, Sir, für euch! Ewigste Cittadts, heil! Hier sind wir wieder! Ich
bin gugug großgeworden unter einem kameln Akt von Dynastien wo lang
nicht mehr gedruckt werden, der erste von Schieteric Scheitenbart (oder
ist's Eullach MacAuscullph der Thorte?), doch, in Ponktofakten Messemus-
sich, ich bin in der ganzen Welt bekannt (…) als ein klarfeinlevender Mann
und, in Bezug auf Fiktien, bei meinem Halbweib, ich denke wie unsere
Öffentlichkeit es zufettst gar höchlichst von mir einschätzet daß ich so fein-
lebend bin wie nur geht und daß meine Partie eine recht durchschnittliche
war da ich mein Ouija-Ouija-Törchen ständig aufhielt. [FW 532]

Hier haben wir das alte Gestotter und die alte verzweifelte Schalkhaftigkeit bei der Selbstverteidigung, obwohl wir uns allmählich dessen bewußt werden, (wir werden mit dem »Ouija Ouija« gewarnt),
daß HCE unter »Kontrolle« spricht und daß dies eine Séance ist. Die
Stoßrichtung seiner Bekundungen ist die fundamentale Harmlosig-

keit aller seiner Taten. Er konnte es sich in Anbetracht seiner Position als Kneipenwirt und solider Bürger nie leisten, »eines Kriminalkricksverbrechens von Amtvergehungsübertretung schuldig zu sein gegen Pfarrson mit der Person einer jugendlichen mämädeligen Freufreuf Freundin« [FW 532]. Anna ist sein »besterhaltenes Ganzweib« [FW 533]; er liebt sie von Herzen. Da ist kein einziger »Teelöffelfall von Beweisen beim Bottomlügen für mein Ferferkle« [FW 534]; die Verleumdung, die sich über die ganze Stadt, die ganze Welt ausgebreitet hat, muß dem »Kaka Kerle« [FW 534] mit der Pfeife im Park zur Last gelegt werden. »Ganze Affäre ist fauliger muckschweinischer pökelferkliger Treber. Genoch!« [FW 535]

Er wird schlecht aufgenommen. HCE gerät mit einer anderen Figur durcheinander, vielleicht dem »Kontrollgeist«, deren Name »Whitehed« [FW 535] ist. Doch dieser Name verändert sich zu »Whitehowth« [FW 535], und der arme »Habet Chindern Eberall« [FW 535] wird mit Finnegan persönlich traumidentifiziert, dem Vorgebirge von Howth. HCE ist der Hügel, die Burg, die Stadt. Vornehmheit sucht ihren Weg durch das komische Geblubber. Seine Geschichte ist keine Geschichte der Schande, sondern eine von Errungenschaften:

(...) hier wo meine Burghquaidung des Amtes und meine Mühe der Domestizierung anfangs begannen, das Gewicht vom Geweibe mein Skat und Skuld doch Flukie von den Raben als mein sicherer Piloteur, mägendleer mit englischem Schweiß und Oppedemien, die zweizähnigen Drachenwürmer mit allsortigen Schlangen, ist kompoliett abgefallen von dieser Landliga aus vielen Nationen und offene und notorische ungehörige Leberde werden auf unseren Rollen gefunden nicht. Dieser Sitz unserer Stadt er ist von allen Seiten wohltuend, angenehm und zuträglich. Wenn man Hügel zu durchqueren wünscht, so sind sie nicht weitab. Falls flache Gründe vorgesogen, sie liegen zu allen Theilen. Wenn man mit frischem Wasser zu erquicken wünscht, der berühmte Strom, genannt von Ptolemäus das Libnia Labia, fließt hurtig vorbei. Wenn man den Anblick des Meeres zu schauen begehrt, es ist zur Hand. Gebt Obacht! [FW 539 f.]

Man gebe Obacht, in der Tat, auf diese Mär einer schmucken Stadt, eine Mär, die sich durch Fehler und Verdrehungen auszeichnet, aber dennoch eine ermutigende Chronik. Hier ist die große Wohltat eines Lebens, trunken vor Vielfalt, erbaut »Auf mir, eurem schlafenden Riesen« [FW 540]. Der Hügel-Riese vermählte sich mit dem Fluß-Weib; er »kannte sie fleischlich als mit meinem ganzen Küppler ich sie verehrte, min Bryllupsweip: Himmel, er halldonnerte; Heidos, er hieb Blitzückenfürsieh.« [FW 547] Die Gewalten des Himmels selbst gewährten ihrer Verbindung Blitzlicht und Trommelwirbel. HCE fütterte, liebte, kleidete, verherrlichte seine Gefährtin, pflanzte Chesterfield-Ulmen und Kentischen Hopfen für sie, einen Königinnengarten; »ich braute für meine alpine Plurabelle, wigwärmiges Weibsbild, (…) mein granvilliges brandaltes Dubliner Lindub, die freie, die frohe, die früchtige Frischende« [FW 553]. Er legte Straßen an, von Verkehr brandend, alles ihr zur Freude. (Wir hören jetzt kein Stottern.) Die Stimme des Riesen, Weingottes, Städtebauers, ruft von unterhalb und jenseits des zerschmetterten Klumpens des Körpers seines gescheiterten Nachfolgers, des falschen Erlösers. Posaunt seinen Ruhm hinaus, ihr vier Evangelisten: »Mattahah! Marahah! Luahah! Joahanahanahana!« [FW 554]

8

Bett und Ricorso

Frühlingsdämmerung, das Inhaberschlafzimmer der Bristol-Taverne, ein Hochschrecken aus dem Schlaf: »Whas war dhaas? Dunst war whaas? Zu multi Schliefe. Laß Schliefe. / Doch wirklich whaist nun wannlosist? Ruminiere dann zu wievielen Zeiten wir drin leben. Ja?« [FW 555] Ja, wirklich, denn die verfallenen Zeiten sind nicht nur das Dekor des Traumes von Earwicker; sie sind hier und jetzt, die Götter und Stadterbauer unter der Erde, Liebe eine Travestie, Glaube tot. Unser eigener Traum des Lebens, der das Paar im Schlafe oder halbwach erblickt, zusammenzuckend vor dem Licht, wartet auf das *Ricorso,* die Rückkehr von Erhabenheit und Schöpferkraft.

Die Zwillinge, Kevin und Jerry, »Liebkind« und »Bösbalg«, schlafen, behütet von »Kinderwärtern« [FW 555], den Mamalujo-Bettpfosten und dem Esel, der Christus ist. Isobel, Sanktette Isabelle, ruht bildschön, »Wildwaldesaugen und Primalhaar (…) im Malv von Moos und tauigen Nachtsüßen. (…) Baumeskind, wie irgendein bliebfortfrohes Blatt, wie blasende Blume gestillet« [FW 556]. Und was die Eltern betrifft –

in ihrem Bett der Bewährung, auf dem Polster der Härten, zum Schimmer der Erinnerung, unter Federdecken der Feigheit, Albatrus Nyxanzwert mit Victa Nyxanzwa, sein Stab der Stärke gestaucht, ihre Schönhäut auf einen Nagel gehängt, er, Mr. unserer Väter, sie, unsere Modderin ru arue rue, sie beid, richtig dabei, beim Schürheikler und Loderer, sie sind, so sicher wie Dröhnigetropfen in den Deich …
Ein Schrei außer. [FW 558]

Der König und die Königin (oder Königin und Gemahl, Victoria und Albert, zwei große afrikanische Seen des Schlafes) werden zum bloßen Vater und zur bloßen Mutter entthront, als sie diesen Schrei hören. »Wo sind wir überhaupt? und wannistlos in Raumes Namen?« [FW 558] Sie sind in einem Haus. Sie sind in einem Schlafzimmer, das ein Bühnenbild ist (ist nicht das alltägliche Leben einer unserer Akte, ein Stück, zu dem wir verdammt sind?). Wir erkennen nun die Herkunft einiger der Charaktere des größeren Traumstückes – »Adams Kaminmantel (...) über Kamineinfassung Abbildung von Michael, Lanze, Satan erschlagend, Drache mit Rauch.« [FW 559] Wir erkennen einen Mann mit einer Nachtmütze und eine Frau mit Lockennadeln. Zu unserer Überraschung entdecken wir, daß es nicht der Schlaf ist, der durch den »Schrei außer« [FW 558] gestört wurde, sondern der Akt der geschlechtlichen Beiwohnung. Wir erblicken dies aus den Perspektiven ihrer eigenen vier Bettpfosten – wie das Leben Christi, vermeldet von vier kühlen Evangelisten, wird ihr unschöpferischer Akt in die Welt hinausposaunt. Am Ende des Schlafzimmerbestandsverzeichnisses steht »des Mannes Gummiartikel, rosa« [FW 559].

Der erste Evangelist beschreibt die beiden mit kalter Genauigkeit – des Mannes »viehischen Ausdruck, fischige Augen« [FW 559], Raserei bekundend. Er ist »Rötlich blond, armenischer Ton, schwarzer Lappen, Bierperücker, grob Gebau, Episkopaler, jedweden Alters« [FW 559]. Sie hat einen »vetteligen Ausdruck, gipflige Nase, trekanten Mund«; sie ist »untergrößig, freikirklich, keines Alters« [FW 559]. Dies sind nicht der HCE und die ALP, die wir kannten. Schon bald werden sie als Mr. und Mrs. Porter benannt. Endlich erfahren wir ihre wirklichen Namen. »Earwicker« ist komisch, romantisch, besser für einen Traum als für das wirkliche Leben, »Porter« ist angemessen für einen Starkbierverkäufer, einen, der Lasten transportiert. Doch wir nennen sie immer noch bei den Namen, die wir am längsten kennen.

Oben befinden sich die Porterschen Kleinen – die korsischen Brüder in einem Zimmer; das kleine Kätzel, dessen »Hätzelname« [FW 561] Butterblume ist, im anderen. Die Eltern betreten das Zimmer der Zwillinge, wo »Unser beglückendes Bullenbaby Frank Kevin« [FW 562] glücklich schläft. »Jerry Jehu« [FW 563] jedoch hat einen Albtraum gehabt, und sein Schrei ist es, der den überempfindlichen Liebesakt in der Dämmerung störte. Der zukünftige Mann der Feder Shem hat die Tinte noch nicht fließen lassen, doch »er hat sich pipettischlich besudelt von seiner Fühlfeder wie auch verschwendet vom Tinterhorn.« [FW 563] Ein bettnässendes Kind.

Die »zweite Stellung von Mißklang« [FW 564] beschreibt Earwicker, der »partiell die Mitveranlagte verfinstert« [FW 564], von hinten. Sein haariger Hintern wird zum Phoenix-Park (»wie die Natur in Allflitzko belebt wird von Herrensitzen« [FW 564]), und es dämmert uns verschwommen, daß vielleicht die ganze Historie, die *Finnegans Wake* hindurch dort aufgeführt wurde, nur daher kam, daß ein Mann seine Hosen runterließ oder sein Nachthemd hob. Ist die Geschichte nur Unflat – »Hystorisches Entferntlaubschen«? [FW 564] Wurde der Fall, mit dem Entfernen des Blattwerks, nicht mit dem Baum der Erkenntnis eingeleitet, sondern mit dem Sinkenlassen von Feigenblattschürzen? Wir müssen solche Fragen seinlassen, denn die Frau besänftigt jetzt ihr schreiendes Kind mit einer Art Russisch (Anna ist russischer Abkunft; wir begegnen schon zuvor Hinweisen darauf). Joyce besänftigt uns ebenfalls, die wir manchmal über den Albtraum des Buches ins Schreien gerieten: »Sist janur Jibberwöchs-Jux« [FW 565], reiner »Jabberwocky«. Das schreiende Kind allerdings mag mehr sein als die Joycesche Leserschaft: »Sohnehin alles in eurer Imagination, verschwommen. Arme lütte spröde magische Nation, schwimmend im Kopf!« [FW 565] Ist Jerry Irland? Es ist kein Trost, zu wissen, daß der Albtraum der Geschichte sich mit der Ankunft von Kevin-Shaun auflösen wird: »Während jedelveder Stromwind weiterselgelt um dieses Faß von Freigebigkeit am wälzen zu halten und die Allposträume fern von Morgennaheten.« [FW 565]

Das Hofhalten des Gerichts, sagt der Evangelist, wird »in den halben Morgen gehen« [FW 566]. Ein Akt bleibt noch abzuschließen. »Dann der Hof zu vollem Morgen einzutreten. Hierin sehet ihr nicht fehlet!« [FW 566] In einer Art Esperanto erfahren wir, daß beide Kinder die Erektion ihres Vaters sehen können: *»Vidu, swinego! Ili vi rigardas! Returnu, swinego! Maldelikato!«* [FW 566] Es gehört sich nicht. Der Anblick des »starren gespitzten Pfahls« [FW 566] bringt Joyce auf eine Phantasie über Flaggen, Glocken, Feuerwerke: »'Sist Heiligjahrstag! Junig jullilieren maigen wir!« [FW 569] Die sexuelle Ekstase, die es zu werden verspricht, läßt sich am besten in solchen festlichen Ausdrücken veranschaulichen. Es ist Zeit, sie zu suchen, drüben im Inhaberschlafzimmer:

– Er ist ruhiger jetzt.

– Gesetzberechtigt. Zugangzupartnarinne. Nichtwildbienstsch. Reicht-müssigvoptz. Zweiseineinflsch. Habundhaltpp.

– S! Laß uns gehn. Geräusch machen. Schlaa...

– Qui... Das Mädch... [FW 571]

Das ist ein Echo auf Eheschwüre, als wäre die Beiwohnung eine Pflicht oder eine Formalie oder ein Rechtsanspruch, nicht mehr. Der wirkliche Liebesdrang ist hin. Und die Jungen machen sich bereit, um zu zeigen, wie stark und tatkräftig sie sind, wie begierig auf die Übernahme von den Älteren; sie werden »bald an den Türbe-klopper ihrer Bessern herzpocken« [FW 572]. Doch zurück ins Bett. Und nun attackiert Joyce uns wiederum mit dem Unerwarteten. Statt ins Schlafzimmer einzutreten, stürzen wir in eine kalte und legalistische Vision vom Horror einer Welt hinein, in der der Geschlechtsakt vom Fortpflanzungstrieb geschieden ist, in der jedwede Perversion in utilitaristischen Begriffen zugänglich ist. Was hat die Religion über den Tod der sexuellen Moral zu sagen? Die beiden hauptsächlichen christlichen Kirchen des Königreiches – die katholische und die anglikanische – sind so kalt wie ihre abtrünnig werdenden Mitglieder geworden, bloße Firmen, die – in dieser Reihenfolge – Tangos G. m. b. H. und Pango (»ein Rivalitätsunternehmen« [FW 574]) heißen. Wenn man das Folgende in all seiner frigiden Klarheit liest, sehnt man sich danach, in die Traumsprache zurückverpackt zu werden:

Honuphrius ist ein conkupiszenter Exdienstmajor der allen unehrenhafte Anträge macht. Es wird angenommen daß er, unter Berufung auf *droit d'oreiller,* einfache Untreulichkeit mit Felicia, einer Jungfrau, begangen hat und für unnatürliche Koiten mit Eugenius und Jeremias, zwei oder drei Philadelphiern, praktiziert. Honuphrius, Felicia, Eugenius und Jeremias sind blutsverwandtlich zum tiefsten Grade. Anita der Ehefrau von Honuphrius, ist von ihrer Kammerzofe, Fortissa, berichtet worden, daß Honuphrius unter freiwilliger Kasteiung blasphemisch gebeichtet hat daß er seinen Sklaven, Mauritius, instruierte, Magrivius, einen Handlungsreisenden, mit Honuphrius wetteifernd, zu verleiten, die Keuschheit Anitas zu bedrängen. Anita wird von einigen illegitimen Kindern Fortissas mit Mauritius (...) informiert, daß Gillia, die abtrünnige Ehefrau von Magravius, insgeheim von Barnabas, dem Advokaten von Honuphrius, be-

sucht wird, einer unmoralischen Person, die von Jeremias korrumpiert
worden ist. [FW 572]

Man sehe sich an, wie also durch die gesetzliche Lust HCEs (Honuphrius') und das stechende Verlangen nach seiner Tochter wie auch
durch seine natürliche Liebe für seine Söhne eine Hölle der totalen
geschlechtlichen Korruption geöffnet wurde. Das Obige ist nur der
Eingang der Hölle. Sie setzt sich mit solch verdrehten und verkno-
teten Einzelheiten, einem so verwickelten Netz von Ausschweifun-
gen fort, daß man versucht, nach irgend etwas Sauberem und Un-
schuldigem zu greifen, und beim Ansichtigwerden der vier alten
Männer, umgewandelt in Gregorius, Leo, Vitellius und Macduga-
lius, steigt unser Herz für einen Moment in die Höhe. Doch auch
sie stecken darin. Sulla, »ein orthodoxer Wilder (und Anführer einer
Bande von zwölf Söldnern, den Sullivani)« [FW 573], wird ihnen
Felicia verkuppeln. Sogar die neununddreißig Artikel der Church
of England werden herabgewürdigt auf »neununddreißig verschiedene Arten«, auf die seine »Verbundene« zu besitzen, »wannimmer
er sich impotent gemacht hat per Subdolenz zu vollenden« [FW 573],
Honuphrius vorgibt.

Die rechtliche Frage lautet: Verfügt Honuphrius über die Oberherrschaft und hat sich Anita unterzuordnen? Die rechtliche Antwort lautet: »solange wie da ein gemeinsames Depositenkonto auf
beide Namen existiert ist eine wechselseitige Verpflichtung postu-
liert.« [FW 574] Die finanzielle Lage des Paares wird überprüft, und
wir werden in eine Art Kirchengeschichte in streng kommerzieller
Begrifflichkeit, voller ungedeckter Schecks, hineingeführt. Wir erinnern uns an Samuel Butlers »Musikalische Banken« in *Erewhon*:

> Seit damals hatte der Scheck, ein guter abwaschbarer Rosa, geprägt UNG
> dich D Nr. 11 hundert und 2 und dreißig, gut für Figur und Gesicht, seit
> mehr als neununddreißig Jahren im Lande zirkuliert unter Inhabern von
> Pango-Effekten (…) obwohl nicht ein einziger entwerteter Heller jemals
> in Gestalt harter Münze oder flüssigem Barem über den Schalter gekrei-
> selt oder geschwankt war. [FW 574]

Eine musikalische Bank, tatsächlich, ohne alle Musik. Die Zahl
UNGEDECKT 1132 impliziert, daß da weder ein wirklicher Fall
noch eine wirkliche Wiederauferstehung ist; der Scheck selbst ist ein

Kondom. Die Church of England ist Humbug, eine unlogische Absurdität (man denke an das, was Stephen am Ende von *Ein Porträt des Künstlers* über den Protestantismus sagt), unfruchtbar, ihre neununddreißig Artikel gespiegelt in einer Geschichte, die, in den langen Annalen der katholischen Christenheit, nicht länger als neununddreißig Jahre zu sein scheint. Sie steht in dieser Traummythologie für eine sterile Zivilisation, die nach einem *Ricorso* schreit, nach dem Weiterdrehen des Rades und dem Donner, der uns wieder in den Glauben hineinschrecken soll.

Dieses Zwischenspiel ist erschreckend oder hochgradig komisch, gerade so, wie es uns am liebsten ist (Mr. Edmund Wilson findet es sehr witzig). Doch wir sind froh, zurück in das Earwickersche Schlafzimmer zu kommen, obwohl wir erst einmal für sie ein Gebet erdulden müssen, in Abwesenheit Gottes dargebracht dem »Big Maester Finnykind«, der »Prospektor Projektor und bomooster Gigantenerbauer aller Dämmerkoschwerauchimmer« [FW 576] ist. Eine Überprüfung der Unvollkommenheiten von »Humpfrey, Champion-Emir« [FW 582] ist hummelfleißig tolerant. Er ist immerhin unser Erzeuger, darum »Laßt uns (…) präsenzlich eine Stimmabschnappe aus Dankvielmals auswringen auf den heisersten crächzenden Experimentator der jemals seine beste Hand in die Chaneleiklemme steckte« [FW 582]. Und jetzt wollen wir alle ihm und Anna zusehen in der dritten »Stellung der Harmonie! Exzellente Sicht von vorn. Sidom. Weibchen unvollkommen Männchen maskierend.« [FW 582] Sie kopulieren:

> Das Feld ist geschlagen, das Rennen ist ihr eigen. Der Galeonsmann juppheidi auf seiner bockigen braunen Nachtmähre. Diggrob briggrabbnend seine Lüttküttopputtana. Eins zu eins sprang eins! Die Datter, io, io, schläft in Frieden, in Frieden. Und die Twillingsöhne, kannymet, karremehr, drehen sich in Trott und Trott. Doch die alte Päremere geht es a Galopp, a Galopp. Bossfurt und Phospherine. Eins zu eins dran! [FW 583]

Nicht nur wir schauen hier im Zimmer zu, zusammen mit den Mamalujo-Bettpfosten, sondern auch die ganze Welt schaut zu, in Schatten, die auf den Vorhang geworfen werden. »Der Mann auf der Straße kann das Ereignis kommen sehen. Es photoblitzend weit zu breit. Es wird bald durch die ganze Urania bekannt sein.« [FW 583]

Es soll, verquält, als ein großer schöpferischer Akt aufgefaßt werden, doch wir wissen, daß HCE ein Kondom benutzt; es ist nicht mehr als eine Parodie auf göttliche Kopulation, beschrieben am besten in lauen Cricket-Ausdrücken (»wie das? Noball, er schlägt sein Ei nicht ins Aus!« [FW 584]), während der erste Gockelhahn – das wahre Emblem der Fruchtbarkeit, aber auch des Betrugs – »Cocorico!« [FW 584] schreit.

Der Akt endet:

> Ziehe dein Glied zurück! Schließung. Diese Kammer steht abjouriert. Solches Präjudiz ist weithin ein Gegenstand dem gemeinschaftliche Mäßigung inmitten von Donnellys Obstgarten als lebenslang der Schattenseite für Fairbrüders Feld weithin abgeht. Humbo, schließe deinen Kekkel zu! Anny, blas dein Wickel aus! Stecke weg dein Tischtüchel! Du nässest nie den Tee! Und du kannst gerateweg zurückgehen zu deiner Tante Dilluvia, Humphrey, nach alldem! [FW 585]

»Du nässest nie den Tee!« Es scheint nicht einmal eine Ejakulation gegeben zu haben. Die Sexualität zwischen diesen beiden kommt an ihr Ende. »Andere sind ihrer selbst ebenso müde wie ihr es seid. Laßt einen jeden lernen, sich selbst langzuweilen.« [FW 585] Ironische Danksagungen werden allen an diesem kleinen Stück Beteiligten zuteil, die Matratze und das Kondom eingeschlossen, »Während die tüpfelschimmelgraue Dämmerung sich nähernd nahedrängt zu erwecken alle Dröhner die in Dublin dösen« [FW 585]. Und hier ist das Ende Humphreys: »(...) schließehlichihn, das krönende Gerstenstroh fiel, als ein Explosium seiner Brennereien all seine trockenen Güter zu seiner bevorzugten Sündflöt taubestumpfte und ihn, was bleibt von einer Heptarche, briefäugig und bümmürrisch, wehgewandt weinend auf seinen Bankrumpf warf. (...) Das ist sein letzter Tryrsuch durch den großen trysomphalen Bogen zu marschieren. Sein Regentpulven ist schossen. Nie wieder!« [FW 589 f.]

Und somit zur vierten und letzten Stellung, »Tableau final« [FW 590]. Die Dämmerung leuchtet »über unseren all honorigen christmettzeitigen Erstörmann« [FW 590], und während das Paar dösend ruht, gelangt die dritte Phase des Viconianischen Kreislaufs an ihr Ende. Wir sind bereit für das *Ricorso* – Buch IV, ein einziges kurzes Kapitel – eine Zeitspanne der Erfrischung, Erneuerung,

Reorganisation, auf daß das Rad sich drehe und das Leben seinen Traum wieder aufnehme.

Wir beginnen unsere abschließende Phase mit einer Sprache, die älter als die englische oder die anglo-irische oder die lateinische der Kirche ist. Eliots *Das wüste Land* mit seinem Ruf nach Erneuerung durch Abführung verdolmetschte die Stimme des Donners in Sanskrit und schloß mit einem dreifachen *Shantih*, dem Wort des Friedens. Joyce beginnt nun mit »Sandhyas! Sandhyas! Sandhyas!« [FW 593] – einem Wort des Gebets, das aber nichts mit dem katholischen *»Sanctus«* zu tun hat, das es nahelegt. Das *Sandhyas* ist das Hindu-Gebet, das gesprochen wird, wenn die Zeit am stärksten mit Veränderung geschwängert ist – in der Morgendämmerung, beim Sonnenuntergang, am Mittag, um Mitternacht; der Ausdruck selbst bedeutet »Zwielicht, Zone der Veränderung, der Moment zwischen einer Zeitspanne und einer anderen«. Die ersten Seiten des *Ricorso* sind gespickt mit kalauerndem Sanskrit. Die kleinen Leute jenes Dublin, das die Welt ist, rufen: »Svadesia salve! Wir Durblaner dich-beschwören.« [FW 594] Sie wenden sich nicht an den Gott der Katholiken, sondern an den hinduistischen *Svadesia*, der der selbstbewegte Beweger ist; *Durbala* bedeutet »schwach«.

»Ruft alle Dünen«, so hören wir, und »O reihet, O reihet, O reihet!« [FW 593] Es ist Perse O'Reilly, Earwicker, der geheißen wird, zum neuen Tag zu erwachen, doch auch die Geister, die die Zeit neuschaffen werden, werden von oben herabgerufen, um zur Erde hinuntergesandt zu werden. »Gulden Modning, heute schon Piers Eife gebraugt?« [FW 593] – habt ihr den Dreck der Vergangenheit abgewaschen, habt ihr Earwickers Dämmerung gesehen? »Eine Hand erscheint aus Cirrus und hält eine Charte entfaltet« [FW 593] – das saubere neue Pergament der Zeit will beschrieben sein. Der Zweig des Lebensbaumes tappt an das Fenster: »Tep! (…) Top.« [FW 595] Doch Earwicker schläft weiter, trotz des Hahnenschreis: »Kiek er den Zink. Svap« (*svap* ist Sanskrit für »schlafen«). »Laßt ihn also schlaffen, den Laffen! Bis sie seinen Laden an seinem Laden abnehmen.« [FW 595] Alles um ihn herum ist jenseits von Geschichte, Erschaffung von Gegensätzen: »Tod verdarbt und die Lehmen lähmen. Doch das Leben wendet und die Stumben sprachen!« [FW 593] Der Raum wird zusammengefaßt im »Hill of Hafid« und der »Geoglyphy« [FW 595] des Flusses. Wir hören einen »Mönchsvogel«, der die Mär von der

Herankunft des schlafenden HCE »fernuhrt« [FW 595], doch seine Zeit ist nun nicht mehr als eine Mär. Für seinen gesunden Nachtschlaf ist es »an der Zeit, sich schlummzufläzen. (…) Jedem bracht einmal das Genück (…) und endlich sind die hausen Träumer durch, die unter Leichtslip vielleichten. Warum? Es ist säufas wie ein Schnapsschnapp, Systomie Dystomie (…).« [FW 597] Der Rhythmus des Lebens ist der Herzrhythmus, das »Schnapsschnapp« [FW 597] eines Pendels. Die alte Gezeit weicht, die neue Gezeit kommt.

Die »Torporatur geht auf mornal zurück« [FW 597] – der Morgen löst den Torpor, die Betäubung des Schläfers auf, und wir können nun erkennen, warum die Prosa so in Hinduismus und Sanskrit getränkt ist: Wir schauen ostwärts – »Losut uns späten.« [FW 598] Wie Omar Chajjam ziehen wir einen Drink (»Die kleine Knaipe in unserer Straße« [FW 599]) einem geronnenen Absatz mit Dämmerungsphilosophie vor, und es ist der Trank selbst, in dem wir das Klopfen des Lebens hören: »Tip. Nimm Tamotimos Neuestes. Tip Browne doch Noland. Tip.« [FW 599] Der Drink und die Dämmerung verbinden sich in einem Bild vom Teich der Fruchtbarkeit, aus dem das Neue sich erheben wird: Da »hat der Pfeil des Verlangens das Herz stiller Wasser durchbohrt« [FW 599]; »Veranlasse es veranlaßt zu werden und es wird sein, sieh, unser batreuerter See, (…) die Statt der Is ist ischienen (atlanst!), urban und orbal, durch Sickerchen ausch Lumber unter Wateren des Erie« [FW 601] – eine ertrunkene Stadt, aber eine, die wieder aufersteht – Ys, Atlantis, das geplünderte und triumphierende (»urbi et orbi«) Rom.

Aus den Wassern erhebt sich nun der neue Schöpfer, der Sohn Earwickers, aber nicht der schändliche Sohn des vergangenen Traumes. Die Zeit des Verfalls wird kommen, wie sie für Earwicker selber kam, doch nun erblicken wir die Morgenröte des christlichen Irland, verkörpert im jugendlichen Heiligen Kevin. Er wird in einem »Klangelied« [FW 601] überschwenglich besungen von den neunundzwanzig Jungfern von St. Bride, die selbst alle in den Heiligenstand (oder vielmehr zu Kirchen mit Heiligennamen) befördert werden, pünktlich an ihrem Ende unser Schaltjahrmädchen (»trema! unlaut!! pepet!!!« [FW 601]) als St. Lullisotulles. Die alte Scherzigkeit ist zur »Verbetkeit« [FW 601] geworden. Obwohl der Esel das dereinstige Erscheinen eines gewissen »Shoon der Puzt« [FW 603] prophezeien mag, des gefräßigen Essers von seines Vaters Substanz, ein

»Lächöln wie eine Grassie aus Winkenspeck auf seiner Egglipse«, »Schlapp geht die Post in shaunster Ordnung« [FW 603], müssen wir in diesem Dämmerungsmoment frohlocken über »Kevin, dem unge-zeugten Gott der Diener, dem Herrn Schöpfer ein söhnlicher Fürch-ter, (...) auf der Suche nach der Liebe zum Wissen durch das Ver-ständnis der Einheit im Altruismus durch Abstumpfen« [FW 604]. Doch allgemein, und die Heiligen auf einer Seite, müssen wir diese neue Welt der Jugend und der Hoffnung akzeptieren. Es ist Zeit »für den alten Champelysied, den Schatten seines Ruhestands zu suchen und für junge Chappielassies, umherzuhetzen und ihren Partnern Verliebtspaß bei Finnegans Wacht beizubringen. (...) Und die Zeit ist crei rei. Titley zei rei rei« [FW 607] – eine Zeit zum Tanzen.

Doch ob wir wollen oder nicht, wir können die wahre Morgen-röte von Jugend und Hoffnung nicht als weltliche auffassen. Wir be-wegen uns auf eine theokratische Wiedergeburt zu, und dies wird am treffendsten umrissen in der Ankunft jenes Mannes in Irland, mit dem sich Shaun-Yawn, in einem fernen Traum des Verfalls, zu iden-tifizieren versuchte. Die Zeit ist da, viele unserer historischen Fäden in einer Art Fugenstretto zusammenzuziehen: »Derweil wir, wir warten, wir warten auf. Hymn.« [FW 609] Und hier sind zweie, de-nen wir bereits zuvor begegnet sind – Mutt und Jute, Butt und Taff, die immerwährenden Kreuzfeuer-Komiker, die nun Muta und Juva heißen (ihre Namen stehen für Veränderung und Jugend und Hilfe). Sie schauen auf den Herrn des Landes, den »Dormimus Meister« [FW 609], dem schon einiger Schlaf in den Knochen steckt, wie die neue Ordnung drängt. Er ist bereits eine »Diminusierte Aster« [FW 609], ein fallender Stern, denn wer anderes könnte jetzt eintref-fen als »der Chrystanthymnländer mit seinen portablen Bonzos, pompommig plontiplonk, den Ghariwallahs, die sich über das Cäbrächtsfeld der Schlagenen bewegern« [FW 609] – der Herrscher eines Imperiums, doch wir können nicht sehen, welcher Art es ist. Immerhin ist es eines voller Hoffnung. Überraschenderweise lassen Muta und Juva ihr Küchenlatein, ihr Pidgin und ihr primitives Geschrei beiseite, um eine gute klare wache Sprache zu sprechen:

> MUTA: So daß wir, wenn wir Vereinigung erreicht haben werden, zur Vielfalt übergehen werden, und wenn wir zur Vielfalt übergegangen sein werden, wir den Kampfinstinkt erworben haben werden, und

wenn wir den Kampfinstinkt erworben haben werden, wir zum Geist der Beschwichtigung zurückkehren werden?

JUVA: Beim Lichte der leuchtenden Vernunft, die uns hertagsteigt aus dem Hohen. [FW 609]

Derjenige, der gekommen ist, ist St. Patrick, und das Gesetz, das er aufheben wird, wird repräsentiert von einer Figur, die abwechselnd Ferkeley, Büchlicher und Balkelly genannt wird und beschrieben als »Erzdruide ilischer Chinchinjoß« [FW 611]. Er ist jener Buckley, der den russischen General erschoß; er ist außerdem Berkeley, der idealistische Philosoph (die Dinge existieren nur als Ideen, als Geschöpfe des Geistes). Offensichtlich repräsentiert er eine Doktrin der Träume, der Erscheinungen, während »Samt Patholik« [FW 611] für die »Petrificationibus« [FW 610] der Kirche steht, ihre Solidität, ihren festen Sinn und ihre Greifbarkeit oder Tangibilität (ist die Kirche nicht die »Tangos G. m. b. H.«?). Das Alte und das Neue stehen einander gegenüber, während »Überkönig Leary« [FW 611] (Hochkönig Lughaire, »Leary« ausgesprochen – der Monarch, der Irland regierte, als Patrick kam) zuschaut. Wie für HCE, wie für Finnegan steht für ihn in dieser Epoche nichts Wichtiges auf dem Spiel, und so hat er, wie uns Muta und Juva mitteilen, Wetteinsätze auf beide gesetzt: »Halben Geld auf festverdinstlich? (…) Zähnt zu deins Außenseiter!« [FW 610]

»Bilkilly-Belkelly« [FW 611] salbadert schwülstig aufgedunsenen Idealismus, der ebensoviel Sinn macht wie Eingeborenenkauderwelsch. Patrick widerlegt ihn, indem er die Doktrin von der Dreieinigkeit verkündet, unterstützt von einem »Grapschensuch aus Kunstkleeder« [FW 612]. Die Menge jubelt: »Gott schürze Pyrlamp!« Alle beten: »Per du comdamm damminamm nalstram. Fürwahrmanche Priestpartien. Vollsumm zurum.« [FW 613] Der Erzdruide, der die »himmelfältig Hohen« [FW 611] diese Worte (»Per jucundem Dominum nostrum Jesum Christum Filium Tuum«) zurückschallen lassen hört, nimmt die Niederlage hin. Die christliche Morgenröte ist gekommen.

Wir müssen freilich daran denken, daß wir es nicht mit Mr. Deasys Geschichte zu tun haben – einer Straße, die zur endgültigen Manifestation der Gottheit führt –, sondern mit einem Viconianischen Zyklus. Wir haben die Ankunft Patricks beobachtet, präsentiert als eine neue Sache, frisch wie der Shamrock-Klee, doch nichts ist neu: Diese Geschichte gehört ins Jahr 432 n. Chr. Die Dinge wiederholen sich lediglich, wobei alte Versprechungen wie neue aussehen: Nur die Gestalt wechselt. »Doch ist hier nie man anwesend, der nicht zuvor da war. Nur ist Ordnung geanderst. Null ist genullt. *Fuitfiat!*« [FW 613] Das Schachtelwort-Latein faßt es alles zusammen: »Es war; laß es geschehen!« Nicht zu vergessen der Kreislauf: »Unser vollhorniges mühlrädernes Vicociclometer«. Hier sieht man das Rad (HCE ALP PLA ECH), wie es sich dreht: »Haben wir uns Chancen erhofft? Arbeiten wir für die Liberalisierung der Prüfung? (…) Ein plumpgeplanter Liffeyismus assemblementiert Eblanias conglomerate Horde.« [FW 614] Die Gegenwart ist Vergangenheit und die Vergangenheit ist Gegenwart, und alles ist, frischgekocht, »so sicher wie sieselbst henne scharfe Fehde führt und da ist Gekritzel auf Eier gekratzt« [FW 615].

Henne? Gekritzel? Wir haben nie wirklich in Erfahrung gebracht, was in jenem Brief stand, den die Henne aus dem mit Apfelsinenschalen verzierten Misthaufen aufscharrte. Hier ist er also, und darin einbeschlossen das endgültige Geheimnis des Lebens. Doch wenn wir irgendeine große Offenbarung erwarten, einen Chor der Engel, während das letzte Mysterium sich enthüllt, so werden wir enttäuscht sein. Der Brief wendet sich an die Stadt und die ganze Welt – »Lieb (…) Dreckdung« [FW 615] –, und es heißt darin: »wir haben dieses verborgene Wirken der Naturen wirklich über alles genossen (ewigen Dank dafür, beten wir ergeben), und, also, wahn wirklich so verneistert von diesem lichtigen Mal.« [FW 615] Die Leute haben Unrat aufgerührt, um den Namen eines großen Mannes zu besudeln, aber »Jene Wolken werden bald verschwinden, einem schönen Tag entgegensehend« [FW 615]. Immerhin mögen alle Schmäher gewarnt sein: »Schlängelreptilien, gebt acht! Während wir alle solche gesprenkelten Schlingen verabscheuchen.« Schließlich aber gilt: »Sobald du einmal dudelsicher bist, bist du undurchsinglich für Stechhagel, Efeuer und Mistelzwille.« [FW 616] Und im übrigen sind »Wir (…) alle daheim im alten Fintona, dank Danis, (…) der teuer sein wird, bis daß die Lieb uns scheide, so lange wir die Taschen voller Kies ham.« [FW 617] Die Gegensätze bleiben bestehen, doch sie tauschen mit Leichtigkeit ihre Plätze: »Tomothy und Lorcan, die Eimer-Tooler, beide sind Timsons jetzt wo sie während ihres Wegtauchens ihre Charaktiküle gewandelt haben.« [FW 617] Wir werden ein Begräbnis kriegen; wir werden eine Wacht kriegen. Es gibt, mit anderen Worten, kein Geheimnis hinter dem Leben: Das Leben ist, was es ist, und wir treiben es weiter. Man kann ebendiesen Brief in seinem eigenen »Briefkasten« [FW 618] finden, wenn man danach Ausschau hält. Und man kann, wie wir alle, Dank aussprechen »Adam, unserem ehemals ersten Finnlatter (...), für sein schönes Niknobelauspäckchengeht« [FW 619]. Das ist es, was das Leben ist – eine Kombination aus einem auszuknobelnden Kreuzworträtsel und einem Nikolauspäckchen. Der Brief schließt mit einem Hinweis auf den »Hierwacher unsres Hämenretters (...), der sich aufrecht und erhoben, charakterfest und heroisch zeigen wird, wenn bloß, jung wie altersher, für meine tägliche Beichtstall ein Winzling wirbt« [FW 619]. Er ist unterzeichnet: »Alma Luvia, Pollabella.« [FW 619]

Ein Winzling wirbt. HCE sucht nach der Erneuerung der Jugend in der Liebe einer Jungen, einer Tochter, doch er wird diese Erneuerung nicht in eigener Person finden, nur im Leben des Sohnes, der seinen Platz einnehmen wird. Seine Frau aber ist der ewige Fluß; sie hat zuviel gesehen, um nicht klar zu sehen, wie das Männerleben mit seinem Städtebauen, seiner Lüsternheit und Kriegerei ein Traum nach dem anderen ist. Sich dessen bewußt, daß sie alt wird, weiß sie, daß sie nur durch den Eintritt in das große erneuernde Meer des persönlichen Todes wiedergeboren werden kann. Wir kommen nun zu ihrem großen Schlußmonolog, dem Schreien des Flusses, wie er, den Unrat der Männerstadt auf seinem Rücken, dem Meer entgegenfließt.

Sanften Morgen, Stadt! Lsp! Hier splicht Leafy. Lpf! Vielzig und all die vielzig Nächte sind gefallt, mein Haar zu längen. Kein Laub, der fiele. Lispn! Kein Wind kein Wort. Nur ein Blatt, bloß ein Blatt und gleich fort. Die Wälder sind immer innig. Als wollten sie uns hänseln. Und Rotkelchon cruft so. Für meine gooldne Koofzeit. Außer? Fort! Erhebe dich, Mann des Hoothes, du hast so lang geschlafen! [FWD 262, UB]

Sie ist natürlich nicht nur ein Blatt, ein »Leafy« (oder eine Liffey). Sie ist das ganze Laubwerk des Lebensbaumes, das nun herunterfällt; sie ist irgendeine Ehefrau, die irgendeinen Ehemann anweist (auch wenn sie das mit den Worten J. M. Synges tut), aus dem Bett zu kommen und einen neuen Tag zu beginnen. Doch während sich der Monolog entwickelt, färbt der Fluß alles: »Die Forelle zum Frühstörk wird uns munden.« [FWD 263, UB] Der Rhythmus verbreitet sich, das ehefrauliche Klagen nimmt eine gewisse Majestät an:

> Ein Hundert Sorgen, ein Zehnt an Zweifeln und gibts einen, der mich versteht? Einen in tausend Jahren von Nächten? Mein ganzes Leben ward ich von ihnen gelebt, doch nun verabscheue ich mich von ihnen. Und ihre kleinen warmen Tricks sind abscheulich. Und ihr gemeingemütliches Winden. Und all die gierigen Güsse aus durch ihre schmalen Seelen. Und die ganze laschen Lecks herab über ihre kecken Körper. Wie klein kann das sein! [FWD 269 f., UB]

Als sie sich ihrem großen Vater, dem Meer, nähert, wie sehr der Vornehmheit entfremdet, wie unbedeutend erscheint da ihr Mann, der Hügel und die Stadt:

> Ich dachte, du würdest ganz glitzern mit der edelsten Kutsche. Du bist nur ein Gürbis. Ich wähnte dich den Stärksten in allem, in Schuld und in Stolz. Du bist bloß ein Schwächlicht. Heim! Meine Leute waren nicht von der Sorte draußen, dort hinter, so weit ich kann. Alles Stalte, Schiere und Schaurige sind sie schuld, die Seehexen. Nein! Nicht all unsre wilden Reigen in all ihrem wilden Getöse. Ich kann mich selbst bei ihnen gesehn, Allaniovia Pulchrabelle. [FWD 270, UB]

Sie sieht voraus, wie sie eine Wolke sein wird (»Allaniovia«), die sich in aller Frische aus dem Meer erhebt, ausgetragen in die Quelle hinein, wo sie in ihrer Jugend erstehen wird, ein Mädchen aus den Bergen. Doch nun muß sie sich in die weiten bitteren Wasser verlieren:

> Ich entfleuße. O bittres Ende! Ich entschlüpfe bevor sie auf sind. Sie werden's nie sehen. Noch wissen. Noch mich vermissen. Und's ist trübe und trübe es ist bejahrt und trübe es ist bejahrt und benommen und geh zurück zu dir, mein kühler Vater, mein kühler vernarrter Vater, mein kühler vernarrter beklommener Vater, bis das dichte Angesicht seines schlichten Ausgehmaßes, dieser Moylen um Moylen, rumornunmurrnd, mich seetang macht salzkrang und ich mich stürze, mein einzigs, in deine Arme. (…) Meine Blätter sind mir entflossen. Alle. Nur eines hält noch. Ich werd's an mir tragen. Mich zu erinnern an. Lff! So sanft diesen Mor-

gen, unser. Ja. Trag mich mit dir, Vataddy, wie du's getan über den Spiel-
zeugmarkt! Wenn ich ihn nun zu mir hätte herunterschnellen sehen
unter weißgespreizten Flügeln als käme er von Archengeln, ich würde
sinkerlich über seinen Füßen niedersiechen, humpeldumpelnd, nur um
aufzuwäschen. [FWD 275]

Sie hat ihren Vater erreicht, der sie stürmisch durch das Getöse der
Wellen an seinen Busen holen wird. Doch sie hat noch ein letztes
Wort für ihren Mann, den Hügel, die Stadt, das »humpeldumpelnd«
Ei des Lebens, das bald wieder fallen wird. Und wieder, und wieder,
für immer:

Eine Möwe. Möwen. Fern Rufen. Im Kommen, fern! Enden hier. Wir
dann. Finn, fangan! Er macht's. Abbasamtseidsanft, vergüßt memeimema-
momich! Bis tusendirsja. Lppn. Die Schlüssel zum. Gegeben! Ein Weg ein
samer ein letzter ein liebster entlang der [FWD 275]

Und wieder von vorne anfangen. Dies ist das Ende, aber auch der
Beginn. Und so kehren wir zurück zum Anfang von *Finnegans Wake,*
um den Satz zu komplettieren:

Flußgefließe, schleunigst Ev' und Adam passiert, vom Strandgestreun zum
Buchtgebeug, führt uns im commundiösen Wickelwirken des Rezirkulierens zurück zur Burg von Howth con Entourage. [FWD 44]

Und wir werden noch einmal dazu angehalten, den Satz des Lebens
zu tun oder, was dasselbe ist, freudig das »Niknobelauspäckchengeht«
auszuwickeln. Und als Anna Livia den Schlüssel verspricht, scheint
sie dieses Versprechen zu erfüllen (»Gegeben!«), denn eine neue
Klarheit scheint durch das sich drehende Zoetrop zu leuchten: Wir
spüren, daß die »Hundert Sorgen« des Künstlers, sein »Zehnt an
Zweifeln« nicht vergebens waren: Wir fangen an, zu verstehen.

9

Am Ende ist das Wort

FINNEGANS WAKE IST EIN WERK DER LITERATUR UND SOMIT, ZUMIN-
dest theoretisch, ein Gegenstand für die Literaturkritik. Das Problem
ist aber, daß es, obwohl wir Gesetze für die Literatur des wachen Lebens erlassen können, unmöglich ist, Regeln für Traumbücher auf-
zustellen. In den vorangegangenen Kapiteln war ich bestrebt, wenig
mehr zu machen, als zu sagen, was – so weit ich sehen kann – in Earwickers Traum vor sich geht, und meine Ansicht dessen, was da vor
sich geht, wird beeinflußt von meinem Verlangen, mich aus dem
Traum herauszukämpfen und so zu tun, als wären wir die ganze Zeit
über wach gewesen. Die Sprache der simplen Zurschaustellung kann
es nicht mit Joyces zehn- oder zwölfstimmiger Kontrapunktik aufnehmen, und ich war gezwungen, vieles zu ignorieren, was wichtig
ist – die Metaphysik beispielsweise, die in den Charakteren personi-
fiziert ist; das stattliche Aufgebot an historischen Personen, die aus
Mr. Deasys Zeit herausgezerrt und zum Fahren auf dem Viconianischen Rad gezwungen werden. Der Versuch einer kritischen Ein-
schätzung wäre auf dem gegenwärtigen Stand meines eigenen Ver-
ständnisses von diesem Buch eine Ungehörigkeit. Ich habe genug zu
tun – und das hat auch jeder andere – mit dem Bestreben, Joyces
Siebzehnjahrespalimpsest zu verstehen.

Was ich an dieser Stelle allerdings probieren muß, ist der Versuch,
Joyces Kritiker zu widerlegen, soll heißen jene, die, während sie völlig darin versagen, zu würdigen, wonach Finnegans Wake überhaupt
strebt, es da attackieren, wo es nach normalen literarischen Maß-
stäben am angreifbarsten ist. Ich hätte besser damit angefangen, zu
sagen, daß eine ganze Menge an Traum-Literatur zu existieren scheint
– der Traum war beispielsweise im Mittelalter eine populäre literarische Konvention; zwei der meistgeliebten Bücher der Welt,

Pilgrim's Progress und das *Alice*-Diptychon, erzählen Träume –, doch normalerweise ist sehr wenig vom wirklichen Traum darin. Bunyans Buch ist eine wache Allegorie, und ebenso *The Pearl* und *The Vision of Piers Plowman.* Echtes Traumzeug findet man vor *Finnegans Wake* vielleicht nur in *Alice,* der großen Rede des Herzogs von Clarence in *König Richard III,* bei Kafka (obwohl er weniger Träume als kranke Halluzinationen präsentiert), bei Dostojewski und in der Bibel. Joyce ist der einzige Autor, der – in einem Werk der Literatur und nicht einem Werk der Wissenschaft – zu demonstrieren versucht hat, wie ein Traum wirklich ist, ohne irgendwelche Konzessionen an jene zu machen, die einen Traum zwar akzeptieren als eine literarische Konvention, ein Zwischenspiel zwischen Wachzuständen oder ein Quentchen phantastischer Garnierung, aber nicht als ganze Essenz eines Buches von epischen Dimensionen. Daher erblicken die klassischen Kritiker, wenn sie die Strahlenbündel ihrer Blendlaternen auf *Finnegans Wake* richten, etwas Einmaliges, das sich ihren Wachheitsregeln nicht unterordnet und deswegen zu verdammen ist für das, was zu sein es nicht vorgibt, und nicht etwa einzuschätzen nach Maßgabe dessen, was es ist. Sie brandmarken die Nacht, weil die Sonne nicht scheint; sie tadeln das Ewige, weil ihre Uhren es nicht abstoppen können; sie holen ihre Zollstöcke heraus und protestieren, daß da kein Raum abzumessen ist.

Die erste Sache, gegen die die konventionelle Kritik bei Joyce aufschreit, ist seine vermeintliche Unverständlichkeit. Die Kritiker haben immer über Unverständlichkeit aufgeheult; wenn allerdings ein schwieriges Buch lange genug existiert hat (wie das Buch der Offenbarungen oder *Gargantua und Pantagruel* oder der *Tristram Shandy* oder Blakes *Milton*), so werden sie sich nicht allzu laut über das beklagen, von dem sie sagen, daß sie es nicht völlig verstehen. Das Moos, das die klassischen Statuen angreift, ist ein wunderbarer Linderer der Unverständlichkeit. Der verstorbene, verehrte T. S. Eliot war einst in der Vorhut der Unverständlichkeit, doch Alter und Verdienstorden haben vielen seiner Leser die Erleuchtung gebracht. Kein wichtiges und schwieriges Werk der Kunst ist auf Dauer unverständlich, da große Schriftsteller sowohl das Empfindungsvermögen der Zukunft als auch die Sprache der Zukunft schaffen, doch in einer bestimmten Hinsicht muß der Autor von *Finnegans Wake* den Priestern der Klarheit stets »*Mea culpa, mea maxima culpa*« zumurmeln, da es in der Natur seines Gegenstandes selbst liegt, ungreifbar und schwierig zu sein. Auf einen, der »O felix culpa« sagt, kommen neunundneunzig, die keine Absolution erteilen. Doch bevor wir noch weiter gehen, wollen wir uns in unseren Köpfen darüber vollkommen klarwerden, was wir meinen, wenn wir sagen, ein Stück Literatur sei unverständlich.

Ein Schriftsteller kann es verfehlen, verstanden zu werden, wenn er entweder unfähig oder verrückt ist. Niemand wird Joyces Fähigkeiten bestreiten, und nach allem, was ich weiß, hat nur Mr. Evelyn Waugh versichert, Joyce sei wahnsinnig geworden, und im übrigen, sagte Mr. Waugh, sei das geschehen, weil gewisse einflußreiche Amerikaner ihn ersuchten, wahnsinnig zu werden. Ein Schriftsteller kann unverständlich sein, wenn er ein sprachliches Äquivalent anstrebt für einen Geisteszustand, den man nicht gänzlich versteht, oder für eine komplexe psychologische Erfahrung, die sich der normalen Sprache nicht erschließt. Er wird unverständlich sein, wenn er nach äußerstem Naturalismus strebt, beispielsweise beim Versuch, die Eigenschaften einer realweltlichen Sprache, die durch Entfernung, Trunkenheit, Schlaf oder Wahnsinn verunklart ist, einzufangen. Er wird unverständlich sein, wenn er willentlich die Sprache von ihren Referenten (den Gegenständen oder Konzepten der realen Welt, auf die die Sprache sich bezieht) trennt, um ein quasi musikalisches Muster zu schaffen. Schließlich kann er unverständlich sein, wenn er Wörter so sehr mit Referenten (üblicherweise einer Anzahl von sekundären Assoziationen, die sich um die Denotation – die Lexikonsdefinition – gruppieren) belädt, daß der Leser irre wird und nicht mehr erkennt, welches der vorrangige Referent ist. Joyce ist, wenn er überhaupt unverständlich ist, auf all diese nichtpathologischen Weisen unverständlich, und sie scheinen, wenn man sie analysiert, alle künstlerisch legitim zu sein – mit anderen Worten: sie alle streben nach einem Modus der Kommunikation und nicht nach einem mutwilligen Einwickeln oder Ersticken des Sinnes. Ist denn der traditionelle Kritiker dann ganz sicher, was er meint, wenn er Joyce der Unverständlichkeit bezichtigt?

Unser Erziehungssystem, sowohl in England als auch in Amerika, hat uns dazu konditioniert, Wörter als bloße Spielmarken anzusehen, die in einem bestimmten gegebenen Kontext eine Sache bedeuten und nur diese eine Sache. Diese Tradition ist, überflüssig zu sagen, auf das Legalistische und Kommerzielle gepolt und nicht auf das Ästhetische. Wenn ein Wort mehrdeutig ist, werden wir unsicher, und wir tun recht daran, unsicher zu werden, wenn das Wort in einem Vertrag oder einer offiziellen Direktive steht. Doch die Ausnutzung der Mehrdeutigkeit eines Wortes ist, worauf Professor Empson seit langem hinweist, eine der Freuden der literarischen Kunst. Gerard Manley Hopkins sagt: »Wildschönheit und Hochkraft und Tat, kühnes Gebaren, (…) hier / Zügelt euch!«, und das Wort »Zügelt« drückt zwei gegensätzliche Ideen aus – die Vorstellung vom Ergreifen der Zügel für die Tat; die Vorstellung vom Gebremstwerden oder Einhalten, so etwa, wenn wir davon reden, unsern Eifer zu zügeln. Konflikte gehören zur Essenz von Hopkins' Gedichten – Ehre und Schuld, Zuversicht und Zweifel –, und bei diesem anderen großen katholischen Schriftsteller haben wir den gleichen (wenngleich weit selbstbewußteren) Drang, gegensätzliche Prinzipien des Lebens gleichzeitig, in ein und demselben Wort oder Ausdruck festzuhalten. Wenn das Leben von den Beschränkungen durch Zeit und Raum befreit ist, wie das in Träumen geschieht, bemüht sich der Geist nicht mehr so sehr, Widersprüchlichkeiten – oder freundlicher: Mehrdeutigkeiten – auszusortieren, und ein Wort kann frei klingen und alle seine Harmonien zum Tönen bringen. Dieser freie Klang in einer Zone der psychologischen Erfahrung, die alle Türen geöffnet hat, kann sehr wohl alle phonetischen und etymologischen Assoziationen schrillen lassen, die zu beherbergen der Geist fähig ist – fremde Sprachen, die nicht in öffentlichen Schulen gelehrt werden; Lieder, die der großen Welt des Gesangs wenig bekannt sind; beinahe vergessene Konversationsbrocken; tote Schlagwörter; Plakate, die lange von ihren Wänden gerissen sind. Joyce hatte psychologisch recht damit, die Beschränkung der Assoziationen von Traumwörtern auf das Maß dessen, was irgendein abstraktes Leseroder Kritikerbild am einfachsten aufnehmen konnte, zu verweigern. Indem er uns mit Vokabeln von großer, wenn auch eigenmächtiger Komplexität bewarf, blieb er seinem Prinzip der künstlerischen Kommunikation treu. Paradoxerweise mag ein essentielles Wort oder Satzgefüge in einem Buch über einen Traum dort, wo es am wenigsten verständlich ist, am allerverständlichsten sein.

Wachliteratur (das heißt Literatur, die sich der Zeit und dem Raum beugt) ist die Ausnutzung einer einzigen Sprache. Traumliteratur, indem sie alle Grenzen niederreißt, kann sich mehr mit dem Phänomen von Sprache allgemein beschäftigen. Da ich im Westen lebe, finde ich wenig Gelegenheit, Malaiisch zu benutzen, einen Dialekt, den ich mindestens ebenso gut beherrsche wie das Französische. In Träumen bin ich nicht länger im Westen; mit dem Zusammenbrechen des Raumes verlieren die Richtungen des Kompasses ihre Bedeutung. Daher tanzen das Englische und das Malaiische gelegentlich miteinander, verschmelzen, werden nicht zu zwei vereinigten Sprachen, sondern zu einem Emblem von Sprache allgemein. Ein besserer Fremdsprachler als ich mag sein Traumbild von Sprache sehr wohl herstellen, indem er sechs oder sieben Sprachen vermischt. Wir können nur durch Introspektion etwas über Träume erfahren. Ich sehe nicht, wie Joyce sein großes Stück Traumliteratur hätte erschaffen können, ohne in seinen eigenen polyglotten Kopf hineinzusehen.

Es ist der Reichtum dieses Kopfes, der am beharrlichsten attackiert wird. Das große Joycesche Verbrechen besteht offenbar darin, zuviel zu wissen. Schläge gegen *Finnegans Wake* sind oftmals verblümte Hiebe gegen den *Ulysses,* ein weiteres Ungeheuer der Gelehrsamkeit. Die Gelehrsamkeit war einst Eliots Verbrechen: Da Wordsworth sich ohne Unterstützung des Sanskrit gut genug geschlagen hatte, war es unentschuldbar, den Donner von *Das wüste Land* »Datta Dayadhvam Damyata« sagen zu lassen. Doch während unsere Welt kleiner wird, werden wir immer unzufriedener mit dem, was uns eine insulare Tradition lehren kann. Wir sprechen zuvorderst englisch, doch wir ignorieren auf eigene Gefahr, was in den Phonemen und Rhythmen Europas und der großen (größtenteils unübersetzbaren) religiösen Denkmäler des Ostens verwahrt wird. Nun, Eliot mag zu vergeben sein, da seine Gelehrsamkeit offensichtlich zu einem Zwecke von höchster Ernsthaftigkeit erschlossen wird; Joyce andererseits scheint mit seiner Bibliothek um sich zu werfen, um Schaumschlägerei (die alles ist, aus dem ein Traum besteht) und Schalkhaftigkeit (was die Iren Witz nennen) zu befördern. Es hat den Anschein, daß er, ob nun obskur oder luzide, nicht gewinnen kann. Wir sind immer noch nicht willens, den tieferen Orten des Geistes Tiefsinnigkeit zuzugestehen; wir können es Christus nicht vergeben, daß er (wie Joyce selbst es ausdrückte) Seine Kirche auf einem Kalauer gründete. Wir haben viel zu lernen.

Wenn die Schwierigkeiten der Joyceschen Sprache innezuwohnen scheinen und nicht dem eigenen Gehirn des Lesers, dann mag der Leser zu Recht nörgeln, Joyce könne doch wenigstens ein bißchen erklären und brauche nicht in Mystifikationen zu schwelgen. Doch war eine Erklärung in Form von Anmerkungen oder Wegweisern des Autors bei *Finnegans Wake* wirklich möglich? Ein Sperrfeuer von Erläuterungen, ob nun am Ende konzentriert wie bei *Das wüste Land* oder listig in den Text eingearbeitet, hätte das ganze Buch sogar noch einschüchternder aussehen lassen, als es so schon aussieht; mehr noch, es hätte die kunstvolle Spontanität beeinträchtigt, den Traum weniger traumhaft gemacht. Und wie alle guten Dichter trachtet Joyce danach, ein Gott und nicht ein bloßer Mensch zu sein; Gott siedelt Seine Geschöpfe überall um uns herum an, doch die Ehre der Interpretation überläßt Er fehlbaren Geistern. Die letztgültige Bedeutung von *Finnegans Wake* ruht ganz bei uns; die Kommunikation von Künstlern ist nicht die Kommunikation von Ministerialressorts.

Aber Joyce, der schon zwei Jahre nach der Veröffentlichung von *Finnegans Wake* starb, hatte noch Zeit, einen Fingerzeig zu hinterlassen. Sein Buch, sagte er, würde dem Leser klarwerden, wenn der Leser auf seine Musik lausche. In der Tat demonstrierte Joyce, wie mächtig diese Musik ist, als er eine Aufnahme eines Teils vom Ende des Buches I, des Abschnittes *Anna Livia Plurabelle,* machte. Doch, oje, *Finnegans Wake* gibt einem Leser, der in der Interpretation von des Künstlers Notationsweise nicht geschult ist, nicht viel von seiner Musik preis; die Umschrift ist nicht phonetisch, so daß wir häufig unsicher sind, wie wir ein Wort aussprechen sollen, und viel von dem Reichtum und der Komplexität enthüllt sich nur dem Auge. Singen können wir weder eine geometrische Abbildung noch ein E auf seinem Rücken noch ein Hundertbuchstabendonnerwort (paradoxerweise ist es das Auge allein, das den Donner erkennen kann). Viele der Kalauer verfügen über ein stark visuelles Element, »Bedenken« und »Bedänken« klingen identisch, und der springende Punkt bei der Shem-Shaun-Schulstunde ist, daß wir uns vorstellen sollen, wir schauten auf ein Buch mit Randerklärungen und Fußnoten. Aber der Appell richtet sich letztendlich doch an die auditive Imaginationskraft – das ist es, was Joyce vielleicht meinte –, und Musik ist das Buch möglicherweise in dem Sinne, in dem eine musikalische Partitur, die man im Bett liest, Musik ist. Ein schlechter Partiturenleser, der, sagen wir, Wagners *Ring* (dem *Finnegans Wake* in mancherlei Hinsicht ähnelt) in Angriff nimmt, kann vielleicht mit seinem inneren Ohr nicht viel hören, aber er kann in der Lage sein, das Wiederauftauchen der Leitmotive an ihrer Anordnung auf den Notenlinien zu erkennen. Wenn wir also ein Allomorph, jenes »ppt« erblicken, das Swift benutzte, wenn er an Stella schrieb, können wir ziemlich sicher sein, daß Iseult la Belle irgendwo in der Nähe ist. Wenn die großen Initialen HCE (übrigens ist HCE eine echte musikalische Phrase; jedenfalls im Deutschen, wo es die Note H (im Englischen: B) gibt) auftauchen (oft nicht wahrnehmbar, wenn die sie transportierende Phrase laut gelesen wird), wissen wir, daß wir, wie sehr wir auch moduliert zu haben scheinen, in Wirklichkeit nicht weit vom Zuhause entfernt sind. Manchmal triumphiert andererseits der reine Klang. Der Vogel, der traditionellerweise »Mehrpork!« [FW 407] ruft, ruft stattdessen »Moor Park!« [FW 449], und wir sind bei Swift, eingesperrt in das Haus von Sir William Temple. Verborgene Versrhythmen kommen erst dann aus der Prosa hervor, wenn das Gehör angeschaltet ist. Mit anderen Worten: wir benötigen zwei Dinge für die volle Würdigung der Textur von *Finnegans Wake* – das gedruckte Buch und die Joycesche Stimme auf Langspielplatten. Eines Tages mag eine Schallplattenfirma – verlorene Gelegenheiten zu Joyces Lebzeiten wieder wettmachend – eine erleuchtete Subvention von irgendeiner kulturellen Körperschaft erhalten, doch das Auftreiben von Geld ist noch einfacher als das Auftreiben eines Schauspielers, der willens ist, seine Karriere zu ruinieren, indem er einem toten Autor seine ganze Persönlichkeit widmet. Und besitzt irgendein Lebender eine solch mirakulöse Stimme?

In *Finnegans Wake* haben die Figuren selbst Stimmen, aber sie haben kaum etwas anderes. Sie rufen klar und erkennbar und geben ihr wahres Selbst hinweg, doch diesem wahren Selbst, das weder Zeit noch Raum kennt, wird es nie erlaubt, sich im Fleische – oder auch nur im Ektoplasma – zu materialisieren. Wir können sie nicht sehen, und wir können (ganz gleich, wie gut wir Dublin kennen mögen) nicht den Schauplatz sehen, auf dem sie agieren. Das Verschmelzen einer Figur in eine andere, die simultane Identifikation des Aktuellen mit dem Historischen, mit dem Mythischen kann tatsächlich ohne Fleischlosigkeit nicht erzielt werden. Mary Mannings sehr intelligente Dramatisierung von *Finnegans Wake,* die sie *The Voice of Shem* (London: Faber and Faber 1958) nennt, ist schockierend und herabwürdigend, weil sie die Figuren in Zeit und Raum und Auftreten festnagelt und so zu Schauspielern auf einer erleuchteten Bühne reduziert; sie demonstriert (und darin mag ihr Hauptverdienst liegen) die Gefahren des Versuchs, *Finnegans Wake* zu einer Erfahrung der visuellen Imaginationskraft im Gegensatz zum lesenden Auge zu machen. Doch jene Kritiker, die sprachliche Mehrdeutigkeiten hassen, neigen dazu, scharfe visuelle Bilder zu lieben, und Joyce ist (nicht nur in diesem Buch) wiederholt für die geringe Visualität seines Schreibens attackiert worden. Allerdings ist die Literatur da, wo sie am literarischsten ist (beispielsweise wenn sie Lyrik ist), nicht sonderlich fähig, das Auge stark anzusprechen: Visualisierung ist der Tod der wahren Bilderschaffenskraft. Wenn wir an Hamlet denken, denken wir an einen Schauspieler, der die Rolle spielt; wenn wir Hamlets Monologe lesen, sind wir uns viel stärker der Reaktionen auf Geruch, Geschmack, Gespür und Bewegung bewußt als jener auf das Sehen. Es gibt wenig zu betrachten in *Das verlorene Paradies,* Blakes *Jerusalem,* Keats' *Ode an eine Nachtigall* oder Eliots *Vier Quartetten.* Lyrik mag Fragmente visueller Erfahrungen aufgreifen können, aber nur zu dem Zweck, sie zu kombinieren, einen Komplex zu schaffen, den deutlich sehen zu wollen riskant ist. »Wo der Bus stoppt da shoppe ich«, so sagt HCE von den Toten, und in dem kleinen Spaß der Parodie werden vage Visionen von Einkaufen und Busfahren aufgenommen. *Finnegans Wake* raubt uns nicht das Augenlicht (obwohl es Joyce beinahe das Augenlicht raubte); es befreit uns von der Last, kohärente Bilder auf die Netzhaut der Vorstellungskraft projizieren zu müssen; es vollbringt *in excelsis* jene Arbeit, die zu vollbringen die Literatur geboren wurde.

Nur in einer Hinsicht ist *Finnegans Wake* auf festere Weise raumorientiert als reale Träume. Ich träumte einmal von einem Teller, auf dem sieben Scheiben Brot mit Butter lagen; ich nahm drei weg, und sechs blieben übrig. So etwas passiert in Earwickers Traum nic. Joyce sprach oft von seinem Buch als einem mathematischen, und eine Sache darin, die der gewaltige chaotische träumende Geist nie beeinträchtigt, sind die Zahlen. Die Hälfte von 1132 ist stets 566, und aus jener grundlegenden Ziffernfolge von Fall und Genesung sind einige der signifikanten Zahlen des Buches gemacht: 1 für HCE, 1 für

ALP, 3 für die Kinder, 2 für die Söhne. $1 + 1 = 2; 3 \times 2 = 6; 6 \times 2$ ergibt die ewige Zwölf. $1 + 1 + 2$ ergibt die vier alten Männer. Die Quersumme der vier Ziffern von 1132 ist 7, die Anzahl der Regenbogenmädchen. 4×7 ergibt die 28 Tage des Februar, die Anzahl der St.-Bride-Mädchen, durch 4 zu teilen, um wieder den Regenbogen zu ergeben. Alle vier Jahre kommt das Schaltjahrmädchen. Die beiden Mädchen im Park und die drei beobachtenden Soldaten, HCE und sein Feind – sie alle sind in der *Ricorso-* und Fall-Zahl; die Drei und die Zwei sind stets vorhanden, um uns daran zu erinnern, daß fallende Körper, gehören sie nun Finnegan, Parnell, HCE oder Humpty Dumpty, mit 32 Fuß pro Quadratsekunde niederstürzen.

Es ist diese Hingabe an die Zahlen, die *Finnegans Wake* zu dem langen Buch macht, das es ist. Von der Algebra mit ihren verallgemeinernden Buchstaben hatte Joyce genug im *Ulysses;* in *Finnegans Wake* glorifizierte er die bescheidenere Arithmetik, wobei er sich mit einer Art Ehrfurcht mit der reichen Vielfältigkeit aufhielt, wie sie sich beispielsweise in der Zahl von ALPs Kindern ausdrückt, so daß alle 111 beim vollen Namen genannt und die 111 Gaben (Frucht des Vaters) spezifiziert werden. Sogar die Erwähnung des *Ulysses* reicht schon aus, um bei Joyce den Wunsch zu wecken, den Kapiteln eine Traumaufzählung zu widmen. Kritiker haben von der Weitschweifigkeit des Buches gesprochen, doch das vermeintliche Wuchern ist in Wahrheit numerische Exaktheit. Die zählenden Finger sind bei ihrer Arbeit, wie tief der Schlaf auch immer ist, und jene Donnerwörter haben immer exakt einhundert Buchstaben, nicht mehr, nicht weniger. Das ist keine Kindlichkeit; die Tiefgründigkeit der Bedeutung in Zahlen, mit allem Ernst dargelegt unter dem Witz des Unterrichtskapitels, durchdringt das ganze Buch.

Wenn Kritiker die Logik von *Finnegans Wake,* verborgen unter dem, was wie verrückte Wörter und unerträgliche Länge aussieht, zu akzeptieren bereit sind, werden sie dennoch zurückschrecken vor dem Mangel an dem, was sie Handlung nennen. Dies hier, sagen sie, wird uns als ein Roman hingestellt, und in einem Roman setzt man voraus, daß etwas passiert. Sowohl in *Finnegans Wake* als auch im *Ulysses* wird sehr wenig Muskelkraft ausgeübt, doch wir müssen uns davor hüten, den Umstand zu bejammern, daß zu den Joyceschen Stärken nie die Handlung im Sinne eines Sir Walter Scott zählte, daß er, obwohl er sich zur Epik hingezogen fühlte, schon früh den blutigen Stoff des Epischen zurückwies. Wir haben in seinem Werk gesehen, wie selbst die geringste Geste der Gewalt Erdbeben oder das Armageddon auslöst und das Universum sogar zu Atomen zerschmettert – Ereignisse, die zu apokalyptisch sind, um mehr als statische, komische Riten zu sein, eine endgültige Verspottung der Handlung, wie der Bestseller sie kennt. Er wies solche Handlung nicht als Vulgarität zurück, sondern nur als ein Merkmal, das die Sprache durch Aufblähung zu Schaden bringen könnte. Die Darstellung von Leidenschaft oder Gewalt sollte besser auf Gedanken oder Rede beschränkt bleiben, da der Druck von Faust oder Phallus, der ein physikalisches Klischee ist, beim Berichterstatten nach einem sprachlichen Klischee zu rufen scheint. Die Klischees des Dubliner Kneipengeredes oder des inneren Monologs eines Anzeigenagenten sind bloßer Naturalismus; der Rahmen von Symbolik und Poesie ist eine Neuschöpfung aus Wörtern und den Rhythmen von Wörtern, eher statisch als kinetisch. Der Roman sollte sich nach Shakespeares Sprache recken, nicht nach Shakespeares Bühnenanweisungen.

Aber Joyce war – natürlich – ein Mann der Familie, und die kleinen Begebenheiten des familiären Alltags hatten weit größere Bedeutung als die großen leidenschaftlichen öffentlichen Begebenheiten der Bücher auf den Wohnzimmerregalen. Sowohl im *Ulysses* als auch in *Finnegans Wake* trachtet er danach, die Geschichte auf ein bescheideneres Maß zu reduzieren, als ihren Maßstab die Erkältung seines Sohnes oder die Zahnschmerzen seiner Tochter zu nehmen, die dringende Bitte seiner Frau um mehr Haushaltsgeld und den zerbrochenen Zahnersatz, den reparieren zu lassen er sich nicht leisten konnte. Er verschrieb sich der Verherrlichung des durchschnittlichen Mannes und seiner Familie, indem er sie mit einer reichhaltigeren Sprache salbte, als mit kurzsichtigen Augen aufzuhäufen die Romantiker sich jemals die Zeit ließen, deren Augen voll des Universums waren. Man untersuche jenen Fleck auf dem Tischtuch, den Halbmond aus Dreck unter dem eigenen Daumennagel, die Zartheit jenes fragilen Aschenkegels an seiner billigen Zigarre, das Muster des Fäden ziehenden Teppichs, und man wird sehen, welche Wörter dies alles am genauesten und liebevollsten wiedergeben können. Die Wörter, die das Alltägliche verherrlichen, werden das Geprahle der Geschichte zähmen. Der Mond ist eine Tasse Kakao, und der Viconianische Kreislauf dreht sich mit dem Schläfer auf dem Bett mit den quietschenden Sprungfedern. Gleichzeitig nehme man Wörter auf und gebe sie ebenso weg, so daß ewige Mythen in genau eingefangener Säuglingssprache, dem Schlabbern der alten Vettel in Kruke oder Flasche oder einem dürftigen dümmlichen Lied im Radio ihren Ausdruck finden. Dies ist die Joycesche Kunst.

Es ist schließlich eine Kunst der präzisen Wiedergabe. Ich meine damit nicht, daß Joyces große Leistung allein darin bestanden hätte, das richtige Wort und den richtigen Rhythmus für die Sache zu finden, die schon vorhanden war, wartend in der D. B. C.-Teestube, wo Parnells Bruder »einen weißen Läufer« [U 345] zieht, oder am Ufer von Shakespeares Themse, wo die Schwänin »ihre junge Brut zu den Binsen treibt« [U 265]. Ich meine vielmehr, daß er sich die Aufgabe stellte, eine präzise und zwingende Sprache für das Vorstellbare wie auch das Wirkliche zu erschaffen und daß *Finnegans Wake* eine Übung darin ist, das beinahe Unvorstellbare wiederzugeben. Allein unter diesem Blickwinkel kann das Buch nicht ignoriert werden, obwohl phantasiebegabte Schriftsteller es weiterhin ignorieren, vielleicht aus Furcht, zugeben zu müssen, daß sie, wie der junge Stephen Dedalus, »noch viel, viel zu lernen« [U 201] haben. Joyce setzt auch weiterhin denen, die gut zu schreiben bestrebt sind, die höchsten Maßstäbe von allen Autoren außer Shakespeare, Milton, Pope und Hopkins. Sein Gebirge ragt am Ende jener Straße, in der so viele von uns bei heruntergezogenen Jalousien arbeiten, zu ängstlich, um hinauszuschauen. So lange wir seine Herausforderung ignorieren, können wir auch in Zukunft mit dem zufrieden sein, was die Welt gutes Schreiben nennt – mit Klassizismus-Parodien, gutem Betragen und dünnem Tee, dem aufgemotzten Journalismus, dem ununsinnigen Schlichtgestrickten, den asthmatischen Krämpfen des Freiluftinvaliden, den phallischen Zuckungen der in Wahrheit Impotenten. Doch wenn wir ihn gelesen und auch nur ein Jota von seiner Substanz aufgenommen haben, kann weder die Literatur noch das Leben jemals wieder ganz so sein wie zuvor. Wir werden eine verwirrende Freude am Alltäglichen finden, die meistbesudelte Stadt als ein Diagramm des Himmels ansehen und uns gegen alle übermächtigen Widerstände einen kaum haltbaren Optimismus leisten.

ANHANG

Abkürzungen

Zur Verkürzung der Quellenhinweise werden für die wichtigsten Joyceschen Texte folgende Abkürzungen verwendet:

D   = James Joyce, *Dubliner*, übersetzt von Dieter E. Zimmer (Frankfurt a. M.: Suhrkamp 1974/BS 418); in der Seitenzählung identisch mit allen anderen Suhrkamp-Ausgaben der Zimmer-Übersetzung.

FW   = James Joyce, *Finnegans Wake* (London: Faber and Faber 1975); in der Seitenzählung identisch mit allen anderen Ausgaben (z. B.: Frankfurt a. M.: Suhrkamp 1986/es 1439). *Diese Originalfassung ist Übersetzungsgrundlage!*
Die angeführten Zitate aus *FW* 593–619 stammen aus einer bislang unveröffentlichten Übersetzung von Ulrich Blumenbach und Reinhard Markner. Alle weiteren Textstellen wurden von Friedhelm Rathjen übertragen.

FWD   = James Joyce, *Finnegans Wake Deutsch. Gesammelte Annäherungen,* herausgegeben von Klaus Reichert und Fritz Senn (Frankfurt a. M.: Suhrkamp 1989/es 1524).
Teilfassungen der Übersetzer:
HB = Harald Beck; UB = Ulrich Blumenbach und Reinhard Markner; KH = Klaus Hofmann, Birgit König, Peter Otto, Klaus Reichert, Elisabeth Ruge, Reinhard Schäfer, Rüdiger Thonius, Dirk Vanderbeke; IH = Ingeborg Horn; HW = Hans Wollschläger; die nicht gesondert gekennzeichneten Texte aus dieser Ausgabe wurden von Friedhelm Rathjen übertragen.

GG   = James Joyce, *Gesammelte Gedichte. Anna Livia Plurabelle,* übersetzt von Wolfgang Hildesheimer und Hans Wollschläger (Frankfurt a. M.: Suhrkamp 1986/es 1438); benutzt nur für den Gedichtteil, der von Wollschläger allein übersetzt wurde.

KS   = James Joyce, *Kritische Schriften,* übersetzt von Hiltrud Marschall-Grimminger (Frankfurt a. M.: Suhrkamp 1972/BS 313); in der

Seitenzählung *nicht* identisch mit der Ausgabe *Kleine Schriften* innerhalb der Werkausgaben.

P = James Joyce, *Ein Porträt des Künstlers als junger Mann*, übersetzt von Klaus Reichert (Frankfurt a. M.: Suhrkamp 1973/BS 350); die Seitenzahlen für den Band *Stephen der Held. Ein Porträt des Künstlers als junger Mann* der Werkausgaben ergeben sich durch Addition von 248 (z. B. P 23 = S. 271 des Werkausgaben-Bandes 2).

SH = James Joyce, *Stephen der Held*, übersetzt von Klaus Reichert (Frankfurt a. M.: Suhrkamp 1973/BS 338); in der Seitenzählung identisch dem Werkausgaben-Band 2.

U = James Joyce, *Ulysses*, übersetzt von Hans Wollschläger (Frankfurt a. M.: Suhrkamp 1979); in der Seitenzählung identisch mit allen anderen Suhrkamp-Ausgaben der Wollschläger-Übersetzung.

V = James Joyce, *Verbannte*, übersetzt von Klaus Reichert (Frankfurt a. M.: Suhrkamp 1968/BS 217); *nicht* seitenidentisch mit anderen Ausgaben.

Editorische Notiz

Anthony Burgess' Joyce-Einführung *Here Comes Everybody* erschien erstmals 1965 bei Faber and Faber in London; ebenfalls 1965 erschien bei W. W. Norton in New York eine amerikanische Ausgabe unter dem Titel *ReJoyce*. Die Londoner Erstausgabe wurde 1969 im selben Verlag nachgedruckt. 1970 gab es eine weitere Ausgabe, die im Prinzip ein Faksimile-Nachdruck der früheren war; lediglich die ersten drei Seiten des Kapitels »Solemnisations« (»Zeremonisierungen«) wurden neu gesetzt, um einige kleinere Veränderungen und Aktualisierungen vorzunehmen. Die vorliegende Neuübersetzung folgt dieser aktualisierten Ausgabe von *Here Comes Everybody*. Sie ist, dem Brauch des Verlages folgend, vollständig und möglichst wortgetreu; da es sich um einen Sachtext handelt, wurden an einigen wenigen Stellen allerdings geringfügige Abweichungen vom Original vorgenommen, wo es geboten schien, dem deutschen Leser sonst unverständliche Einzelheiten auf diese Weise zu erhellen. Erläuternde Zusätze im eigentlichen Sinne finden sich hingegen in den Anmerkungen.

Für die zahlreichen Zitate sowohl aus Joyceschen als auch aus sonstigen Werken wurde nach Möglichkeit auf deutsche Standardübersetzungen zurückgegriffen; auch Anspielungen, Zusammenfassungen und indirekte Zitate wurden stets so übersetzt, daß sie mit der sprachlichen Gestalt der neueren deutschen Joyce-Übersetzungen in Einklang stehen. Werktitel literarischer wie auch sonstiger Natur werden nach den gebräuchlichen deutschen Versionen zitiert; Titel von Werken, die nicht auf deutsch vorliegen, wurden dagegen im Original belassen.

Erhebliche Probleme ergaben sich daraus, daß für das Joycesche Spätwerk *Finnegans Wake* brauchbare deutsche Fassungen nur in Ausschnitten existieren, die zudem von unterschiedlichen Übersetzern stammen und daher nicht immer konsistent sind. Soweit vorhanden, wurde für *Wake*-Zitate auf die Teilübersetzungen des in der edition suhrkamp erschienenen Bandes *Finnegans Wake Deutsch* zurückgegriffen, wobei die genannte Inkonsistenz in Kauf genommen wurde – nicht zuletzt, um deutlich zu machen, daß *keine* Übersetzungsmethode die Qualitäten des *Wake* auf allen Ebenen ins Deutsche zu bringen vermag und sich die einzelnen Methoden daher gegenseitig ergänzen. Für das kurze Schlußkapitel von *Finnegans Wake* konnte außerdem eine unveröffentlichte deutsche Fassung von Ulrich Blumenbach und Reinhard Markner benutzt werden; der überwiegende Teil der Zitate hingegen wurde eigens für diesen Band übersetzt. *Wake*-Übersetzungen können im übrigen immer nur Annäherungen sein, und jeder Leser, dessen Englischkenntnisse dies erlauben, sollte sich deshalb bei der Lektüre den Originaltext von *Finnegans Wake* danebenlegen und vergleichen; in den Anmerkungen wird zu jedem neu übersetzten *Wake*-Zitat zu diesem Zweck auch die Fundstelle des Originaltextes angegeben, der in allen Ausgaben identisch paginiert ist – auch in derjenigen innerhalb der edition-suhrkamp-Werkausgabe und auch in derjenigen, die die Grundlage für *Arno Schmidts Arbeitsexemplar von Finnegans Wake by James Joyce* (Zürich: Haffmans 1984) bildet. – Grundsätzlich für die *Wake*-Zitate nicht berücksichtigt wurden – sowohl aus allgemeinen qualitativen Erwägungen als auch aus solchen der Brauchbarkeit für die spezifischen Zwecke dieses Buches – die »Lesbarmachungen« von Arno Schmidt; ähnliches gilt für Dieter Stündels inzwischen publizierte »Kainnäh ÜbelSetzZung des Wehrkeß fun Schämes Scheuß« unter dem Titel *Finnegans Wehg.*

Anmerkungen

Da der Anmerkungsapparat ohnedies umfänglich genug ist, wird darauf verzichtet, Selbstverständlichkeiten zu erläutern; das vorliegende Buch wendet sich zwar an den einfachen Leser, jedoch an einen, der mit den Namen William Blake und Aldous Huxley etwas verbindet. Autorennamen werden daher nur dann mit einer Anmerkung versehen, wenn sie nicht so bekannt sind, daß sie sogar in einbändige, abwaschbare und reich bebilderte Konversationslexika Eingang gefunden haben; literarische Werke werden nur dann identifiziert, wenn der Verfassername nicht ohnehin gleich daneben steht; Sacherklärungen beschränken sich auf das, was nicht Allgemeingut ist. Im übrigen wird darauf vertraut, daß das Buch gelesen wird, wie es geschrieben wurde und es der Logik seines inneren Aufbaus entspricht, nämlich von vorne nach hinten; einmal von Burgess oder in den Anmerkungen Erläutertes wird beim zweiten Auftauchen als bekannt vorausgesetzt. Für die fast immer eine inflationäre Zahl von kryptischen Anspielungen und Querverweisen transportierenden Joyce-Zitate gilt, daß nur das erklärt wird, worauf Burgess in seiner Argumentation Bezug nimmt; der Leser möge sich daran gewöhnen, daß man bei der Joyce-Lektüre durchaus auf seine Kosten kommen kann, ohne sogleich alles restlos verstehen zu müssen.

Seite 8

»Stuart Gilberts Studie *Das Rätsel des Ulysses*«: James Joyce's Ulysses – a study by *Stuart Gilbert* (London: Faber and Faber 1930; revidierte Ausgabe 1952); deutsche Ausgabe: *Das Rätsel Ulysses* (Frankfurt a. M.: Suhrkamp 1977/st 367).

»*A Skeleton Key* (...) Henry Morton Robinson«: erschienen zuerst 1944 in New York (Harcourt, Brace and Company) und 1947 in London (Faber and Faber). Zur Zeit ist eine amerikanische Paperbackausgabe (bei Penguin) lieferbar, die jedoch in Europa nicht verkauft werden darf.

»Adaline Glasheens *A Census of Finnegans Wake*«: erschien zuerst 1957 in London (Faber and Faber) und Evanston (Northwestern University); überarbeitete Fassungen als *Second Census of Finnegans Wake* (Evanston: Northwestern University Press 1963) und *Third Census of Finnegans Wake* (Berkeley: University of California Press 1977).

»*Our Exagmination* (...) Work in Progress«: erschien unter diesem Titel zuerst 1936 in London (Faber and Faber); verschiedene Nachauflagen, auch unter dem Titel *Finnegans Wake – A Symposium*. Beiträger des Bandes waren Samuel Beckett,

Marcel Brion, Frank Budgen, Stuart Gilbert, Eugene Jolas, Victor Llona, Robert McAlmon, Thomas McGreevy, Elliot Paul, John Rodker, Robert Sage und William Carlos Williams; abgedruckt waren auch zwei Protestbriefe, deren einer in deutscher Sprache vorliegt: Vladimir Dixon, »Ein Brüf an Mr. James Joyce«, übersetzt von Werner Schmitz (in *Der Rabe 2*, Zürich: Haffmans 1983, S. 215).

»Edmund Wilsons *Axels Schloß* und *The Wound and the Bow*«: Wilsons *Axel's Castle. A Study in the Imaginative Literature of 1870–1930* erschien zuerst 1931 in New York (Charles Scribner's Sons) und wurde mehrfach nachgedruckt; deutsche Ausgabe: *Axels Schloß* (Berlin: Ullstein 1980/Ullstein Materialien 35050).

The Wound and the Bow erschien zuerst 1941 in New York und 1947 in London (Oxford University Press); von Interesse ist darin der Essay »The Dream of H. C. Earwicker«.

»Harry Levins *James Joyce*«: Levins Buch *James Joyce. A Critical Introduction* erschien zuerst 1941 in Norfolk (New Directions); revidierte Ausgabe 1960 (ebd. und London: Faber and Faber); deutsche Ausgabe: *James Joyce. Eine kritische Einführung* (Frankfurt a. M.: Suhrkamp 1977/BS 459).

»Richard Ellmanns (…) *James Joyce*«: erschien zuerst 1959 (New York: Oxford University Press); revidierte Ausgabe 1982 (ebd.); deutsche Ausgaben 1961 (Zürich: Rhein-Verlag) und 1979 (Frankfurt a. M.: Suhrkamp/st 473); eine revidierte deutsche Ausgabe ist im Suhrkamp Verlag in Vorbereitung.

Seite 9

»Herbert Gormans (…) *Meines Bruders Hüter*«: Gormans Biographie *James Joyce* (Hamburg: Claasen 1957) erschien zuerst 1940 (New York: Farrar and Rinehart); die revidierte Fassung 1948. Frank Budgens *James Joyce and the Making of* Ulysses (London: Grayson & Grayson 1934) wurde mehrfach nachgedruckt, zuletzt 1972 (London: Oxford University Press); deutsche Ausgabe: *James Joyce und die Entstehung des* Ulysses (Frankfurt a. M.: Suhrkamp 1976). Stanislaus Joyces *My Brother's Keeper* (New York: Viking Press 1958; diverse Nachdrucke) wurde von Arno Schmidt ins Deutsche übersetzt (Frankfurt a. M.: Suhrkamp 1960; Nachdruck als Paperback ebd. 1975/st 273).

»*Briefe*«: *Letters of James Joyce,* Bd. I, herausgegeben von Stuart Gilbert (New York: Viking Press 1957; London: Faber and Faber 1959), Bde. II u. III, herausgegeben von Richard Ellmann (ebd. 1966). Eine dreibändige deutsche Ausgabe erschien als *Briefe* innerhalb der Frankfurter Werkausgabe (Frankfurt a. M.: Suhrkamp 1969/1970/1974; in der Taschenbuchausgabe der Werke nicht enthalten).

Seite 13

»Groundhog Day«: der Tag des *Groundhog*, d. h. des amerikanischen Murmeltiers, das mit dem britischen *Marmot* verwandt, aber nicht identisch ist. Am Ende des Winterschlafs linst das Groundhog vorsichtig aus seinem Bau, um zu sehen, ob der Frühling da ist; wird es von der Sonne geblendet, so verkriecht es sich wieder, da ihm dies ein Zeichen von Frostklare und Schnee (der das Sonnenlicht reflektiert) ist.

»Tod des ersten christlichen Märtyrers«: Der Erstlings- oder Erzmärtyrer Stephanus wurde gesteinigt (vgl. Apostelgeschichte 6/7) und später heiliggesprochen; sein Tag ist der 26. 12.

Seite 15
»Lady Chatterley«: »Lady Chatterley's Lover« von D. H. Lawrence entstand 1926/7, konnte aber erst im Jahr darauf und nur in Florenz in einer privaten Ausgabe erscheinen; wegen der darin enthaltenen Freizügigkeiten gab es vor 1959 keine reguläre ungekürzte Ausgabe.

»The Well of Loneliness«: Der Roman über lesbische Liebe, geschrieben von der Schriftstellerin Radclyffe Hall, löste bei seinem Erscheinen 1928 heftige Proteste aus und wurde in England und Amerika verboten. Danach wurde das Buch in Paris gedruckt und gelangte dort in einer Theateradaptation sogar auf die Bühne, wo es bei der Premiere tumultartige Szenen heraufbeschwor.

»Decamerone«: zu deutsch *Zehntage-Werk* freizügige Novellensammlung des italienischen Dichters Giovanni Boccaccio aus der Mitte des 14. Jahrhunderts.

Seite 17
»Ihr hold gelbes (…) im Wüsten«: aus Gerard Manley Hopkins, *Gedichte,* übersetzt von Ursula Clemen und Friedhelm Kemp (Stuttgart: Reclam 1973/RUB 9440–42), S. 93 (»Gedeutet von Blättern der Sibylle«).

Seite 18
»Zu dreist (…) Himmel diese erhört«: Hopkins, a. a. O., S. 63.

»Aquin«: Thomas von Aquin (ca. 1225–1274), auch Thomas Aquinas oder der Aquinate; italienischer Dominikaner; der bedeutendste Philosoph und Theologe des Mittelalters; später heiliggesprochen.

»Duns Scotus«: Johannes Duns Scotus (1265–1308); franziskanischer Scholastiker aus Schottland, der sich mit der Lehre Thomas von Aquins auseinandersetzte.

»Herdfeuer (…) unsrer Gedanken«: Hopkins, a. a. O., S. 25 (»Der Schiffbruch der Deutschland«, Strophe 35).

Seite 19
»Den vorderen Kellerraum (…) zu illustrieren«: Passage aus *Trustee from the Toolroom (Sachwalter des Werkzeuglagers)* von Nevil Shute.

»Ganz abgesehen (…) Beitrag entrichten«: aus Ian Fleming, *007 James Bond: Mondblitz* (Bern/München/Wien: Scherz 1989), S. 24/25. Der 1908 geborene frühere britische Geheimdienstmann Fleming starb im August 1964, während Burgess sein Joyce-Buch schrieb.

Seite 21
»P. G. Wodehouse, Richard Gordon«: ersterer (1881–1975) schrieb zahlreiche Komödien und Musicals von derbem Humor; letzterer (geb. 1921) ist ein erfolgreicher britischer Autor von Unterhaltungsromanen.

Seite 24

»Es ist das Gesicht (…) verfolgt wird«: aus George Orwell, *Charles Dickens. Ein Essay,* übersetzt von Manfred Papst (Zürich: Diogenes 1986/detebe 21398), S. 95.

Seite 25

»Evelyn Waugh«: englischer Romanschriftsteller (1903–66), der sich satirisch mit den oberen Zehntausend beschäftigte; trat 1930 zur römisch-katholischen Kirche über.

»Introibo ad altare Dei«: lateinische Form des ersten Verses von Psalm 43,4: »Daß ich hineingehe zum Altar Gottes.«

Seite 26

»Neben Schweigen und List (…) die Verbannung«: vgl. P 278: »und ich will versuchen, mich in irgendeiner Art Leben oder Kunst so frei auszudrücken, wie ich nur kann, und so vollständig, wie ich kann, und zu meiner Verteidigung nur die Waffen benutzen, die ich mir selbst gestatte – Schweigen, Verbannung und List.«

»ungeschaffne Gewissen (…) die Schmiede«: vgl. P 285: »Als Millionster zieh ich aus, um die Wirklichkeit der Erfahrung zu finden und in der Schmiede meiner Seele das ungeschaffne Gewissen meines Volkes zu schmieden.«

»Amor matris«: lat.: »Mutterliebe« (sowohl im Sinne von »Liebe der Mutter« als auch von »Liebe zur Mutter«).

Seite 27

»non serviam«: lat.: »ich werde nicht dienen.« In der Bibel wird dieser Satz mit Luzifer, dem Teufel, in Verbindung gebracht; vgl. Jeremia 2, 20.

*»yin-*Seite *(…) yang«:* in der chinesischen Philosophie die Paarung aus dunkler weiblicher Urkraft als empfangendem Prinzip *(yin)* und lichter männlicher Urkraft als schöpferischem Prinzip *(yang).*

Seite 29:

»George Russell (A. E.)«: Russell (1867–1935) war Lyriker, Essayist, Maler, Theosoph, Mystiker, Agrarökonom und Herausgeber einer Landwirtschaftszeitung; das Kürzel »A. E.« beruht auf dem Mißverständnis eines Setzers, der das feinsinnige Pseudonym »Aeon« nicht entziffern konnte. Russell tritt in der 9. *Ulysses*-Episode unter eigenem Namen auf.

»HJM«: Heilige Jungfrau Maria; im Original »BVM« *(= Blessed Virgin Mary).*

Seite 30

»Bruder John«: vgl. Stanislaus Joyce, *Meines Bruders Hüter,* übersetzt von Arno Schmidt (Frankfurt a. M.: Suhrkamp 1960), S. 186/187: »Um eine gewisse vermeintliche Gesetztheit in meinem Charakter anzuschmitzen, hatte er mir den Beinamen ›Bruder John‹ – also ›Chinese‹ – gegeben.«

»Meines Bruders Hüter«: Der Titel ist ein Bibelzitat. Vgl. 1. Mose 4,9: »Soll ich meines Bruders Hüter sein?« (Kain über Abel.)

»daß ein Mädchen mit einem solchen Namen seinen Sohn nie verlassen würde«: »Barnacle« ist der Name eines Küstenvogels, nämlich der Bernikelgans, hat aber im Englischen auch noch die Nebenbedeutung »Klette«.

Seite 31

»eine logische Absurdität gegen eine unlogische einzutauschen«: vgl. *Porträt:* »Was für eine Befreiung wäre das, eine Absurdität, die logisch und kohärent ist, aufzugeben und sich in die Arme von einer anderen zu stürzen, die unlogisch und inkohärent ist?«

»Alle Gesetze waren schlecht; verflucht seien die Bande, gesegnet deren Lockerung«: Anspielung auf William Blake.

»Jesuitenzug verkehrtherum eingeimpft«: vgl. U 14: »Weil du den verfluchten Jesuitenzug in dir hast, bloß daß er dir verkehrtherum eingeimpft worden ist (Mulligan zu Stephen).«

Seite 32

»Geschichte von Maria und Josef und der Taube«: vgl. U 59, 549, 685.

»Heil Maria (…) Teer ist mit dir«: so nicht in Joyces Romanen; vgl. aber FWD 218: »Ach helf dir doch Gott, Maria, gonadenreiche, der Herbst ist mit mir!« (übersetzt von Hans Wollschläger).

Seite 34

»Jesus von (…) Ende, Oh HERR!«: Stanislaus Joyce, *Meines Bruders Hüter,* a. a. O., S. 45.

»das *Buch von Kells*«: das *Book of Kells* ist ein kunstvoll illuminierter Psalter aus dem 8. oder frühen 9. Jahrhundert; es wird heute in der Bibliothek des Trinity College in Dublin verwahrt und gilt als eines der wichtigsten Zeugnisse mittelalterlicher Buchkunst.

»Synge«: John Millington Synge (1871–1909); größter irischer Dramatiker vor Beckett; er lebte eine Zeitlang unter einfachen Leuten im irischen Westen und insbesondere auf den vorgelagerten Aran-Inseln und schuf aus der Erfahrung dieser Reisen Stücke, die sich zwar aus den Sujets und der Sprache der irischen Landbevölkerung speisten, aber gleichzeitig Anschluß an die europäische Moderne suchten.

»Bardenminister«: Anspielung auf den Dichter William Butler Yeats (1865 bis 1939), der von 1922 bis 1928 Senator des irischen Freistaats war.

Seite 35

»O'Leary«: John O'Leary (1830–1907); irischer Freiheitskämpfer und einer der Anführer der Fenierbewegung; Yeats bezeichnete ihn im Jahre 1913 als letzten Repräsentanten des »romantischen Irland«. Vgl. Anm. zu S. 163.

Seite 36

»Parnell (…) Parnells Hauptfeind«: Charles Stewart Parnell (1846–91); Politiker und Führer der irisch-nationalistischen Partei im britischen Unterhaus, bevor er des Ehebruchs bezichtigt und vom katholischen irischen Klerus und seinen Anhängern gestürzt wurde. Er starb kurze Zeit darauf und wurde postum zum hintergangenen Anführer der Iren und zum toten König verklärt. Sein Protégé Timothy Michael Healy (1855–1931) beteiligte sich auf besonders eifrige Weise an der Hetzjagd der Kleriker auf ihn.

Seite 37

»die Christian Brothers und die Priester von Maynooth«: Christian Brothers (»christliche Brüder«); Bruderschaft aus römisch-katholischen Laien, die einem zeitlich begrenzten Gelübde unterlagen; sie unterhielten u. a. Schulen, die deutlich billiger waren als die der Jesuiten, aber auch entsprechend weniger Ansehen genossen. Das Städtchen Maynooth im Westen von Dublin beherbergt mit dem St. Patrick College das Zentrum der römisch-katholischen Machtstrukturen Irlands.

Seite 47

»zu Recht Furey genannt«: Das englische Wort *fury* heißt soviel wie »Zorn«, »Raserei«, »Ungestüm«; man denke auch an die Furien.

Seite 49

»Wer ist wer wenn ein jeder jemand anderer ist«: vgl. Glasheen, *Third Census of Finnegans Wake,* a. a. O., S. 72: *Who is Who When Everybody is Somebody Else.*

Seite 50

»die Occamsche Klinge«: Wilhelm von Occam oder Ockham (ca. 1285–1349); franziskanischer Theologe und Philosoph, verfocht die These, die freie göttliche Gnadenwahl sei von menschlichen Verdiensten völlig unabhängig. Nachdem er als Irrlehrer angeklagt worden war, forderte er in seinen Streitschriften eine scharfe Trennung von Kirche und Staat.

Seite 51

»*Juno und der Pfau*«: Schauspiel (1924) des irischen Dramatikers Sean O'Casey (1880–1964).

»das ›Chassis‹ der Welt«: vgl. Sean O'Casey, *Dubliner Trilogie. Der Schatten eines Rebellen/Juno und der Pfau/Der Pflug und die Sterne* (Zürich: Diogenes 1972/detebe 2/II), S. 87: »die ganze Welt is nur noch ein einziges Chassis!«

»was sind die Sterne«: ebd., S. 92.

Seite 53

»Ein Porträt des Künstlers«: der Text ist abgedruckt in *Materialien zu James Joyces Ein Porträt des Künstlers als junger Mann,* herausgegeben von Klaus Reichert und Fritz Senn (Frankfurt a. M.: Suhrkamp 1975/es 776), S. 9–16.

»*Stephen Hero: Part of* (…) *Young Man*«: Der umständliche Untertitel der englischsprachigen Ausgabe ist in der deutschen Fassung *Stephen der Held* fortgelassen worden. Das Buch erschien erstmals 1944.

Seite 55

»Zaunkönig (…) ›König aller Vögel‹«: Anspielung auf das irische Volkslied

»The Wren, the Wren, the King of All Birds«, das in früheren Jahrhunderten von den Wren-Boys (den Zaunkönigsburschen) gesungen wurde, während sie am Stephanstag (also dem ersten Weihnachtstag) von Haus zu Haus zogen und um Gaben für die abendliche Feier warben. Anfang des Liedes: »The Wren, the wren, the king of all birds, / Saint Stephen's Day was caught in a furze, / Although he is little, his family's great; / I pray you, good landlady, give us a treat.«

Seite 59

»Richmal Magnalls Fragen«: Richmal Magnall war eine englische Schulmeisterin und Autorin von Schulbüchern.

»Träume aus dem *Grafen von Monte Cristo*«: Der Abenteuerroman *Le Comte de Monte-Cristo* (1844/45) von Alexandre Dumas père (1802–70) dreht sich um den eingekerkerten edlen Kapitän Edmond Dantès, der am Hochzeitstag von einem Schurken um seine Reichtümer und seine schöne Frau Mercedes gebracht wird.

Seite 60

»A. M. D. G.«: lat. »*Ad maiorem Dei gloriam*« = »zur größeren Ehre Gottes«; Wahlspruch der Jesuiten.

»L. D. S.«: lat. »*laus Deo semper*« = »Preis sei Gott immerdar«.

»ein Vogel, sein Schulfreund Heron«: Der Name Heron ist gleichzeitig das englische Wort für den Reiher.

»das *Confiteor*«: lat. für »ich bekenne«; das Sündenbekenntnis im christlichen Gottesdienst.

Seite 68

»*lex aeterna*«: lat. für »ewiges Gesetz«; der Begriff stammt aus der *Summa Theologica* von Thomas von Aquin.

Seite 69

»das Viatikum«: lat. für »Wegzehrung«; in der katholischen Kirche die dem Sterbenden gereichte letzte Kommunion.

»Guido Cavalcanti«: italienischer Dichter (ca. 1255–1300); Freund Dantes.

Seite 71

»Epiktets Lampe«: Der griechische Stoiker Epiktet (ca. 50–138) tat sich hervor, indem er die Philosophie in den Dienst der sogenannten praktischen Lebensweisheiten stellte.

»Trichter (…) Seiger«: vgl. P 211 f.

Seite 72

»Zugenäht!«: Im Original steht *Your Soul!*, also wörtlich: »Deine Seele!«

Seite 77

»Fleet Street«: das Londoner Zeitungsviertel.

»Anhänger Austin Dobsons«: Henry Austin Dobson (1840–1921); Meister der »leichten Verse«, Stilimitationen und Parodien.

»Swinburnianismus«: Algernon Charles Swinburne (1837–1909); Autor von Versen voller suggestiver, hypnotisierender Rhythmen, die allerdings sprachlich nicht immer sehr präzise waren.

Seite 78

»Yeats' *Gräfin Cathleen*«: Das *Irish Literary Theatre* in Dublin, gegründet von Yeats, Lady Gregory, Edward Martyn und George Moore, nahm den Spielbetrieb 1899 mit Yeats' *Countess Cathleen* auf. Bei der Uraufführung inszenierte der nationalistische Pöbel tumultartige Szenen.

Seite 79

»Giraldus Cambrensis«: latinisierte Form von Gerald von Wales (verm. 1146 bis 1220), der 1184 Irland besuchte und darüber zwei Berichte namens *Topographia Hibernica* und *Expugnatio Hibernica* verfaßte.

»*Pernobilis et pervetusta familia*«: lat. für »Aus einer sehr edlen und sehr vornehmen Familie«.

»Lichte senkt sich aus der Luft«: Die Zeile stammt aus einem *Song* des Lyrikers und Dramatikers Thomas Nashe (1567–ca. 1601) aus dessen Stück *Summer's Last Will and Testament* (1592). Vgl. die falsche Zitierung der Zeile durch Stephen in P 262: »Dunkel senkt sich aus der Luft.« Der Zusammenhang mit Luzifer ergibt sich aus der Etymologie (Luzifer = Lichtbringer); nach einer kombinierten Lesart von Jesaja 14,12 (»Wie bist du vom Himmel gefallen, du schöner Morgenstern«) und Lukas 10,18 (»Ich sahe wohl den Satan vom Himmel fallen als einen Blitz«) senkte sich der Teufel »lichte aus der Luft«.

Seite 82

»*Om*«: die magische Silbe des Brahmanismus (indische Religionsrichtung).

»*ignotae artes*«: lat. »*Et ignotas animum dimittit in artes*« = »Und er richtet seinen Geist auf unbekannte Künste«; vgl. P 5; dieses Motto seines Romans entnahm Joyce Ovids *Metamorphosen*, VIII, 188.

Seite 84

»E. J. Moeran«: Komponist (Daten nicht zu ermitteln); steuerte die Vertonung eines der Gedichte aus *Pöme Penysstück* zu dem 1931 von Herbert Hughes herausgegebenen Band *The Joyce Book* bei.

Seite 85

»Welladay! Welladay! / For the winds of May!«: In Wollschlägers deutscher Fassung (GG 23) nicht nachvollziehbar: »Maienwind! Maienwind! / Wehst so geschwind!«

»Of Love in ancient plenilune«: Wollschläger (GG 29) übersetzt: »Von Liebe, die im Vollmond wohnt«.

»Epithalamium«: Wollschläger (GG 31) übersetzt: »Ein Hochzeitssang!«

»Noël Coward«: Coward (1899–1973) war ein im quantitativen Sinne sehr produktiver Schauspieler, Regisseur, Kabarettist, Dramatiker und Autor fiktionaler wie auch autobiographischer Prosa.

»Ich bin wieder ein Junge, der Vergil liest«: zitiert aus dem nicht in deutscher Sprache vorliegenden Drama *The Brass Butterfly (Der Messingschmetterling)* von William Golding (geb. 1911).

Seite 89

»(...) Wenn's dir nicht (...) blöd, sagt' ich (...)«: aus T. S. Eliot, *Das wüste Land,* englisch und deutsch, übersetzt von Ernst Robert Curtius (Leipzig: Insel 1990/ IB 1089), S. 19.

»(...) In Schloßes (...) sind?«: Großschreibung den Konventionen des lyrischen Zeilenfalls angeglichen.

Seite 90

»William Archer«: Archer (1856–1924) war vornehmlich Theaterkritiker, aber auch der offizielle Übersetzer Ibsens ins Englische; in dieser Eigenschaft dankte er dem jungen Joyce im Jahre 1900 in Ibsens Namen für seinen Artikel über ein Ibsen-Stück, woraus sich ein vorübergehender Kontakt ergab.

»*annus mirabilis«:* lat. für »Wunderjahr«.

Seite 94

»*The Sacred Wood* (...) *Gerontion«:* Erstgenanntes war eine sehr einflußreiche Essaysammlung (erschienen 1920) und letztgenanntes ein 1920 in der Sammlung *Poems* veröffentlichtes Gedicht von T. S. Eliot (1888–1965). *Gerontion* war von Eliot ursprünglich als Einleitung zu *Das wüste Land* gedacht.

»James Clarence Mangan«: englischsprachiger irischer Lyriker (1803–49).

»Verismo ed idealismo nella letteratura inglese«: ital.: »Wahrheit und Idealismus in der englischen Literatur.«

»Schöpfer des Riesen Albion«: Anspielung auf Blakes prophetisches Gedicht *Visions of the Daughters of Albion* von 1793; Albion ist eine Personifikation Englands.

»Züge erfüllter Begierde«: Es handelt sich um ein Zitat aus zwei kurzen Blake-Gedichten.

Seite 95

»Home Rule«: engl.: »Selbstregierung«; Schlagwort der irischen Unabhängigkeitsbestrebungen.

Seite 96

»Nur aus Neukerrier (...) Übelziehern erkleert«: eigene Übersetzung aus *The Critical Writings of James Joyce,* ed. by Ellsworth Mason und Richard Ellmann (Ithaca, New York: Cornell University Press 1989), S. 259/260.

»Jabberwocky«: Titelheld eines nonsensikalischen Gedichts in *Alice hinter den Spiegeln* (1872) von Lewis Carroll (eigentlich Charles Lutwidge Dodgson,

1832–98). In Christian Enzensbergers deutscher Fassung wird der Jabberwocky zum »Zipferlak«.

Seite 101

»die zweibändige Ausgabe der Odyssee Press«: Im Dezember 1932 erschien in Christian Wegners Verlag The Odyssee Press in Hamburg eine von Stuart Gilbert mitbetreute Ausgabe des *Ulysses*-Originaltextes; bis 1939 gab es insgesamt vier Auflagen, deren letzte die verläßlichste Ausgabe vor 1984 war.

Seite 117

»Nobodaddy«: der Begriff stammt aus William Blakes Gedichten *To Nobodaddy* und *Let the Brothels of Paris be opened* und wird von Joyce zitiert in U 288 und 553. Arno Schmidt nannte seine Romantrilogie *Nobodaddy's Kinder*.

»*Et unam sanctam (…) ecclesiam*«: lat. für »und in einer heiligen katholischen und apostolischen Kirche«.

Seite 118

»Blaubuch von Eccles«: FWD 142, KH.

Seite 123

»Gefabelt von den Töchtern der Erinnerung«: Es handelt sich um ein etwas umgestelltes Zitat aus William Blakes *A Vision of the Last Judgement* von 1810.

Seite 124

»*maestro di color che sanno*«: Der Satz von Dante über Aristoteles findet sich im *Inferno*.

Seite 125

»Houyhnhnms«: die hochvernünftigen und auf stoische Weise selbstgenügsamen Pferde, in deren Land der 4. Teil von Jonathan Swifts Satire *Gullivers Reisen* spielt.

»rasender Dekan«: Swift war Dekan in Dublin.

Seite 126

»*C'est le pigeon, Joseph*«: U 59; zu deutsch: »Das ist die Taube, Josef«. Der Satz stammt aus *La vie de Jésus* von Léo Taxil und ist die Antwort auf die Frage: *Qui vous a mis dans cette fichue position?* (»Wer hat dich in diesen fürchterlichen Zustand gebracht?«).

»Wildgänse«: seit dem Ende des 17. Jahrhunderts eingebürgerte Bezeichnung für Iren, die es vorziehen, in der Verbannung zu leben, statt in einem von England beherrschten Irland zu wohnen.

Seite 128

»Spieß das fest (…) Schreibtäfelchen«: Anspielung auf *Hamlet* I, 5,107.

Seite 133

»Love's Old Sweet Song«: der ominöse englische Titel bedeutet »Altes süßes Lied der Liebe«.

Seite 135

»dolce far niente«: süßes Nichtstun.

Seite 136

»Mrs. Bandman Palmer«: Millicent Palmer (1865–1905); amerikanische Schauspielerin, die im Juni 1904 in Dublin gastierte.

»Leah«: Leah the Forsaken (1862) des amerikanischen Dramatikers John Augustin Daly (1838–99) war eine Übersetzung und Adaptation des Stückes *Deborah* (1850) von Salomon Hermann Mosenthal (1821–77).

Seite 137

»Ich hab Dich (...) Weltchen nicht mag«: eigene Übersetzung, da in Wollschlägers Fassung der Witz des Verschreibers nicht nachzuvollziehen ist; vgl. U 108: »weil ich von den andern Welten nichts wissen mag.«

»Shamrock«: der dreiblättrige Klee, an dem der Heilige Patrick die Dreifaltigkeit erläuterte.

Seite 142

»Sir Philip Crampton, Farrell, Smith O'Brien«: Crampton (1777–1858) war ein Dubliner Generalstabsarzt in Diensten der englischen Königin; Thomas Farrell (1827–1900) war ein irischer Bildhauer; O'Brien (dessen Standbild in der Dubliner Innenstadt Farrells Werk war; er lebte 1803–64) zählte zu den Helden des irischen Aufstandes von 1848.

»riesigbemantelte Gestalt des Befreiers«: Der »Befreier« war Daniel O'Connel (1775–1847), der sich mit »moralischer Gewalt« gegen die unterdrückerischen englischen Gesetze einsetzte und 1829 die Aufhebung der gesetzlichen und politischen Benachteiligung von Katholiken erwirkte.

Seite 143

»Bloom-Stephen-Rapprochements«: In der Politik ist ein Rapprochement eine Wiederversöhnung.

Seite 152

»neo-hogarthisch«: William Hogarth (1697–1764); satirischer englischer Maler und Kupferstecher; skizzierte auf seinen Blättern das gesellschaftliche Leben und übersteigerte die menschlichen Figuren zu expressiv verzerrten Fratzen.

Seite 153

»Ein warmer Schock (...) Zwei. Noch nicht«: Im Original steht für »Zeiger bewegen sich« das ambivalentere *Hands moving* (wörtlich: »Hände in Bewegung«), wodurch ein Anklang zum *»La ci darem la mano«* (ital.: »dann werden wir Hand in Hand gehen«) zustandekommt.

Seite 157

»Hydes *Liebesliedern aus Connacht*«: Die *Love Songs of Connacht* (1893) sind eine von mehreren Folkloresammlungen, die Douglas Hyde (1860–1949) zusammentrug. Hyde war seit 1893 Präsident der neugegründeten »gälischen Liga«, die sich für die Wiederbelebung der irischen Sprache einsetzte und einen wichtigen Anteil an den irischen literarischen Wiedererweckungsbewegungen der Jahrhundertwende (verbunden mit Begriffen wie »keltisches Zwielicht«) hatte.

Seite 158

»A. E. I. O. U.«: I. O. U. (kurz für *I owe you* = »ich schulde dir«) ist die geläufige englische Bezeichnung für einen Schuldschein.

»weder die (…) ihrem Schierlingsbecher«: Die Archonten von Athen (d. h. der Magistrat) verurteilten Sokrates zum Tode und überbrachten ihm einen Giftbecher; die Sinn Fein (irisch: wir selbst) unter Leitung von Arthur Griffith war ein Zusammenschluß irischer Nationalisten, der den Boykott englischer Institutionen organisieren wollte und häufig mit der irisch-republikanischen Brüderschaft (auch Fenier genannt), einer paramilitärischen Organisation, die allerdings in der Tat mit dem Sinn Fein personell verwirkt war, verwechselt wird.

Seite 169

»D. B. C.«: Abkürzung für *Dublin Bakery Company* = »Dubliner Bäckereigesellschaft«.

Seite 176

»Wenn mein Land (…) Pprrpffrrppfff«: Der irische Freiheitskämpfer Robert Emmet (1778–1803) wurde hingerichtet, nachdem er versucht hatte, das Dubliner Schloß einzunehmen; für seine »letzten Worte« ist er mindestens so berühmt wie für seine Taten.

Seite 180

»Ich war just (…) Apparat ins Auge«: Die weitere Homerische Anspielung, die Burgess anspricht, ist der Name *Troy*, der mit der englischen Version von Troja identisch ist.

Seite 183

»Englisch der Wardour Street«: *Wardour Street English*, Bezeichnung für einen archaisierenden Stil, wie er z. B. in historischen Romanen anzutreffen ist; benannt nach der Wardour Street im Londoner Stadtteil Soho, die früher Geschäfte für antike Möbel und entsprechende Imitate beherbergte und heute bevorzugte Adresse für die Büros von Filmgesellschaften ist.

Seite 186

»*Tableaux* von Festscharaden«: *Tableaux* = lebende Bilder, d. h. von Kostümierten nachgestellte oder inszenierte Gemälde; Scharade = eig. Worträtsel, hier Rätselaufgaben in Zusammenhang mit den genannten *Tableaux*.

Seite 187

»Für die Erleichtrung Dank«: Der Satz stammt aus *Hamlet,* Akt 1, Szene 1, Vers 8.

Seite 188

»*Kuckuck Kuckuck Kuckuck*«: Der Bezug ist im Deutschen unklarer als im Englischen, wo der Kuckuck *(cuckoo)* dem Hahnrei *(cuckold)* klanglich eng benachbart ist.

Seite 190

»Das ›Horhorn‹ (…) geht zurück auf Boylan«: Der in Wollschlägers Übersetzung der »Sirenen«-Episode zur Kennzeichnung Boylans auftauchende »Ständer« (vgl. oben: S. 180) ist in der englischen Originalfassung ein *Horn.*

Seite 192

»Bass-Flasche«: *Bass* (ausgesprochen »bäß« und nicht – wie der gleichgeschriebene musikalische Ausdruck – »bäiß«) ist die Biermarke aus der gleichnamigen englischen Brauerei.

»Aber Sir Leopold (…) gut mit hurn«: Die stilistische Anlehnung an Sir Thomas Malory (gest. 1471) ist in Hans Wollschlägers deutscher Fassung nicht als solche auszumachen, da Wollschläger es begreiflicherweise vorzieht, als sprachliches Wachstum das der deutschen Sprache nachzuzeichnen, statt sich mit Nachbildungen der angespielten englischen Sprachstile zu behelfen.

Seite 194

Sir Thomas Browne: Der medizinisch-theologische Schriftsteller Sir Thomas Browne (1605–82) schrieb u. a. *Religio Medici, Urn Burial* (eine Abhandlung über Beisetzungsmethoden) und *Christian Morals.*

»De-Quincey-Vision«: Thomas De Quincey (1785–1859); Autor der autobiographischen *Bekenntnisse eines englischen Opiumessers* von 1822 und einer der größten Stilisten seiner Zeit.

»Martha, du Verlorne«: zu *M'appari* (Lied aus der leichten Oper *Martha* von Friedrich von Flotow); vgl. U 376.

Seite 195

»Ochsenschwanzanthologie der englischen Prosa«: im Original »Oxtail Book of English Prose«; zu verstehen als Seitenhieb auf Anthologien aus der Oxford University Press.

»zu seinen Bullen – dem taurischen, der päpstlichen, dem irischen«: Der taurische Bulle ist, natürlich, der Stier des Taurus; *die* päpstliche Bulle versteht sich durch den Artikel; ein *Irish bull* ist umgangssprachlich für krauses, ungereimtes Zeug.

Seite 199

»Shakespeare, wie er eine Zeile Goldsmith brabbelt«: Oliver Goldsmith (1730–74); Lyrik-, Prosa- und Dramenautor; lebte erst eineinhalb Jahrhunderte nach Shakespeare (1564–1616).

369

Seite 204

»Nothung«: das magische Schwert des Götterkönigs Wotan und – später – Siegfrieds im Nibelungenlied und in Wagners *Ring der Nibelungen*.

Seite 205

»*Entente-cordiale*-Eimer mit der Aufschrift ›*Défense d'uriner*‹«: Die *Entente cordiale* (franz.: »herzliches Einverständnis«) war das französisch-englische Bündnis nach ihrer Verständigung über nordafrikanische Kolonialfragen im Jahre 1904; »*Défense d'uriner*« = franz. für »urinieren verboten«.

»Armageddon«: nach der Bibel (Offenb. Joh. 16,16) der mythische Ort, an dem die Könige der Erde von bösen Geistern für einen großen Krieg versammelt werden; auch allgemein auf politische Katastrophen angewandt.

Seite 206

»Etontracht«: Eton ist eine Kleinstadt westlich von London mit einem berühmten, 1440 gegründeten College.

Seite 211

»invincible«: die *Invincibles* (»Unüberwindlichen«) waren verwickelt in die Ermordung von Lord Cavendish und Thomas Burke im Dubliner Phoenix-Park im Jahre 1882 (A. B.).

Seite 212

»Rip van Winkle«: Titelheld der gleichnamigen Prosaskizze des amerikanischen Diplomaten und Schriftstellers Washington Irving (1783–1859); versinkt nach einer Zecherei in einen 20jährigen Schlaf und findet seine Umwelt danach völlig verändert vor.

»einfache und daher unverwesliche Substanz«: U 790; der Scholastiker ist Thomas von Aquin; die Definition borgt sich Stephen aus dessen *Summa Theologica*.

Seite 213

»die politische Berühmtheit desselben Namens«: John Bull (ca. 1562–1628); Oxforder Organist und Komponist; hat mit der Personifizierung Englands als John Bull (die sich von John Arbuthnots Satire *History of John Bull* aus dem Jahre 1712 herleitet) natürlich nichts zu tun.

Seite 218

»Gea-Tellus«: Kombination der griechischen Erdgöttin Gaea (die sowohl als Nährerin der Kinder als auch als Todesgöttin angebetet wurde) mit der römischen Erdmutter Tellus Mater.

Seite 220

»Kybele«: kleinasiatische Göttin der Erdfruchtbarkeit; später in Rom als Magna Mater verehrt.

Das verlorene Paradies: Versepos *Paradise Lost* (1667) von John Milton (1608–74).

»Boswell«: James Boswell (1740–95); schottischer Advokat und biographischer Schriftsteller; schrieb eine Biographie über Samuel Johnson und – gemeinsam mit Johnson – das *Tagebuch einer Reise nach den Hebriden.*

»*Anatomie der Melancholie*«: 1621 unter dem Pseudonym Democritus Junior erschienenes Hauptwerk von Robert Burton (1577–1640).

»seit die Puritaner 1642 die Türen der Theater zuknallten«: Die Formulierung ist recht wörtlich zu verstehen: Im genannten Jahr ließen die Puritaner alle englischen Bühnen offiziell schließen.

»Jerome K. Jerome«: Romancier und Dramatiker (1859–1927); am bekanntesten ist sein unverwüstliches *Drei Männer in einem Boot* von 1889, das aus lose verbundenen farcenhaften Skizzen voller Slangausdrücke besteht.

»*vis comica*«: »Befähigung zur Komik«.

»*saeva indignatio*«: »wilde Entrüstung«; Swift schrieb sich selbst den Grabspruch »*ubi saeva indignatio ulterius cor lacerare nequit*« (»er ist dahin gegangen, wo wilde Entrüstung nicht mehr sein Herz zerreißen kann«).

»Der Croppy Boy«: Titelheld eines bekannten Liedes über die irische Rebellion von 1798; »croppy« ist die volkstümliche Bezeichnung für einen irischen – und vor allem einen aus der Stadt Wexford stammenden – Rebellen jenes Jahres.

»Deirdre of the Sorrows«: Gestalt aus der irischen Mythologie, ungefähr mit der griechischen Helena zu vergleichen; Titelfigur der Tragödien *Deirdre of the Sorrows* (1910) von Synge und *Deirdre* (1907) von Yeats.

»Kathleen ni Houlihan«: allegorische Verkörperung Irlands; Titelheldin des Stückes *Cathleen ni Houlihan* (1902) von Yeats.

»Shan van Vocht«: irisch für »arme alte Frau«; volkstümliche Personifizierung Irlands und Titelgestalt eines verbreiteten nationalistischen Volksliedes.

»kein wellsianischer Optimist«: Anspielung auf den relativ fortschrittsgläubigen sozialkritischen englischen Romancier H. G. Wells (1866–1946); Wells schrieb – nach Prüfung von Teilen aus *Finnegans Wake* – Joyce am 23. November 1928 eine Art Abschiedsbrief mit dem sinnigen und von Arno Schmidt oft plagiierten Schlußsatz: »Aber die Welt ist weit und hat Raum genug für unser beider Irrtümer« (James Joyce, *Briefe II*, übersetzt von Kurt Heinrich Hansen, Frankfurt a. M.: Suhrkamp 1970/Werke 6, S. 1174).

»Auden«: W. H. Auden (1907–73); bedeutender englischer Lyriker, der auch als Dramatiker und Essayist *(Des Färbers Hand)* hervortrat.

Seite 233

»Humpty Dumpty«: Ein Ei dieses Namens ist die Titelfigur des (ursprünglich als Rätsel konzipierten) sehr bekannten Kinderreimes, der noch bekannter wurde, als Lewis Carroll ihn in seine *Alice* integrierte. Vgl. Carroll, *Alice hinter den Spiegeln,* übersetzt von Christian Enzensberger (Frankfurt a. M.: Insel 1974/it 97), S. 82: »Goggelmoggel saß auf der Wand, / Goggelmoggel fiel in den Sand, / Da hat der König all seine Reiter gesandt, / Doch Goggelmoggel schafft keiner mehr zurück auf die Wand« (»Goggelmoggel« für »Humpty Dumpty« besitzt allerdings auch beim deutschsprachigen Publikum keinen besonderen Signalwert, weswegen es im vorliegenden Buch beim ursprünglichen Namen bleiben soll).

Seite 234

»Alice«: gemeint sind die Bände *Alice im Wunderland* und vor allem *Alice hinter den Spiegeln* von Lewis Carroll.

Seite 235

»Verdaustig (...) glasse«: Vokabeln aus Christian Enzensbergers Übersetzung des »Jabberwocky« in Carroll, *Alice hinter den Spiegeln,* a. a. O., S. 27; Enzensberger übersetzt den Titel des Gedichts mit »Der Zipferlake«, wofür allerdings dasselbe gilt wie für den »Goggelmoggel«: In diesem Band bleibt es bei *Jabberwocky.*

Seite 236

»Upanischaden-Land«: Die *Upanischaden* (sanskrit: »Sitzungen«) sind eine Gattung altindischer theologisch-philosophischer Texte bis ca. 1500; in verschiedenen Sammlungen und Ausgaben zusammengefaßt.

Seite 237

»A. D. und B. C. (...) Melodie reduziert«: vgl. FW 272; B. C. ist die gebräuchlichste englische Abkürzung für *before Christ* (vor Christus); die Note B entspricht dem deutschen H.

»eine GBD-Pfeife in seinem FACE«: vgl. FW 450; die Stelle ist vordergründig als Anspielung auf die GBD-Tabakspfeifen zu verstehen. Mit Ausnahme des B (vgl. die vorherige Anmerkung) entsprechen die englischen den deutschen Noten.

»Randzeichnung (...) lange drehen«: vgl. FW 308.

»Der Anfangsbuchstabe (...) in die Erde«: vgl. FW 6: »ɰ «; FW 119: »ᑍ«.

Seite 238

»Eingewiegt am (...) nicht nur Traum?«: Carroll, *Alice hinter den Spiegeln,* a. a. O., S. 146.

Seite 240

»Erzähl mir (...) fregen ich wollte«: (Endfassung FW 202) ein Halbsatz wurde geändert, damit das Zitat im Einklang mit den nachfolgenden Erläuterungen

Burgess' steht. Die Vorfassungen wurden nach dieser Version rückarbeitend hergestellt.

Seite 241

»Bei den Italienern (...) gar nicht«: Joyce, *Briefe II,* a. a. O., S. 1069.

Seite 243

»was des Königs Pferde und Männer nicht tun konnten«: Anspielung auf den Text von »Humpty Dumpty«; vgl. oben (Anmerkung zu S. 240). Der Originaltext lautet: *All the King's horses and all the King's men, / Couldn't put Humpty together again* (»Des Königs sämtliche Pferde und des Königs sämtliche Männer / Konnten Humpty Dumpty nicht wieder zusammensetzen«).

»die Sonnenseite sorgfältig nach oben«: eigene Übersetzung von FW 12.

Seite 245

»Tristan«: Gestalt der keltischen, später auch der anglonormannischen, französischen und deutschen Sagenwelt. Nach der Erweiterung in einer germanischen »Werbungssage« zieht Tristan auf Geheiß seines Onkels, des Königs Marke, aus, um für diesen um Isolde zu freien, brennt aber schließlich selbst mit ihr durch. Motive dieser Sage sind in *Finnegans Wake* durchgängig zu finden, wie auch Burgess zeigen wird.

Seite 246/247

»Tim Finnegan wohnt (...) bei Finnegan's Wake«: Diese Fassung der Ballade »Finnegan's Wake«, von der zahlreiche Versionen im Umlauf sind, findet sich bei Richard Ellmann, *James Joyce,* übersetzt von Albert W. Hess, Klaus und Karl H. Reichert (Zürich: Rhein-Verlag 1959), S. 526/527.

Seite 248

»Ibsens Baumeister (...) Solneß«: Titelheld des 1892 veröffentlichten Stückes von Ibsen.

Seite 249

»im Originaltext ohne einen Großbuchstaben«: Der Anfang von *Finnegans Wake* lautet im Original: *riverrun, past Eve and Adam's* (...) (FW 3). Da es sich beim ersten Wort um ein Substantiv handelt, das zwar im Englischen, nicht jedoch im Deutschen kleingeschrieben wird, ist diese Signalwirkung in der Übersetzung nicht nachzuvollziehen, sofern nicht die gemäßigte Kleinschreibung angewandt wird.

Seite 250

»wie Finn MacCool auf einer Stand«: irisch Fionn MacCumhail; riesenhafter Held des südlichen (ossianischen) irischen Sagenkreises; Vater des Ossian. Burgess' Anspielung mit der Landzunge bezieht sich wohl auf die Legende um die Entstehung des vulkanischen »Riesendammes« *(Giant's Causeway)* an der nordirischen Küste: Er soll von Finn zur Abwehr eines aus Schottland herüberkommenden Riesen errichtet worden sein.

Seite 251

»Mark Twain – einen zweiten König Marke«: Das Wort *twain* ist eine altertümelnde Form von *two* (zwei); das Pseudonym Mark Twain (für Samuel Langhorne Clemens, dessen Abenteuerbücher *Tom Sawyer* und *Huckleberry Finn* von 1876 bzw. 1884 Spuren im Wortschatz von *Finnegans Wake* hinterlassen haben) bedeutet »zwei anschreiben« und entstammt den notwendigen Wasserstandsmessungen auf den Schaufelraddampfern des Mississippi.

»Sohn Giorgio (…) heute George nennt«: Giorgio Joyce starb 1976 in Konstanz.

»Peninsularkrieg (…) Halbinselkrieg«: Bezeichnungen für den Krieg Napoleons gegen die Spanier 1808–14.

Seite 252

»in germanischer Mundart ›taufzutaufen‹«: Im Originaltext steht *to tauftauf thuartpeatrick* (FW 3).

Seite 253

»balbulös«: Balbus wurde von Julius Cäsar nach Gallien geschickt, um eine Mauer zu errichten.

»Nicholas Breakspear«: Breakspear war als Hadrian IV. von 1154 bis 1159 der einzige aus England stammende Papst der Geschichte; 1155 schenkte er dem englischen König Heinrich II. die Bulle Laudabiliter, durch die dessen Oberherrschaft über Irland legitimiert war.

»klaurence (…) herunter«: Im Englischen heißt der Eimer *bucket,* wodurch sich der Anklang zu Becket ergibt. Laurence O'Toole (1123–80) ist der Schutzheilige Dublins; als Erzbischof stand er in der Gunst Heinrichs II. Der englische Heilige Thomas à Becket (1118–70) hingegen wurde etwa zur gleichen Zeit von Heinrichs Schergen in der Kathedrale von Canterbury ermordet.

Seite 256

»Bedänken«: Der Verschreiber lautet in Wirklichkeit *hesitency* (für *hesitancy*) und findet sich in gefälschten Briefen, mit denen der irische Journalist Richard Pigott eine Verwicklung Parnells in den Mord im Phoenix-Park und angebliche Verbindungen zu den kriminellen Teilen der irischen Nationalistenbewegung vortäuschen wollte.

Seite 259

»Nolaner«: KS 59; (»Der Tag des Pöbels«).

Seite 260

»Schwarzgelber«: im Original *black and tan*; die *Black and Tans* waren besonders gewalttätige britische Hilfstruppen, die kurz vor der Gründung des irischen Freistaats Ende 1921 vor allem in Dublin eingesetzt wurden.

Seite 263

»Lough Neagh«: der größte von Irlands zahlreichen Seen, gelegen in Nordirland westlich von Belfast; trotz seiner Größe ungewöhnlich flach.

»John Peel«: Titelfigur des um 1820 von John Woodcock Graves geschaffenen bekannten Liedes mit dem wiederkehrenden Vers *D'ye ken John Peel, with his coat so gay* (»Kennst John Peel mit seinem lustigen Mantel«); Vers 4 der ersten Strophe lautet: *With his hounds and his horn in the morning* (»Mit seinen Hunden und seinem Horn am Morgen«).

»Bostoner Tea-Party«: Protestaktion in Form eines konzertierten Übergriffs auf englischen Tee im Bostoner Hafen im Jahre 1773; Startschuß für den nordamerikanischen Unabhängigkeitskrieg.

»Und die Orangisten werden zerfallen, sagt die Shan Van Vocht«: Kehrreim des Liedes »The Shan Van Vocht« (vgl. oben: Anmerkung zu S. 234). Die Orangisten, die 1795 die Orange Society gründeten, verfochten aus Glaubensgründen militant die britische Sache in Irland und inszenierten Gewalt gegen die Katholiken; hatten (und haben immer noch) ihr Hauptbetätigungsfeld in Ulster (dem heutigen Nordirland).

»des teuflischen Nick«: *Old Nick* ist ein umgangssprachlicher Ausdruck für den Teufel.

»*Obedientia* (...) *felicitas*«: lat.: »Der Gehorsam der Bürger ist das Glück der Stadt«.

»Delfas (...) Dalway«: Belfast ist die Hauptstadt der irischen Provinz Ulster, Cork die von Munster, Dublin von Leinster, Galway von Connacht.

»Pore ole Joe!«: zu lesen als eine Kombination des Liedes »Poor Ole Joe« (»Der arme alte Joe«) mit *Pour Ale, Joe!* (»Zapf Bier, Joe!«) und dem Verbum *pore* (»nachgrübeln«, »brüten«), so daß eine angemessenere deutsche Version etwa »Ahmehr Alt her Joe!« lauten könnte. Leider läßt Ingeborg Horn solche und ähnliche Elemente stets unübersetzt stehen, wie sich auch am nachfolgenden Zitat zeigt.

»Jesamt (...) Dinah«: eigene Übersetzung von FW 141; Ingeborg Horn repliziert in ihrer Übersetzungsfassung den Wortlaut der Originalversion: *Summon In The Housesweep Dinah*.

»Thomas Moores Gedicht über die Verbannung Erins«: Hier irrt Burgess: Das Lied »Exile of Erin« wurde von Thomas Campbell (1777–1844) zur traditionellen Melodie »Savournee Deelish« getextet und nicht von Moore (1779–1852). *Erin* ist ein alter Name für Irland (eigentlich die Genitivform von *Eire*).

»Lewis Carrolls Mock Turtle und Griffon«: aus dem neunten Kapitel von *Alice im Wunderland*.

Seite 274

»Schäms' Treues«: im Original: *Shame's voice* (»Stimme der Scham«); kein Ausdruck aus *Finnegans Wake.*

Seite 275

»die Spinne aus Swifts *Bücherschlacht*«: in Swifts 1704 erschienener Prosasatire mit dem vollen Titel *A True and Full Account of the Battle Fought Last Friday between the Ancient and the Modern Books in St. James's Library* (»Wahrhaftiger und vollständiger Bericht der Schlacht so letzten Freitag in der Bibliothek von St. James zwischen den alten und den modernen Büchern ausgefochten wurde«) findet sich als Einlage eine Fabel, in der die traditionelle, mühsam durch Sammeltätigkeit Honig erzeugende Biene mit der modernen Spinne, die auf eigenständige Weise nur Dreck und Gift hervorbringt, kontrastiert ist.

»von seinselbst (…) ein Fehl«: Die Wendung vom *gewizzede biz* steht nicht in *Finnegans Wake,* sondern nur im *Ulysses.*

Seite 277

»der Rabelaisschen Aufzählung«: François Rabelais (1494–ca. 1553) brillierte in *Gargantua und Pantagruel* (ediert von 1532 bis 1564) u.a. mit überlangen Katalogisierungen.

Seite 281

»Buch-von-Kelly (hat irgendwer hier gesehen?)«: Anspielung nicht nur auf das *Buch von Kells,* sondern auch auf »Has anybody here seen Kelly?« (»Hat jemand hier Kelly gesehn?«), William J. McKennas amerikanischer Adaptation (1909) von C. W. Murphys und Will Letters' englischem Lied »Kelly from the Isle of Man« (1908), die auch im *Ulysses* auftaucht (vgl. oben: S. 148).

Seite 283

»Denn ein brennamd (…) schlüpfen mehr«: vgl. Shakespeare, *Macbeth,* Akt V, Szene 5: »Bis Birnams Wald anrückt auf Dunsinan!«; ebd., Akt II, Szene 1: »Glamis mordet den Schlaf! Und drum wird Cawdor / Nicht schlafen mehr, Macbeth nicht schlafen mehr.«

Seite 285

»Eine königliche Scheidung«: Schauspiel von W. G. Wills.

Seite 287

»Haud certo ergo«: lat. für »überhaupt nicht gewiß, also«.

»Apis amat (…) pascua«: lat. für »Biene liebt Altar. Mond liest Buch. Fohlen sucht Weide«.

»Haringtons Erfindung«: Anspielung darauf, daß Sir John Harington (1561–1612) im Jahre 1596 ein kalauerndes Werk names *Ulysses upon Ajax* (»Odysseus über Ajax«) veröffentlichte, das gleichzeitig als *Ulysses upon a Jakes* (»Odysses auf einem Klo«) zu lesen ist.

»K. O. B.«: im Original: *C. O. D.* (kurz für *cash on delivery* = »per Nachnahme«).

»Haltet den Hund fern«: Eliot, *Das wüste Land,* a. a. O., S. 11, Vers 74 (dort im englischen Original belassen; Übersetzung im Anhang, ebd., S. 65); Eliots Quelle für das Zitat wiederum ist ein Trauergesang in John Websters Stück *Der weiße Teufel* (1611).

»INCIPIT INTERMISSIO«: lat.: »es beginnt die Unterbrechung«.

»Französisch Edgar Quinets«: vgl. FW 281, wo Joyce einen Abschnitt aus der *Introduction à la philosophie de l'histoire de l'humanité* travestiert. Quinet war ein zweitklassiger französischer Romantiker.

»Christs Kürche universus Böllial!«: Anspielung nicht nur auf den Widerstreit Kirche gegen Hölle, sondern auch auf die miteinander wetteifernden Oxforder Colleges Christ Church und Balliol.

»Dies ist Staehl (...) Dobbllinnbbayyates«: gemeint sind die irischen bzw. in Irland geborenen Autoren Steele, Burke, Sterne, Swift, Wilde, Shaw und W. B. Yeats (letzterer reimt sich auf Tom Waits, nicht auf John Keats; auszusprechen also »jäits«).

»*Shantih*«: Eliot, *Das wüste Land,* a. a. O., S. 43, Vers 433.

»Von Sindbad dem Seemann zu Nindbad dem Nähmann«: »Sindbad der Seefahrer und Tindbad der Teefahrer« (U 938; vgl. oben: S. 223) heißen im Original »Sindbad the Sailor and Tinbad the Tailor«.

»*Cantus firmus*«: die Hauptmelodie eines polyphonen Chor- oder Instrumentalsatzes.

»Er herd ein (...) ehegemäliegt«: Burgess' Hinweis auf ein Spiritual bezieht sich auf den Song »I got a shoe, / You got a shoe, / All God's chillun got shoes« (»Ich habe Schuhe, du hast Schuhe, alle Kinner Gottes haben Schuhe«), der durch diese Stelle durchscheint.

»die Kusch der Leichten Brigade«: vgl. FW 349: »die Kusch einer lichten Barrikade«.

»Omar-Chajjam-Stanze«: Der persische Dichter, Mathematiker und Astronom

Omar Chajjam (gest. 1121) hinterließ etwa 600 Gedichte in charakteristischer Vierzeilerform.

Seite 309
»Melodie (…) *l. s. d.*«: das »*Ad majorem l. s. d.*« ist eine Kontamination aus dem jesuitischen Motto *Ad maiorem Dei gloriam* (»Zur größeren Ehre Gottes«) und der Floskel *Laus Deo Semper* (»Preis sei Gott immerdar«), wobei hier allerdings »*l. s. d.*« primär die Reihung der Abkürzungen für Pfund, Schilling und Pence ist: »Zur größeren Ehre der Währungseinheiten«!

Seite 314
»Swifts kleine Sprache: ppt«: In seinem *Tagebuch für Stella* benutzt Jonathan Swift häufig Abkürzungen und verniedlichende Kurzformen, so beispielsweise das von Joyce in *Finnegans Wake* häufig angespielte »Ppt«.

Seite 320
»Dunkers Durbar«: ein *Durbar* ist ein Staatsempfang in Indien.

Seite 322
»Ouija-Ouija-Törchen ständig aufhielt«: Ein Ouija-Brettchen (die Bezeichnung vereint das französische und das deutsche Wort für »ja«) wird, mit Symbolen versehen, unter Zuhilfenahme eines Miederstäbchens bei bestimmten spirituellen Sitzungen angewandt.

Seite 329
»Samuel Butlers ›Musikalische Banken‹ in *Erewhon*«: Butlers 1872 erschienener Roman *Erewhon* (der Titel ist ein Anagramm von *Nowhere* = »Nirgendwo«) entwirft in einer utopischen Satire eine abstruse Gesellschaft, in der u. a. unter dem Stichwort der *Musical Banks* kommerzialisierte Kirchen agieren.

Seite 333
»Ys, Atlantis«: Ys ist nicht wie Atlantis eine untergegangene sagenhafte Insel, sondern war eine Stadt im Königreich Cornouaille in Armorika (= Bretagne) im 5. Jahrhundert, die der Sage nach von einer Flut zerstört wurde, um die Einwohner für ihre Sünden zu bestrafen.
»urbi et orbi«: lat. für »der Stadt und dem Erdkreis«; Formel für päpstliche Erlasse und Segensspendungen, besonders für den Ostersegen des Papstes.

Seite 334
»Fugenstretto«: Engführung der musikalischen Themen im Fugensatz.

Seite 335
»Per jucundem (…) Filium Tuum«: lat.: »Durch unseren lieben Herrn Jesus Christus, Deinen Sohn«.

Seite 336

»Lieb (…) Dreckdung«: Anspielung auf die Redensart *Dear dirty Dublin* (vgl. auch U 202: »Lieb dreckig Dublin«).

Seite 337

»mit den Worten J. M. Synges«: Burgess sieht in dem von ihm kommentierten *Wake*-Zitat den Einfluß der sehr volkstümlichen Sprachgebung in Synge Stücken. Falls er eine genaue Entsprechung der Formulierungen meint, so ist allerdings eine solche Stelle bei Synge bislang nicht aufzufinden; andere Joyce-Forscher geben zu der *Wake*-Stelle keine Quelle bei Synge an.

Seite 339

»den Satz des Lebens zu tun«: im Original: *to suffer the sentence of life,* was einerseits eine Parallelbildung zu *to suffer the sentence of death* (»die Todesstrafe erdulden«) ist und somit als »die Lebensstrafe verbüßen« übersetzt werden könnte; andererseits heißt *sentence* aber auch »Satz«, so daß der am Ende von *Finnegans Wake* beginnende und an seinem Anfang endende Satz zum »Satz des Lebens« erhoben wird.

»Zoetrop«: ein 1834 durch William Horner patentierter Vorläufer der Laterna magica und der Filmkamera; bei der Drehung eines mit Sehschlitzen versehenen Zylinders, in den innen aufeinanderfolgende Standbilder eingeklebt sind, entsteht die Illusion, diese Bilder würden zu einem sich bewegenden verschmelzen.

Seite 341

»*Pilgrim's Progress*«: das allegorische Versepos von John Bunyan (1628–88); schon der ellenlange Originaltitel des Werks enthält einen Hinweis darauf, die darin geschilderte Reise ins ersehnte Land des Zukünftigen sei als ein Traum angelegt.

»*The Pearl*«: möglicherweise von einem als »Gawain-Dichter« bezeichneten anonymen Autor stammende mittelalterliche Handschrift; Traumvision mit Stab- und Endreimen.

»*The Vision of Piers Plowman*«: eine Allegorie aus Traumgesichten über die materielle und spirituelle Not des Volkes, geschrieben von dem englischen Dichter William Langland (ca. 1332 bis nach 1376).

»Rede des Herzogs von Clarence in *König Richard III*«: Akt I, Szene 4 des Stückes von Shakespeare; Clarence erzählt seinen Traum nach.

»*Mea culpa, mea maxima culpa*«: lat. für »meine Schuld, meine große Schuld«; *mea culpa* (im Sinne von »durch meine Schuld«) ist eine zentrale Floskel aus dem lateinischen Sündenbekenntnis.

Seite 342

»*O felix culpa*«: lat. für »O fruchtbare Schuld«; Floskel der Sündenvergebung.

Seite 343

»Professor Empson«: William Empson (geb. 1906); englischer Dichter und

Kritiker; von T. S. Eliot beeinflußt, übte seinerseits starken Einfluß auf den amerikanischen *New Criticism* aus.

»Wildschönheit (…) Zügelt Euch!«: Hopkins, a. a. O., S. 33 *(Der Turmfalke).*

Seite 344

»Datta Dayadhvam Damyata«: (sanskrit: »Gib, habe Mitleid, beherrsche«); vgl. Eliot, *Das wüste Land,* a. a. O., S. 41, Verse 401/411/418.

Seite 346

»Mehrpork!«: *Morepork!* (= engl. für »mehr Schweinefleisch!«); nach einer Anmerkung in Campbells und Robinsons *Skeleton Key to Finnegans Wake* handelt es sich um den Schrei eines australischen Vogels; genaueres war nicht zu ermitteln.

»Moor Park!«: Wohnsitz von Sir William Temple (1628–99) in Surrey; Jonathan Swift war dort um 1690 eine Zeitlang Sekretär des Diplomaten und Essayisten Temple und lernte dort seine damals 8jährige Freundin Stella (= Esther Johnson) kennen.

Seite 347

»Wo der Bus stoppt da shoppe ich«: Anspielung auf Shakespeares *Sturm,* Akt v, Scene i: *Where the bee sucks, there suck I* (»Wo die Biene saugt, da sauge ich«; in deutschen Übersetzungen aus Rhythmusgründen meist verkürzt).

Seite 350

»Pope«: Alexander Pope (1688–1744); englischer Schriftsteller, der (teils satirische) Epen und Essays schrieb, Shakespeare herausgab und Homer übersetzte; am bedeutendsten sind wohl sein *Versuch über den Menschen,* die *Satiren und Episteln nach dem Horaz* und *Die Dunciade.*

F. R.

Register